Springer-Lehrbuch

Helmut Bester

Theorie der Industrieökonomik

Vierte, überarbeitete Auflage

Mit 64 Abbildungen

Springer

Professor Dr. Helmut Bester
Freie Universität Berlin
Fachbereich Wirtschaftswissenschaft
Boltzmannstraße 20
14195 Berlin
hbester@wiwiss.fu-berlin.de

ISBN 978-3-540-73866-4   4. Auflage Springer Berlin Heidelberg New York
ISBN 978-3-540-22257-6   3. Auflage Springer Berlin Heidelberg New York

Bibliografische Information der Deutschen Nationalbibliothek
Die Deutsche Nationalbibliothek verzeichnet diese Publikation in der Deutschen Nationalbibliografie;
detaillierte bibliografische Daten sind im Internet über http://dnb.d-nb.de abrufbar.

Springer ist ein Unternehmen von Springer Science+Business Media

springer.de

© Springer-Verlag Berlin Heidelberg 2007

Herstellung: LE-TEX Jelonek, Schmidt & Vöckler GbR, Leipzig
Umschlaggestaltung: WMX Design GmbH, Heidelberg

SPIN 12098200   42/3180YL - 5 4 3 2 1 0   Gedruckt auf säurefreiem Papier

Für Marlies

Vorwort zur 4. Auflage

Für die vierte Auflage des Lehrbuchs habe ich den Text an mehreren Stellen überarbeitet und die graphischen Darstellungen erweitert. Ich danke den Lesern, insbesondere Dr. Tobias Langenberg, für Kommentare und Verbesserungsvorschläge.

Berlin, im Juni 2007
Helmut Bester

Vorwort zur 3. Auflage

Die gute Nachfrage nach dem Buch hat schon bald nach dem Erscheinen der zweiten Auflage eine Neuauflage notwendig gemacht. Diese enthält einige Ergänzungen und Korrekturen aber keine wesentlichen Änderungen gegenüber der vorhergehenden Auflage. Ich danke allen Lesern, die mir durch ihre Hinweise geholfen haben.

Berlin, im April 2004
Helmut Bester

Vorwort zur 2. Auflage

In der Neuauflage des Buches erweitert das neue Kapitel 3.1.4 über internationalen Handel den Themenbereich oligopolistischen Wettbewerbs. Ferner ergänzt nun eine Diskussion strategischer Effekte das Kapitel 6.2.2.

An vielen Stellen des Buches wurden die Hinweise aufmerksamer Leser berücksichtigt. Bei der Überarbeitung des Manuskripts haben mich wiederum Dr. Anette Boom, Dr. Kay Mitusch und Dr. Roland Strausz unterstützt, denen ich herzlich für ihre Hilfe danke.

Berlin, im Juni 2002
Helmut Bester

Vorwort zur 1. Auflage

Dieses Buch ist aus Aufzeichnungen entstanden, die ich am Center for Economic Research der Universität Tilburg (Niederlande) und der Freien Universität Berlin für meine Vorlesungen über Oligopoltheorie und Industrieökonomik angefertigt habe. Es ist in erster Linie als Lehrbuch für Studenten der Wirtschaftswissenschaften im Hauptstudium gedacht. Es richtet sich aber auch an Wirtschaftswissenschaftler und Praktiker in privaten oder öffentlichen Institutionen, die an der Interaktion zwischen Markt und Unternehmen und der Rolle des Wettbewerbs interessiert sind.

Die Theorie der Industrieökonomik beschäftigt sich mit der Funktionsweise von Märkten bei unvollständigem Wettbewerb. Das Anliegen dieses Buches besteht darin, den Leser mit den Konzepten und grundlegenden Modellen dieser Theorie vertraut zu machen. Es soll ihn in die Lage versetzen, selbständig Fragestellungen einzuordnen und zu behandeln. Soweit wie möglich wird die Darstellung allgemeiner Ansätze durch graphische Illustrationen und einfache Beispiele ergänzt. Ziel ist es, nicht nur die formale Ableitung von Ergebnissen verständlich zu machen, sondern auch die Intuition für ökonomische Zusammenhänge zu wecken und die Einschränkungen und Erweiterungsmöglichkeiten der dargestellten Modelle zu verdeutlichen. Am Ende eines jeden Kapitels befindet sich eine Reihe von Übungsaufgaben. Diese Aufgaben enthalten oft eine Variation der zuvor behandelten Themen, so dass ihre Lösung eine eigenständige Anwendung der zuvor dargestellten Ansätze erfordert. Die Hinweise in Kapitel 7 bieten dem Leser die Möglichkeit, seinen Lösungsweg zu überprüfen.

Bei der Fertigstellung des Manuskripts habe ich von Vorlesungsskripten von Prof. Dr. Wolfgang Leininger (Dortmund), Prof. Dr. Monika Schnitzer (München) und Prof. Norbert Schulz Ph.D. (Würzburg) profitiert, denen ich für die Bereitstellung ihrer Unterlagen danke. An der Freien Universität Berlin haben Dr. Anette Boom, Dr. Kay Mitusch, Diplom–Volkswirt John Reimers und Dr. Roland Strausz vielfältige Verbesserungen des Manuskripts angeregt. Ich bedanke mich herzlich für ihre Hilfe.

Berlin, im Dezember 1999
Helmut Bester

Inhaltsverzeichnis

1. Einführung und Grundlagen

1.1 Gegenstand und Entwicklung der Industrieökonomik

1.1.1 Schwerpunkte der Industrieökonomik

Die Industrieökonomik beschäftigt sich mit der Interaktion zwischen Markt und Unternehmen. In einem Markt treffen die Anbieter und Nachfrager von Gütern oder Dienstleistungen zusammen. Typischerweise sind die Anbieter Unternehmen oder Firmen, die für die Produktion ihres Angebots Kosten beim Kauf der notwendigen Produktionsfaktoren aufwenden müssen. Die Nachfrager oder Konsumenten treffen ihre Kaufentscheidungen in Abhängigkeit von ihren Präferenzen, den Preisen der angebotenen Güter und ihrem Einkommen. Aus den Entscheidungen der einzelnen Nachfrager lässt sich die Gesamtnachfrage eines Marktes ableiten. Insgesamt wird also eine Industrie oder ein Markt durch die Anbieter und ihre Produktionskosten und durch die Marktnachfrage beschrieben. Die Theorie der Industrieökonomik versucht zunächst, formale Modelle zur Beschreibung eines Marktes zu entwickeln. Sie unterstellt, dass das Verhalten der beteiligten Unternehmen sich rational begründen lässt und geht dabei in der Regel vom Ziel der individuellen Gewinnmaximierung aus.[1] Bei der Analyse der Interaktion zwischen den am Marktgeschehen beteiligten Parteien verwendet sie Gleichgewichtskonzepte zur Bestimmung des Marktergebnisses.

Die Beschreibung von Angebots- und Nachfrageverhalten sowie die Bestimmung von Marktgleichgewichten ist natürlich Gegenstand der üblichen Mikroökonomie. In der Tat verwendet die Theorie der Industrieökonomik mikroökonomische Methoden und Konzepte wie die

---

[1] Anstatt direkt rationales Verhalten zu unterstellen, lässt sich auch argumentieren, dass langfristig nur gewinnmaximierende Unternehmen im Wettbewerb bestehen. Zu solchen evolutionären Argumenten siehe Penrose (1952) und Winter (1971).

Entscheidungstheorie des Haushalts und der Unternehmung. Sie unterscheidet sich aber in der Schwerpunktsetzung. Zunächst beschränkt sich ihr Interesse im wesentlichen auf Partialmodelle. Sie konzentriert sich auf eine isolierte Industrie und vernachlässigt die Interdependenz mit anderen Märkten. Somit unterscheidet sie sich von der Allgemeinen Gleichgewichtstheorie, deren Anliegen in der simultanen Betrachtung einer Vielzahl von Märkten liegt. Offensichtlich stellen Partialmodelle eine theoretische Abstraktion dar. Diese Abstraktion ermöglicht aber erst eine detaillierte Analyse von Gesichtspunkten, die im Standard–Lehrbuch der Mikroökonomie allenfalls am Rande eine Rolle spielen. Dies betrifft Themen wie z.B. das Wettbewerbsverhalten im Oligopol, die Produktwahl eines Unternehmens, Marktzutritt und Marktaustritt, Forschung und Entwicklung, sowie die Bildung von Kartellen. Diese Thematik und die Betonung des strategischen Verhaltens von Firmen bilden zugleich eine Nahtstelle zwischen Industrieökonomik und Betriebswirtschaftslehre.

Eine weitere Schwerpunktsetzung der Industrieökonomik gilt Märkten mit unvollständigem Wettbewerb. Sie betrachtet das mikroökonomische Modell des vollkommenen Wettbewerbs als einen interessanten theoretischen Referenzfall, ist selbst aber eher an Marktunvollkommenheiten interessiert. Ein Grund dafür ist die Einschätzung, dass in der Realität das Modell der vollkommenen Konkurrenz nur für eine geringe Zahl von Märkten relevant ist. Ein weiterer Grund hängt auch mit der wettbewerbstheoretischen und -politischen Orientierung der Industrieökonomik zusammen. Bekanntlich führt vollkommener Wettbewerb zu einem effizienten Marktergebnis, solange keine externen Effekte im Konsum oder in der Produktion vorliegen. In dieser Situation sind äußere Eingriffe in den Allokationsmechanismus des Marktes eher schädlich. Eine aktive Wettbewerbspolitik ist nur dann erforderlich, wenn aufgrund unvollständiger Konkurrenz kein effizientes Marktergebnis zu erwarten ist. Die Ergebnisse der Industrieökonomik sind wirtschaftspolitisch relevant nicht nur für die Wettbewerbspolitik, sondern auch für die staatliche Regulierung von Unternehmen und Industrien und die Beurteilung steuerlicher Maßnahmen bei unvollständigem Wettbewerb.

1.1.2 Traditionelle Industrieökonomik

Das Anliegen der Industrieökonomik, zu wettbewerbspolitischen Fragestellungen Stellung zu beziehen, impliziert eine enge Orientierung an

```
┌─────────────┐      ┌─────────────┐      ┌─────────────┐
│   Markt-    │ ───► │   Markt-    │ ───► │   Markt-    │
│  struktur   │      │ verhalten   │      │  ergebnis   │
└─────────────┘      └─────────────┘      └─────────────┘
```

Abb. 1.1. *Der 'Structure–Conduct–Performance' Ansatz*

empirischen Problemen. Tatsächlich etablierte sich die Industrieökonomik in den 50er Jahren als ein weitgehend empirisch ausgerichtetes Forschungsgebiet, das sich Fallstudien bestimmter Industrien und interindustriellen Querschnittstudien widmete. Diese Entwicklungsphase hatte ihren Ausgangspunkt in den Arbeiten von Mason (1949) und Bain (1951, 1956) und führte zu einem Ansatz, der heute oft als *'Traditionelle Industrieökonomik'* bezeichnet wird. Grundlegend für diesen Ansatz ist das *Structure–Conduct–Performance* Paradigma.

Die Grundidee dieses Paradigmas besteht in der Hypothese einer kausalen Beziehung zwischen Marktstruktur, Marktverhalten und Marktergebnis, wie sie schematisch in Abbildung 1.1 dargestellt wird. Die Struktur eines Marktes ist durch die Angebots- und Nachfragebedingungen gegeben. Hierzu gehören z.B. die Anbieterkonzentration, Eigenschaften der Kostenfunktionen, Produkteigenschaften und die Elastizität der Nachfrage. Diese Strukturdaten bestimmen das Verhalten der Unternehmen im Markt z.B. bei der Preissetzung, den Investitionen, im Bereich von Forschung und Entwicklung und in der Werbung. Abgeschlossen wird die Argumentationskette dadurch, dass das Marktverhalten die Marktergebnisse festlegt. Dazu zählen u.a. die Gewinnmargen der Firmen, die Produktivität der Industrie, die Rate des technischen Fortschritts und die allokative Effizienz des Marktes.

In dieser Sichtweise stellt das Verhalten der Marktteilnehmer lediglich ein Zwischenglied dar und die Marktergebnisse hängen letztlich von der Marktstruktur ab. In empirischen Arbeiten äußert sich das Structure–Conduct–Performance Paradigma daher oft in einem Überspringen der Stufe der Verhaltensanalyse. Ein typisches Beispiel für diese Vorgehensweise sind Studien, die die Abhängigkeit der Gewinnraten von der Anbieterkonzentration untersuchen. Bei der Weiterentwicklung der Industrieökonomik stieß diese Methodik bald an Grenzen, da sie auf ad hoc Hypothesen über den Zusammenhang von Marktstruktur und -ergebnis angewiesen war. Tatsächlich beschränkte sich der Untersuchungsgegenstand empirischer Studien weitgehend auf Fragen der Marktkonzentration. Seit etwa Mitte der 70er Jahre wurde die Theorielosigkeit des Structure–Conduct–Performance Ansatzes zunehmend als unbefriedigend empfunden; es wurde daher versucht, ihn auf eine theoretische Grundlage zu stellen.

1.1.3 Neuere Industrieökonomik

Die in diesem Buch dargestellte Theorie der Industrieökonomik hat ihre historischen Wurzeln in den Oligopolmodellen von Cournot (1838) und Bertrand (1883) und in der durch Marshall (1879, 1890) entwickelten Beschreibung von Angebot und Nachfrage als Bestimmungsfaktoren der Preisbildung. In den 30er Jahren ergaben sich weitere theoretische Anregungen durch die Diskussion der monopolistischen Konkurrenz bei Chamberlin (1933) und Robinson (1933) sowie durch Hotellings (1929) Modell des Preiswettbewerbs bei Produktdifferenzierung. In den letzten Jahrzehnten entwickelte sich aus diesen ersten Ansätzen die sog. *'Neuere Industrieökonomik'*, die durch eine umfassende Theoriebildung die traditionelle empirische Orientierung des Forschungsgebietes ergänzte und teilweise in den Hintergrund drängte. Diese rasante Entwicklung wurde entscheidend gefördert durch methodische Fortschritte auf dem Gebiet der Spieltheorie, welche die strategische Interaktion von Individuen in Konfliktsituationen analysiert. Sie wurde als das natürliche Instrumentarium zur formalen Beschreibung des Wettbewerbsverhaltens von Unternehmen aufgegriffen. Insbesondere die Erweiterung von Gleichgewichtskonzepten für dynamische Spiele durch Selten (1965) und die durch Harsanyi (1967, 1968a,b) ermöglichte Berücksichtigung unvollständiger Information bilden die Grundlage für neue Ansätze und Fragestellungen in der Theorie der Industrieökonomik.[2]

Während die Neuere Industrieökonomik zunächst darauf abzielte, den traditionellen Ansatz durch die Entwicklung theoretischer Modelle zu vervollständigen, entwickelte sich aus diesen Modellen alsbald eine weitergehende Kritik an der Kausalität des Structure–Conduct–Performance Ansatzes. Aus theoretischer Sicht erweist sich nämlich die Marktstruktur als eine endogene Variable, die nicht unabhängig vom Verhalten der Firmen und den Marktergebnissen zu bestimmen

---

[2] Eine interessante Diskussion über den Beitrag der Spieltheorie zur Theorie der Industrieökonomik findet sich bei Fisher (1989) und Shapiro (1989). Eine kurze Einführung in die Grundlagen der Spieltheorie findet sich in Kapitel 6.

ist. So werden z.B. selbst in einfachen Oligopolmodellen die Anbieterkonzentration und die Preis–Kosten Margen im Gleichgewicht simultan bestimmt. Ebenso deuten theoretische Überlegungen darauf hin,
dass zwischen der Marktstruktur und dem Innovationsverhalten keine
einseitige kausale Beziehung vorliegt. Vielmehr ergibt sich insbesondere aus dynamischer Sicht eine wechselseitige Interdependenz zwischen
dem Innovationsverhalten der Firmen und der Struktur eines Marktes.

Die spieltheoretische Methodik der Neueren Industrieökonomik bietet eine formale Grundlage, die das konzeptionelle Verständnis strategischer Interaktionen und Interdependenzen erleichtert. Dies hat zu
einem rasanten Boom in der Entwicklung von theoretischen Modellen
geführt. Die Vielzahl dieser Modelle reflektiert zum einen die Tatsache,
dass in der Realität je nach Art der betrachteten Industrie unterschiedliche Faktoren eine Rolle spielen. Zum anderen hat sich der Bereich
der Fragestellungen erweitert, die im Rahmen der Industrieökonomik
analysiert werden. Als ein negativer Gesichtspunkt dieser Entwicklung
wird oft beklagt, dass die vorhandene Modellvielfalt schwerlich eine
einheitliche Theorie erkennen lässt. Dieses Problem ist besonders gravierend, wenn die theoretischen Aussagen von den Details der Modellierung abhängen. Als Reaktion auf diese Problematik erscheint es
wichtig, genauer zwischen robusten und weniger robusten Modellen
und Ergebnissen zu unterscheiden. Diese Unterscheidung erfordert ein
intuitives Verständnis der theoretischen Grundlagen und der Funktionsweise industrieökonomischer Ansätze. Aber auch eine stärkere Orientierung an empirischen Befunden sollte in diesem Zusammenhang
eine Rolle spielen. In der Tat hat die Entwicklung der letzten Jahr-
zehnte die Kluft zwischen theoretischen Erklärungen und empirischen
Untersuchungen vergrößert. In neuerer Zeit ist jedoch eine Renaissance
empirischer industrieökonomischer Forschung zu erkennen. Diese beruht zum einen auf der Weiterentwicklung statistischer und ökono-
metrischer Methoden und der Verfügbarkeit neuer Datensätze. Zum
anderen haben aber auch Fortschritte in der Theorie der Industrieökonomik zu dieser Renaissance beigetragen.[3]

---

[3] Siehe dazu Breshnahan und Schmalensee (1987).

1.2 Wohlfahrt und Wettbewerb

1.2.1 Konsumenten- und Produzentenrente

Da die Industrieökonomik typischerweise einen isolierten Markt betrachtet, ist sie bei der Beurteilung der Effizienz des Marktergebnisses auf eine partielle Wohlfahrtsanalyse angewiesen. Aus formaler Sicht bedeutet dies, dass wir von Einkommenseffekten beim Nachfrageverhalten der Konsumenten abstrahieren. Indem wir den Grenznutzen des Einkommens als konstant voraussetzen, vernachlässigen wir Rückkoppelungseffekte mit anderen Märkten. Dies erlaubt uns, Aussagen über die Wohlfahrt im Rahmen eines partiellen Marktmodells zu treffen. Aufgrund der Abstraktion von Einkommenseffekten sind diese Aussagen eher approximativ zu verstehen.[4] Diese Approximation wird im allgemeinen umso besser sein, je kleiner der Anteil des Einkommens ist, den die Konsumenten in dem betrachteten Markt verausgaben (siehe Vives (1987)).

Zur Illustration der partiellen Wohlfahrtsanalyse betrachten wir einen Markt für ein einziges homogenes Gut mit m Konsumenten, $i = 1, ..., m$, und n Produzenten, $j = 1, ..., n$. Alle übrigen Güter der Volkswirtschaft werden durch ein aggregiertes 'numeraire' Gut repräsentiert, dessen Preis auf Eins normiert ist.

Wenn Konsument i die Menge x_i des Gutes und x_{0i} Einheiten des numeraire Gutes konsumiert, wird sein Nutzen $V_i(x_i, x_{0i})$ durch

$$V_i(x_i, x_{0i}) = U_i(x_i) + x_{0i} \tag{1.1}$$

beschrieben. Da der Nutzen linear von der Menge x_{0i} abhängt, ist die Grenzrate der Substitution $[\partial V_i / \partial x_i]/[\partial V_i / \partial x_{i0}]$ unabhängig vom Konsum des numeraire Gutes.[5]

Wir nehmen im weiteren an, dass $U_i'(0) > 0$, $U_i'(\infty) \leq 0$, und $U_i''(x_i) < 0$. Der Grenznutzen des betrachteten Gutes ist für den Konsumenten positiv, solange die konsumierte Menge nicht zu groß ist. Weiterhin fällt der Grenznutzen mit der Menge x_i, so dass er für $x_i \to \infty$ nicht größer als Null ist. Wir normieren nun $U_i(0) = 0$. Somit beschreibt $U_i(x_i)$ die Zahlungsbereitschaft des Konsumenten für x_i Einheiten des Gutes in Einheiten des numeraire Gutes: Um x_i Einheiten des Gutes zu erwerben, ist er bereit, bis zu $U_i(x_i)$ Einheiten des numeraire Gutes aufzugeben.

---

[4] Eine Abschätzung der möglichen Abweichung findet sich bei Willig (1976).

[5] Die Nutzenfunktion $V_i(\cdot)$ wird daher als 'quasi–linear' bezeichnet.

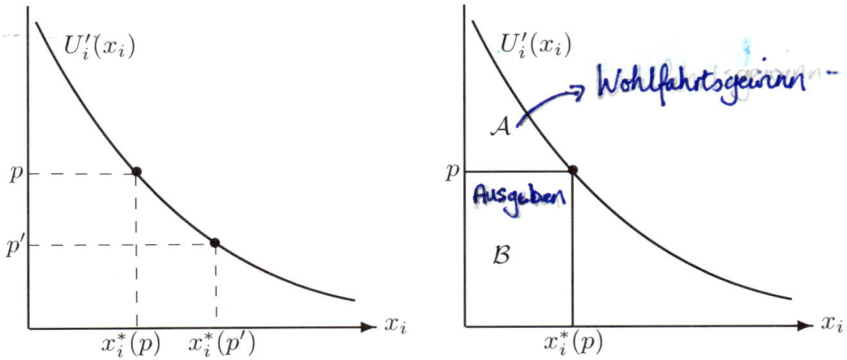

Abb. 1.2. *Grenznutzen und individuelle Nachfrage*

Das Nachfrageverhalten des Konsumenten lässt sich durch den üblichen Nutzenmaximierungsansatz ermitteln. Wenn p den Preis des in dem Markt angebotenen Gutes bezeichnet und der Konsument über das Einkommen w_i verfügt, lautet seine Budgetrestriktion

$$px_i + x_{0i} = w_i, \tag{1.2}$$

da der Preis des numeraire Gutes gleich Eins ist. Für die Maximierung von $V_i(x_i, x_{0i})$ unter der Nebenbedingung (1.2) erhalten wir die Bedingung erster Ordnung:[6]

$$U_i'(x_i^*) = p. \tag{1.3}$$

Bei der nachgefragten Menge ist der Grenznutzen, d. h. die marginale Zahlungsbereitschaft, gleich dem Preis des Gutes. Der linke Teil der Abbildung 1.2 verdeutlicht den Zusammenhang zwischen dem Preis p und der Nachfrageentscheidung x_i^*. Die Grenznutzenkurve $U_i'(\cdot)$ bestimmt für jeden Preis die nachgefragte Menge und beschreibt daher die individuelle Nachfragefunktion $x_i^*(p)$ des Konsumenten i. Da der Grenznutzen des Konsumenten mit steigender Menge fällt, ist seine Nachfrage umso höher, je niedriger der Preis des Gutes ist.

Die Zahlungsbereitschaft des Konsumenten für seine Nachfrage $x_i^*(p)$ ist $U_i(x_i^*(p))$; er zahlt für den Kauf aber nur den Betrag

---

[6] Die Nebenbedingungen $x_i \geq 0$ und $x_{0i} \geq 0$ erfordern, dass $x_i^* = 0$, wenn $U_i'(0) < p$, und dass $x_i^* = w_i/p$, wenn $U_i'(w_i/p) > p$. Zur Vereinfachung vernachlässigen wir im folgenden diese Randlösungen und beschränken uns auf die Darstellung einer inneren Lösung des Maximierungsproblems.

$p\,x_i^*(p)$. Dementsprechend realisiert er beim Preis p den Wohlfahrtsgewinn $U_i(x_i^*(p)) - p\,x_i^*(p)$. Da die Nachfragefunktion die marginale Zahlungsbereitschaft des Konsumenten widerspiegelt, entspricht seine Zahlungsbereitschaft bei der Nachfrage $x_i^*(p)$ dem Inhalt der beiden Flächen $\mathcal{A}$ und $\mathcal{B}$ im rechten Teil der Abbildung 1.2; seine Ausgaben $p\,x_i^*(p)$ entsprechen dem Inhalt der Fläche $\mathcal{B}$. Folglich ist der Inhalt der Fläche $\mathcal{A}$ gleich dem Wohlfahrtsgewinn, den der Konsument beim Preis p realisiert. Sein Wohlfahrtsgewinn ist also gleich dem Integral seiner Nachfragefunktion oberhalb des Preises p.

Beim Preis p beträgt die aggregierte Nachfrage $D(p)$ aller Konsumenten

$$D(p) = \sum_{i=1}^{m} x_i^*(p). \tag{1.4}$$

Als *Konsumentenrente* R_K wird der gesamte Wohlfahrtsgewinn aller Konsumenten bezeichnet:

$$R_K(p) = \sum_{i=1}^{m} [U_i(x_i^*(p)) - p\,x_i^*(p)]. \tag{1.5}$$

Da die Konsumentenrente R_K den aggregierten Wohlfahrtsgewinn der Konsumenten beschreibt, lässt sie sich graphisch als das Integral der aggregierten Nachfragefunktion $D(p)$ oberhalb des Preises p veranschaulichen. Um dies formal zu zeigen, leiten wir zunächst aus (1.5) unter Berücksichtigung von (1.3) ab, dass

$$
\begin{aligned}
R_K'(p) &= \sum_{i=1}^{m} [U_i'(x_i^*(p)) - p]\,\frac{\partial x_i^*(p)}{\partial p} - \sum_{i=1}^{m} x_i^*(p) \\
&= -\sum_{i=1}^{m} x_i^*(p) = -D(p).
\end{aligned}
\tag{1.6}
$$

Daraus folgt,

$$\int_{p}^{\infty} R_K'(\hat{p})\mathrm{d}\hat{p} = R_K(\infty) - R_K(p) = -\int_{p}^{\infty} D(\hat{p})\mathrm{d}\hat{p}. \tag{1.7}$$

Da $U_i'(\infty) \leq 0$, folgt aus (1.3), dass die Nachfrage x_i^* für $p \to \infty$ gleich Null ist. Daher ist auch $R_K(\infty) = 0$. Aus (1.7) ergibt sich daher die Schlussfolgerung, dass

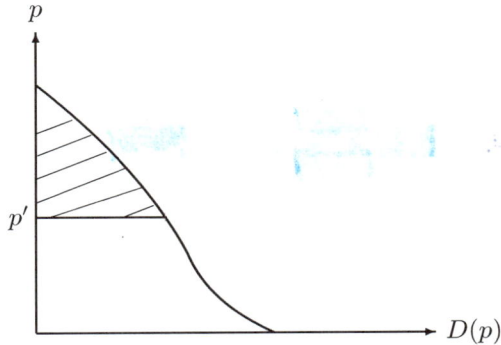

Abb. 1.3. *Konsumentenrente und Nachfragefunktion*

$$R_K(p) = \int_p^\infty D(\hat{p})\mathrm{d}\hat{p} \qquad (1.8)$$

Bei der in Abbildung 1.3 dargestellten Nachfragefunktion wird die Konsumentenrente beim Preis p' durch den Inhalt der schraffierten Fläche repräsentiert. Diese Darstellung hat den Vorteil, dass sie allein auf der aggregierten Nachfrage beruht und nicht die Kenntnis der Nutzenfunktionen der einzelnen Konsumenten voraussetzt.

Beispiel 1.2.1. Alle Konsumenten haben die gleiche Zahlungsbereitschaft $U(x_i) = ax_i - 0.5bx_i^2$ mit den Parametern $a > 0$ und $b > 0$. Für $p < a$ stellt dann $x_i^*(p) = (a-p)/b$ die Lösung von (1.3) dar; für $p \geq a$ ist $x_i^*(p) = 0$. Solange $p < a$, erzielt jeder Konsument den Wohlfahrtsgewinn $U(x_i^*(p)) - px_i^*(p) = 0.5(a-p)^2/b$. Da $\int_p^\infty x_i^*(\hat{p})\,\mathrm{d}\hat{p} = \int_p^a (a-\hat{p})/b\,\mathrm{d}\hat{p} = [(2a\hat{p}-\hat{p}^2)/(2b)]_p^a = 0.5(a-p)^2/b$, führt die Berechnung der Konsumentenrente nach (1.5) und (1.8) zum selben Ergebnis.

Für eine vollständige Beschreibung des Marktes ist noch auf die Aktivität der Produzenten einzugehen. Die Kostenfunktion $C_j(x_j)$ des Produzenten j gibt an, wie viele Einheiten des numeraire Gutes er für die Produktion von x_j Einheiten des betrachteten Gutes aufwenden muss. Wir nehmen an, dass $C_j(0) = 0, C_j'(x_j) > 0$ und $C_j''(x_j) \geq 0$. Eine Steigerung der Produktion ist mit höheren Kosten verbunden, weil die Grenzkosten $C_j'(x_j)$ positiv sind. Da $C_j''(x_j) \geq 0$, ist die Kostenfunktion konvex und die Stückkosten $C_j(x_j)/x_j$ sind nicht fallend in x_j.

Wenn der Anbieter j seinen Output x_j zum Preis p verkauft, stellt sein Gewinn die Differenz zwischen dem Erlös px_j und den Kosten

$C_j(x_j)$ dar. Als *Produzentenrente* R_P wird der Gesamtgewinn aller Anbieter bezeichnet:

Produzentenrente ⇒

$$R_P = \sum_{j=1}^{n} \left[p\, x_j - C_j(x_j) \right].$$

(1.9)

Die Produzentenrente stellt den Wohlfahrtsgewinn der Produzenten dar.

1.2.2 Markteffizienz und Wettbewerb

Im folgenden betrachten wir zunächst mögliche Marktergebnisse unter dem normativen Gesichtspunkt der allokativen Effizienz. Dies erlaubt uns dann festzustellen, unter welchen Bedingungen im Marktgleichgewicht ein effizientes Ergebnis zustande kommt. Da $\sum_i U_i(x_i)$ die aggregierte Zahlungsbereitschaft aller Konsumenten darstellt und die Gesamtkosten der Güterproduktion $\sum_j C_j(x_j)$ betragen, kann die in dem betrachteten Markt erreichte soziale Wohlfahrt W durch

Soziale Wohlfahrt ⇒

$$W \equiv \sum_{i}^{m} U_i(x_i) - \sum_{j}^{n} C_j(x_j)$$

(1.10)

beschrieben werden. Dabei setzt die Realisierbarkeit der Wohlfahrt W natürlich voraus, dass

$$\sum_{i}^{m} x_i = \sum_{j}^{n} x_j.$$

(1.11)

Diese Gleichung fordert, dass der gesamte Konsum aller Konsumenten mit dem Gesamtoutput aller Produzenten übereinstimmt.

Eine Güterallokation, welche die Bedingung (1.11) erfüllt, ist nach dem Wohlfahrtskriterium W effizient, wenn es keine andere Allokation gibt, die unter Beachtung von (1.11) zu einer höheren sozialen Wohlfahrt führt. Wir erhalten demnach eine effiziente Allokation, indem wir W bezüglich $x_i, i = 1, ..., m$, und $x_j, j = 1, ..., n$, unter der Nebenbedingung (1.11) maximieren. Dazu führen wir für die Nebenbedingung den Lagrange Parameter λ ein; aus der Maximierung der Lagrange Funktion $W - \lambda(\sum_i x_i - \sum_j x_j)$ erhalten wir die folgenden Bedingungen erster Ordnung für eine effiziente Allokation:

$$U_i'(x_i^*) = \lambda, \; i = 1, ..., m; \quad C_j'(x_j^*) = \lambda, \; j = 1, ..., n.$$

(1.12)

Im Optimum haben also alle Konsumenten, die eine positive Menge x_i^* konsumieren, denselben Grenznutzen. Wenn dies nicht der Fall wäre, könnten einige Konsumenten durch Tausch ihren Nutzen erhöhen. Indem nämlich ein Konsument mit einer höheren marginalen Zahlungsbereitschaft einige Einheiten des betrachteten Gutes im Tausch gegen das numeraire Gut von einem Konsumenten mit einer niedrigeren marginalen Zahlungsbereitschaft erwirbt, können sich beide Parteien besserstellen. Ebenso stimmen bei einer effizienten Allokation die Grenzkosten aller Produzenten, die eine positive Menge x_j^* produzieren, überein. Ansonsten ließe sich nämlich derselbe aggregierte Output des Gutes bei konstanten Gesamtkosten erhöhen, indem ein Teil der Produktion von den Produzenten mit höheren Grenzkosten zu denjenigen mit niedrigeren Grenzkosten verlagert wird. Weiterhin implizieren die Effizienzbedingungen in (1.12), dass die Grenznutzen der Konsumenten gleich den Grenzkosten der Produzenten sind. Wäre z.B. die marginale Zahlungsbereitschaft der Konsumenten höher als die Grenzkosten der Produktion, ließe sich die Wohlfahrt W durch eine Erhöhung des Gesamtoutputs steigern.

Beispiel 1.2.2. Alle m Konsumenten haben die Zahlungsbereitschaft $U(x_i)$ $= ax_i - 0.5\,b\,x_i^2$. Ebenso haben die n Produzenten die selbe Kostenfunktion $C(x_j) = 0.5\,c\,x_j^2$, wobei $c > 0$. In diesem Fall ergeben die Bedingungen (1.11) und (1.12) die Gleichungen $mx_i^* = nx_j^*$ und $a - bx_i^* = cx_j^*$. Die Auflösung dieser Gleichungen zeigt, dass bei der effizienten Allokation jeder Konsument i die Menge $x_i^* = an/(bn+cm)$ konsumiert und jeder Produzent j den Output $x_j^* = am/(bn + cm)$ produziert.

Wir wollen nun auf die Implikationen von (1.12) für die Wohlfahrtseigenschaften eines Marktgleichgewichts eingehen. Im Gleichgewicht wird der Marktpreis p dadurch bestimmt, dass die Gesamtnachfrage mit dem aggregierten Output übereinstimmt:

$$\sum_{i=1}^{m} x_i^*(p) = \sum_{j=1}^{n} x_j. \tag{1.13}$$

Aus der Definition der Konsumentenrente in (1.5) und der Produzentenrente in (1.9) folgt unmittelbar, dass das Wohlfahrtsmaß W die Summe von Konsumenten- und Produzentenrente darstellt, wenn (1.13) erfüllt ist.

Die Marktgleichgewichtsbedingung (1.13) entspricht der Gleichung (1.11). Da die Nachfrage der Konsumenten durch (1.3) bestimmt wird, erhalten wir aus (1.12) das Ergebnis, dass im Marktgleichgewicht die soziale Wohlfahrt maximiert wird, wenn

$$C_j'(x_j) = p, \quad j = 1, ..., n. \tag{1.14}$$

Das Marktergebnis beinhaltet eine effiziente Allokation, wenn alle Produzenten ihr Angebot so bestimmen, dass der Preis des Gutes mit den Grenzkosten der Produktion übereinstimmt.

Bekanntlich beschreibt die Gleichung (1.14) auch das Verhalten eines Produzenten, der bei vollständigem Wettbewerb seinen Gewinn maximiert. Bei vollständigem Wettbewerb geht jeder einzelne Anbieter davon aus, dass seine Entscheidung keinen Einfluss auf den Marktpreis hat. Er betrachtet daher p als gegeben, so dass (1.14) die Bedingung erster Ordnung für die Maximierung seines Gewinns $px_j - C_j(x_j)$ darstellt.

Im Gleichgewicht der vollständigen Konkurrenz maximiert der einzelne Konsument seinen Nutzen entsprechend (1.3) und der einzelne Produzent maximiert entsprechend (1.14) seinen Gewinn. Die so dezentral getroffenen Nachfrage- und Angebotsentscheidungen sind beim Gleichgewichtspreis nach (1.13) miteinander kompatibel. Zugleich ist die Marktallokation aus wohlfahrtstheoretischer Sicht effizient. Bei vollständigem Wettbewerb realisiert der Marktmechanismus auf dezentrale Weise das Wohlfahrtsoptimum.[7]

Beispiel 1.2.3. Die Konsumenten und Produzenten seien wie im Beispiel 1.2.2 beschrieben. Wie in Beispiel 1.2.1 gezeigt wurde, fragt dann für $p < a$ jeder Konsument i die Menge $x_i = (a - p)/b$ nach. Aus (1.14) ergibt sich die Angebotsentscheidung $x_j = p/c$ des Produzenten j. Die Gleichgewichtsbedingung (1.13) lautet daher $m(a-p)/b = np/c$. Die Lösung dieser Gleichung ergibt den Gleichgewichtspreis $p^* = acm/(bn + cm)$. Im Gleichgewicht der vollständigen Konkurrenz konsumiert daher jeder Konsument i die Menge $x_i^* = (a - p^*)/b = an/(bn + cm)$ und jeder Produzent j produziert den Output $x_j^* = p^*/c = am/(bn + cm)$. Dies entspricht dem im Beispiel 1.2.2 ermittelten Wohlfahrtsoptimum.

Die Übereinstimmung von Preis und Grenzkosten ergibt sich, wenn die Marktmacht jedes einzelnen Anbieters vernachlässigbar ist. Dieser Idealzustand vollkommener Konkurrenz ist für die Mehrzahl aller

---

[7] Diese Erkenntnis ist nicht auf den hier betrachteten Rahmen eines Partialmodells beschränkt. In der Allgemeinen Gleichgewichtstheorie ist sie als 'Erster Hauptsatz der Wohlfahrtstheorie' bekannt (siehe z.B. Varian (1994, Kap. 18.6)).

Industrien weniger als eine Beschreibung der Realität zu verstehen. Vielmehr verdeutlicht das Modell der vollkommenen Konkurrenz die Allokationsfunktion von Preisen und betont die Rolle des Wettbewerbs für eine effiziente Güterallokation. Wenn ein einzelner Anbieter durch seine Angebotsentscheidung den Marktpreis beeinflussen kann, wird in der Regel der Preis die Grenzkosten der Produktion übersteigen. Ein Maß für die resultierende Ineffizienz oder die Marktmacht eines Unternehmens j ist der sog. *Lerner–Index*

$$\text{lerner Index} \Rightarrow \quad \frac{p - C_j'(x_j)}{p}. \tag{1.15}$$

Dieser Index misst die Abweichung des Preises von den Grenzkosten relativ zum Preis des Gutes.

1.2.3 Grundzüge des Wettbewerbsrechts

Die Rolle der Wettbewerbspolitik besteht darin, einen funktionsfähigen Wettbewerbsprozess zu garantieren. Zum einen soll sie den Wettbewerb als marktwirtschaftliches Anreiz-, Lenkungs- und Kontrollinstrument unterstützen. Zum anderen muss sie dafür sorgen, dass der Entscheidungsspielraum der Wirtschaftssubjekte nicht unangemessen eingeschränkt wird.

In Deutschland regelt in erster Linie das Gesetz gegen Wettbewerbsbeschränkungen (GWB) den rechtlichen Rahmen der Wettbewerbspolitik.[8] Der § 1 des GWB spricht ein *Kartellverbot* aus. Hierdurch ist es Unternehmen oder Vereinigungen von Unternehmen untersagt, Vereinbarungen zu treffen, die eine Verhinderung, Einschränkung oder Verfälschung des Wettbewerbs bezwecken oder bewirken.[9] Kartellvereinbarungen dienen typischerweise der Erhöhung des Gewinns

---

[8] Die sechste wesentliche Novellierung des GWB trat 1999 in Kraft. Eine andere Rolle spielt das Gesetz gegen unlauteren Wettbewerb (UWG), welches im Geschäftsverkehr Handlungen untersagt, die entsprechend § 1 UWG „gegen die guten Sitten verstoßen". Die Vorschriften des deutschen Rabattgesetzes über Preisnachlässe wurden am 25. Juli 2001 ausser Kraft gesetzt.

[9] In § 2 - 7 des GWB finden sich Ausnahmen vom Kartellverbot, die sich auf Normen- und Typenkartelle, Konditionenkartelle, Spezialisierungskartelle, Mittelstandskartelle, Rationalisierungskartelle, Strukturkrisenkartelle, und 'sonstige' Kartelle beziehen. Ebenso gibt es nach § 8 die Möglichkeit, durch den Bundesminister für Wirtschaft Vereinbarungen und Beschlüsse vom Verbot des § 1 freizustellen, wenn ausnahmsweise die Beschränkung des Wettbewerbs aus überwiegenden Gründen der Gesamtwirtschaft und des Gemeinwohls notwendig ist.

auf Kosten der Nachfrager, der Zulieferer oder der übrigen Konkurrenten. Dieses Ziel können z.B. Absprachen verfolgen, die sich auf die Preispolitik (Fest- oder Mindestpreise, Festlegung von Geschäftskonditionen), auf die Absatzpolitik (Produktionsmengen, Absatzgebiete, Kundenkreise) oder die Produktpolitik (Typisierung von Produkten, Spezialisierung auf Produktionsarten) beziehen. Auf der Ebene der Europäischen Gemeinschaft (EU) findet sich ein entsprechendes Kartellverbot in Art. 81 (ex Art. 85) des EG-Vertrags (EGV).[10] Dieses Verbot zielt auf Kartellabsprachen ab, die eine spürbare Verfälschung des Wettbewerbs im Handel zwischen den Mitgliedstaaten der EU bezwecken.

Die § 14 - 18 GWB sprechen vertikale Vereinbarungen zwischen Anbietern und Abnehmern von Waren und Dienstleistungen an. So verbietet der § 14 Vereinbarungen, soweit sie einen Beteiligten in der Freiheit der Gestaltung von Preisen oder Geschäftsbedingungen mit Dritten beschränken.[11] Durch die Bestimmungen des § 16 GWB werden Ausschließlichkeitsverträge eingeschränkt. Solche Verträge zielen darauf ab, den Abnehmer bei der Verwendung einer Ware zu beschränken, ihn in seinen Beziehungen mit Dritten einzuschränken oder ihn zu verpflichten, weitere Waren oder Leistungen abzunehmen.

Für ein Reihe weiterer Instrumente des Wettbewerbsrechts spielt der Begriff der *marktbeherrschenden Stellung*, der in § 19 GWB angesprochen wird, eine wesentliche Rolle. Ein oder auch mehrere Anbieter befinden sich danach in einer marktbeherrschenden Stellung, wenn sie auf dem relevanten Markt keinem wesentlichen Wettbewerb ausgesetzt sind. Ebenso kann der Tatbestand der Marktbeherrschung auf einer 'überragenden Marktstellung' beruhen. Kriterien für eine solche Stellung sind u.a. der Marktanteil, die Finanzmacht und die Ressourcen des betreffenden Unternehmens, die Marktzutrittschancen von Konkurrenten, sowie die Beweglichkeit der Nachfrage. Um den eher vagen Begriff der Marktbeherrschung zu konkretisieren, wird in § 19.3 GWB eine 'Marktbeherrschungsvermutung' formuliert. Diese Vermutung begründet sich auf der Unternehmensgröße und der Anbieterkonzentration in dem betreffenden Markt. So ist von einer 'Monopolvermutung' auszugehen, wenn ein einzelnes Unternehmen einen Marktanteil von

---

[10] Durch den Artikel 12 des Vertrags von Amsterdam, der seit dem 1. Mai 1999 gilt, wurden die Artikel des EG Vertrages neu nummeriert. Artikel 81 entspricht dem früheren Artikel 85.

[11] Eine ähnliche Rolle spielt das Empfehlungsverbot des § 22, durch den Preisempfehlungen für den Weiterverkauf von Waren untersagt werden.

zumindest einem Drittel hat. Die 'Oligopolvermutung' geht von Marktbeherrschung aus, wenn zwei oder drei Unternehmen einen Marktanteil von zusammen 50% und mehr und wenn vier oder fünf Unternehmen einen Marktanteil von zwei Dritteln und mehr haben.

Die *Fusionskontrolle* zielt darauf ab, die Entstehung oder Verstärkung einer marktbeherrschenden Stellung zu verhindern. Nach § 36 GWB hat das Bundeskartellamt einen Zusammenschluss von Unternehmen zu untersagen, wenn zu erwarten ist, dass er eine marktbeherrschende Stellung begründet oder verstärkt. Die Fusion kann jedoch toleriert werden, wenn die beteiligten Unternehmen nachweisen können, dass durch den Zusammenschluss auch Verbesserungen der Wettbewerbsbedingungen eintreten und dass diese Verbesserungen die Nachteile der Marktbeherrschung überwiegen. Innerhalb der EU ist die Fusionskontrolle durch die Fusionskontroll-Verordnung (FKVO) geregelt. Diese bezieht sich auf Unternehmenszusammenschlüsse von gemeinschaftsweiter Bedeutung. Ob eine Fusion von solcher Bedeutung ist, hängt neben der Größe der Unternehmen auch davon ab, ob zwei der beteiligten Unternehmen weniger als 2/3 ihres gemeinsamen Umsatzes in ein und demselben Mitgliedstaat erzielen.

Während die Fusionskontrolle präventiv versucht, die Entstehung einer marktbeherrschenden Stellung zu verhindern, dient die *Missbrauchsaufsicht* über marktbeherrschende Unternehmen dazu, das Verhalten solcher Unternehmen zu kontrollieren. Der § 19.1 des GWB verbietet die missbräuchliche Ausnutzung einer marktbeherrschenden Stellung durch ein oder mehrere Unternehmen. Die Grundüberlegung des in § 19 GWB geregelten Missbrauchsverbots und des in § 20 GWB ausgesprochenen Behinderungs- und Diskriminierungsverbots besteht darin, quasi gesetzlich Wettbewerbsverhalten auch dann zu erzwingen, wenn auf dem betreffenden Markt die Voraussetzungen für ein solches Verhalten nicht vorliegen. So soll durch den § 19.4 GWB verhindert werden, dass ein marktbeherrschender Anbieter die Wettbewerbsmöglichkeiten anderer Unternehmen beeinträchtigt (Behinderungsmissbrauch) oder Entgelte und Konditionen fordert, die nicht dem Ergebnis wirksamen Wettbewerbs entsprechen oder die ungünstiger sind als das Angebot des Unternehmens an gleichartige Abnehmer auf vergleichbaren Märkten (Ausbeutungsmissbrauch). In ähnlicher Weise untersagen § 20.1 und § 20.3 GWB einem marktbeherrschenden Anbieter, ein anderes Unternehmen unbillig zu behindern oder im Vergleich zu gleichartigen Unternehmen unterschiedlich zu behandeln. Ebenso ist es ihm nicht gestattet, von Lieferanten oder Abnehmern

Sonderkonditionen zu fordern. Im Rahmen der EU wird durch Art. 82 EGV (ex Art. 86) die missbräuchliche Ausnutzung einer beherrschenden Stellung untersagt, insofern diese zu Handelsbeeinträchtigungen zwischen den Mitgliedstaaten führen kann.

Sowohl die Feststellung der Marktbeherrschung wie auch der Nachweis des Marktmissbrauchs sind in der Regel mit schwierigen Problemen verbunden. Um die Marktbeherrschung auf einem konkreten Markt nachzuweisen, muss der *relevante Markt* abgegrenzt werden. Hierbei stellt sich die Frage, welche Anbieter tatsächlich in einem Markt miteinander konkurrieren und wie groß die Substitutionsmöglichkeiten zwischen ihren Produkten sind.[12] Das Konzept des Marktmissbrauchs geht von einer wettbewerblichen Referenzsituation aus, die das Ausmaß des Missbrauchs bestimmt. Oft lässt sich aber ein solcher fiktiver Vergleichsmaßstab weder theoretisch noch empirisch genau bestimmen. Daher ist es in der Regel schwierig nachzuweisen, inwieweit z.B. die Preisgestaltung eines marktbeherrschenden Unternehmens tatsächlich den Tatbestand des Ausbeutungsmissbrauchs erfüllt.

1.3 Heterogene Güter und Marktabgrenzung

1.3.1 Produktdifferenzierung

In den meisten Märkten sind die angebotenen Produkte nicht völlig identisch. Aus der Sicht der Nachfrager stellen die verfügbaren Produkte keine vollständigen Substitute dar. Die Vorstellung einer Industrie, die ein einziges homogenes Gut produziert, ist aus diesem Grunde eher als eine vereinfachende Annäherung zu verstehen. Falls das Güterangebot tatsächlich in hohem Grade homogen ist, ist diese Annäherung durchaus befriedigend. Oft erscheint es jedoch wünschenswert, den Tatbestand der Produktheterogenität explizit zu berücksichtigen. Modelle der Produktdifferenzierung beschreiben Märkte, in denen die angebotenen oder technisch produzierbaren Güter sich hinsichtlich ihrer Eigenschaften unterscheiden. In diesem Rahmen lässt sich auch berücksichtigen, dass die Anbieter darüber entscheiden, welche Art von Produkten sie anbieten. Sowohl die Produkteigenschaften wie auch die Produktvielfalt in einem Markt werden so endogen bestimmbar.

Durch eine Auflistung aller relevanten Charakteristika eines Gutes lassen sich dessen qualitative Eigenschaften beliebig detailliert erfas-

---

[12] Auf das Problem der Marktabgrenzung wird in Kapitel 1.3.2 näher eingegangen.

sen.[13] Zur vollständigen Beschreibung eines Gutes gehören alle Charakteristika, die für die Zahlungsbereitschaft der potentiellen Nachfrager eine Rolle spielen. Je nach Art des Gutes sind mögliche Charakteristika z.B. die Haltbarkeit, die Farbe, der Geschmack, der Ort der Verfügbarkeit, die Materialeigenschaften, das Fassungsvermögen etc. Zur Vereinfachung verwenden wir im folgenden jedoch in der Regel ein eindimensionales Charakteristikum $q \in [\underline{q}, \overline{q}]$, welches zusammenfassend die Eigenschaften eines Gutes bezeichnet.

In Modellen der Produktdifferenzierung wird oft ein Markt betrachtet, in dem jeder Konsument maximal eine Einheit des betreffenden Gutes kaufen will. In einem solchem Markt ist die Zahlungsbereitschaft eines Konsumenten entscheidend dafür, ob er das Gut kauft oder nicht. Im allgemeinen haben jedoch verschiedene Konsumenten eine unterschiedliche Zahlungsbereitschaft. Diese hängt also nicht nur von der Eigenschaft q des betreffenden Gutes ab, sondern auch von den Charakteristika des Konsumenten. Solche Charakteristika sind z.B. Einkommen, Familienstand, Alter, Wohnsitz, etc. Im folgenden beschränken wir uns in der Regel auf den Fall, dass jeder Konsument durch ein eindimensionales Merkmal $\theta \in [\underline{\theta}, \overline{\theta}]$ beschrieben werden kann. Das Charakteristikum θ ist dabei unter den Konsumenten entsprechend der Verteilungsfunktion $F(\theta)$ verteilt, so dass der Anteil $F(\theta')$ der Konsumenten ein Merkmal $\theta \leq \theta'$ hat. Die Zahlungsbereitschaft eines Konsumenten mit dem Charakteristikum θ für ein Gut der Eigenschaft q sei $v(q, \theta)$.

Die Darstellung der Zahlungsbereitschaft als eine Funktion von Produkt- und Konsumentencharakteristika erlaubt es uns, auf Spezialfälle der Produktdifferenzierung einzugehen. *Vertikale Produktdifferenzierung* liegt vor, wenn die Präferenzen der Konsumenten bzgl. des Parameters q übereinstimmen. Dies ist z.B. der Fall, wenn q die Haltbarkeit oder den Komfort eines Produkts angibt. In dieser Situation bezeichnet q die Höhe der Qualität; alle Konsumenten ziehen eine höhere Qualität gegenüber einer niedrigeren Qualität vor. Aus $q' > q''$ folgt also $v(q', \theta) > v(q'', \theta)$ für alle θ. Wenn beide Qualitäten q' und q'' zum selben Preis angeboten werden, fragt kein Konsument die niedrigere Qualität q'' nach.

Beispiel 1.3.1. In Shaked und Suttons (1982) Modell vertikaler Produktdifferenzierung ist $v(q, \theta) = \theta q$, wobei $q > 0$ und $\theta > 0$. Für Konsumenten mit einem höheren $\theta-$Wert spielt die Höhe der Qualität also eine größere Rolle.

---

[13] Vgl. Lancaster (1966).

Falls zwei Güter mit den Qualitäten $q_1 > 0$ und $q_2 > q_1$ zu den Preisen $p_1 > 0$ und $p_2 > p_1$ angeboten werden, kauft Konsument θ Gut 1, wenn $\theta q_1 - p_1 \geq \max[0, \theta q_2 - p_2]$. Er kauft Gut 2, wenn $\theta q_2 - p_2 \geq \max[0, \theta q_1 - p_1]$. Es sei nun θ gleichverteilt auf $[0, 1]$, die Masse der Konsumenten sei auf Eins normiert. Ferner gelte $p_1/q_1 < p_2/q_2 < 1$ und $p_2 - p_1 < q_2 - q_1$. Dann kaufen die Konsumenten mit $\theta \leq p_1/q_1$ gar kein Gut. Die Nachfrage nach Gut 1 beträgt $D_1(p_1, p_2) = [p_2 q_1 - p_1 q_2]/[(q_2 - q_1)q_1]$, da alle Konsumenten mit $\theta \in [p_1/q_1, (p_2 - p_1)/(q_2 - q_1)]$ sich für Gut 1 entscheiden. Alle Konsumenten mit $\theta \in [(p_2 - p_1)/(q_2 - q_1), 1]$ kaufen Gut 2, so dass die Nachfrage nach diesem Gut $D_2(p_1, p_2) = [q_2 - q_1 + p_1 - p_2]/[q_2 - q_1]$ beträgt.

Falls die Eigenschaften verschiedener Güter von den Konsumenten unterschiedlich beurteilt werden, spricht man von *horizontaler Produktdifferenzierung*. So wird z.B. der Geschmack der Konsumenten bzgl. des Designs oder der Farbe eines Produktes oft nicht einheitlich sein. Die Produkteigenschaften q' und q'' implizieren also eine horizontale Produktdifferenzierung, wenn der Unterschied in der Zahlungsbereitschaft $v(q', \theta) - v(q'', \theta)$ für einige Werte von θ positiv ist, während er für andere θ-Werte negativ ist. Wenn beide Produkte zum selben Preis angeboten werden, hängt die Kaufentscheidung vom Charakteristikum θ des Konsumenten ab.

Beispiel 1.3.2. d'Aspremont, Gabszewicz und Thisse (1979) untersuchen einen Markt mit zwei horizontal differenzierten Gütern, welche durch $0 \leq q_1 < q_2 \leq 1$ beschrieben werden. Das Charakteristikum θ der Konsumenten ist gleichverteilt auf $[0, 1]$. Jeder Konsument kauft per Annahme entweder Gut 1 oder Gut 2. Der Unterschied in der Zahlungsbereitschaft ist $v(q_1, \theta) - v(q_2, \theta) = t(q_2 - q_1)(q_1 + q_2 - 2\theta)$. Bei den Preisen p_1 und p_2 ist der Konsument θ^* indifferent zwischen dem Kauf von Gut 1 und Gut 2, wenn $v(q_1, \theta^*) - v(q_2, \theta^*) = p_1 - p_2$. Alle Konsumenten mit $\theta < \theta^*$ kaufen Gut 1 und alle Konsumenten mit $\theta > \theta^*$ kaufen Gut 2. Durch die Bestimmung von θ^* erhalten wir die Nachfrage $D_1(p_1, p_2) = \theta^* = 0.5(q_1 + q_2) + 0.5(p_2 - p_1)/(tq_2 - tq_1)$ für Gut 1 und $D_2(p_1, p_2) = 1 - D_1(p_1, p_2)$ für Gut 2.[14]

Ein spezieller Fall horizontaler Produktdifferenzierung wird in Modellen *räumlichen Wettbewerbs* betrachtet. In diesen Modellen bezeichnet q den Standort des Verkäufers und θ den Wohnsitz des Konsumenten. Die Präferenzen der Konsumenten unterscheiden sich, da sie Transportkosten beim Kauf des Gutes aufwenden müssen. Diese Kosten steigen mit dem Abstand $|q - \theta|$ zwischen dem Wohnsitz des Kon-

---

[14] Wir betrachten nur solche Preise, bei denen $D_1 \geq 0$ und $D_2 \geq 0$.

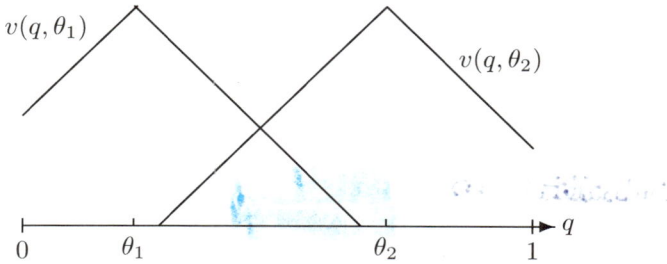

Abb. 1.4. *Räumliche Produktdifferenzierung*

sumenten und dem Standort des Verkäufers.[15] Wenn alle Produzenten den gleichen Preis verlangen, so präferiert daher jeder Konsument den für ihn am nächsten gelegenen Anbieter.

Beispiel 1.3.3. In Hotellings (1929) Modell unterscheiden sich die Anbieter durch ihren Standort q innerhalb einer linearen Stadt $[0,1]$. Die Wohnsitze θ der Konsumenten sind gleichverteilt auf $[0,1]$. Der Konsum des Gutes stiftet den Nutzengewinn $r > 0$. Beim Kauf des Gutes entstehen jedoch für den Konsumenten mit dem Wohnsitz θ Transportkosten in Höhe von $t|q-\theta|$, wenn er den Verkaufsort q aufsucht. Folglich ist seine Zahlungsbereitschaft $v(q,\theta) = r - t|q-\theta|$. Abbildung 1.4 stellt die Zahlungsbereitschaft von Konsument θ_1 und θ_2 in Abhängigkeit von q dar.

Will man zulassen, dass ein Konsument mehrere Einheiten verschiedener Güter kauft, so kann man seine Präferenzen durch eine Nutzenfunktion beschreiben. Anstatt die Nachfragestruktur aus den Produkteigenschaften und der Verteilung der Konsumentencharakteristika abzuleiten, wird bei diesem Ansatz typischerweise das Nutzenmaximierungsproblem eines repräsentativen Konsumenten betrachtet. Der Nutzen $U(x_1, ..., x_n) + x_0$ dieses Konsumenten hängt dann von den Mengen $x_j, j = 0, ...n$, der konsumierten Güter ab.[16] Dabei ist x_0 die Menge eines numeraire Gutes, dessen Preis auf Eins normiert ist. Der Nachfragevektor $x = (x_1, ..., x_n)$ ergibt sich durch Maximierung von $U(x_1, ..., x_n) + x_0$ bzgl. der Budgetrestriktion $p_1 x_1 + ...p_n x_n + x_0 \leq w$, in der w das verfügbare Einkommen des Konsumenten darstellt.

---

[15] Modelle dieser Art werden oft auch für nicht–räumliche Fragestellungen verwendet, indem die Distanz $|q - \theta|$ als Abstand im Geschmack vom 'idealen' Produkt des Konsumenten θ interpretiert wird.

[16] Analog zu (1.1) werden durch die 'quasi–lineare' Spezifikation der Nutzenfunktion Einkommenseffekte eliminiert.

Bei diesem Ansatz werden die Unterschiede zwischen den Gütern $j = 1, ..., n$ implizit durch die Eigenschaften der Nutzenfunktion berücksichtigt. So stellen z.B. die beiden Güter h und k aus der Sicht des Konsumenten *Substitute* dar, wenn

Substititute ⇒

$$\frac{\partial^2 U(x)}{\partial x_h \partial x_k} < 0. \tag{1.16}$$

Bei Substituten ist der Grenznutzen des Nachfragers für ein Gut umso geringer, je mehr er von dem anderen Gut konsumiert. Falls dagegen die marginale Zahlungsbereitschaft für Gut h mit der Menge des Gutes k steigt, sind die beiden Güter *Komplemente*.

Beispiel 1.3.4. Dixit (1979) verwendet eine Spezifikation von $U(\cdot)$, die im symmetrischen Fall durch $U(x_1, x_2) = a(x_1 + x_2) - 0.5(bx_1^2 + 2gx_1x_2 + bx_2^2)$ gegeben ist. Für die Parameter gilt $a, b > 0$ und $-b < g < b$. Der Parameter g ist ein Maß für den Grad der Produktdifferenzierung; g ist positiv, wenn die beiden Güter Substitute sind, und negativ, wenn die beiden Güter Komplemente sind. Aus dem Nutzenmaximierungsansatz erhalten wir die beiden Bedingungen erster Ordnung $\partial U / \partial x_1 = p_1$ und $\partial U / \partial x_2 = p_2$, deren Lösung das lineare Nachfragesystem

$$D_1(p_1, p_2) = \frac{b(a - p_1) - g(a - p_2)}{b^2 - g^2}, \quad D_2(p_1, p_2) = \frac{b(a - p_2) - g(a - p_1)}{b^2 - g^2}.$$

ergibt. Durch Auflösen nach p_1 und p_2 erhalten wir die inverse Nachfrage

$$P_1(x_1, x_2) = a - b\,x_1 - g\,x_2, \quad P_2(x_1, x_2) = a - b\,x_2 - g\,x_1.$$

1.3.2 Der relevante Markt

Für die partialanalytische Betrachtung tritt im Zusammenhang mit differenzierten Gütern das Problem der Marktabgrenzung auf. Dabei geht es um die Frage, welche Güter ein und demselben Markt zugeordnet werden. Im Prinzip sollten zum relevanten Markt all die Güter bzw. Produzenten zählen, die in wirksamer Konkurrenz miteinander stehen.

Die Abgrenzung des relevanten Marktes spielt auch bei wettbewerbsrechtlichen Fragen eine wichtige Rolle, da das Konzept der Marktbeherrschung von der Größe des betrachteten Marktes abhängt. Wenn man den Bereich der wirksamen Konkurrenz sehr eng interpretiert, ist es eher wahrscheinlich, dass ein oder mehrere Unternehmen eine marktbeherrschende Stellung ausüben. Je weiter man dagegen den Bereich der wirksamen Konkurrenz fasst, umso geringer ist der Marktanteil und die Marktmacht eines einzelnen Anbieters. Im allgemeinen gilt für alle praktischen und theoretischen Erwägungen, die ein Maß der Anbieterkonzentration verwenden, dass dieses Maß von der Menge der Güter abhängt, die dem relevanten Markt zugeordnet werden.

Ob zwischen verschiedenen Produkten eine wirksame Konkurrenz besteht, hängt von den Substitutionsmöglichkeiten ab. Auf der Nachfrageseite bedeutet die Substituierbarkeit von Produkten, dass die Konsumenten bei einer Preiserhöhung auf ein ähnliches Produkt ausweichen können. Daher ist es naheliegend, zur Messung der Substituierbarkeit die *Kreuzpreiselastizität der Nachfrage* zu verwenden. Wenn die Nachfrage $D_i(p_1, ..., p_n)$ nach Gut i von den Preisen $p_1, ..., p_n$ abhängt, so ist die Kreuzpreiselastizität ϵ_{ij} der Nachfrage nach Gut i bzgl. des Preises p_j definiert als

$$\epsilon_{ij}(p_1, ..., p_n) \equiv \frac{\partial D_i(p_1, ..., p_n)}{\partial p_j} \cdot \frac{p_j}{D_i(p_1, ..., p_n)}. \tag{1.17}$$

Durch ϵ_{ij} wird also die relative Änderung der Nachfrage nach Gut i beschrieben, die durch eine relative Änderung des Preises p_j verursacht wird. Wenn die beiden Güter i und j Substitute sind, so ist $\epsilon_{ij} > 0$. Aus der Sicht der Nachfrager erscheint Gut j umso leichter gegen Gut i austauschbar, je größer ϵ_{ij} ist. Daher sollten die Produkte i und j als zu einem Markt gehörend betrachtet werden, falls die Kreuzpreiselastizität ϵ_{ij} oberhalb einer kritischen Grenze liegt.

Beispiel 1.3.5. Bei den in Beispiel 1.3.4 angegebenen Nachfragefunktionen sind die Kreuzpreiselastizitäten

$$\epsilon_{12} = g\frac{p_2}{b(a - p_1) - g(a - p_2)}, \ \epsilon_{21} = g\frac{p_1}{b(a - p_2) - g(a - p_1)}.$$

Für $D_1 > 0, D_2 > 0$ hat ϵ_{ij} dasselbe Vorzeichen wie der Substitutionsparameter g.

Die Abgrenzung des relevanten Marktes mit Hilfe der Kreuzpreiselastizitäten ist jedoch mit einigen praktischen und theoretischen Problemen verbunden. Erstens erweist sich die empirische Bestimmung zuverlässiger Werte für diese Elastizitäten als schwierig und aufwendig. Zweitens ist diejenige kritische Höhe der Kreuzpreiselastizität, oberhalb der ein Gut dem relevanten Markt zugeordnet werden sollte, theoretisch unklar. Eine rein pragmatische Lösung dieses Problems besteht darin, die Kreuzpreiselastizitäten verschiedener Substitute entsprechend ihrer Höhe anzuordnen. Falls diese Anordnung an einer Stelle eine signifikante Lücke aufweist, könnte man dort die Grenze des Marktes ziehen. Ein drittes entscheidendes Problem besteht darin, dass die Kreuzpreiselastizät vom Preissetzungsverhalten der Anbieter abhängt. Sie stellt also keine exogene Größe dar, sondern wird endogen durch den Wettbewerb im Markt bestimmt. Wenn man also Kreuzpreiselastizitäten verwendet, um den Bereich wirksamer Konkurrenz zu definieren, so benutzt man implizit ein Maß, welches selbst vom Konkurrenzverhalten der Anbieter beeinflusst wird.

Der Bereich wirksamer Konkurrenz wird nicht allein durch die Substitutionsmöglichkeiten der Nachfrager bestimmt. Von zumindest ebenso wichtiger Bedeutung ist die *potentielle* Konkurrenz auf der Angebotsseite. Selbst wenn die Konsumenten verschiedene Produkte nicht als Substitute betrachten, so können doch die Produktionstechniken für diese Produkte sehr ähnlich sein.[17] In diesem Fall besteht ein Wettbewerbsdruck unter den Anbietern, da die Produktionsanlagen leicht umstellbar sind. Die Wirksamkeit der potentiellen Konkurrenz hängt ab von den Kosten und dem zeitlichen Aufwand des Marktzutritts. Auch die bestehende Auslastung von Kapazitäten kann eine Rolle spielen. Die Möglichkeit der Angebotsubstitution schützt die Nachfrager, da bei der Preiserhöhung eines Gutes zusätzliche Anbieter in den Markt eintreten können. Analog zur Nachfrageseite lässt sich die Bedeutung dieses Effekts durch die Kreuzpreiselastizität des Angebots quantifizieren.

1.4 Übungsaufgaben

Aufgabe 1.1. Konsument i hat die Nutzenfunktion $\sqrt{x_i} + x_{i0}$. Sein Vermögen, welches er für den Kauf von $x_i \geq 0$ Gütern und $x_{i0} \geq 0$ Einheiten des numeraire Gutes verwenden kann, besteht aus w_i Einheiten des numeraire Gutes.

(a) Wie viele Einheiten des numeraire Gutes ist der Konsument bereit, für vier Einheiten des Gutes zu zahlen, wenn $w_i \geq 2$? Ändert sich seine Zahlungsbereitschaft, wenn sein Vermögen w_i steigt?

(b) Angenommen, der Konsument hat für eine Einheit des numeraire Gutes vier Güter erstanden. Wie groß ist sein Nutzengewinn aus die-

---

[17] Ein einfaches Beispiel sind Damen- und Herrenschuhe.

sem Kauf? Wie viele Einheiten des numeraire Gutes wäre er bereit, für vier weitere Güter zu zahlen?

(c) Der Preis des Gutes ist $p = 1$. Wie viele Einheiten des Gutes kauft der Konsument, wenn $w_i > 1/4$? Wie viele Einheiten kauft er, wenn $w_i < 1/4$? Welcher dieser beiden Fälle ist typisch für industrieökonomische Fragestellungen?

Aufgabe 1.2. In einem Markt für ein homogenes Gut gibt es $m = 300$ Konsumenten. Die Konsumenten $i = 1, ..., 150$ haben die Zahlungsbereitschaft $U_a(x_a) = 2\sqrt{x_a}$, und die übrigen Konsumenten $i = 151, ..., 300$ haben die Zahlungsbereitschaft $U_b(x_b) = 4\sqrt{x_b}$. Es gibt zwei Anbieter $j = 1, 2$ mit den Kostenfunktionen $C_1(x_1) = x_1^2$ bzw. $C_2(x_2) = 2x_2^2$.

(a) Zeigen Sie, dass die soziale Wohlfahrt durch die folgende Güterallokation maximiert wird: Die Konsumenten $i = 1, ..., 150$ erhalten $x_a = 1/100$ und die Konsumenten $i = 151, ..., 300$ erhalten $x_b = 1/25$; das Angebot der beiden Produzenten ist $x_1 = 5$ bzw. $x_2 = 5/2$! Wie hoch ist die soziale Wohlfahrt bei dieser Allokation?

(b) Zeigen Sie, dass beim Preis p die aggregierte Nachfrage nach dem Gut $D(p) = 750/p^2$ beträgt! Wie hoch ist die Konsumentenrente beim Preis $p = 10$?

(c) Welche Angebotsentscheidung treffen die beiden Produzenten bei vollständigem Wettbewerb in Abhängigkeit vom Preis p des Gutes? Wie hoch ist die Produzentenrente beim Preis $p = 10$?

(d) Zeigen Sie, dass bei vollständigem Wettbewerb der Markt beim Preis $p = 10$ im Gleichgewicht ist! Vergleichen Sie die Gleichgewichtslösung mit dem Ergebnis aus (a)!

Aufgabe 1.3. Was ist im Wettbewerbsrecht unter einer 'marktbeherrschenden Stellung' zu verstehen? Für welche Bestimmungen des Wettbewerbsrechts ist dieser Begriff relevant? Welche Schwierigkeit ergibt sich bei der Überprüfung, ob eine marktbeherrschende Stellung vorliegt?

Aufgabe 1.4. Erläutern Sie den Unterschied zwischen 'vertikaler' und 'horizontaler' Produktdifferenzierung! Unter welche dieser beiden Kategorien ist 'räumliche' Produktdifferenzierung einzuordnen? Begründen Sie Ihre Antwort!

Aufgabe 1.5. Die Zahlungsbereitschaft des Konsumenten θ für ein Gut der Eigenschaft q sei $v(q, \theta) = \theta + q$. Der Parameter θ ist unter den Konsumenten gleichverteilt auf dem Intervall $[0, \bar{\theta}]$; jeder Konsument kauft maximal ein Gut. Es werden zwei Güter mit den Eigenschaften q_1 bzw. q_2 angeboten, wobei $q_1 > q_2$. Die Preise der beiden Güter sind $p_1 \geq q_1$ bzw. $p_2 \geq q_2$.

(a) Handelt es sich bei den beiden Gütern um vertikal oder horizontal differenzierte Güter? Begründen Sie Ihre Antwort!

(b) Berechnen Sie die Nachfrage $D_1(p_1, p_2)$ und $D_2(p_1, p_2)$ nach den beiden Gütern!

Aufgabe 1.6. In einem Markt werden zwei Güter mit den Eigenschaften $q_1 = 1/4$ bzw. $q_2 = 3/4$ zu den Preisen $p_1 \leq 10$ bzw. $p_2 \leq 10$ angeboten. Die Zahlungsbereitschaft des Konsumenten θ für ein Gut mit der Eigenschaft q beträgt $v(q, \theta) = 100 - |q - \theta|$. Der Parameter θ ist unter den Konsumenten gleichverteilt auf dem Intervall $[0, 1]$; jeder Konsument kauft maximal ein Gut.

(a) Wie hoch ist die Nachfrage $D_1(p_1, p_2)$ bzw. $D_2(p_1, p_2)$ nach den beiden Gütern, falls $-1/2 < p_1 - p_2 < 1/2$?

(b) Wie hoch ist die Nachfrage nach den beiden Gütern, falls $p_1 - p_2 > 1/2$ oder $p_1 - p_2 < -1/2$?

Aufgabe 1.7. Betrachten Sie einen repräsentativen Konsumenten, der seinen Nutzen $\ln(x_1 \cdot x_2) + x_0$ unter Beachtung der Budgetrestriktion $p_1 x_1 + p_2 x_2 + x_0 \leq w$ maximiert. Berechnen Sie die Nachfrage $D_1(p_1, p_2)$ und $D_2(p_1, p_2)$ nach Gut 1 und 2 und zeigen Sie, dass die Kreuzpreiselastizitäten ϵ_{12} und ϵ_{21} beide gleich Null sind!

Aufgabe 1.8. Ein repräsentativer Konsument maximiert den Nutzen $U(x_1, x_2) + x_0$ unter Beachtung der Budgetrestriktion $p_1 x_1 + p_2 x_2 + x_0 \leq w$. Dabei ist $U(\cdot, \cdot)$ streng steigend und streng konkav. Ermitteln Sie (unter Vernachlässigung von Nicht–Negativitätsrestriktionen) die Bedingungen erster Ordnung für das Maximierungsproblem des Konsumenten! Zeigen Sie, dass die Kreuzpreiselastizität ϵ_{12} positiv ist, wenn die beiden Güter Substitute sind!

2. Das Marktverhalten des Monopols

2.1 Preissetzung

2.1.1 Monopolpreis und Wohlfahrt

Ein Anbieter wird als Monopolist bezeichnet, wenn es für die Nachfrager keine Möglichkeit gibt, auf das Gut eines anderen Anbieters als Substitut auszuweichen. Ein monopolistischer Produzent braucht daher bei seinem Preissetzungsverhalten das Verhalten konkurrierender Anbieter nicht zu berücksichtigen. Die Abwesenheit strategischer Interaktion vereinfacht die Analyse des Monopolmodells. Als extremer Gegenpol zum Modell vollständiger Konkurrenz ist es daher auch als theoretischer Referenzfall interessant, um die grundlegenden Auswirkungen der Marktmacht eines Unternehmens zu studieren.

Wir betrachten zunächst den monopolistischen Anbieter eines einzigen Gutes. Die Nachfragefunktion für dieses Gut in Abhängigkeit vom Preis p ist $x = D(p)$. Die Nachfrage ist umso geringer je höher der Preis p ist, so dass $D'(p) < 0$. Die *Nachfrageelastizität*

$$\epsilon(p) \equiv -p \frac{D'(p)}{D(p)} \tag{2.1}$$

ist daher positiv. Sie gibt an, um wie viel Prozent der Absatz des Anbieters sinkt, wenn er den Preis um 1 Prozent erhöht. Wenn der Monopolist die Menge x des Gutes produziert, entstehen ihm Kosten in Höhe von $C(x)$, wobei $C(0) = 0$. Die Kosten sind steigend im Output, so dass die Grenzkosten $C'(x)$ für alle $x > 0$ positiv sind. Beim Preis p realisiert der Anbieter den Erlös $pD(p)$ und seine Kosten betragen $C(D(p))$. Somit ist sein Gewinn

$$\Pi(p) \equiv pD(p) - C(D(p)). \tag{2.2}$$

Der Monopolpreis p^m, der den Gewinn des Anbieters maximiert, muss daher die folgende Bedingung erster Ordnung erfüllen:

$$\Pi'(p^m) = [p^m - C'(D(p^m))]\, D'(p^m) + D(p^m) = 0. \tag{2.3}$$

Unter Berücksichtigung der Definition der Nachfrageelastizität in (2.1) lässt sich (2.3) umformen zu

$$\frac{p^m - C'(D(p^m))}{p^m} = \frac{1}{\epsilon(p^m)}. \tag{2.4}$$

Der linke Teil dieser Gleichung stellt das Verhältnis von Preis–Grenzkosten 'markup' zum Preis dar. Dieses Verhältnis wird als Lerner–Index bezeichnet und spiegelt die Marktmacht des Anbieters wider.[1] Bei optimaler Preissetzung ist der Lerner–Index umgekehrt proportional zur Elastizität der Nachfrage. Eine allgemeine Erhöhung der Nachfrageelastizität bewirkt also eine Senkung der Marktmacht des Monopolisten. Da der Lerner–Index kleiner als Eins ist, folgt aus (2.4), dass der Monopolist seinen Preis p^m stets so wählt, dass die Nachfrageelastizität größer als Eins ist. Solange $\epsilon < 1$, könnte er durch eine Preiserhöhung seinen Erlös steigern. Zugleich würden seine Kosten aufgrund der geringeren Absatzmenge sinken. Insgesamt würde also sein Gewinn steigen.

Beispiel 2.1.1. Die Nachfragefunktion $D(p) = p^{-\epsilon}$ hat die konstante Elastizität ϵ. Es sei $\epsilon > 1$. Bei linearen Kosten $C(x) = c\,x$ folgt aus (2.4)

$$\frac{p^m - c}{p^m} = \frac{1}{\epsilon}$$

Der Monopolpreis p^m und die Angebotsmenge $x^m = D(p^m)$ sind somit

$$p^m = c \cdot \frac{\epsilon}{\epsilon - 1}, \quad x^m = \left[c \cdot \frac{\epsilon}{\epsilon - 1}\right]^{-\epsilon}.$$

Der Gewinn des Monopols beträgt $\Pi(p^m) = (p^m - c)x^m = c(c\epsilon)^{-\epsilon}(\epsilon - 1)^{\epsilon-1}$.

Die Angebotsmenge des Monopols ergibt sich aus der Gleichung $x^m = D(p^m)$. Da die Nachfragefunktion die Beziehung zwischen Angebotsmenge und Preis eindeutig festlegt, spielt es für das Monopol

---

[1] Siehe Kapitel 1.2.2.

keine Rolle, ob es bei der Gewinnmaximierung eine Preis- oder Mengenstrategie verfolgt. Um den Gewinn des Monopolisten in Abhängigkeit von der Menge x zu betrachten, invertieren wir die Nachfragebe-
ziehung $x = D(p)$ und erhalten so die inverse Nachfrage $p = P(x)$
mit $P'(x) < 0$. Bei der Menge x beträgt der Erlös des Anbieters
$E(x) \equiv P(x)x$. Der Grenzerlös

$$E'(x) = P(x) + P'(x)x = P(x) \left[1 - \frac{1}{\epsilon(P(x))} \right] \tag{2.5}$$

ist stets kleiner als der Preis $P(x)$, da $P'(x) < 0$. Im Gegensatz zu
einer Situation vollständigen Wettbewerbs ist der Erlös des Monopolisten nicht proportional zur Absatzmenge, da jede Erhöhung seines
Angebots den Preis senkt, zu dem er diese Menge verkaufen kann. Diesen Effekt berücksichtigt der Monopolist bei der Maximierung seines
Gewinns $E(x) - C(x)$. Er wählt die Menge x^m so, dass Grenzerlös und
Grenzkosten übereinstimmen:

$$E'(x^m) = C'(x^m). \tag{2.6}$$

Die Bedingung zweiter Ordnung für ein Gewinnmaximum ist
erfüllt, wenn der Grenzerlös in x fällt und die Grenzkosten in x nicht
fallen, d.h. wenn $2P'(x) + P''(x)x < 0$ und $C''(x) \geq 0$. Da $P'(x) < 0$ ist
die erste dieser Bedingungen sicherlich erfüllt, falls $P''(x) \leq 0$. Wenn
also die Nachfragefunktion konkav oder linear ist und die Grenzkosten
nicht fallend sind, ist das monopolistische Optimum eindeutig durch
die Bedingung (2.3) bzw. (2.6) bestimmt.

Der linke Teil der Abbildung 2.1 illustriert das Gewinnmaximierungsverhalten des Monopols. Der Schnittpunkt der Grenzerlösfunktion $E'(\cdot)$ mit der Grenzkostenfunktion $C'(\cdot)$ bestimmt die Angebotsmenge x^m. Bei dieser Menge ergibt sich der Monopolpreis $p^m = P(x^m)$.

Aus (2.4) oder (2.5)-(2.6) folgt unmittelbar, dass das Gewinnmaximierungsverhalten des Monopols zu einem sozial ineffizienten Ergebnis führt, da der Preis die Grenzkosten übersteigt. Die sozial effiziente
Menge x^* ergibt sich aus der Gleichung

$$P(x^*) = C'(x^*). \tag{2.7}$$

Der rechte Teil der Abbildung 2.1 stellt den Wohlfahrtsverlust in einem monopolistischen Markt dar. Beim Preis p^m entspricht der Ge-

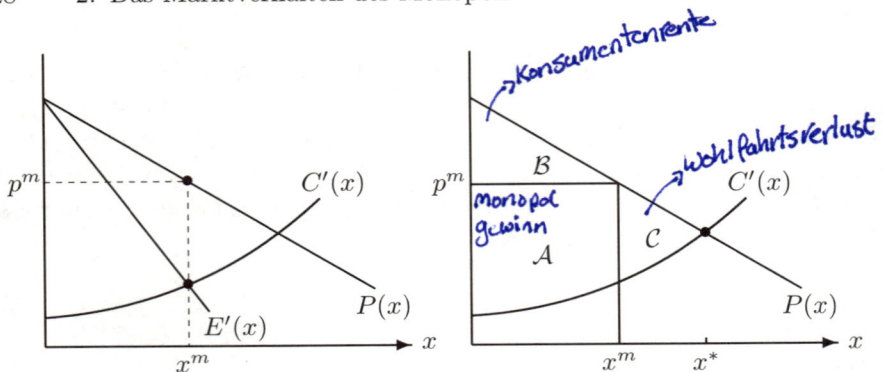

Abb. 2.1. *Preissetzung und Wohlfahrt im Monopol*

winn des Monopols dem Inhalt der Fläche $\mathcal{A}$.[2] Die Konsumentenrente wird durch den Inhalt der Fläche $\mathcal{B}$ repräsentiert. Insgesamt wird also die Wohlfahrt realisiert, die durch den Inhalt der Flächen $\mathcal{A}$ und $\mathcal{B}$ gegeben ist. Wenn der Anbieter dagegen die Menge x^* produzieren und zum Preis $p^* = P(x^*)$ verkaufen würde, so ergäbe sich eine soziale Wohlfahrt, die dem Gesamtinhalt der Flächen $\mathcal{A}, \mathcal{B}$ und $\mathcal{C}$ entspricht. Der monopolistische Wohlfahrtsverlust entspricht also dem Inhalt der Fläche $\mathcal{C}$. Diese wird auch als *Harberger Dreieck* bezeichnet.[3]

Beispiel 2.1.2. Im Beispiel 2.1.1 sei $\epsilon = 2$, so dass $D(p) = 1/p^2$. Der Monopolgewinn beträgt dann $\Pi(p) = (p - c)/p^2$ und die Konsumentenrente beträgt $R_K(p) = \int_p^\infty D(p')\mathrm{d}p' = 1/p$. Beim Monopolpreis $p^m = 2\,c$ ist daher $\Pi(p^m) = 1/(4\,c)$ und $R_K(p^m) = 1/(2\,c)$. Bei der Monopollösung wird daher die soziale Wohlfahrt $W(p^m) = \Pi(p^m) + R_K(p^m) = 3/(4\,c)$ realisiert. Im sozialen Optimum ist $p^* = c$, so dass $W(c) = \Pi(c) + R_K(c) = 1/c$. Der monopolistische Wohlfahrtsverlust beträgt daher $W(c) - W(p^m) = 1/(4\,c)$.

Da der Monopolist einen Preis verlangt, der von demjenigen bei wirksamem Wettbewerb abweicht, ließe sich im Prinzip ein Wohlfahrtsverlust vermeiden, indem ihm eine Preisobergrenze $\bar{p}$ vorgeschrieben wird. Da x^* die sozial effiziente Produktionsmenge ist, müsste $\bar{p}$ so gewählt werden, dass $\bar{p} = P(x^*)$. Eine alternative Möglichkeit besteht in einer Besteuerung des Outputs mit dem Steuersatz t. Bei einer solchen Steuer ist der Gewinn des Monopolisten $[P(x) - t]x - C(x)$ und

---

[2] Dies gilt, da $E(x^m) = P(x^m)x^m$ und $C(x^m) = \int_0^{x^m} C'(x)\mathrm{d}x$.

[3] Harberger (1954) schätzte, dass der aggregierte Wohlfahrtsverlust in den USA weniger als $0,1\%$ des Bruttosozialprodukts beträgt. Zur Kritik an Harberger's Methodik, siehe Stigler (1956) und Cowling und Mueller (1978).

er wird x so wählen, dass

$$P(x) - t + P'(x)x = C'(x). \tag{2.8}$$

Um das soziale Optimum zu implementieren, müsste t so festgelegt werden, dass (2.8) mit der Effizienzbedingung (2.7) übereinstimmt. Dies ist der Fall, wenn

$$t = P'(x^*)x^* \tag{2.9}$$

Da $P'(x^*) < 0$, ist die optimale Steuer negativ. Nur durch eine entsprechende Subvention wird der Monopolist induziert, seinen Output von x^m auf x^* auszudehnen.

In vielen Fällen erscheinen jedoch weder die Vorschrift einer Preisobergrenze noch die Subventionierung des Outputs als praktikable Lösungen des Monopolproblems. Zunächst setzen solche Maßnahmen nicht nur die Kenntnis der Nachfrage, sondern auch der Kostenstruktur des Anbieters voraus.[4] Bei jeder Änderung dieser Marktdaten müssten auch die getroffenen Regelungen der neuen Situation angepasst werden. Weiterhin ist zu bedenken, dass solche Eingriffe das Verhalten des Anbieters in anderen Bereichen, wie z.B. bei der Qualitätsentscheidung oder bei Innovationsinvestitionen, beeinflussen werden. Auch die Auswirkungen auf das Marktzutrittsverhalten potentieller Konkurrenten sind zu beachten. Insbesondere, wenn keine langfristig wirksamen Marktzutrittsbarrieren vorliegen, erscheint es daher sinnvoll, auf Preisobergrenzen oder steuerliche Maßnahmen zu verzichten.

2.1.2 Das Mehrprodukt–Monopol

Wir verallgemeinern nun die Analyse der Preispolitik des Monopols auf eine Situation, in der dieses nicht nur ein einziges Gut anbietet. Die wesentlichen Effekte, die beim Mehrprodukt–Monopol auftreten, lassen sich bereits für den Fall zweier Produkte ableiten. Dazu betrachten wir zwei Güter $i = 1, 2$, für die die Nachfrage durch

$$x_1 = D_1(p_1, p_2), \quad x_2 = D_2(p_1, p_2) \tag{2.10}$$

beschrieben wird. Wir unterstellen, dass $\partial D_i(p_1, p_2)/\partial p_i < 0$. Die Nachfrage nach Gut i ist also umso geringer, je höher der Preis p_i

---

[4] Zur optimalen Regulierung eines Monopols bei unvollständiger Information siehe z.B. Baron und Myerson (1982), Baron und Besanko (1984), Laffont und Tirole (1986) sowie Lewis und Sappington (1988).

dieses Gutes ist. Das Vorzeichen des Kreuzpreiseffekts $\partial D_i(p_1, p_2)/\partial p_j$ ist positiv, wenn die Nachfrager Gut j als ein Substitut für Gut i betrachten. Bei einem negativen Kreuzpreiseffekt dagegen ist Gut j komplementär zu Gut i.

Wenn der Monopolist die Mengen x_1 und x_2 produziert, sind seine Kosten $C(x_1, x_2)$. Sein Gewinn $\Pi(p_1, p_2)$ beträgt in Abhängigkeit von den Preisen der beiden Güter

$$p_1 D_1(p_1, p_2) + p_2 D_2(p_1, p_2) - C\left(D_1(p_1, p_2), D_2(p_1, p_2)\right). \quad (2.11)$$

Die Bedingungen erster Ordnung für die Maximierung des Gewinns lauten

$$\left[p_1^m - \frac{\partial C}{\partial x_1}\right]\frac{\partial D_1}{\partial p_1} + D_1 + \left[p_2^m - \frac{\partial C}{\partial x_2}\right]\frac{\partial D_2}{\partial p_1} = 0, \quad (2.12)$$

$$\left[p_2^m - \frac{\partial C}{\partial x_2}\right]\frac{\partial D_2}{\partial p_2} + D_2 + \left[p_1^m - \frac{\partial C}{\partial x_1}\right]\frac{\partial D_1}{\partial p_2} = 0.$$

Im Gegensatz zu (2.3) wird die Differenz zwischen Preis und Grenzkosten nun auch von Kreuzpreiseffekten beeinflusst. Wenn z.B. Gut 1 ein Substitut für Gut 2 darstellt, so schafft sich der Monopolist selbst Konkurrenz im Markt für Gut 2, wenn er eine größere Menge von Gut 1 zu einen niedrigeren Preis p_1 anbietet. Er berücksichtigt dies, indem er den Absatz von Gut 1 noch über das Maß der normalen monopolistischen Angebotsverknappung hinaus einschränkt. Der umgekehrte Effekt tritt ein, wenn der Kreuzpreiseffekt negativ ist. Bei komplementären Produkten bewirkt eine Preiserhöhung von p_1 eine Senkung der Nachfrage nach Gut 2. Der Monopolist hat also einen Anreiz, die Nachfrage nach Gut 2 dadurch zu erhöhen, dass er Gut 1 zu einem geringeren Preis anbietet. Möglicherweise kann dieser Effekt sogar dazu führen, dass er einen Preis unterhalb der Grenzkosten verlangt.

Beispiel 2.1.3. Die Kostenfunktion des Anbieters sei $C(x_1, x_2) = c_1 x_1 + c_2 x_2$. Für das in Beispiel 1.3.4 abgeleitete Nachfragesystem

$$D_1(p_1, p_2) = \frac{b(a - p_1) - g(a - p_2)}{b^2 - g^2}, \quad D_2(p_1, p_2) = \frac{b(a - p_2) - g(a - p_1)}{b^2 - g^2},$$

resultiert aus (2.12) die Lösung

$$p_1^m = 0.5(a + c_1), \quad p_2^m = 0.5(a + c_2).$$

Diesen Preisen entsprechen die Angebotsmengen

$$x_1^m = \frac{a(b-g) - bc_1 + gc_2}{2(b^2 - g^2)}, \quad x_2^m = \frac{a(b-g) - bc_2 + gc_1}{2(b^2 - g^2)}.$$

Für die Parameterwerte $c_1 = 3/2, c_2 = 0, a = 1, b = 2$ und $g = -3/2$ ist $x_1^m = 1/7, x_2^m = 5/14$, $p_1^m = 5/4 < c_1$ und $p_2^m = 1/2 > c_2$. Da die beiden Güter Komplemente sind, nimmt der Monopolist Verluste bei der Produktion von Gut 1 in Kauf, um den Absatz von Gut 2 zu steigern.

2.1.3 Dauerhafte Güter

Ein Monopolist, der in einer Folge von Perioden ein dauerhaftes Gut produziert, hat eine gewisse Ähnlichkeit mit dem in Kapitel 2.1.2 betrachteten Mehrprodukt–Monopol. Da die Konsumenten über den Zeitpunkt des Kaufs entscheiden können, bestehen auf der Nachfrageseite Substitutionsmöglichkeiten ähnlich wie beim Angebot verschiedener substituierbarer Güter.

Wir betrachten dazu einen Monopolisten, der zu den Stückkosten $0 \le c < 1$ ein dauerhaftes Gut produzieren kann. Er bietet das Gut in zwei Folgeperioden $t = 1, 2$ zu den Preisen p_1 bzw. p_2 an. Die Konsumenten sind am einmaligen Kauf einer einzigen Einheit des Gutes interessiert; ihre Zahlungsbereitschaft v spiegelt ihre Wertschätzung des Gutes für die gesamte Nutzungsdauer wider. Zur Vereinfachung sei v gleichverteilt auf dem Intervall $[0, 1]$. Ohne Einschränkung der Allgemeinheit können wir die Gesamtmasse der Konsumenten auf Eins normieren. Es sei $0 < \delta < 1$ der Diskontfaktor, mit dem die Konsumenten zukünftige Nutzen und der Monopolist zukünftige Gewinne diskontieren.

Zunächst leiten wir das Nachfrageverhalten der Konsumenten ab. In der Periode $t = 1$ können sie das Gut zum Preis p_1 kaufen. Sie haben aber auch die Möglichkeit, das Gut erst in der Periode $t = 2$ zu erwerben. In $t = 1$ hängt daher ihre Entscheidung, ob und in welcher Periode sie das Gut kaufen wollen, nicht nur vom Preis p_1 ab, sondern auch von ihrer Erwartung p_2^e über den Preis, den der Anbieter in der Folgeperiode $t = 2$ verlangen wird. Offensichtlich lohnt es sich niemals, den Kauf des Gutes auf die zweite Periode zu verschieben, wenn $p_2^e > p_1$. Wir nehmen daher an, dass $p_2^e \le p_1$. Ein Konsument mit der Zahlungsbereitschaft $v > p_2^e$ wird daher das Gut bereits in der ersten Periode kaufen, wenn $v - p_1 \ge \delta(v - p_2^e)$, d.h. wenn

$$v \ge \bar{v}(p_1, p_2^e) \equiv \frac{p_1 - \delta p_2^e}{1 - \delta}. \tag{2.13}$$

In der ersten Periode treten also nur diejenigen Konsumenten als Käufer auf, deren Zahlungsbereitschaft den kritischen Wert $\bar{v}(p_1, p_2^e)$ übersteigt. Sie sind besonders ungeduldig, da ihre Wertschätzung des Gutes relativ hoch ist. Da v auf dem Intervall $[0, 1]$ gleichverteilt ist, beträgt die Nachfrage in der ersten Periode

$$D_1(p_1, p_2^e) = 1 - \bar{v}(p_1, p_2^e) = \frac{1 - \delta - p_1 + \delta p_2^e}{1 - \delta}. \qquad (2.14)$$

In der zweiten Periode kommen als potentielle Nachfrager nur noch die Konsumenten mit einer Zahlungsbereitschaft $v < \bar{v}(p_1, p_2^e)$ in Frage, da alle übrigen das Gut bereits besitzen. Wenn der Monopolist daher das Gut zum Preis $p_2 < \bar{v}(p_1, p_2^e)$ anbietet, werden sich alle Konsumenten mit $p_2 \leq v < \bar{v}(p_1, p_2^e)$ zum Kauf entscheiden. Seine Nachfrage in $t = 2$ ist also

$$D_2(p_2 | p_1, p_2^e) = \bar{v}(p_1, p_2^e) - p_2 = \frac{p_1 - \delta p_2^e - (1 - \delta) p_2}{1 - \delta}. \qquad (2.15)$$

Im weiteren leiten wir die optimale Preispolitik (p_1, p_2) des Anbieters ab. Dabei unterscheiden wir zwei verschiedene Situationen. Zuerst setzen wir voraus, dass der Monopolist bereits in der ersten Periode die Preise für beide Perioden festlegen kann. Es wird sich zeigen, dass diese Preispolitik zeitlich inkonsistent ist: Der Monopolist hat zu Anfang der zweiten Periode einen Anreiz, seine ursprüngliche Preisentscheidung p_2 zu revidieren. Diese Beobachtung motiviert die Analyse einer sequentiell optimalen Preissetzung. Hierbei gehen wir davon aus, dass der Monopolist erst in $t = 2$ den Preis p_2 so wählt, dass sein Gewinn in dieser Periode maximiert wird.[5]

Wenn der Anbieter bereits in $t = 1$ sowohl p_1 wie auch p_2 verbindlich festlegt, können die Konsumenten davon ausgehen, dass sie in Periode 2 auch tatsächlich den Preis p_2 zu zahlen haben. Daher gilt $p_2^e = p_2$. Der Gewinn des Anbieters ist dann

$$\Pi(p_1, p_2) = (p_1 - c) D_1(p_1, p_2) + \delta(p_2 - c) D_2(p_2 | p_1, p_2). \qquad (2.16)$$

Die Bedingung erster Ordnung für die optimale Wahl von p_2 impliziert unmittelbar, dass $p_1 = p_2$. Wenn wir dieses Ergebnis in (2.16) einsetzen, erhalten wir $\Pi(p_1, p_1) = (p_1 - c)(1 - p_1)$. Aus der Maximierung von $\Pi(p_1, p_1)$ resultiert daher die optimale Preispolitik

---

[5] Aus spieltheoretischer Sicht erfüllt nur die sequentielle Preissetzung das Kriterium der Teilspielperfektheit (siehe Kapitel 6.2.2).

$$\hat{p}_1 = \hat{p}_2 = \frac{1+c}{2} \equiv \hat{p}. \qquad (2.17)$$

Der Gewinn ist $\Pi(\hat{p}_1, \hat{p}_2) = (1-c)^2/4$.

Wenn der Preis im Zeitablauf konstant ist, haben die Nachfrager keinen Anreiz, ihren Kauf auf $t = 2$ zu verschieben. Somit ist $D_2(\hat{p}_2|\hat{p}_1, \hat{p}_2) = 0$. Die in (2.17) beschriebene Preispolitik erfordert aber, dass der Monopolist in der zweiten Periode an den Preis $\hat{p}_2$ gebunden ist. In $t = 2$ sind nämlich alle Konsumenten mit $v \leq \hat{p}_2$ noch nicht im Besitz des Gutes. Da $c < \hat{p}_2$, könnte der Monopolist durch eine Preissenkung auf $p_2 \in (c, \hat{p}_2)$ zusätzliche Nachfrager gewinnen und auch in Periode 2 einen positiven Gewinn erzielen. Aus diesem Grunde setzt die Preispolitik $(\hat{p}_1, \hat{p}_2)$ voraus, dass er bereits in $t = 1$ auf glaubwürdige Weise zukünftige Preissenkungen ausschließen kann. Ist dies nicht der Fall, so werden die Konsumenten dies antizipieren und sich evtl. entscheiden, das Gut erst später zu einem niedrigeren Preis zu kaufen.

Wir wenden uns nun dem interessanteren und realistischeren Fall zu, dass der Anbieter den Preis p_2 erst in Periode 2 bestimmen kann. Sein Gewinn in dieser Periode ist $(p_2 - c)D_2(p_2|p_1, p_2^e)$. Die Bedingung erster Ordnung ergibt den optimalen Preis

$$p_2 = \frac{p_1 - \delta p_2^e + c(1-\delta)}{2(1-\delta)}. \qquad (2.18)$$

Diese Gleichung beschreibt das Verhalten des Anbieters in $t = 2$ in Abhängigkeit von seiner Preisentscheidung p_1 und den Erwartungen p_2^e der Konsumenten in $t = 1$. Im weiteren unterstellen wir, dass die Konsumenten die selbe Information über die Marktdaten haben wie der Anbieter. Sie sind daher in der Lage, das in (2.18) beschriebene Preissetzungsverhalten zu antizipieren. Bei rationalen Erwartungen wird die Preiserwartung durch den tatsächlichen Preis bestätigt, so dass $p_2^e = p_2$. Indem wir diese Annahme verwenden und Gleichung (2.18) nach p_2 auflösen, erhalten wir

$$p_2 = \frac{p_1 + c(1-\delta)}{2-\delta}. \qquad (2.19)$$

Durch (2.19) wird die Abhängigkeit der optimalen Preissetzung in $t = 2$ vom Preis p_1 in $t = 1$ beschrieben. Je höher der Preis p_1 ist, umso höher ist die verbleibende Restnachfrage und daher der optimale Preis p_2 in $t = 2$. Bei seiner Preisentscheidung in der ersten Periode berücksichtigt der Monopolist diesen Zusammenhang.

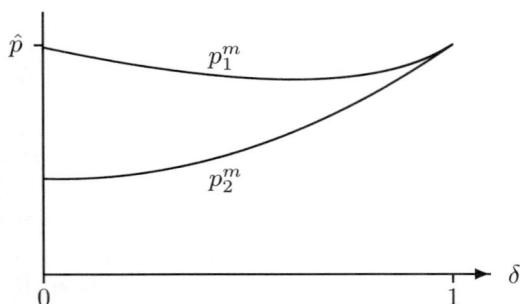

Abb. 2.2. *Preissetzung bei dauerhaften Gütern*

Um den Preis p_1 zu bestimmen, maximieren wir den in (2.16) beschriebenen Gewinn $\Pi(p_1, p_2)$ unter der Nebenbedingung (2.19). Dies ergibt

$$p_1^m = \frac{c(4 - 2\delta - \delta^2) + (2 - \delta)^2}{2(4 - 3\delta)}. \tag{2.20}$$

Durch Substitution von p_1^m in die Gleichung (2.19) erhalten wir den Monopolpreis in der zweiten Periode:

$$p_2^m = \frac{c(6 - 5\delta) + 2 - \delta}{2(4 - 3\delta)}. \tag{2.21}$$

Offensichtlich ist $\Pi(p_1^m, p_2^m) < \Pi(\hat{p}_1, \hat{p}_2)$, da bei der Maximierung des Gewinns $\Pi(p_1, p_2)$ die bindende Nebenbedingung (2.19) eine Einschränkung für die Preissetzung des Anbieters bedeutet. Diese Einschränkung reflektiert die Tatsache, dass der Anbieter sich nicht glaubhaft binden kann, eine Preissenkung in der zweiten Periode auszuschließen, und dass die Nachfrager dieses voraussehen.

Der Vergleich von (2.17) mit (2.20)-(2.21) zeigt, dass $\hat{p} > p_1^m > p_2^m$ für alle $0 < \delta < 1$. Abbildung 2.2 beschreibt die Abhängigkeit der Preise p_1^m und p_2^m vom Parameter δ. Der Monopolist betreibt *intertemporale Preisdiskriminierung*, indem er zunächst das Gut an Konsumenten mit einer relativ hohen Zahlungsbereitschaft zu einem hohen Preis verkauft. In der zweiten Periode reduziert er dann den Preis, um auch Konsumenten mit geringerer Zahlungsbereitschaft anzulocken. Das Ausmaß der Diskriminierung nimmt ab, wenn δ steigt. Diejenigen Konsumenten, deren Zahlungsbereitschaft hoch ist, erwerben das Gut bereits in der ersten Periode, da sie künftige Nutzen diskontieren. Ihre Ungeduld, das Gut zu erwerben, nimmt aber ab, wenn δ steigt. Daher wird auch das Ausmaß der möglichen Preisdiskriminierung geringer. Im Grenzfall $\delta \to 1$ spielt der Zeitpunkt des Kaufs keine Rolle mehr für die Entscheidung des Konsumenten. In dieser Situation müssen p_1^m und p_2^m identisch sein.

Interessanterweise sind beide Preise p_1^m und p_2^m niedriger als der Preis $\hat{p}$. Wenn der Monopolist den Preis sequentiell bestimmt, konkurriert er praktisch mit sich selbst. Indem er in $t = 2$ die Restnachfrage ausbeutet, schafft er sich in der ersten Periode Konkurrenz, weil nun einige Konsumenten lieber auf den niedrigeren Preis in der zweiten Periode ausweichen werden. Dies hat zur Folge, dass $\Pi(p_1^m, p_2^m) < \Pi(\hat{p}_1, \hat{p}_2)$. An sich wäre es für den Monopolisten vorteilhaft, das Gut nur in einer einzigen Periode anzubieten. Dies würde aber voraussetzen, dass er zu Anfang der zweiten Periode der Versuchung widerstehen kann, die vorhandene Realisierbarkeit eines Gewinns auszunutzen.

Da $p_2^m > c$, besteht natürlich auch am Ende der zweiten Periode noch eine Restnachfrage, deren Ausbeutung für den Monopolisten in einer dritten Periode profitabel wäre. Allgemein gilt, dass er in Periode t einen Gewinn realisieren kann, solange er in der Vorperiode $t-1$ das Gut zu einem Preis $p_{t-1} > c$ verkauft hat. Bei einem unbegrenzten Zeithorizont wird er daher seinen Preis immer weiter senken, bis letztlich der Preis den Kosten c entspricht. Wenn die Konsumenten dies antizipieren und der Diskontfaktor δ nahe bei Eins liegt, werden sie daher auch in den Anfangsperioden nur bereit sein, einen Preis zu zahlen, der nicht viel höher als c ist. In der Tat lässt sich für das obige Modell bei unendlichem Zeithorizont die sog. *Coase–Vermutung* beweisen, die auf Coase (1972) zurückgeht. Diese besagt, dass im Grenzfall $\delta \to 1$ der Preis p_t des Gutes in jeder Periode t gegen c tendiert. Daher tendiert auch der Gewinn des Monopolisten für $\delta \to 1$ gegen Null.[6]

Der Anbieter könnte dieser Problematik entgehen, indem er das Produkt nicht an die Konsumenten verkauft, sondern vermietet. Um diese Möglichkeit zu illustrieren, betrachten wir den obigen Fall mit zwei Perioden und gehen davon aus, dass der Monopolist in der ersten Periode die Miete r für die Nutzung des Gutes verlangt und es dann in der zweiten Periode zum Preis p zum Verkauf anbietet.

---

[6] Zur Diskussion über die Coase–Vermutung, siehe u.a. Ausubel und Deneckere (1989, 1992), Bagnoli, Salant und Swierzbinski (1989), Bulow (1982), Butz (1990), Gul, Sonnenschein und Wilson (1986), Hart und Tirole (1988), Sobel (1991), Stokey (1981), und von der Fehr und Kühn(1995).

Nehmen wir an, dass der Monopolist in der ersten Periode $0.5(1-c)$ Einheiten des Gutes produziert und vermietet. Aus der Nutzung des Gutes in $t = 1$ erzielt ein Konsument mit der Zahlungsbereitschaft v den Nutzengewinn $v(1-\delta)$. Dies ist die Differenz zwischen dem Betrag v, den er in $t = 1$ für den sofortigen Erwerb des Gutes zu zahlen bereit ist, und dem Betrag δv, den er in $t = 1$ zu zahlen bereit ist, um das Gut in $t = 2$ zu erhalten. Er wird das Gut also mieten, wenn $v \geq r/(1-\delta)$. Der Monopolist kann also alle $0.5(1 - c)$ Einheiten vermieten, wenn $0.5(1 - c) = 1 - r/(1 - \delta)$. Daraus folgt

$$r = \frac{(1 - \delta)(1 + c)}{2}. \tag{2.22}$$

In der ersten Periode erzielt der Monopolist so den Gewinn $(r - c)0.5(1 - c)$.

Da das Gut in $t = 1$ lediglich vermietet wurde, werden in $t = 2$ alle Konsumenten mit $v \geq p$ das Gut kaufen.[7] Die Nachfrage ist also $1 - p$ und der Monopolist kann alle $0.5(1 - c)$ Einheiten des Gutes absetzen, wenn $0.5(1 - c) = 1 - p$. Dies ergibt

$$p = \frac{1 + c}{2}. \tag{2.23}$$

Dieser Preis ist identisch mit der Lösung $\hat{p}$ in (2.17). Da beim Preis $\hat{p}$ Grenzerlös und Grenzkosten übereinstimmen, kann der Monopolist in der zweiten Periode seinen Gewinn durch eine zusätzliche Produktion des Gutes nicht erhöhen. Der diskontierte Gegenwartswert seines Gewinns in beiden Perioden ist $(r - c + \delta p)0.5(1 - c) = (1 - c)^2/4$. Dies entspricht dem Gewinn $\Pi(\hat{p}_1, \hat{p}_2)$, den er bei der in (2.17) beschriebenen Preispolitik realisieren kann. Indem der Monopolist das Gut in der ersten Periode lediglich vermietet, kann er also das Problem der Selbstbindung überwinden und denselben Gewinn erzielen, wie wenn er in der Lage wäre, zukünftige Preissenkungen von vornherein auszuschließen.

2.1.4 Preisbildung in einer vertikalen Struktur

Bisher haben wir ein Monopol betrachtet, welches seine Produktion direkt an die Endverbraucher verkauft. Wenn ein Produzent dagegen sein Gut zunächst an ein anderes Unternehmen verkauft, spricht man

---

[7] Wir vernachlässigen, dass das Gut durch den Gebrauch in der ersten Periode an Wert verliert.

von einer vertikalen Struktur. Eine solche Struktur liegt z.B. vor, wenn eine Firma ein Gut produziert, welches eine andere Firma als Input verwendet. Ein anderes Beispiel ist der Verkauf des Gutes an einen Einzelhändler, der es dann den Konsumenten als den Endverbrauchern anbietet. Eine vertikale Struktur kann natürlich auch mehrere Stufen beinhalten. Ebenso können auf der horizontalen Ebene mehrere Unternehmen an einer solchen Struktur beteiligt sein. Dies ist z.B. dann der Fall, wenn ein Produzent von verschiedenen Firmen Inputs bezieht.

Um die Preisbildung in einer vertikalen Struktur zu diskutieren, betrachten wir einen monopolistischen Produzenten, der seinen Output zum Preis p_A an einen monopolistischen Einzelhändler verkauft.[8] Dieser bietet das Gut zum Preis p_B den Konsumenten an. Die Kostenfunktion des Produzenten sei $C(x) = c\,x$. Der Einfachheit halber unterstellen wir, dass die Vertriebskosten des Einzelhandels gleich Null sind. Die Nachfrage der Konsumenten ist $x = D(p)$ mit $D'(p) < 0$.

Wenn der Einzelhändler den Preis p_B wählt, muss er $D(p_B)$ Einheiten vom Produzenten kaufen. Daher ist der Gewinn des Produzenten

$$\Pi_A(p_A, p_B) = (p_A - c)D(p_B). \tag{2.24}$$

Der Einzelhändler hat pro Einheit des Gutes den Preis p_A zu zahlen, so dass sein Gewinn

$$\Pi_B(p_A, p_B) = (p_B - p_A)D(p_B) \tag{2.25}$$

beträgt. Entsprechend (2.3) maximiert der Einzelhändler beim gegebenen Einkaufspreis p_A seinen Gewinn, indem er p_B^m so festlegt, dass

$$[p_B^m - p_A]\,D'(p_B^m) + D(p_B^m) = 0. \tag{2.26}$$

Implizit hängt der Einzelhandelspreis p_B^m vom Einkaufspreis p_A ab. Im weiteren beschreiben wir diese Abhängigkeit durch die Funktion $\tilde{p}_B(\cdot)$, so dass die Lösung von (2.26) durch $p_B^m = \tilde{p}_B(p_A)$ beschrieben wird. Es erscheint einleuchtend, dass der Einzelhändler den Endverkaufspreis p_B^m umso höher setzt, je höher seine Stückkosten p_A sind. Um dies formal zu zeigen, nehmen wir an, dass (2.26) eine eindeutige Lösung $\tilde{p}_B(p_A)$ hat.[9] Für zwei unterschiedliche Einkaufspreise p_A'

---

[8] Die Analyse der Preisbildung in einer vertikalen Struktur geht zurück auf Spengler (1950). Wir betrachten im folgenden ein zweistufiges Spiel, in dem zuerst der Produzent und dann der Einzelhändler seinen Preis festlegt. Für dieses Spiel bestimmen wir das teilspielperfekte Nash–Gleichgewicht (siehe Kapitel 6.2.2).

[9] Dies ist z.B. der Fall, wenn $D''(p) \leq 0$; vgl. S. 27.

und p''_A impliziert dann das Gewinnmaximierungsverhalten des Einzelhändlers, dass

$$[\tilde{p}_B(p'_A) - p'_A]D(\tilde{p}_B(p'_A)) > [\tilde{p}_B(p''_A) - p'_A]D(\tilde{p}_B(p''_A)), \qquad (2.27)$$

$$[\tilde{p}_B(p''_A) - p''_A]D(\tilde{p}_B(p''_A)) > [\tilde{p}_B(p'_A) - p''_A]D(\tilde{p}_B(p'_A)).$$

Die erste Ungleichung spiegelt die 'offenbarte Präferenz' des Einzelhändlers wider, dass er beim Einkaufspreis p'_A den Verkaufspreis $\tilde{p}_B(p'_A)$ gegenüber $\tilde{p}_B(p''_A)$ vorzieht. Analog folgt die zweite Ungleichung aus dem optimalen Preissetzungsverhalten beim Einkaufspreis p''_A. Die Addition der beiden Ungleichungen ergibt

$$(p''_A - p'_A)[D(\tilde{p}_B(p'_A)) - D(\tilde{p}_B(p''_A))] > 0. \qquad (2.28)$$

Für $p''_A > p'_A$ ist daher $D(\tilde{p}_B(p'_A)) > D(\tilde{p}_B(p''_A))$. Da $D'(\cdot) < 0$, ist $\tilde{p}_B(p'_A) < \tilde{p}_B(p''_A)$. Wir haben also gezeigt, dass $\tilde{p}_B(\cdot)$ eine streng steigende Funktion ist.

Bei der Wahl seines Preises p_A berücksichtigt der Produzent, dass der Einzelhändler den Endverkaufspreis auf $\tilde{p}_B(p_A)$ festsetzen wird. Der optimale Preis p_A^m des Produzenten ergibt sich daher aus der Bedingung erster Ordnung

$$[p_A^m - c]D'(p_B^m)\frac{\partial \tilde{p}_B}{\partial p_A} + D(p_B^m) = 0 \qquad (2.29)$$

Aus (2.26) und (2.29) erhalten wir die Schlussfolgerung, dass $p_B^m > p_A^m > c$. Durch die doppelte Monopolpreisbildung in der vertikalen Struktur kommt es zu einem zweifachen Preisaufschlag, der auch als *doppelte Marginalisierung* bezeichnet wird. In der Tat ist der Endverkaufspreis p_B^m höher als der Preis, den der Produzent wählen würde, wenn er das Gut direkt an die Konsumenten verkauft. Bei direktem Verkauf ist nämlich der Monopolpreis $p^m = \tilde{p}_B(c)$. Da $p_A^m > c$, ist $p_B^m = \tilde{p}_B(p_A^m) > \tilde{p}_B(c) = p^m$. Für die Konsumenten bedeutet die doppelte Marginalisierung daher eine Verschlechterung im Vergleich zum einfachen Monopol.

Interessanterweise ist auch der Gesamtgewinn von Produzent und Einzelhändler kleiner als der Monopolgewinn bei direktem Verkauf. Da

$$\Pi_A(p_A, p_B) + \Pi_B(p_A, p_B) = (p_B - c)D(p_B), \qquad (2.30)$$

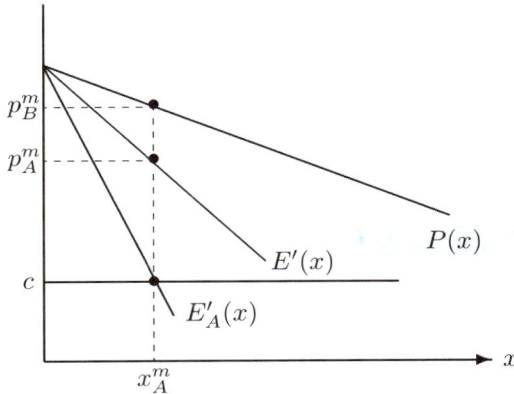

Abb. 2.3. *Preisbildung in einer vertikalen Struktur*

würde der Gesamtgewinn in der vertikalen Struktur durch den Endverkaufspreis $\tilde{p}_B(c)$ maximiert. Dieser Preis entspricht dem Monopolpreis p^m bei direktem Verkauf. Da jedoch der monopolistische Produzent einen Preis $p_A^m > c$ verlangt, wählt der monopolistische Einzelhändler den Preis $p_B^m = \tilde{p}_B(p_A^m)$, der höher als $p^m = \tilde{p}_B(c)$ ist. Daher wird der gemeinsame Gewinn in (2.30) nicht maximiert. Aufgrund der doppelten Marginalisierung ist sowohl die Konsumenten- wie auch die Produzentenrente geringer als bei einem einfachen, integrierten Monopol.

Beispiel 2.1.4. Für die Nachfragefunktion $D(p) = 1/p^2$ ergibt (2.26) die Lösung

$$\tilde{p}_B(p_A) = 2p_A.$$

Aus (2.29) erhalten wir $p_A^m = 2c$. Daher ist $p_B^m = \tilde{p}_B(p_A^m) = 4c$. Die Gewinne der Unternehmen betragen $\Pi_A(p_A^m, p_B^m) = 1/(16c)$ und $\Pi_B(p_A^m, p_B^m) = 2/(16c)$. Im Vergleich dazu ist nach Beispiel 2.1.1 bei direktem Verkauf der Monopolpreis $p^m = 2c$ und der Monopolgewinn $\Pi(p^m) = 4/(16c)$.

Abbildung 2.3 verdeutlicht die Preisbildung in einer vertikalen Struktur. Die inverse Nachfrage ist $P(\cdot)$ und die zugehörige Grenzerlösfunktion ist $E'(\cdot)$. Da die Grenzkosten des Einzelhändlers p_A betragen, wählt er entsprechend der Regel (2.6) seine Absatzmenge x so, dass $E'(x) = p_A$. Für den Produzenten bedeutet dies, dass seine Nachfragefunktion durch $E'(\cdot)$ gegeben ist, da er die Menge x_A zum Preis $p_A = E'(x_A)$ absetzen kann. Aus dieser Nachfragefunktion erhalten wir die Grenzerlösfunktion $E_A'(\cdot)$ des Produzenten, die unterhalb von $E'(\cdot)$ liegt. Die Grenzkosten des Produzenten sind gleich c; somit wird seine optimale Angebotsmenge x_A^m durch die Gleichung $E'_A(x_A^m) = c$ bestimmt. Er verkauft diese Menge zum Preis $p_A^m = E'(x_A^m)$ an den Einzelhändler, der von den Konsumenten den Preis $p_B^m = P(x_A^m)$ fordert.

Für die Unternehmen gibt es mehrere Möglichkeiten, den auch für sie nachteiligen Effekten einer vertikalen Preisbildung zu begegnen. Durch *vertikale Integration* wird die zweifache Marginalisierung beseitigt, indem die beiden Unternehmen fusionieren. So könnte z.B. der Produzent das Einzelhandelsgeschäft aufkaufen und durch den direkten Verkauf an die Konsumenten den Monopolgewinn $\Pi(p^m)$ erzielen. Selbst wenn er für das Vertriebssystem des Einzelhändlers den Betrag $\Pi_B(p_A^m, p_B^m)$ zu zahlen hätte, wäre eine vertikale Integration für den Produzenten profitabel, da $\Pi(p^m) - \Pi_B(p_A^m, p_B^m) > \Pi_A(p_A^m, p_B^m)$. Weil ein Zusammenschluss der beiden Unternehmen den Endverkaufspreis von p_B^m auf p^m reduziert, ist dieser auch für die Konsumenten vorteilhaft.

Eine andere Möglichkeit besteht darin, dass der Produzent einen *Franchise*–Vertrag mit dem Einzelhändler abschließt. Ein solcher Vertrag sieht vor, dass er das Gut zum Preis $p_A = c$ an den Einzelhändler weitergibt. Der Einzelhändler hat für diesen Vertrag einen fixen Betrag $\bar{p}$ als 'franchise fee' zu zahlen.[10] Da der Betrag $\bar{p}$ unabhängig vom Umsatz ist, beeinflusst er nicht das in (2.26) beschriebene Marginalkalkül des Einzelhändlers. Dieser wird daher den Endverkaufspreis $p^m = \tilde{p}_B(c)$ wählen und den Gewinn $\Pi(p^m) - \bar{p}$ realisieren. Der Gewinn des Produzenten beträgt $\bar{p}$. Indem $\bar{p}$ so gewählt wird, dass $\Pi_A(p_A^m, p_B^m) < \bar{p} < \Pi(p^m) - \Pi_B(p_A^m, p_B^m)$, stehen sich beim Franchise–Kontrakt sowohl der Produzent wie auch der Einzelhändler besser als bei doppelter Marginalisierung.

Der Produzent könnte den Verkauf des Gutes an den Einzelhändler auch mit der Auflage verbinden, dieses zum Preis p^m an die Konsumenten weiterzugeben. Eine solche Auflage wird als *vertikale Preisbindung* oder *Preisbindung der zweiten Hand* bezeichnet. Diese Form einer *vertikalen Restriktion* wird in vielen Ländern gesetzlich untersagt, weil sie zu einer Einschränkung des Wettbewerbs im Einzelhandel führen kann.[11]

---

[10] Der Franchise–Vertrag ist ein Zwei–Stufen–Tarif, dessen Effizienzeigenschaften auch in Kapitel 2.3.1 angesprochen werden.

[11] In der Bundesrepublik wurde zu Anfang 1974 die Möglichkeit der Preisbindung der zweiten Hand aufgehoben. Durch § 22.2 und § 23 GWB werden jedoch un-

Schließlich bleibt anzumerken, dass es nur dann zu doppelter Marginalisierung kommt, wenn der Einzelhändler seinen Preis als Monopolist wählt. Wenn der Produzent das Gut an mehrere, miteinander konkurrierende Einzelhändler verkauft, wird dadurch der Preisaufschlag des Einzelhandels reduziert. Bei perfekter Konkurrenz unter den Einzelhändlern werden diese das Gut zum Preis $p_B = p_A$ anbieten, und der Produzent kann denselben Gewinn wie bei direktem Verkauf realisieren, indem er $p_A = p^m$ setzt. In dem hier betrachteten Modellrahmen ist daher der Produzent an Wettbewerb im Einzelhandel interessiert. Eine Einschränkung dieser Schlussfolgerung ergibt sich, wenn der Absatz des Gutes von den Verkaufsanstrengungen des Einzelhandels abhängt. In einer solchen Situation kann eine Senkung der Profitmargen im Einzelhandel durch Wettbewerb z.B. dazu führen, dass der einzelne Händler seine Werbung für das betreffende Produkt reduziert. Um dies zu verhindern, könnte sich der Produzent veranlasst sehen, den Wettbewerb im Einzelhandel z.B. durch exklusive Verkaufsrechte abzuschwächen.[12]

2.2 Produktwahl und Werbung

2.2.1 Die Wahl der Produktqualität

Wenn der Anbieter die qualitativen Eigenschaften seines Produkts bestimmen kann, spielt bei seiner Verkaufsstrategie nicht nur der Einfluss des Preises auf die Nachfrage eine Rolle, sondern auch der Einfluss der Produktqualität. Zur Analyse dieses Entscheidungsproblems betrachten wir ein Modell vertikaler Produktdifferenzierung, in dem q die Qualität des Gutes bezeichnet.[13] Der Monopolist kann nur eine Produktqualität q anbieten; seine Stückkosten betragen $c(q)$. Es ist sinnvoll, davon auszugehen, dass eine höhere Qualität höhere Produktionskosten verursacht. Daher unterstellen wir im weiteren, dass $c'(q) > 0$.

Abbildung 2.4 veranschaulicht das Entscheidungsproblem des Anbieters für den einfachen Fall, dass er zwischen einer niedrigen Qualität q_l und einer hohen Qualität q_h wählt. Bei der niedrigen Qualität sind

---

verbindliche Preisempfehlungen durch Vereinigungen kleiner oder mittlerer Unternehmen und für Markenartikel ermöglicht.

[12] Siehe dazu Rey und Stiglitz (1995) und Rey und Tirole (1986).

[13] Vgl. Kapitel 1.3.1. Die Analyse der Qualitätsbestimmung geht zurück auf Spence (1975).

A = Gewinn
B = Konsumentenrente
c = Wohlfahrtsverlust

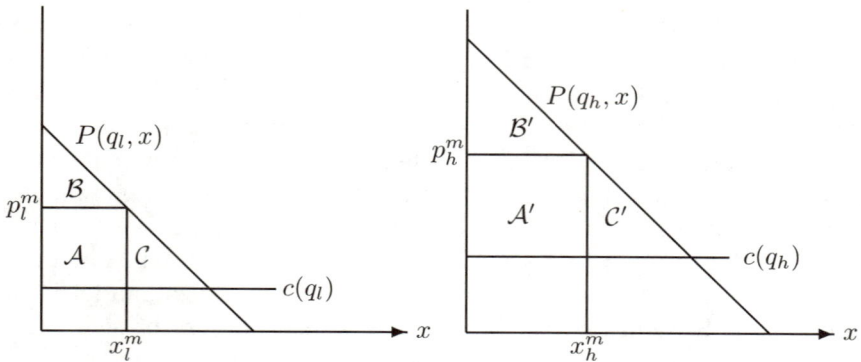

Abb. 2.4. *Qualitätswahl im Monopol*

seine Grenzkosten gleich $c(q_l)$ und die inverse Nachfrage ist $P(q_l, x)$. Im linken Teil der Abbildung ist es für das Unternehmen optimal, bei der gegebenen Qualität q_l die Menge x_l^m zum Preis p_l^m anzubieten. Wie in Abbildung 2.1 gibt der Inhalt der Fläche $\mathcal{A}$ den Gewinn des Unternehmens an. Die Konsumentenrente wird durch den Inhalt der Fläche $\mathcal{B}$ und der monopolistische Wohlfahrtsverlust durch den Inhalt der Fläche $\mathcal{C}$ beschrieben. Bei der Wahl der höheren Qualität steigt die Nachfrage, so dass $P(q_h, x) > P(q_l, x)$ im rechten Teil der Abbildung. Ebenso erhöhen sich aber auch die Stückkosten auf $c(q_h) > c(q_l)$. Da der Flächeninhalt von $\mathcal{A}'$ den von $\mathcal{A}$ übertrifft, maximiert der Anbieter seinen Gewinn, indem er q_h wählt. Für den in der Abbildung dargestellten Markt ist diese Entscheidung auch sozial effizient: Auch ein sozialer Planer würde sich für die Qualität q_h entscheiden, da die so realisierbare Wohlfahrt (der Inhalt der Fläche $\mathcal{A}' + \mathcal{B}' + \mathcal{C}'$) höher ist als die mögliche Wohlfahrt bei niedriger Qualität (der Inhalt der Fläche $\mathcal{A} + \mathcal{B} + \mathcal{C}$). In dem dargestellten Beispiel ist sogar die im Monopol erreichte Wohlfahrt bei der Qualität q_h (der Inhalt der Fläche $\mathcal{A}' + \mathcal{B}'$) größer als bei der Qualität q_l (der Inhalt der Fläche $\mathcal{A} + \mathcal{B}$). Da die Abbildung ein spezielles Nachfrageverhalten unterstellt, können wir jedoch nicht davon ausgehen, dass ein monopolistischer Anbieter stets die sozial effiziente Qualität produzieren wird.[14] Die monopolistische Qualitätsentscheidung und ihre Effizienzeigenschaften hängen

---

[14] Insbesondere spielt in Abbildung 2.4 die Linearität der Nachfragefunktion eine Rolle. Bei konstanten Stückkosten impliziert diese, dass die realisierbare soziale Wohlfahrt proportional zum Monopolgewinn ist. Daher stimmt die Qualitätswahl des Monopols mit der sozial effizienten Qualität überein (siehe Übungsaufgabe 2.2 und 2.8).

im allgemeinen davon ab, auf welche Weise die Qualität q den Nutzen der Konsumenten und die Produktionskosten des Unternehmens beeinflusst.

Um das Nachfrageverhalten genauer zu beschreiben, gehen wir im folgenden davon aus, dass jeder Konsument am Kauf einer einzigen Einheit des Gutes interessiert ist. Die Konsumenten unterscheiden sich hinsichtlich ihrer Zahlungsbereitschaft entsprechend dem Charakteristikum θ. Die Zahlungsbereitschaft eines Konsumenten vom Typ θ für ein Gut der Qualität q sei dementsprechend $v(q, \theta)$. Dabei ist $\partial v(q, \theta)/\partial q > 0$. Die Zahlungsbereitschaft eines jeden Konsumenten ist also umso höher, je höher die Qualität q des Gutes ist. Ferner nehmen wir an, dass $\partial v(q, \theta)/\partial \theta > 0$. Die Konsumenten sind also entsprechend der Höhe ihrer Zahlungsbereitschaft geordnet, so dass ein höherer Index θ eine höhere Zahlungsbereitschaft widerspiegelt. Der Index θ sei unter den Konsumenten entsprechend der Verteilungsfunktion $F(\theta)$ auf dem Intervall $[\underline{\theta}, \overline{\theta}]$ verteilt mit $F'(\theta) > 0$ für $\theta \in (\underline{\theta}, \overline{\theta})$. Daher gibt $F(\theta)$ den Anteil der Konsumenten an, deren Zahlungsbereitschaft nicht größer als $v(q, \theta)$ ist. Die Gesamtmasse der Konsumenten können wir auf Eins normieren.

Wenn der Anbieter den Preis auf p festsetzt, scheiden alle Konsumenten mit $v(q, \theta) < p$ als Nachfrager aus. Der *marginale Konsument* $\hat{\theta}$, der gerade indifferent zwischen Kauf und Nichtkauf ist, wird durch die Gleichung

$$v(q, \hat{\theta}) = p \tag{2.31}$$

bestimmt. Alle Konsumenten mit einem Index $\theta > \hat{\theta}$ werden sich beim Preis p für den Kauf des Gutes entscheiden. Daher ist die Nachfrage beim Preis p gleich $1 - F(\hat{\theta})$. Der Gewinn Π des Anbieters beträgt $[p - c(q)][1 - F(\hat{\theta})]$. Aufgrund von (2.31) ist

$$\Pi = [v(q, \hat{\theta}) - c(q)][1 - F(\hat{\theta})]. \tag{2.32}$$

Die Bedingungen erster Ordnung für das monopolistische Optimum $(q^m, \hat{\theta}^m)$ lauten

$$\frac{\partial v(q^m, \hat{\theta}^m)}{\partial q} = c'(q^m), \tag{2.33}$$

$$\frac{\partial v(q^m, \hat{\theta}^m)}{\partial \theta} = \frac{F'(\hat{\theta}^m)}{1 - F(\hat{\theta}^m)} \left[v(q^m, \hat{\theta}^m) - c(q^m) \right].$$

Entsprechend der ersten Bedingung wählt der Monopolist seine Qualität so, dass die marginale Erhöhung der Zahlungsbereitschaft des marginalen Konsumenten der marginalen Erhöhung der Stückkosten entspricht. Er maximiert durch diese Qualitätswahl seinen Gewinn, da er wegen (2.31) seinen Preis genau um den Betrag erhöhen kann, den der marginale Konsument für die höhere Qualität zusätzlich zu zahlen bereit ist. Die zweite Gleichung in (2.33) spiegelt die bereits bekannte Ineffizienz monopolistischer Preissetzung wider: Da $p^m = v(q^m, \hat{\theta}^m) > c(q^m)$, ist der Monopolpreis größer als die Grenzkosten der Produktion.[15]

Wir interessieren uns im weiteren dafür, die Monopollösung mit dem sozialen Optimum zu vergleichen. Wenn alle Konsumenten im Intervall $[\hat{\theta}, \overline{\theta}]$ das Gut erhalten, ist die soziale Wohlfahrt W die Differenz zwischen der aggregierten Zahlungsbereitschaft dieser Konsumenten und den gesamten Produktionskosten, d.h.

$$W = \int_{\hat{\theta}}^{\overline{\theta}} [v(q, \theta) - c(q)] \, \mathrm{d}F(\theta). \qquad (2.34)$$

Die Bedingungen erster Ordnung für das soziale Optimum $(q^*, \hat{\theta}^*)$ sind erfüllt, wenn

$$\int_{\hat{\theta}^*}^{\overline{\theta}} \frac{\partial v(q^*, \theta)/\partial q}{1 - F(\hat{\theta}^*)} \, \mathrm{d}F(\theta) = c'(q^*), \qquad (2.35)$$

$$v(q^*, \hat{\theta}^*) = c(q^*).$$

Der Ausdruck auf der linken Seite der ersten Gleichung gibt an, um welchen Betrag eine marginale Qualitätssteigerung die durchschnittliche Zahlungsbereitschaft all der Konsumenten erhöht, die das Gut erhalten. Im sozialen Optimum entspricht dieser Betrag den zusätzlichen Kosten, die eine solche Qualitätssteigerung bei der Produktion des Gutes verursacht. Die zweite Bedingung besagt, dass der marginale Konsument gerade bereit ist, die Stückkosten des Gutes zu zahlen. Wegen (2.31) entspricht dies der bekannten Regel, dass der sozial effiziente Preis mit den Grenzkosten der Produktion übereinstimmt.

---

[15] Der Ausdruck $F'/(1 - F)$ ist bekannt als die 'Hazard Rate' der Verteilungsfunktion $F(\cdot)$. Für einen gegebenen Wert $\hat{\theta}$ gibt sie die bedingte Wahrscheinlichkeit dafür an, dass θ nicht im Intervall $[\hat{\theta}, \hat{\theta} + \mathrm{d}\theta]$ liegt, wenn bekannt ist, dass $\theta \leq \hat{\theta}$. Die Differenz zwischen Preis und Grenzkosten ist ceteris paribus daher umso kleiner, je höher die Hazard Rate ist.

Der Vergleich von (2.33) mit (2.35) zeigt, dass bei monopolistischer Gewinnmaximierung nicht nur die bereits aus Kapitel 2.1.1 bekannte Divergenz von Preis und Grenzkosten eine ineffiziente Bestimmung des marginalen Konsumenten und damit der Absatzmenge impliziert. Darüber hinaus stimmt im allgemeinen auch die monopolistische Qualitätsentscheidungsregel nicht mit dem sozialen Optimum überein. Für den Monopolisten ist entscheidend, wie viel der *marginale* Konsument für eine marginale Qualitätserhöhung zu zahlen bereit ist. Im Gegensatz dazu wird die soziale effiziente Qualitätswahl durch die *durchschnittliche* Erhöhung der Zahlungsbereitschaft für eine marginale Qualitätserhöhung bestimmt.

Im allgemeinen lässt sich nicht sagen, ob monopolistische Gewinnmaximierung zu einer zu hohen oder zu niedrigen Wahl von q führt. Zum einen hängt der Unterschied zwischen der durchschnittlichen Zahlungsbereitschaft und der Zahlungsbereitschaft des marginalen Konsumenten von der Funktion $v(\cdot,\cdot)$ ab. Zum anderen ist in der Regel $\hat{\theta}^m \neq \hat{\theta}^*$, so dass sich die erste Bedingung in (2.33) nicht ohne weiteres mit der ersten Bedingung in (2.35) vergleichen lässt. Der Vergleich dieser beiden Bedingungen erlaubt lediglich die Schlussfolgerung, dass in der Regel die Qualitätswahl des Monopols selbst dann ineffizient ist, wenn der marginale Konsument $\hat{\theta}$ vorgegeben ist. Je nach der Nachfragestruktur und den Produktionskosten kann das monopolistische Qualitätsangebot ebenso niedriger wie auch höher als das soziale Optimum ausfallen. Lediglich in dem speziellen Fall, wo $\partial v(q,\theta)/\partial q$ unabhängig vom Charakteristikum θ des Konsumenten ist, ist die marginale Zahlungsbereitschaft für eine höhere Qualität bei allen Konsumenten gleich hoch, so dass q^m und q^* übereinstimmen.[16]

Beispiel 2.2.1. Es sei $v(q,\theta) = q\theta$, wobei θ auf dem Intervall $[0,1]$ entsprechend der Verteilungsfunktion $F(\theta) = \theta^2$ verteilt ist. Der Anbieter wählt $q \in [0,1]$; seine Stückkosten betragen $c(q) = q^2$. Dann folgt aus (2.33), dass $\hat{\theta}^m = 2q^m$ und $q^m = 2\hat{\theta}^m(q^m\hat{\theta}^m - q^{m\,2})/(1 - \hat{\theta}^{m\,2})$. Dies ergibt die Monopollösung

$$q^m = \frac{\sqrt{2}}{4}, \quad \hat{\theta}^m = \frac{\sqrt{2}}{2}.$$

Die beiden Gleichungen in (2.35) sind äquivalent zu $[2(1 + \hat{\theta}^* + \hat{\theta}^{*\,2})]/[3(1 + \hat{\theta}^*)] = 2q^*$ und $q^*\hat{\theta}^* = q^{*\,2}$. Im sozialen Optimum ist daher

---

[16] In diesem Fall spiegelt sich eine Änderung der Produktqualität in einer Parallelverschiebung der Nachfragefunktion wider. Das einfachste Beispiel für diesen Fall ist die Spezifikation $v(q,\theta) = q + \theta$.

$$q^* = \frac{\sqrt{3}-1}{2}, \quad \hat{\theta}^* = \frac{\sqrt{3}-1}{2}.$$

Da $q^* > q^m$ und $\hat{\theta}^* < \hat{\theta}^m$, ist sowohl die Qualität wie auch die Angebotsmenge im Monopol geringer als im sozialen Optimum.

2.2.2 Unvollständige Qualitätsinformation

In vielen Märkten sind die Nachfrager nicht vollständig über die Qualität des Angebots informiert. So stellt sich z.B. der Geschmack oder die Haltbarkeit eines Gutes möglicherweise erst nach dem Kauf heraus, so dass der Konsument bei seiner Kaufentscheidung auf die von ihm vermutete Produktqualität angewiesen ist.[17] In diesem Abschnitt beschreiben wir an Hand eines einfachen Beispiels die Auswirkungen unvollständiger Information auf die Qualitäts- und Preiswahl eines monopolistischen Anbieters. Da auf der Seite der Nachfrager die Qualitätsentscheidung des Anbieters nicht allgemein bekannt ist, besteht eine Situation *asymmetrischer Information.*

Dazu nehmen wir an, dass alle Konsumenten die gleiche Zahlungsbereitschaft q für ein Gut der Qualität q haben.[18] Die tatsächliche Qualität q des Gutes ist jedoch nur dem Anteil γ aller Konsumenten bekannt. Beim Preis p kaufen die informierten Konsumenten das Gut, solange $p \le q$. Diejenigen Konsumenten, welche die tatsächliche Qualität q nicht kennen, machen ihre Kaufentscheidung von ihrer Qualitätserwartung q_e abhängig. Sie fragen das Gut nach, wenn $p \le q_e$. Die Gesamtnachfrage hängt daher nicht nur von der Qualitäts- und Preisentscheidung des Anbieters, sondern auch von den Erwartungen der nicht informierten Konsumenten ab.

Der Einfachheit halber unterstellen wir, dass die Stückkosten linear von der Qualität q abhängen und cq betragen, wobei $0 < c < 1$. Weiterhin habe der Anbieter lediglich die Wahl zwischen den beiden Qualitäten q_h und q_l. Dabei ist q_h die höhere Qualität, so dass $q_h > q_l$.

Die Tatsache, dass ein Teil der Konsumenten die Qualität vor dem Kauf nicht kennt, schafft einen Anreiz für den Anbieter, seine Qualität zu reduzieren. Auf diese Weise kann er seine Produktionskosten

---

[17] Nelson (1970) bezeichnet solche Güter als 'Erfahrungsgüter' im Unterschied zu 'Suchgütern', bei denen die Qualität sich beim Aufsuchen des Verkäufers offenbart.

[18] Ohne Einschränkung der Allgemeinheit können wir die Gesamtmasse der Konsumenten auf Eins normieren.

senken ohne eine Reaktion im Nachfrageverhalten der uninformierten Konsumenten befürchten zu müssen. Lediglich die informierten Konsumenten halten ihn evtl. von einem solchen Verhalten ab, da sie bei einer Senkung der Produktqualität ihre Nachfrage einschränken. Die nicht informierten Konsumenten können jedoch das Entscheidungsverhalten des Anbieters antizipieren. Bei einem gegebenen Verkaufspreis $q_l < p \leq q_h$ werden sie sich überlegen, ob es sich bei diesem Preis für den Anbieter lohnt, die hohe Qualität zu produzieren. Der Preis p stellt daher ein Signal für die Qualität des Gutes dar, so dass die Erwartung q_e vom Preis p abhängt.

Wenn die uninformierten Konsumenten das Entscheidungskalkül des Anbieters in Betracht ziehen, werden sie beim Preis $q_l < p \leq q_h$ nur dann die hohe Qualität erwarten, falls

$$p - c\,q_h \geq (p - c\,q_l)(1 - \gamma). \tag{2.36}$$

Diese sog. 'Anreizverträglichkeitsbedingung' verlangt, dass es für den Anbieter optimal ist, $q = q_h$ zu wählen, wenn die nicht informierten Konsumenten von der Erwartung $q_e(p) = q_h$ ausgehen. Entscheidet er sich nämlich tatsächlich für die hohe Qualität, so fragen alle Konsumenten das Gut nach und sein Gewinn beträgt $p - c\,q_h$. Wenn er dagegen die uninformierten Konsumenten täuscht und die niedrige Qualität zum Preis $q_l < p \leq q_h$ anbietet, so werden die informierten Konsumenten das Gut nicht kaufen. Sein Gewinn entspricht dann der rechten Seite der Ungleichung in (2.36). Durch Auflösen der Anreizverträglichkeitsbedingung nach p erhalten wir die äquivalente Bedingung

$$p \geq \bar{p} \equiv c\left[q_l + \frac{q_h - q_l}{\gamma}\right]. \tag{2.37}$$

Wenn die nicht informierten Konsumenten die Qualitätsentscheidung des Anbieters antizipieren, gilt für ihre Erwartung

$$q_e(p) = \begin{cases} q_h & \text{wenn } \bar{p} \leq p \leq q_h, \\ q_l & \text{wenn } p < \bar{p}. \end{cases} \tag{2.38}$$

Der Preis des Anbieters wird also nur dann als ein glaubwürdiges Signal hoher Qualität angesehen, wenn er oberhalb der kritischen Grenze $\bar{p}$ liegt. Die Intuition für diese Beobachtung besteht darin, dass ein hoher Gewinn pro verkaufter Einheit einen Anreiz schafft, die informierten Konsumenten nicht durch eine niedrige Qualität abzuschrecken.[19]

---

[19] Ein ähnliches Ergebnis ergibt sich in einer Vielzahl von Modellen unvollständigen Wettbewerbs bei Qualitätsunsicherheit. Siehe z.B. Bagwell und Riordan (1991), Bester (1993, 1998a), Klein und Leffler (1981), Riordan (1986).

Der Parameter γ beschreibt den Informationsstand der Konsumenten. Wir untersuchen nun, wie die Verkaufsstrategie des Anbieters von diesem Parameter beeinflusst wird. Zunächst betrachten wir die Möglichkeit, dass im Marktgleichgewicht die hohe Qualität angeboten wird. In einem Gleichgewicht dieser Art ist $q_e(p) = q_h$, so dass $p \geq \bar{p}$. Der höchste Preis, den der Anbieter für die hohe Qualität verlangen kann, ist $p = q_h$. Daher muss gelten, dass $q_h \geq \bar{p}$. Nach (2.37) ist diese Voraussetzung nur erfüllt, wenn $\gamma \geq c(q_h - q_l)/(q_h - c\,q_l)$. Somit ist das Marktergebnis

$$p^m = q^m = q_h, \quad \text{wenn} \quad \gamma \geq c\frac{q_h - q_l}{q_h - c\,q_l}. \tag{2.39}$$

Der Monopolist realisiert in diesem Fall den Gewinn $\Pi = (p^m - c\,q^m) = q_h(1 - c)$. Ist dagegen $q_h < \bar{p}$, so wird sich im Markt die niedrige Qualität durchsetzen. Einerseits ist kein Konsument bereit, einen Preis $p \geq \bar{p} > q_h$ für die hohe Qualität zu zahlen; andererseits würde der Monopolist bei jedem Preis $p < \bar{p}$ selbst dann die niedrige Qualität wählen, wenn die uninformierten Konsumenten $q_e = q_h$ erwarten. Folglich ist

$$p^m = q^m = q_l, \quad \text{wenn} \quad \gamma < c\frac{q_h - q_l}{q_h - c\,q_l}. \tag{2.40}$$

Die nicht informierten Konsumenten durchschauen, dass der Anbieter den Anreiz hat, seine Qualität zu reduzieren. Daher kann er die Qualität q_l auch nur zum Preis $p^m = q_l$ verkaufen und sein Gewinn beträgt $\Pi = q_l(1 - c)$.

Abbildung 2.5 veranschaulicht die Abhängigkeit des Gleichgewichts von den Parametern γ und c. Das Angebot der hohen Qualität setzt voraus, dass entweder hinreichend viele Konsumenten informiert sind oder der Unterschied in den Stückkosten hoher und niedriger Qualität nicht zu hoch ist.

Die Qualitätsunsicherheit der Konsumenten wirkt sich nachteilig auf den Gewinn des Anbieters aus, wenn sie die Wahl der niedrigen Qualität induziert.[20] Er wird daher nach Wegen suchen, die Auswirkungen asymmetrischer Qualitätsinformation zu beseitigen. Dies könn-

---

[20] Wenn Unterschiede in den Konsumentenpräferenzen eine elastische Nachfrage generieren, stellen sich bei der niedrigen Qualität auch die Nachfrager schlechter. Es ist auch möglich, dass sie aufgrund unvollständiger Information einen höheren Preis für die hohe Qualität zu zahlen haben, da nur hohe Preise ein glaubwürdiges Qualitätssignal darstellen (siehe Bagwell und Riordan (1991)).

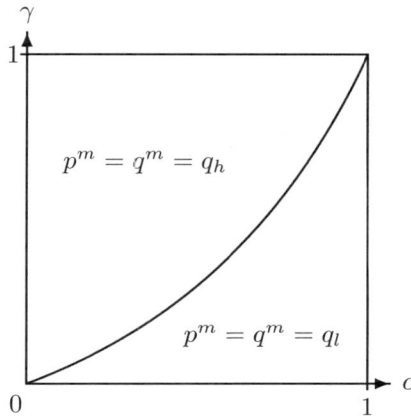

Abb. 2.5. *Qualitätsangebot bei unvollständiger Information*

te z.B. dadurch geschehen, dass er durch einen unabhängigen Experten einen *Test* der Produktqualität durchführt lässt und das Ergebnis öffentlich bekannt gibt.[21] Die Glaubwürdigkeit eines solchen Tests hängt natürlich davon ab, dass die Konsumenten keinen Anlass zu der Vermutung haben, dass der Experte durch den Produzenten bestochen wird.

Eine andere Möglichkeit ist das Angebot einer *Garantie,* durch die der Anbieter sich z.B. verpflichtet, den Kaufpreis zu erstatten, wenn der Konsument nach dem Kauf feststellt, dass das Gut nicht die zugesagte Qualität hat. Der Produzent kann sich auf diese Weise glaubhaft binden, die hohe Qualität zu produzieren, weil die Garantie die Produktion der niedrigen Qualität unprofitabel macht. Jedoch ist die Realisierbarkeit von Garantien an eine Reihe von Voraussetzungen gebunden, die in einigen Märkten nicht erfüllt sind. Zum einen muss die tatsächliche Qualität nach dem Kauf objektiv feststellbar sein, um den Anspruch des Käufers notfalls auch gerichtlich durchsetzen zu können. Ansonsten könnte der Anbieter die Leistung der Garantie mit der Behauptung ablehnen, dass er seine Qualitätszusagen eingehalten habe. Ebenso könnte der Käufer versuchen, die Garantieleistung selbst dann in Anspruch zu nehmen, wenn die tatsächliche Qualität des Gutes ihn dazu nicht berechtigt. Ein weiteres Problem bei der Ausstellung von Garantien tritt auf, wenn Qualitätsmerkmale wie die Funktionsfähigkeit oder die Nutzungsdauer eines Gutes davon abhängen, wie

---

[21] Ein Modell, in dem die Konsumenten selbst entscheiden können, ob sie Kosten für einen Test aufwenden, wird von Bester und Ritzberger (2001) betrachtet.

sorgfältig der Konsument mit ihm umgeht. Wenn der Konsument bei einem Defekt des Gutes den Kaufpreis erstattet erhält, hat er keinen Anreiz, das Gut sachgemäß zu nutzen und die Wahrscheinlichkeit eines Defekts gering zu halten. In einer solchen Situation wird der Anbieter keine vollständige Haftung im Schadensfall übernehmen. Aufgrund beschränkter Haftung besteht daher weiterhin ein *moral hazard* Problem bei der Qualitätswahl des Anbieters.[22]

Bei wiederholten Verkäufen an die selbe Konsumentengruppe kann das Problem asymmetrischer Qualitätsinformation auch durch das Interesse des Anbieters an einer *Reputation* für hohe Qualität gemindert werden. Der Anbieter kann zwar kurzfristig seinen Gewinn erhöhen, indem er die niedrige Qualität zum Preis der hohen Qualität verkauft. Jedoch hat er zu bedenken, dass ein solches Verhalten die Qualitätserwartungen der Konsumenten bei weiteren Käufen reduziert. Wenn der langfristige Gewinn aus der Aufrechterhaltung seiner Reputation hinreichend groß ist, wird der Anbieter daher auf eine Senkung seiner Produktqualität verzichten. Dieser Effekt erklärt die besondere Rolle von sog. 'Markenartikeln'.[23]

2.2.3 Die Wahl des Produktangebots

Wir betrachten nun die Entscheidung eines Monopols, ein bestimmtes Gut oder eine Gruppe von Gütern anzubieten. Dabei unterstellen wir, dass die Einführung eines jeden Gutes Fixkosten in Höhe von f verursacht. Diese Kosten entstehen z.B. bei der Vorbereitung der Produktion oder beim Aufbau des Vertriebssystems.

Der einfachste Fall betrifft die Markteinführung eines einzigen Gutes, für das keine Substitutions- oder Komplementaritätsbeziehungen mit anderen im Markt befindlichen Gütern bestehen. Nachdem der Anbieter die Fixkosten f aufgebracht hat, erzielt er beim Preis p den Gewinn $\Pi(p)$. Er wird also das Gut anbieten, wenn für den Monopolpreis p^m gilt, dass $\Pi(p^m) \geq f$. Dies ist der Fall, wenn der Inhalt

---

[22] Als moral hazard Problem wird eine Situation bezeichnet, in der eine Marktseite über die Aktivitäten der anderen Marktseite unvollständig informiert ist. Falls die Qualität des Gutes sowohl von der Entscheidung des Produzenten wie auch vom Nutzungsverhalten der Konsumenten abhängt, verursacht die Unbeobachtbarkeit dieser Aktivitäten ein zweiseitiges moral hazard Problem; siehe dazu Emons (1988) und Dybvig und Lutz (1993).

[23] Die Rolle wiederholter Käufe für die Qualitätswahl wird z.B. analysiert in Bester (1998a), Klein und Leffler (1981) und Riordan (1986).

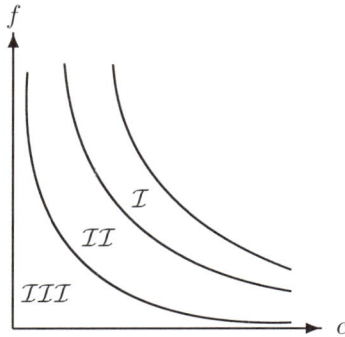

Abb. 2.6. *Einführung eines neuen Gutes*

der Fläche $\mathcal{A}$ in Abbildung 2.1 größer als f ist. Oder, äquivalent dazu, muss f kleiner als das kritische Fixkostenniveau $f^m \equiv \Pi(p^m)$ sein.

Nachdem die Fixkosten f investiert wurden, wird beim Preis p die soziale Wohlfahrt $W(p)$ realisiert. Der sozial effiziente Preis p^* gleicht den Grenzkosten der Produktion bei der Menge x^* in Abbildung 2.1, so dass $W(p^*)$ dem Gesamtinhalt der Flächen $\mathcal{A}, \mathcal{B}$ und $\mathcal{C}$ entspricht. Im sozialen Optimum findet daher die Produktion des Gutes statt, solange die Fixkosten f das kritische Niveau $f^* \equiv W(p^*)$ nicht übersteigen. Da $f^m < f^*$, stimmt die Markteinführungsentscheidung des Monopols mit dem sozialen Optimum nur überein, wenn $f \leq f^m$. Falls jedoch $f^m < f \leq f^*$, wird das Gutes lediglich im sozialen Optimum angeboten. Der Investitionsanreiz des Monopolisten ist zu gering, da er sich nicht den gesamten sozialen Überschuss aus der Produktion des Gutes aneignen kann.

Dies impliziert jedoch nicht, dass es sinnvoll ist, den Anbieter durch eine einmalige Subvention in Höhe von $f - f^m$ zum Markteintritt zu bewegen. Wenn er nach Einführung des Gutes frei über seine Preissetzung entscheiden kann, wird er nämlich den Monopolpreis p^m wählen. Bei diesem Preis beträgt die soziale Wohlfahrt $W(p^m)$; sie entspricht dem Inhalt der Flächen $\mathcal{A}$ und B in Abbildung 2.1. Aus der Sicht der sozialen Wohlfahrt erscheint die Einführung des Gutes durch ein Monopol daher nur dann effizient, wenn $f \leq \hat{f} \equiv W(p^m)$. Offensichtlich ist $f^m < \hat{f} < f^*$. Eine Marktzutrittssubvention in Höhe von $f - f^m$ lässt sich daher allenfalls rechtfertigen, wenn $f^m < f \leq \hat{f}$.

Beispiel 2.2.2. Es sei $D(p) = 1/p^2$ und die Grenzkosten der Produktion betragen c. Wie in Beispiel 2.1.2 gezeigt wurde, ist dann $\Pi(p^m) = 1/(4c)$, $W(p^m) = 3/(4c)$ und $W(p^*) = 1/c$. In Abbildung 2.6 führt der Monopolist das Gut für alle Parameterwerte von f und c ein, die in Region $\mathcal{III}$ liegen. Die Einführung des Gutes bei monopolistischer Preissetzung ist sozial effizient für alle Parameterwerte in den Regionen $\mathcal{III}$ und $\mathcal{II}$. Im sozialen Optimum findet die Einführung des Gutes statt, wenn f und c im Bereich $\mathcal{I}$, $\mathcal{II}$ oder $\mathcal{III}$ liegen.

Vom Gesichtspunkt der sozialen Effizienz aus besteht ein zu geringer Anreiz zur Einführung eines einzigen Gutes, da der monopolistische Anbieter bei seiner Entscheidung die resultierende Konsumentenrente nicht berücksichtigt. Diese Schlussfolgerung gilt nicht notwendigerweise, wenn es sich um die Einführung einer Reihe neuer Produkte handelt, die untereinander Substitute darstellen. Dadurch, dass der Monopolist jedes Gut zu einem Preis über den Grenzkosten verkauft, ist seine Nachfrage bei den übrigen Gütern höher als bei sozial effizienter Preissetzung. Aus diesem Grunde kann es für ihn optimal sein, im Vergleich zum sozialen Optimum eine größere Anzahl von Produkten anzubieten.

Zur Diskussion der Produktvielfalt, die ein Monopolist anbietet, betrachten wir ein Modell horizontaler Produktdifferenzierung, das auf Salop (1979) zurückgeht.[24] Der Monopolist bietet n Güter mit den Eigenschaften q_i, $i = 1, ..., n$, an. Diese Eigenschaften sind symmetrisch auf einem Kreis mit Umfang Eins angeordnet. In Abbildung 2.7 z.B. ist $n = 4$. Pro Gut hat der Monopolist Fixkosten in Höhe von f aufzuwenden. Zur Vereinfachung gehen wir davon aus, dass die Produktion der Güter keine variablen Kosten verursacht.

Jeder Konsument wird durch sein Charakteristikum θ beschrieben. Der Parameter θ ist gleichförmig auf dem Kreis verteilt; die Gesamtmasse der Konsumenten ist Eins. Die Zahlungsbereitschaft eines Konsumenten mit dem Charakteristikum θ für ein Gut mit der Eigenschaft q_i beträgt $r - t|\theta - q_i|$, wobei $r > 0$ und $t > 0$. Sie ist umso höher, je besser die Eigenschaft q_i des Gutes mit dem Präferenzparameter θ übereinstimmt. Dabei beschreibt der Parameter t die Intensität der Präferenz für unterschiedliche Güter. Wir können das Kreismodell auch als ein Modell räumlicher Produktdifferenzierung interpretieren. Bei dieser Interpretation bietet der Verkäufer an n verschiedenen Standorten q_i, $i = 1, ..., n$, dasselbe Gut an. Der Parameter θ entspricht dem

---

[24] Zur allgemeinen Beschreibung horizontaler Produktdifferenzierung vgl. Kapitel 1.3.1.

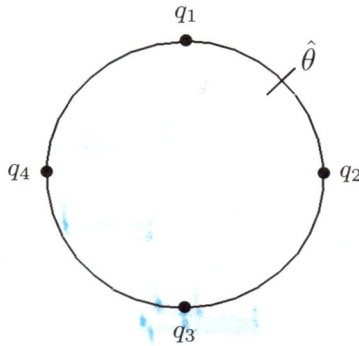

Abb. 2.7. *Produktdifferenzierung im Kreismodell*

Wohnsitz des einzelnen Konsumenten. Seine Zahlungsbereitschaft für das Gut beträgt r; zum Kauf des Gutes muss er jedoch einen der n Verkaufsstandorte aufsuchen. Dadurch entstehen ihm Transportkosten, die proportional zur zurückgelegten Distanz $|\theta - q_i|$ sind.

Der Monopolist bietet die n Güter zum einheitlichen Preis p an. Wir nehmen an, dass r hinreichend groß ist, so dass es für ihn optimal ist, den gesamten Markt zu versorgen.[25] Im Intervall $[q_i, q_{i+1}]$ hat dann der marginale Konsument das Charakteristikum $\theta = 0.5(q_i + q_{i+1})$. Er ist indifferent zwischen dem Kauf des Gutes i und $i+1$. Abbildung 2.7 kennzeichnet diesen Konsumenten im Intervall $[q_1, q_2]$. Da die Länge des Intervalls zwischen zwei benachbarten Gütern gleich $1/n$ ist, beträgt die Zahlungsbereitschaft des marginalen Konsumenten

$$r - \frac{t}{2n}. \tag{2.41}$$

Um den gesamten Markt abzudecken, wird der Monopolist also $p = r - 0.5\,t/n$ setzen und sein Gewinn beträgt $r - 0.5\,t/n - fn$. Unter Vernachlässigung von Ganzzahligkeitsrestriktionen können wir den gewinnmaximierenden Umfang n^m des Güterangebots durch die Bedingung erster Ordnung ableiten und erhalten so

$$n^m = \sqrt{\frac{t}{2f}}. \tag{2.42}$$

Die Bestimmung von n^m ergibt sich aus dem folgenden Trade-off: Einerseits führt eine Steigerung der Produktvielfalt dazu, dass das Güterangebot besser den Präferenzen der Konsumenten angepasst ist. Dieser

---

[25] Diese Voraussetzung ist erfüllt, wenn $r > t$.

Effekt erhöht die Zahlungsbereitschaft des marginalen Konsumenten und ist umso wirksamer, je höher t ist. Daher hängt n^m positiv von t ab. Andererseits steigen die Fixkosten proportional zur Zahl der angebotenen Güter. Dies bewirkt, dass n^m sinkt, wenn f steigt.

Wir ermitteln nun die sozial effiziente Produktvielfalt. Wenn alle Konsumenten zum effizienten Preis $p^* = 0$ das Gut erhalten, ist der durchschnittliche Nutzengewinn der Konsumenten

$$r - \frac{t}{4\,n}. \tag{2.43}$$

Im Durchschnitt ist nämlich der Abstand zwischen θ und dem meist präferierten Gut gleich $1/(4n)$. Dies ist genau die Hälfte des entsprechenden Abstandes für den marginalen Konsumenten. Bei einem Angebot von n verschiedenen Gütern beträgt der soziale Wohlfahrtsgewinn somit $r - 0.25\,t/n - fn$. Aus der Bedingung erster Ordnung erhalten wir die sozial effiziente Anzahl von Gütern

$$B.e.o \Rightarrow \qquad n^* = \sqrt{\frac{t}{4f}} \tag{2.44}$$

Der Vergleich von (2.42) und (2.44) zeigt, dass $n^m > n^*$. Dieses Ergebnis hat die folgende Intuition: Bei der Entscheidung über das Angebot eines zusätzlichen Gutes wägt der Monopolist die Fixkosten f gegen die Preiserhöhung ab, die er realisieren kann, da die Zahlungsbereitschaft des *marginalen* Konsumenten steigt. Für das Kriterium der sozialen Effizienz ist dagegen die Abwägung zwischen den Fixkosten f und der *durchschnittlichen* Zahlungsbereitschaft der Konsumenten entscheidend. Da für den marginalen Konsumenten die Distanz zum meist präferierten Gut größer ist als für den durchschnittlichen Konsumenten, ist der Anreiz des Monopolisten für die Bereitstellung eines zusätzlichen Gutes höher als beim Effizienzkriterium.

2.2.4 Produktwerbung

In vielen Märkten ist zu beobachten, dass der Anbieter durch Reklameaktivitäten versucht, die Nachfrage für sein Produkt zu beeinflussen. Die ökonomische Analyse solcher Aktivitäten geht zurück auf Dorfman und Steiner (1954), die bei ihrem Ansatz eine Nachfragefunktion voraussetzen, die nicht nur vom Angebotspreis, sondern auch von der Werbung des Anbieters abhängt. Beim Preis p und der Werbeintensität λ ist somit die Nachfrage $x = D(p, \lambda)$, wobei

$$\frac{\partial D(p, \lambda)}{\partial p} < 0, \quad \frac{\partial D(p, \lambda)}{\partial \lambda} > 0. \tag{2.45}$$

Die Kosten der Werbung sind eine Funktion $K(\lambda)$ der Intensität λ mit $K'(\lambda) > 0$.

Wenn die Produktionskosten des Anbieters $C(x)$ betragen, erzielt er beim Preis p und der Werbeintensität λ den Gewinn

$$\Pi(p, \lambda) \equiv pD(p, \lambda) - C(D(p, \lambda)) - K(\lambda). \tag{2.46}$$

Die Bedingungen erster Ordnung für die Maximierung des Gewinns lauten

$$[p^m - C'(D(p^m, \lambda^m))] \frac{\partial D(p^m, \lambda^m)}{\partial p} + D(p^m, \lambda^m) = 0, \quad (2.47)$$

$$[p^m - C'(D(p^m, \lambda^m))] \frac{\partial D(p^m, \lambda^m)}{\partial \lambda} - \frac{\partial K(\lambda^m)}{\partial \lambda} = 0.$$

Daher ist $[\partial D/\partial \lambda]/[\partial K/\partial \lambda] = -[\partial D/\partial p]/D$. Unter Verwendung der Definition der Preiselastizität der Nachfrage ϵ in (2.1) erhalten wir

$$\epsilon = p^m \frac{\partial D(p^m, \lambda^m)/\partial \lambda}{\partial K(\lambda^m)/\partial \lambda}. \tag{2.48}$$

Diese Gleichung wird als *Dorfman–Steiner–Bedingung* bezeichnet. Die rechte Seite der Gleichung gibt den Betrag an, um den der Erlös des Anbieters steigt, wenn er seine Reklameaufwendungen um eine (kleine) Einheit erhöht. Bei der optimalen Marketingstrategie entspricht dieser Betrag der Preiselastizität der Nachfrage. Ist der Grenzerlös der Aufwendungen für Reklame fallend, so wird der Anbieter also umso weniger in Werbung investieren, je höher die Elastizität der Nachfrage ist.

Ein Nachteil des beschriebenen Ansatzes besteht darin, dass unklar bleibt, aus welchem Grunde Reklame das Nachfrageverhalten der Konsumenten beeinflusst. Diese offene Frage macht ihn weitgehend ungeeignet, die Auswirkungen von Reklame auf die Effizienz des Marktergebnisses zu beurteilen. Um die Wohlfahrtseffekte von Werbung einzuschätzen, ist es notwendig, den Einfluss von Werbung auf das Nutzenkalkül der Nachfrager explizit zu analysieren. Als Beispiel für eine solche Analyse betrachten wir im weiteren ein Modell der *Produktwerbung,* die den Bekanntheitsgrad eines Produkts erhöht. Offensichtlich ist diese Form der Reklame nur dann sinnvoll, wenn auf Seiten der Konsumenten unvollständige Information über die Existenz oder Verfügbarkeit des betreffenden Produkts besteht.[26] Eine solche Situation liegt insbesondere vor, wenn es sich um die Einführung eines neuen Produktes handelt. Der Informationsgehalt von Produktwerbung erhöht die Nachfrage nach dem betreffenden Gut, da die nicht informierten Konsumenten als Nachfrager ausscheiden.[27]

Im weiteren gehen wir davon aus, dass jeder Konsument eine Einheit des Gutes kaufen will, wenn seine Zahlungsbereitschaft v nicht kleiner als der Preis p des Gutes ist. Die Zahlungsbereitschaft v ist unter den Konsumenten entsprechend der Verteilungsfunktion $F(v)$ mit $F'(v) > 0$ auf dem Intervall $[0, \bar{v}]$ verteilt. Zunächst ist das Angebot des Gutes jedoch nur dem Anteil $\gamma \in (0,1)$ der potentiellen Nachfrager bekannt. Dementsprechend ist der Anteil $1 - \gamma$ der Konsumenten a priori nicht über die Existenz des Angebots oder den Verkaufsort informiert.

Da ein nicht informierter Konsument als Nachfrager ausscheidet, hat der Anbieter ein Interesse, durch Reklame die für die Kaufentscheidung notwendige Information zu verbreiten. Die Werbeintensität $\lambda \in [0,1]$ bezeichnet im folgenden die Wahrscheinlichkeit, mit der ein einzelner Konsument die Reklamebotschaft erhält und so mit dem Angebot des Produzenten vertraut gemacht wird. Wir setzen dabei voraus, dass die Reklame den einzelnen Konsumenten zufällig erreicht. Der Anbieter ist nicht in der Lage, zwischen informierten und uninformierten Konsumenten zu unterscheiden. Ebenso kann er bei der Verbreitung der Reklame nicht zwischen Konsumenten mit einer unterschiedlichen Zahlungsbereitschaft v diskriminieren. Folglich wird der Anteil der nicht informierten Konsumenten durch die Werbung des Anbieters auf $(1 - \lambda)(1 - \gamma)$ reduziert.

Bei einer gegebenen Reklameintensität ist also der Anteil $1 - (1 - \lambda)(1 - \gamma) = \gamma + \lambda - \lambda\gamma$ der Konsumenten über das Angebot des Monopolisten informiert. Da der einzelne Konsument das Gut kauft, wenn $v \geq p$, erhalten wir die Nachfragefunktion

$$D(p, \lambda) = (\gamma + \lambda - \lambda\gamma)[1 - F(p)]. \qquad (2.49)$$

---

[26] Die Analyse dieser Art der Werbung geht zurück auf Butters (1977); Grossman und Shapiro (1984) erweitern diesen Ansatz durch die Berücksichtigung differenzierter Produkte.

[27] Implizit setzen wir voraus, dass diese Konsumenten keine andere Möglichkeit haben, die Existenz des Angebots in Erfahrung zu bringen.

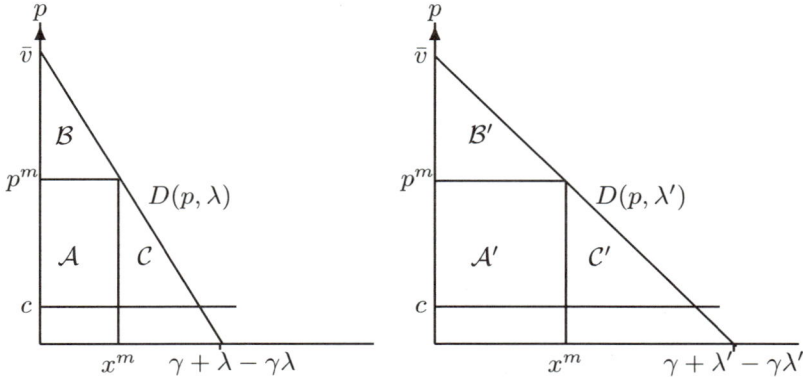

Abb. 2.8. *Produktwerbung und Nachfrage*

Offensichtlich hat diese Nachfrage die in (2.45) vorausgesetzten Eigenschaften. Abbildung 2.8 illustriert die Auswirkung einer Erhöhung der Werbeintensität von λ auf λ' auf die Nachfrage, wenn v gleichförmig auf dem Intervall $[0, \bar{v}]$ verteilt ist.

Unter der Annahme, dass die Grenzkosten des Anbieters $c < \bar{v}$ betragen, erhalten wir aus (2.47) und (2.49) die Bedingungen für die optimale Preis- und Werbestrategie

$$-(p^m - c)F'(p^m) + [1 - F(p^m)] = 0, \qquad (2.50)$$
$$(p^m - c)(1 - \gamma)[1 - F(p^m)] - K'(\lambda^m) = 0.$$

Die erste dieser beiden Gleichungen bestimmt den Monopolpreis p^m. Da die Preiselastizität der Nachfrage unabhängig von der Reklameintensität ist, spielen die Kosten der Werbung keine Rolle für das Preissetzungsverhalten des Anbieters. Die zweite Gleichung fordert, dass die Grenzkosten einer erhöhten Reklameintensität mit der resultierenden marginalen Gewinnerhöhung übereinstimmen: Wenn der Anbieter eine zusätzliche Werbebotschaft zufällig unter den Konsumenten verteilt, erreicht er mit Wahrscheinlichkeit $(1 - \gamma)$ einen Konsumenten, der nicht bereits über das Angebot informiert ist. Dieser Konsument wird das Gut mit Wahrscheinlichkeit $1 - F(p^m)$ kaufen und so den Gewinn des Anbieters um den Betrag $p^m - c$ erhöhen.

Beispiel 2.2.3. Butters (1977) zeigt, dass sich unter bestimmten Annahmen die Kostenfunktion $K(\lambda) = k \ln(1/(1 - \lambda))$ mit $k > 0$ ableiten lässt. Wenn $F(v) = v/\bar{v}$, so ergibt sich bei dieser Spezifikation der Reklamekosten aus (2.50), dass

$$\frac{p^m - c}{\bar{v}} = 1 - \frac{p^m}{\bar{v}}, \quad (p^m - c)(1 - \gamma)\left[1 - \frac{p^m}{\bar{v}}\right] = \frac{k}{1 - \lambda^m}.$$

Für $k \leq 0.25(1 - \gamma)(\bar{v} - c)^2/\bar{v}$ ist die Lösung dieser beiden Gleichungen

$$p^m = \frac{\bar{v} + c}{2}, \quad \lambda^m = 1 - \frac{4k\bar{v}}{(1 - \gamma)(\bar{v} - c)^2}.$$

Hinsichtlich der Wohlfahrtseffekte ähnelt Produktreklame der Einführung eines neuen Gutes. Bei sozial effizienter Preissetzung ($p^* = c$) induziert in Abbildung 2.8 die Erhöhung der Reklameintensität von λ auf λ' einen Wohlfahrtsgewinn, welcher der Differenz zwischen dem Inhalt der Fläche $\mathcal{A}' + \mathcal{B}' + \mathcal{C}'$ und der Fläche $\mathcal{A} + \mathcal{B} + \mathcal{C}$ entspricht. Im sozialen Optimum findet eine Erhöhung der Reklameintensität auf λ' also statt, wenn dieser Wohlfahrtsgewinn die zusätzlichen Reklamekosten $K(\lambda') - K(\lambda)$ übersteigt. Im Gegensatz dazu wird der monopolistische Anbieter sich nur dann für λ' entscheiden, wenn die zusätzlichen Reklamekosten kleiner als die Differenz zwischen dem Flächeninhalt von $\mathcal{A}'$ und $\mathcal{A}$ sind. Im Verhältnis zum sozialen Optimum findet also bei der Monopollösung eine zu geringe Investition in Produktwerbung statt. Hierbei spielen zwei Effekte eine Rolle: Zum einen hat beim Monopolpreis p^m eine Erhöhung der Reklameintensität λ eine geringere Auswirkung auf die Nachfrage als bei sozial effizienter Preissetzung. Dies mindert den Anreiz des Anbieters, Kosten für Reklame aufzuwenden. Zum anderen spielt für das Kalkül des Monopols lediglich sein Gewinn eine Rolle; die Steigerung der Konsumentenrente von $\mathcal{B}$ auf $\mathcal{B}'$ findet bei der gewinnmaximierenden Reklamestrategie keine Beachtung. Wie bei der Einführung eines neuen Gutes beruhen diese Effekte auf der Tatsache, dass der Anbieter sich nur einen Teil des möglichen sozialen Überschusses aneignen kann.

In der Literatur finden sich zwei verschiedene Erklärungsmuster zur Wirkung von Werbung. Zum einen wird Werbung als 'suggestiv' betrachtet, indem sie die Präferenz der Konsumenten für ein Produkt verändert. Diese Art der Werbung zielt in der Regel darauf ab, die Zahlungsbereitschaft der Konsumenten für das betreffende Gut zu erhöhen (siehe Dixit und Norman (1978)). Das oben beschriebene Modell der Produktreklame dagegen gehört zur Kategorie der 'informativen' Werbung.[28] Diese Art der Werbung reduziert eine unter den Konsumenten vorhandene Unsicherheit. Sie vermittelt Information, die der Konsument sonst evtl. nur unter Aufwand eigener Kosten erhalten würde.

---

[28] Ein Überblick über Modelle informativer Werbung findet sich in Bester (1998b).

Indem der Anbieter diese Kosten durch die Verbreitung informativer Reklame verringert, kann er zusätzliche Nachfrager gewinnen. Ein weiteres Beispiel hierfür ist Preisreklame, durch die der Anbieter seinen Verkaufspreis, ein Sonderangebot oder einen Rabatt annonciert. Sie spielt eine Rolle in Märkten, in denen die Konsumenten zwar das Produktangebot kennen, jedoch nicht über den Preis des betreffenden Gutes informiert sind.[29] Im Prinzip kann Werbung auch dazu dienen, die potentiellen Nachfrager über die Qualitätseigenschaften des Angebots zu informieren. Dies setzt natürlich voraus, dass die Qualitätsangaben des Anbieters objektiv verifizierbar sind. Falls diese Voraussetzung nicht erfüllt ist, hat nämlich – unabhängig von den tatsächlichen Produkteigenschaften – jeder Anbieter den Anreiz, eine 'hohe' Qualität anzupreisen. Daher werden die Konsumenten den Inhalt solcher Werbung als nicht glaubwürdig ansehen.[30]

2.3 Preisdiskriminierung

2.3.1 Diskriminierung ersten Grades

Bisher haben wir bei der Analyse monopolistischen Marktverhaltens unterstellt, dass der Monopolist das betreffende Gut allen Nachfragern zu einem einheitlichen Preis anbietet. Zu einem solchen Verhalten ist er gezwungen, wenn er entweder unterschiedliche Konsumenten nicht unterscheiden kann oder wenn er nicht ausschließen kann, dass die Nachfrager das Gut an andere Konsumenten weiterverkaufen. Die Durchführbarkeit von Preisdiskriminierung setzt daher erstens voraus, dass sich verschiedene Konsumentengruppen selektieren lassen. Dies kann an Hand eines öffentlich beobachtbaren Kriteriums, wie z.B. Wohnsitz oder Alter, geschehen. Der Monopolist kann jedoch auch durch die Verkaufsbedingungen verschiedene Konsumenten zur *Selbstselektion* veranlassen. Auf einem solchen Mechanismus beruht z.B. das Modell der intertemporalen Preisdiskriminierung in Kapitel 2.1.3, in dem die Konsumenten die Wahl haben, das Gut sofort zu einem hohen Preis oder später zu einem niedrigen Preis zu kaufen. Die zweite Voraussetzung für Preisdiskriminierung besteht in der Verhinderung von Arbitragemöglichkeiten unter den Konsumenten. Offensichtlich könnten sonst diejenigen Käufer, die einen niedrigeren Preis

---

[29] Die Rolle von Preiswerbung in solchen Märkten wird in Bester (1994) und in Bester und Petrakis (1995, 1996) betrachtet.

[30] Dennoch kann auch in einer solchen Situation Werbung als Signal der Produktqualität eine Rolle spielen (siehe Milgrom und Roberts (1986)).

zahlen, einen Gewinn aus dem Weiterverkauf des Gutes an die übrigen Konsumenten erzielen.

Vollkommene Preisdiskriminierung oder *Preisdiskriminierung ersten Grades* liegt vor, wenn der Verkäufer für jede Einheit des Gutes einen Preis in Höhe der marginalen Zahlungsbereitschaft der Käufer verlangen kann. Wenn $P(x)$ die inverse Nachfragefunktion beschreibt, so verkauft der Monopolist bei vollkommener Preisdiskriminierung die $x-$te Einheit des Gutes zum Preis $P(x)$. Bei den Produktionskosten $C(x)$ ist daher sein Gewinn

$$\Pi(x) = \int_0^x P(x')\mathrm{d}x' - C(x), \tag{2.51}$$

und der gewinnmaximierende Output x^m wird durch die Gleichung $P(x^m) = C'(x^m)$ bestimmt. Nach (2.7) stimmt diese Menge mit dem sozial optimalen Output x^* überein. Dies liegt daran, dass bei vollkommener Preisdiskriminierung der Erlös des Anbieters der aggregierten Zahlungsbereitschaft der Konsumenten entspricht. Sein Gewinn Π ist daher identisch mit dem sozialen Überschuss aus der Produktion des Gutes. In dieser Situation trifft folglich auch ein gewinnmaximierendes Monopol sozial effiziente Produktionsentscheidungen. Bei den positiven Effizienzeigenschaften der Preisdiskriminierung ersten Grades bleibt natürlich zu bedenken, dass sich der Anbieter den gesamten Wohlfahrtsgewinn aneignet und so die Konsumentenrente gleich Null ist.

Beispiel 2.3.1. Wie in Beispiel 2.2.1 sei die Zahlungsbereitschaft $v(q, \theta)$ von Konsument θ für ein Gut der Qualität q gleich $q\theta$. Der Parameter θ ist auf dem Intervall $[0, 1]$ verteilt entsprechend der Verteilungsfunktion $F(\theta) = \theta^2$. Die Stückkosten des Anbieters betragen $c(q) = q^2$, wobei $q \in [0, 1]$. Dann ist die Nachfrage $x = 1 - F(p/q) = 1 - (p/q)^2$ und somit $P(x, q) = \sqrt{(1 - x)}q$. Aus $P(x^m, q) = c(q)$ folgt $x^m = 1 - q^2$. Bei vollkommener Preisdiskriminierung beträgt daher der Gewinn des Anbieters

$$\Pi = \int_0^{1-q^2} \sqrt{(1-x)}q\,\mathrm{d}x - q^2(1 - q^2) = \frac{2(q - q^4)}{3} - q^2(1 - q^2).$$

Die Bedingung erster Ordnung für die gewinnmaximierende Qualität lautet $2q^3 - 3q + 1 = 0$. Daher ist $q^m = (\sqrt{3} - 1)/2$. Die Qualitätsentscheidung des Monopols bei vollkommener Preisdiskriminierung stimmt also mit der in Beispiel 2.2.1 ermittelten sozial effizienten Qualität q^* überein.

Falls jeder Konsument eine einzige Einheit des Gutes nachfragt, erreicht der Anbieter vollkommene Preisdiskriminierung, indem er den

Preis der jeweiligen Zahlungsbereitschaft des betreffenden Käufers anpasst. Wenn jeder Konsument am Kauf mehrerer Einheiten des Gutes interessiert ist, kann der Verkäufer vollkommene Preisdiskriminierung auch durch einen *Zwei–Stufen–Tarif* erreichen. Dazu betrachten wir hier und in den Kapiteln 2.3.2 und 2.3.3 einen Markt mit zwei Konsumentengruppen $i = a, b$, wobei zur Gruppe i insgesamt m_i Konsumenten zählen. Die Zahlungsbereitschaft eines Konsumenten aus der Gruppe i für x Einheiten des Gutes wird durch $U_i(x)$ beschrieben. Es gelte $U_a(0) = U_b(0) = 0$, $0 < U_a'(x) < U_b'(x)$ und $U_a''(x) < 0, U_b''(x) < 0$. Die marginale Zahlungsbereitschaft ist also positiv und sinkt mit der nachgefragten Menge. Die beiden Gruppen unterscheiden sich hinsichtlich ihrer marginalen Zahlungsbereitschaft, die in der Gruppe b höher ist als in der Gruppe a. Daher ist auch $U_a(x) < U_b(x)$ für alle $x > 0$.

Ein Zwei–Stufen–Tarif $(\bar{p}_i, p_i)$ sieht eine fixe Zahlung $\bar{p}_i > 0$ vor, die jedes Mitglied der Gruppe i berechtigt, beliebig viele Einheiten des Gutes zum Preis $p_i > 0$ zu erwerben. Ein Konsument der Gruppe i hat also beim Kauf von $x > 0$ Einheiten des Gutes den Betrag $\bar{p}_i + p_i x$ zu zahlen und erzielt so den Nutzen $U_i(x) - \bar{p}_i - p_i x$. Falls er sich für eine positive Menge entscheidet, wird er seine Nachfrage $x_i = x_i^*(p_i)$ so wählen, dass

$$U_i'(x_i^*(p_i)) = p_i. \tag{2.52}$$

Der Betrag $\bar{p}_i$ spielt keine Rolle für das Marginalkalkül, weil er unabhängig von der nachgefragten Menge ist. Da sein Nutzen $U_i(0) = 0$ ist, wenn er das Gut nicht kauft, fragt der Konsument die Menge $x_i^*(p_i)$ natürlich nur unter der Voraussetzung nach, dass

$$U_i(x_i^*(p_i)) - \bar{p}_i - p_i x_i^*(p_i) \geq 0. \tag{2.53}$$

Wir sind nun in der Lage, die Tarifgestaltung $(\bar{p}_a, p_a), (\bar{p}_b, p_b)$ des Anbieters abzuleiten. Solange die Bedingung (2.53) für $i = a, b$ erfüllt ist, realisiert er den Gewinn

$$\Pi = m_a[p_a x_a^*(p_a) + \bar{p}_a] + m_b[p_b x_b^*(p_b) + \bar{p}_b] \tag{2.54}$$
$$- C(m_a x_a^*(p_a) + m_b x_b^*(p_b)).$$

Offensichtlich muss bei der Lösung seines Maximierungsproblems die Gleichung in (2.53) gelten, da sonst der Gewinn durch eine Erhöhung von $\bar{p}_i$ gesteigert werden könnte. Durch Substitution von $\bar{p}_a$ und $\bar{p}_b$

aus (2.53) in die Gewinnfunktion zeigt sich, dass der Monopolist durch seine Wahl von p_a und p_b den Ausdruck

$$m_a U_a(x_a^*(p_a)) + m_b U_b(x_b^*(p_b)) - C\left(m_a x_a^*(p_a) + m_b x_b^*(p_b)\right) \quad (2.55)$$

maximiert. Unter Berücksichtigung von (2.52) erhalten wir daher aus den Bedingungen erster Ordnung für die Maximierung des Gewinns, dass

$$p_a^m = p_b^m = C'\left(m_a\, x_a^*(p_a^m) + m_b\, x_b^*(p_b^m)\right). \quad (2.56)$$

Da der Preis, den die Konsumenten für eine zusätzliche Einheit des Gutes zu zahlen haben, mit den Grenzkosten der Produktion übereinstimmt, produziert der Anbieter bei den Tarifen $(\bar{p}_a^m, p_a^m)$, $(\bar{p}_b^m, p_a^m)$ die sozial effiziente Outputmenge. Zugleich eignet er sich durch die beiden Einstiegstarife $\bar{p}_a^m$ und $\bar{p}_b^m$ von jeder Konsumentengruppe die gesamte Konsumentenrente an. Während der marginale Tarif p_i^m für beide Gruppen übereinstimmt, passt der Monopolist den Einstiegstarif der jeweiligen Zahlungsbereitschaft an: Aus der Gleichung in (2.53) folgt, dass $\bar{p}_b^m > \bar{p}_a^m$.[31] Die Konsumenten mit der höheren Zahlungsbereitschaft haben einen höheren Einstiegstarif zu zahlen. Offensichtlich setzt Preisdiskriminierung ersten Grades voraus, dass der Monopolist unterscheiden kann, ob ein einzelner Nachfrager eine hohe oder niedrige Zahlungsbereitschaft hat. Wäre dies nicht der Fall, so würden auch die Konsumenten der Gruppe b den niedrigeren Einstiegstarif $\bar{p}_a^m$ wählen.

Beispiel 2.3.2. Es sei $U_i(x) = \theta_i x - 0.5x^2$ und $C(x) = c\,x$, wobei $0 < c < \theta_a < \theta_b$. Wegen (2.52) ist dann $x_i^*(p_i) = \theta_i - p_i$, so dass $U_i(x_i^*(p_i)) - p_i x_i^*(p_i) = 0.5(\theta_i - p_i)^2$. Aus (2.53) und (2.56) erhalten wir

$$\bar{p}_a^m = \frac{(\theta_a - c)^2}{2} < \bar{p}_b^m = \frac{(\theta_b - c)^2}{2}, \quad p_a^m = p_b^m = c.$$

Abbildung 2.9 illustriert die Tarifgestaltung des Anbieters bei vollkommener Preisdiskriminierung. Bei konstanten Grenzkosten in Höhe von c ist $p_a^m = p_b^m = c$. Die Nachfrage x_i eines Konsumenten der Gruppe i wird daher durch den Schnittpunkt der Grenznutzenkurve $U_i'(\cdot)$

---

[31] Dies gilt, weil $\bar{p}_b = U_b(x_b^*(p_b)) - p_b x_b^*(p_b) > U_b(x_a^*(p_a)) - p_a x_a^*(p_a) > U_a(x_a^*(p_a)) - p_a x_a^*(p_a) = \bar{p}_a^m$. Die erste Ungleichung folgt aus dem Nutzenmaximierungsverhalten der Konsumenten; die zweite Ungleichung folgt aus $U_b(x) > U_a(x)$.

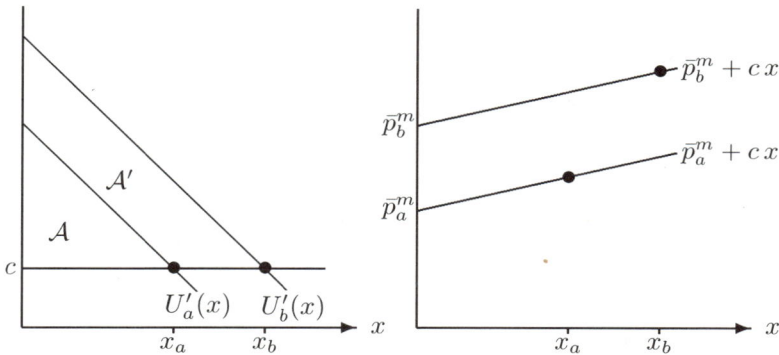

Abb. 2.9. *Preisdiskriminierung ersten Grades*

mit den Grenzkosten bestimmt. Beim Preis $p_a^m = c$ beschreibt der Inhalt der Fläche $\mathcal{A}$ die Konsumentenrente eines Nachfragers der Gruppe a. Diese Rente eignet sich jedoch der Anbieter durch den Einstiegstarif $\bar{p}_a^m$ an. Ebenso legt er für die Gruppe b den Einstiegstarif $\bar{p}_b^m$ so fest, dass er dem Inhalt der Fläche $\mathcal{A} + \mathcal{A}'$ entspricht. Der rechte Teil der Abbildung verdeutlicht die Ausgaben der Konsumenten in Abhängigkeit von der nachgefragten Menge. Da sich die beiden Tarife nur in der Höhe des Einstiegsbetrages unterscheiden, verlaufen die Ausgaben für die Gruppe b parallel zu den Ausgaben für die Gruppe a.

2.3.2 Diskriminierung zweiten Grades

Preisdiskriminierung zweiten Grades liegt vor, wenn der Verkäufer den Preis von der nachgefragten Menge abhängig macht aber die Ausgaben für eine gegebene Menge x für alle Nachfrager gleich hoch sind. Dies kann z.B. dadurch geschehen, dass er Mengenrabatte gewährt, die für alle Konsumenten gelten. Preisdiskriminierung zweiten Grades unterscheidet sich demnach von vollkommener Preisdiskriminierung, indem der Tarif des Anbieters nicht direkt von der Zahlungsbereitschaft des jeweiligen Konsumenten abhängt. Auf einen solchen einheitlichen Tarif ist der Anbieter z.B. dann beschränkt, wenn er nicht darüber informiert ist, ob ein bestimmter Konsument eine hohe oder niedrige Zahlungsbereitschaft hat. Dennoch kann er auch in einer solchen Situation eine indirekte Form der Preisdiskriminierung durchsetzen: Da die nachgefragte Menge von der Zahlungsbereitschaft des Konsumenten abhängt, kann er je nach Höhe der Nachfrage einen verschiedenen Preis pro Einheit des Gutes verlangen. Preisdiskriminierung zweiten

Grades beruht also im wesentlichen auf einer *Selbstselektion* der Konsumenten.

Als Beispiel betrachten wir einen einheitlichen Zwei–Stufen–Tarif $(\bar{p}, p)$, bei dem die Ausgaben eines Konsumenten für die Menge $x > 0$ gleich $\bar{p} + px$ sind.[32] Für $\bar{p} > 0$ enthält ein solcher Tarif implizit einen Mengenrabatt, weil die Ausgaben pro Einheit des Gutes mit der Menge x fallen. Bei einem einheitlichen Tarif vereinfacht sich der Gewinn des Anbieters in (2.54) zu

$$
\begin{aligned}
\Pi \;=\;& m_a[px_a^*(p) + \bar{p}] + m_b[px_b^*(p) + \bar{p}] \\
-\;& C\left(m_a x_a^*(p) + m_b x_b^*(p)\right).
\end{aligned}
\tag{2.57}
$$

Entsprechend (2.53) hat der Anbieter bei der Wahl des Tarifs $(\bar{p}, p)$ die beiden Nebenbedingungen

$$
\begin{aligned}
U_a(x_a^*(p)) - \bar{p} - px_a^*(p) &\;\geq\; 0, \\
U_b(x_b^*(p)) - \bar{p} - px_b^*(p) &\;\geq\; 0,
\end{aligned}
\tag{2.58}
$$

zu berücksichtigen um sicherzustellen, dass beide Konsumentengruppen eine positive Menge des Gutes nachfragen.[33] Eine einfache Überlegung, die auf einem Argument 'offenbarter Präferenzen' beruht, zeigt, dass die zweite Nebenbedingung in (2.58) redundant ist: Da ein Konsument der Gruppe b die Nachfrage $x_b^*(p)$ der Nachfrage $x_a^*(p)$ vorzieht und er eine höhere Zahlungsbereitschaft hat, gilt

$$
U_b(x_b^*(p)) - \bar{p} - px_b^*(p) \;\geq\; U_b(x_a^*(p)) - \bar{p} - px_a^*(p) > \tag{2.59}
$$

$$
U_a(x_a^*(p)) - \bar{p} - px_a^*(p) \geq 0.
$$

Bei einem einheitlichen Tarif erzielt der Konsument des Typs b einen positiven Nutzengewinn, da der Nutzengewinn des Typs a nicht negativ sein kann. Es ist daher nur die erste der beiden Nebenbedingungen in (2.58) bindend, so dass $\bar{p}^m = U_a(x_a^*(p)) - px_a^*(p)$. Durch Substitution von $\bar{p}^m$ in (2.57) zeigt sich, dass der Monopolist durch seine Wahl von p den Gewinn

$$
\begin{aligned}
& [m_a + m_b]U_a(x_a^*(p)) + m_b[px_b^*(p) - px_a^*(p)] \\
& \qquad - C\left(m_a x_a^*(p) + m_b x_b^*(p)\right)
\end{aligned}
\tag{2.60}
$$

---

[32] Wir beschränken uns hier auf den Zwei–Stufen–Tarif als der einfachsten Form einer nicht-linearen Preissetzung. Zur Ableitung der optimalen Form siehe Katz (1983), Maskin und Riley (1984) und Spence (1977a).

[33] Wir setzen im weiteren voraus, dass es für den Monopolisten optimal ist, das Gut an beide Konsumentengruppen zu verkaufen.

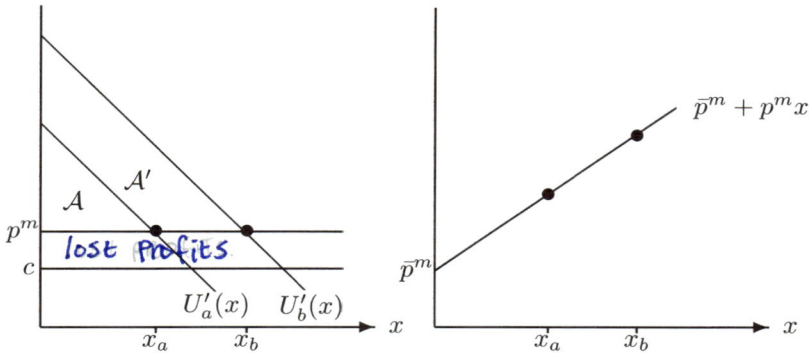

Abb. 2.10. *Preisdiskriminierung zweiten Grades*

maximieren wird. Da $U'_a(x^*_a(p)) = p$, erhalten wir durch Umformen der Bedingung erster Ordnung für die Maximierung des Gewinns die Gleichung

$$p^m = C'(m_a\, x^*_a(p^m) + m_b\, x^*_b(p^m)) - \frac{m_b[x^*_b(p^m) - x^*_a(p^m)]}{m_a\, x^{*\prime}_a(p^m) + m_b\, x^{*\prime}_b(p^m)}. (2.61)$$

Aus $x^{*\prime}_i(p^m) < 0$ und $x^*_b(p^m) > x^*_a(p^m)$ folgt $p^m > C'$. Bei Preisdiskriminierung zweiten Grades ist der marginale Preis für die Konsumenten höher als die Grenzkosten. Die Produktionsmenge des Monopols ist somit ineffizient niedrig. Aufgrund des einheitlichen Einstiegstarifs $\bar{p}^m$ kann der Monopolist die Konsumenten der Gruppe b nicht vollständig ausbeuten; er kompensiert dies teilweise dadurch, dass er den Preis p^m höher als die Grenzkosten setzt. Offensichtlich realisiert er bei Diskriminierung zweiten Grades einen geringeren Gewinn als bei vollkommener Diskriminierung. Dagegen werden die Konsumenten mit der höheren Zahlungsbereitschaft besser gestellt als bei vollkommener Diskriminierung.

Beispiel 2.3.3. Wie in Beispiel 2.3.2 sei $U_i(x) = \theta_i x - 0.5x^2$ und $C(x) = c\,x$, wobei $0 < c < \theta_a < \theta_b$. Wegen (2.52) ist dann $x^*_i(p) = \theta_i - p$, so dass $\bar{p} = U_a(x^*_a(p)) - px^*_a(p) = 0.5(\theta_a - p)^2$. Entsprechend (2.57) ist der Gewinn des Anbieters

$$\Pi = m_a[(p - c)(\theta_a - p) + 0.5(\theta_a - p)^2] + m_b[(p - c)(\theta_b - p) + 0.5(\theta_a - p)^2].$$

Die Bedingung erster Ordnung für die Maximierung dieses Gewinns lautet $m_a(c - p) + m_b(c - p + \theta_b - \theta_a) = 0$ und ergibt die Lösung

$$\bar{p}^m = 0.5 \left(\theta_a - c - \frac{m_b}{m_a + m_b}(\theta_b - \theta_a) \right)^2, \quad p^m = c + \frac{m_b}{m_a + m_b}(\theta_b - \theta_a).$$

In Abbildung 2.10 wird beim Tarif $(\bar{p}^m, p^m)$ die Nachfrage x_i eines Konsumenten der Gruppe i durch die Bedingung $U_i'(x_i) = p^m$ bestimmt. Der Einstiegstarif $\bar{p}^m$ entspricht dem Inhalt der Fläche $\mathcal{A}$, so dass der Anbieter sich den gesamten Wohlfahrtsgewinn aus dem Verkauf des Gutes an die Gruppe a aneignet. Die Konsumenten der Gruppe b erhalten dagegen eine Konsumentenrente in Höhe des Inhalts der Fläche $\mathcal{A}'$. Der Vergleich mit Abbildung 2.9 zeigt, dass beim einheitlichen Tarif alle Konsumenten eine geringere Nachfrage realisieren als bei vollkommener Preisdiskriminierung. Der einheitliche Tarif sieht eine geringere Einstiegszahlung $\bar{p}^m$ vor; der Verlauf der Ausgaben im rechten Teil der Abbildung 2.10 ist jedoch steiler als bei den beiden diskriminierenden Tarifen in Abbildung 2.9.

2.3.3 Diskriminierung dritten Grades

Von *Preisdiskriminierung dritten Grades* spricht man, wenn der Verkäufer für ein und dasselbe Gut von verschiedenen Konsumenten unterschiedliche Preise fordert, aber der Preis pro Einheit unabhängig von der Nachfragemenge ist. Es findet also eine Diskriminierung *zwischen* aber nicht *innerhalb* der einzelnen Gruppen statt. Dies setzt voraus, dass die verschiedenen Gruppen in einer Weise voneinander getrennt sind, dass ein Weiterverkauf des Gutes unmöglich ist. Ein typisches Beispiel für eine solche Situation sind verschiedene Verkaufsregionen, bei denen die räumliche Trennung der Nachfrager Arbitragemöglichkeiten ausschließt.

Wenn der Produzent den Konsumenten der Gruppe i das Gut zum Preis p_i anbietet, erzielt er entsprechend (2.54) den Gewinn

$$\Pi = m_a p_a x_a^*(p_a) + m_b p_b x_b^*(p_b) - C\left(m_a x_a^*(p_a) + m_b x_b^*(p_b) \right). \quad (2.62)$$

Wir bezeichnen mit $\epsilon_i(p)$ die Elastizität der Nachfrage $x_i^*(\cdot)$. Analog zu (2.4) wählt der Anbieter die Preise p_a^m und p_b^m, so dass

$$\frac{p_i^m - C'}{p_i^m} = \frac{1}{\epsilon_i(p_i^m)}, \quad i = a, b. \quad (2.63)$$

Indem wir diese beiden Gleichungen miteinander kombinieren, erhalten wir

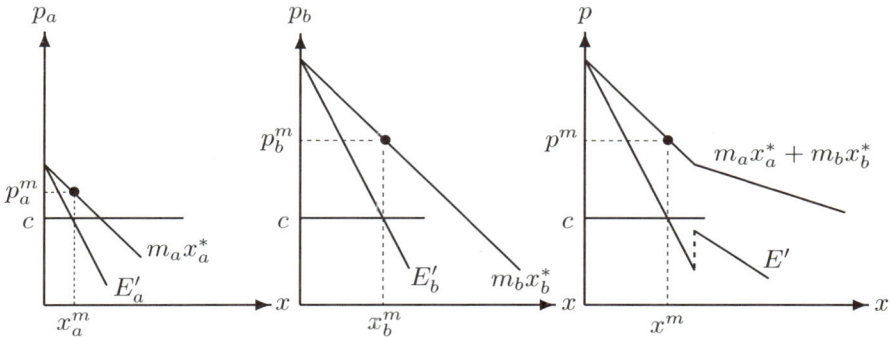

Abb. 2.11. *Preisdiskriminierung dritten Grades*

$$\frac{p_a^m}{p_b^m} = \frac{[1 - \epsilon_b(p_b^m)]/\epsilon_b(p_b^m)}{[1 - \epsilon_a(p_a^m)]/\epsilon_a(p_a^m)}. \tag{2.64}$$

Da $\epsilon_a(p_a^m) > 1$ und $\epsilon_b(p_b^m) > 1$, hängt das Verhältnis p_a^m/p_b^m positiv von $\epsilon_b(p_b^m)$ und negativ von $\epsilon_a(p_a^m)$ ab. Der Preis ist in dem Markt höher, der eine geringere Nachfrageelastizität ϵ_i aufweist. Es findet also eine Preisdiskriminierung statt, welche diejenigen Konsumenten benachteiligt, die auf eine Preiserhöhung weniger sensibel reagieren. Abbildung 2.11 stellt die Nachfragefunktionen $m_a x_a^*$ und $m_b x_b^*$ sowie die entsprechenden Grenzerlösfunktionen E_a' und E_b' dar. Der Schnittpunkt des Grenzerlöses mit den Grenzkosten c bestimmt die Absatzmengen x_a^m und x_b^m in den beiden Märkten. Bei diesen Mengen ist der Preis p_b^m im Markt b höher als der Preis p_a^m im Markt a.

Welche Wohlfahrtseffekte ergeben sich durch Preisdiskriminierung dritten Grades? Um diese Frage zu beantworten, vergleichen wir eine Situation, in der der Monopolist unterschiedliche Preise p_a und p_b fordern kann, mit einem Diskriminierungsverbot, welches ihm untersagt, unterschiedliche Preise in beiden Märkten zu verlangen. Dabei nehmen wir konstante Grenzkosten an, so dass $C(x) = cx$. Die Wohlfahrtsveränderung, die sich dadurch ergibt, dass der Monopolist gezwungen wird, einen einheitlichen Preis p zu fordern, beträgt

$$\Delta W = \sum_i m_i[U_i(x_i^*(p)) - U_i(x_i^*(p_i))] \tag{2.65}$$

$$- c \sum_i m_i[x_i^*(p) - x_i^*(p_i)]$$

Der erste Term auf der rechten Seite dieser Gleichung spiegelt die Änderung der Konsumentenrente in den beiden Märkten wider; der zweite Term entspricht der Änderung der Produktionskosten. Da $U_i''(\cdot) < 0$, gilt

$$U_i(x_i^*(p)) - U_i(x_i^*(p_i)) > U_i'(x_i^*(p))[x_i^*(p) - x_i^*(p_i))]. \qquad (2.66)$$

Aus (2.65)-(2.66) und $U_i'(x_i^*(p)) = p$ erhalten wir somit

$$\Delta W > (p - c) \sum_i m_i [x_i^*(p) - x_i^*(p_i)]. \qquad (2.67)$$

Die rechte Seite dieser Ungleichung gibt eine Untergrenze für die Wohlfahrtsveränderung an. Da $p > c$, folgt, dass bei einem einheitlichen Monopolpreis eine höhere Wohlfahrt zustande kommt, wenn der Gesamtoutput höher (oder genauso hoch) ist wie bei Preisdiskriminierung. Eine notwendige Bedingung dafür, dass infolge der Beseitigung von Preisdiskriminierung die Wohlfahrt sinkt, ist eine Reduktion des Gesamtoutputs.

Ein spezieller Fall, in dem Preisdiskriminierung zu einem höheren Gesamtoutput und zu einer höheren Wohlfahrt führt, liegt vor, wenn der Anbieter bei einem Diskriminierungsverbot den Markt mit der höheren Elastizität nicht mehr beliefert. Möglicherweise wird sich der Anbieter nämlich lieber aus diesem Markt zurückziehen als den Preis in dem anderen Markt zu senken. Eine solche Situation wird im rechten Teil der Abbildung 2.11 illustriert. Bei der aggregierten Nachfrage $m_a x_a^* + m_b x_b^*$ ergibt sich die Grenzerlösfunktion E'. Der Anbieter wählt daher die Menge x^m und den Preis p^m. Bei diesem Preis ist die Nachfrage der Konsumentengruppe a gleich Null, so dass $p^m = p_b^m$. Ein Diskriminierungsverbot hat in diesem Fall keine Auswirkungen auf den Preis und die Wohlfahrt im Markt b mit der geringeren Nachfrageelastizität. In dem nicht mehr belieferten Markt a jedoch entsteht ein Wohlfahrtsverlust in Höhe der Produzenten- und Konsumentenrente, die bei einem diskriminierenden Preisangebot realisiert wird.

Beispiel 2.3.4. Wie in Beispiel 2.3.2 sei $U_i(x) = \theta_i x - 0.5x^2$ und $C(x) = cx$, wobei $0 < c < \theta_a < \theta_b$. Wegen (2.52) ist dann $x_i^*(p) = \theta_i - p$. Bei Preisdiskriminierung dritten Grades wählt der Anbieter die Preise

$$p_a^m = 0.5(\theta_a + c) < p_b^m = 0.5(\theta_b + c).$$

Der Gesamtoutput ist daher $0.5 m_a(\theta_a - c) + 0.5 m_b(\theta_b - c)$, und der Gewinn des Anbieters im Markt i beträgt $0.25 m_i (\theta_i - c)^2$.

Wenn der Anbieter beide Märkte zu einem einheitlichen Preis p beliefert, maximiert er seinen Gewinn $(p - c)[m_a(\theta_a - p) + m_b(\theta_b - p)]$ durch den Preis

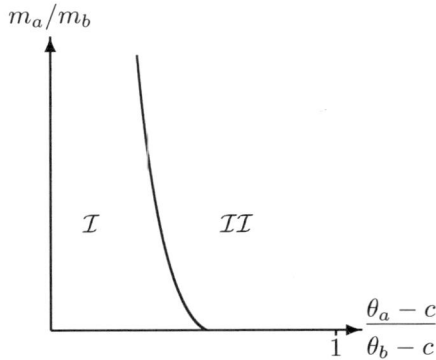

Abb. 2.12. *Wohlfahrtseffekte eines Diskriminierungsverbots*

$$p^m = 0.5 \left[c + \frac{m_a}{m_a + m_b}\theta_a + \frac{m_b}{m_a + m_b}\theta_b \right]$$

und erzielt so den Gewinn $0.25[m_a(\theta_a - c) + m_b(\theta_b - c)]^2/(m_a + m_b)$. Der Gesamtoutput ist bei p^m genauso hoch wie bei den diskriminierenden Preisen (p_a^m, p_b^m). Nach (2.67) führt ein Diskriminierungsverbot daher zu einer Wohlfahrtserhöhung, wenn der Anbieter sich nicht aus dem Markt a zurückzieht, d.h. wenn $0.25[m_a(\theta_a - c) + m_b(\theta_b - c)]^2/(m_a + m_b) > 0.25m_b(\theta_b - c)^2$. Diese Ungleichung trifft für die Parameterkonstellationen im Bereich $\mathcal{II}$ der Abbildung 2.12 zu. Im Bereich $\mathcal{I}$ beliefert der Anbieter bei einem Diskriminierungsverbot nur den Markt b, so dass das Verbot die Wohlfahrt reduziert.

2.3.4 Paketangebote und Koppelungsklauseln

Ein Monopolist, der mehrere Güter produziert, kann möglicherweise seinen Gewinn dadurch erhöhen, dass er diese Güter nicht einzeln, sondern im Paket anbietet. Im Gegensatz zu der in Abschnitt 2.1.2 betrachteten Verkaufsstrategie, beschränkt ein Paketangebot die Konsumenten darauf, die betreffenden Güter gebündelt nachzufragen.[34] Ein solches Angebot ist eine Form der Preisdiskriminierung zweiten Grades, da der Anbieter den Preis des Pakets von den enthaltenen Gütern abhängig macht.

Für den Monopolisten kann ein Paketangebot profitabel sein, wenn die Nachfrager unterschiedliche Präferenzen für die angebotenen Güter

---

[34] Beispiele für Paketangebote sind Menüs in Restaurants, Softwarepakete, Pauschalreisen und Mitgliedschaften in Buchklubs.

haben. Wir zeigen dies an einem einfachen Beispiel, in dem der monopolistische Anbieter zwei Güter ($i = 1, 2$) verkauft.[35] Der Einfachheit halber nehmen wir an, dass ihm keine Kosten bei der Produktion seines Angebots entstehen. Jeder Nachfrager kauft maximal eine Einheit von jedem der beiden angebotenen Güter, wobei seine Zahlungsbereitschaft $v_i(\theta)$ für Gut i von seinem Charakteristikum θ abhängt. Aus der Sicht des Konsumenten stellen die Produkte weder Substitute noch Komplemente dar, so dass seine Zahlungsbereitschaft für den gleichzeitigen Erwerb beider Güter $v_1(\theta) + v_2(\theta)$ ist. In unserem Beispiel sei

$$v_1(\theta) = r\theta, \quad v_2(\theta) = r(1 - \theta), \tag{2.68}$$

wobei r einen positiven Parameter darstellt. Die wesentliche Eigenschaft unserer Spezifikation besteht darin, dass zwischen v_1 und v_2 ein negativer Zusammenhang besteht: Ein Konsument, der einen relativ hohen Betrag für Gut 1 zu zahlen bereit ist, hat eine vergleichsweise geringe Zahlungsbereitschaft für Gut 2. Wir nehmen im weiteren an, dass das Charakteristikum θ unter den Konsumenten auf dem Intervall $[0, 1]$ gleichverteilt ist. Die Gesamtmasse der Konsumenten ist auf Eins normiert.

Zunächst betrachten wir den Fall, dass der Monopolist die beiden Güter separat zu den Preisen p_1 und p_2 anbietet. Konsument θ kauft dann Gut 1, wenn $\theta \geq p_1/r$; er kauft Gut 2, wenn $\theta \leq 1 - p_2/r$. Da θ auf dem Einheitsintervall gleichverteilt ist, beträgt die Nachfrage für jedes Gut i also $D_i(p_i) = 1 - p_i/r$. Der Monopolist maximiert daher seinen Gewinn $p_1 D_1(p_1) + p_2 D_2(p_2)$, indem er die Preise

$$p_1^m = p_2^m = \frac{r}{2} \tag{2.69}$$

wählt. Er erzielt so einen Gewinn in Höhe von $r/2$. Bei der in (2.69) beschriebenen Preispolitik erwirbt kein Konsument beide Güter: Alle Konsumenten mit $\theta \leq 1/2$ kaufen nur Gut 2, während die restlichen Konsumenten nur Gut 1 kaufen.

Offensichtlich kann der Anbieter in dem betrachteten Beispiel einen höheren Gewinn durch ein Paketangebot erzielen. Dabei bietet er die beiden Güter nur gebündelt zum einem Preis $\bar{p}$ an. Da die Zahlungsbereitschaft eines jeden Konsumenten für dieses Bündel $v_1(\theta) + v_2(\theta) = r$ beträgt, ist der Monopolpreis

---

[35] Leider gibt es kaum allgemeine analytische Resultate zu Paketangeboten. Mehrere Beispiele finden sich in Adams und Yellen (1976). Schmalensee (1984) diskutiert eine Reihe numerischer Simulationen.

$$\bar{p}^m = r. \tag{2.70}$$

Zu diesem Preis erwerben alle Konsumenten das Bündel, und so erzielt der Anbieter bei dieser Verkaufsstrategie den Gewinn r. Im Vergleich zum separaten Verkauf ist diese Strategie also profitabler. Durch das Paketangebot ist der Anbieter besser in der Lage, die Zahlungsbereitschaft der Konsumenten abzuschöpfen.

Paketangebote schränken die Wahlfreiheit der Konsumenten zwischen verschiedenen Gütern ein. Eine allgemeine Form dieser Einschränkung stellen sog. 'Koppelungsklauseln' dar. Durch eine solche Klausel verpflichtet der Anbieter beim Verkauf oder der Vermietung eines Gutes den Käufer, auch ein weiteres Gut von ihm zu erwerben. Neben dem Motiv der impliziten Preisdiskriminierung kann der Anbieter durch eine Koppelungsklausel auch das Ziel verfolgen, seine Marktmacht für ein Produkt auf einen weiteren Markt auszudehnen, in dem er mit anderen Anbietern konkurriert.[36]

2.4 Übungsaufgaben

Aufgabe 2.1. Ein monopolistischer Anbieter hat die Kostenfunktion $C(x) = 0.5c\,x^2$. Seine Nachfrage ist $D(p) = a - p$.

(a) Berechnen Sie die Angebotsmenge x^m und den Monopolpreis p^m! Wie hoch ist der Gewinn $\Pi(p^m)$ des Anbieters?

(b) Zeigen Sie, dass die Preiselastizität der Nachfrage $\epsilon(p^m)$ beim Monopolpreis größer als Eins ist!

(c) Berechnen Sie die Konsumentenrente $R_K(p^m)$ beim Monopolpreis!

(d) Welche Menge x^* maximiert die soziale Wohlfahrt? Wie hoch ist der monopolistische Wohlfahrtsverlust?

Aufgabe 2.2. Betrachten Sie einen Markt mit der linearen Nachfragefunktion $D(p) = a - b\,p$. Die Kostenfunktion des monopolistischen Produzenten ist $C(x) = c\,x$.

(a) Zeigen Sie, dass für den Grenzerlös $E'(x)$ und die inverse Nachfrage $P(x)$ die Beziehung $E'(x) = P(2\,x)$ gilt!

(b) Zeigen Sie, dass der Gewinn des Monopols $\Pi(p^m)$ halb so groß ist wie die soziale Wohlfahrt $W(c)$, die bei effizienter Preissetzung ($p^* = c$) realisiert wird!

---

[36] Whinston (1990) und Nalebuff (2004) zeigen, dass Paketangebote dazu dienen können, Konkurrenten auszuschalten bzw. ihren Markzutritt zu verhindern.

(c) Zeigen Sie, dass der monopolistische Wohlfahrtsverlust $0.25\,W(c)$ beträgt!

Aufgabe 2.3. Ein monopolistischer Anbieter hat die inverse Nachfragefunktion $P(x)$ und die Kostenfunktion $C(x) = a\bar{C}(x)$. Der Parameter a ist positiv und $\bar{C}(\cdot)$ steigt in x. Zeigen Sie, dass eine Erhöhung von a niemals dazu führen kann, dass die Angebotsmenge x^m steigt!

Aufgabe 2.4. Ein Monopolist produziert zwei Güter. Seine Kostenfunktion für das erste Gutes ist $C_1(x_1) = 5x_1/4$; seine Kostenfunktion für das zweite Gutes ist $C_2(x_2) = x_2/2$. Die Konsumenten haben die folgenden inversen Nachfragefunktionen für die zwei Produkte: $P_1(x_1, x_2) = 1 - x_1/2 + x_2/8$, $P_2(x_1, x_2) = 2 - x_2/2 + x_1/8$.

(a) Sind die zwei Produkte Substitute oder Komplemente? Begründen Sie Ihre Antwort!

(b) Zeigen Sie, dass der Monopolist einen Gewinn von $17/15$ erzielen kann!

(c) Wie viel verdient der Monopolist am ersten Gut? Erklären Sie Ihr Ergebnis!

(d) Berechnen Sie den Monopolpreis, wenn der Monopolist nur das zweite Gut produzieren kann! Vergleichen Sie diesen Preis mit dem Ergebnis in (b)! Erklären Sie, warum der Preis in beiden Fällen übereinstimmt!

Aufgabe 2.5. Ein Monopolist bietet zwei Güter an. Die Nachfragefunktionen für diese Güter sind $D_1(p_1) = a_1 - p_1$ und $D_2(p_2) = a_2 - p_2$, wobei $a_2/4 < a_1 < 4a_2$. Die Kostenfunktion lautet $C(x_1, x_2) = x_1^2 + x_2^2 + x_1 x_2$. Leiten Sie das Angebot (x_1^m, x_2^m) des Monopolisten ab und erläutern Sie, warum eine Erhöhung der Nachfrage nach Gut 1 zur Folge hat, dass das Angebot x_2^m sinkt!

Aufgabe 2.6. Ein monopolistischer Anbieter bietet ein homogenes Gut an. Seine Produktionskosten sind gleich Null. Der Anteil $0 < \lambda < 1/2$ der Konsumenten hat die Zahlungsbereitschaft $v = 1$; der Anteil $1 - \lambda$ hat die Zahlungsbereitschaft $v = 2$.

(a) Berechnen Sie den Monopolpreis p^m, wenn das Gut in einer einzigen Periode angeboten wird!

(b) Betrachten Sie im weiteren den Fall, dass der Monopolist das Gut in zwei Perioden anbietet. Der Diskontfaktor der Konsumenten ist $0 < \delta_K < 1$. Warum wird der Anbieter das Gut in der ersten Periode nicht mehr zum Preis $p_1 = p^m$ verkaufen können, wenn er in der zweiten Periode den zu diesem Zeitpunkt optimalen Verkaufspreis p_2 festlegt?

(c) Wie wird der Monopolist seine Preise wählen, wenn er erreichen möchte, dass die Konsumenten mit der höheren Zahlungsbereitschaft das Gut in der ersten Periode und die Konsumenten mit der niedrigen Zahlungsbereitschaft das Gut in der zweiten Periode kaufen? Welchen Gewinn realisiert er bei dieser Preispolitik, wenn er zukünftige Gewinne mit dem Diskontfaktor $0 < \delta_M < 1$ bewertet?

(d) Welchen Gewinn kann der Monopolist erzielen, wenn er das Gut bereits in der ersten Periode an alle Konsumenten verkauft? Welche Bedingung muss der Diskontfaktor δ_K erfüllen, damit diese Strategie optimal ist?

Aufgabe 2.7. Ein monopolistischer Produzent hat die Kostenfunktion $C(x) = 0.5 c\, x^2$. Der Produzent verkauft das Gut zum Preis p_A an einen monopolistischen Einzelhändler, der beim Preis p_B die Nachfrage $D(p_B) = a - p_B$ hat.

(a) Zu welchem Preis $p_B = \tilde{p}_B(p_A)$ verkauft der Einzelhändler das Gut an die Konsumenten?

(b) Welcher Preis p_A^m maximiert den Gewinn des Produzenten?

(c) Vergleichen Sie den Endverkaufspreis p_B^m und die Gewinne von Produzent und Einzelhändler mit dem Ergebnis aus Aufgabe 2.1 (a)!

Aufgabe 2.8. Die Nachfrage eines Anbieters sei $D(q, p) = q - p$, wenn er die Qualität q zum Preis p anbietet. Bei der Qualität q betragen seine Stückkosten $c(q)$, wobei $c'(q) > 0$ und $c''(q) > 0$.

(a) Zeigen Sie, dass der Anbieter die Qualität q^m wählt, bei der $c'(q^m) = 1$!

(b) Zeigen Sie, dass im sozialen Optimum die effiziente Qualität q^* ebenfalls durch die Bedingung $c'(q^*) = 1$ bestimmt wird!

(c) Zeigen Sie, dass der Monopolist durch seine Qualitätswahl die Summe von Produzenten- und Konsumentenrente beim Monopolpreis p^m maximiert!

Aufgabe 2.9. Es sei $v(q, \theta) = q\theta$ die Zahlungsbereitschaft eines Konsumenten mit dem Charakteristikum θ für ein Gut der Qualität q. Der Anteil $0 < \lambda < 1$ der Konsumenten hat das Charakteristikum $\bar{\theta} = 10$; der restliche Anteil $1 - \lambda$ hat das Charakteristikum $\underline{\theta} = 6$. Die Stückkosten der Produktion eines Gutes der Qualität q betragen $c(q) = q^2$.

(a) Zeigen Sie, dass ein monopolistischer Anbieter die Qualität $q^m = 5$ wählt, wenn $\lambda > 9/25$, und dass er $q^m = 3$ wählt, wenn $\lambda < 9/25$!

(b) Zeigen Sie, dass im sozialen Optimum die effiziente Qualität $q^* = 5\lambda + (1 - \lambda)3$ ist!

Aufgabe 2.10. Betrachten Sie einen Markt, in dem die Qualität q die Wahrscheinlichkeit bezeichnet, mit der das angebotene Gut funktionsfähig ist. In diesem Fall ist der Nutzen der Konsumenten aus dem Gebrauch des Gutes gleich $0 < r < 1$. Mit Wahrscheinlichkeit $1 - q$ dagegen ist das Gut nicht funktionsfähig und stiftet den Nutzen Null. Der monopolistische Anbieter verkauft das Gut zum Preis p und bietet für ein defektes Gut die Garantiezahlung z an. Daher ist die Zahlungsbereitschaft der Konsumenten $v(q, z) = qr + (1 - q)z$. Die Stückkosten der Produktion eines Gutes der Qualität q betragen $c(q) = 0.5q^2$.

(a) Zeigen Sie, dass die sozial effiziente Qualität $q^* = r$ ist!

(b) Die Konsumenten kennen die Qualität q des Gutes nicht. Zeigen Sie, dass der Anbieter die Qualität $q = z$ wählt, wenn die Nachfrage beim Preis p positiv ist!

(c) Welchen Gewinn kann der Anbieter erzielen, wenn er die Garantie z anbietet und die Konsumenten die Qualität $q_e = z$ erwarten? Zeigen Sie, dass er seinen Gewinn maximiert, indem er $p^m = z^m = q^m = r$ wählt!

Aufgabe 2.11. Es sei $v(q, \theta) = r - (q - \theta)^2$ mit $r > 3$ die Zahlungsbereitschaft eines Konsumenten vom Typ θ für ein Gut mit der Eigenschaft q. Der Parameter θ ist auf dem Intervall $[0, 1]$ gleichverteilt; die Masse der Konsumenten ist auf Eins normiert. Der Monopolist bietet bereits das Gut $q_1 = 0$ an und überlegt, ob er zusätzlich das Gut $q_2 = 1$ anbieten soll. Die Produktion der Güter verursacht keine variablen Kosten. Um zusätzlich Gut q_2 anzubieten, muss der Anbieter jedoch Fixkosten in Höhe von f aufwenden.

(a) Zeigen Sie, dass im sozialen Optimum die Einführung des Gutes q_2 nur dann effizient ist, wenn $f < 1/4$.

(b) Zeigen Sie, dass der Monopolist das Gut q_2 anbieten wird, wenn $f < 3/4$.

Aufgabe 2.12. Die Zahlungsbereitschaft v ist unter den Konsumenten gleichverteilt auf dem Intervall $[0, \bar{v}]$; die Masse der Konsumenten ist auf Eins normiert. Das Gut wird von einem Monopolisten produziert, der die Kostenfunktion $C(x) = x^2$ hat.

(a) Berechnen Sie die sozial effiziente Outputmenge x^*!

(b) Beschreiben Sie das Preissetzungsverhalten des Monopolisten, wenn er perfekte Preisdiskriminierung durchführen kann! Wie hoch ist dabei der Gewinn und der Output des Monopolisten?

Aufgabe 2.13. Es gebe zwei Typen von Konsumenten. Von der Gesamtheit der Konsumenten hat ein Anteil $\lambda > 1/2$ die Zahlungsbereitschaft $U_a(x) = x - 0.5\,x^2$ und der Anteil $1 - \lambda$ die Zahlungsbereitschaft $U_b(x) = 2\,x - 0.5\,x^2$. Die Kostenfunktion des Monopolisten ist $C(x) = x^2$. Nehmen Sie an, dass der Parameter λ in einem Bereich liegt, so dass das Produkt beiden Typen von Konsumenten angeboten wird. Die Menge der Konsumenten ist auf Eins normalisiert.

(a) Berechnen Sie die Nachfragefunktionen der beiden Konsumententypen!

(b) Berechnen Sie die für den Monopolisten optimalen Zwei–Stufen–Tarife bei perfekter Preisdiskriminierung!

(c) Berechnen Sie den optimalen einheitlichen Zwei–Stufen–Tarif, wenn der monopolistische Anbieter nur Preisdiskriminierung zweiten Grades durchführen kann!

Aufgabe 2.14. Von der Gesamtheit der Konsumenten habe ein Anteil $\lambda > 2/3$ die Nachfrage $x_a^*(p) = 1 - p$; der Anteil $1 - \lambda$ habe die Nachfrage $x_b^*(p) = 2 - p$. Die Kostenfunktion des Monopolisten sei $C(x) = x^2$. Die Masse der Konsumenten ist auf Eins normalisiert.

(a) Berechnen Sie die Preise (p_a^m, p_b^m) die der Anbieter bei Preisdiskriminierung dritten Grades verlangt!

(b) Welchen Preis p^m wählt der Anbieter, wenn er beiden Konsumentengruppen einen einheitlichen Preis anbieten muss und er alle Konsumenten beliefert?

(c) Zeigen Sie, dass der Monopolist es bei einem Preisdiskriminierungsverbot vorzieht, nur noch die Gruppe b zu beliefern, wenn $\lambda < 3 - \sqrt{5}\,(\approx 0,764)$!

Aufgabe 2.15. Ein Monopolist bietet zwei Güter mit den Eigenschaften $0 < q_1 < 1$ und $0 < q_2 < 1$ an. Bei der Produktion entstehen ihm keine Kosten. Konsument θ kauft maximal eine Einheit von jedem Gut; seine Zahlungsbereitschaft für Gut i beträgt $v(q_i, \theta) = q_i - \theta$. Der Parameter θ ist unter den Konsumenten gleichverteilt auf dem Intervall $[0, 1]$.

(a) Welche Preise p_1 und p_2 wählt der Monopolist, wenn er die beiden Güter separat anbietet? Wie hoch ist sein Gewinn bei dieser Preispolitik?

(b) Welchen Preis $\bar{p}$ wählt der Monopolist, wenn er die beiden Güter nur im Paket verkauft? Ist diese Politik für ihn profitabler als der separate Verkauf?

3. Oligopolistischer Wettbewerb

3.1 Mengenwettbewerb

3.1.1 Mengenwettbewerb bei homogenen Gütern

In einem Oligopol konkurriert eine beschränkte Anzahl von Anbietern miteinander. Da die Zahl der Konkurrenten begrenzt ist, übt jedes einzelne Unternehmen Marktmacht aus und ist sich der Tatsache bewusst, dass sein Entscheidungsverhalten das Marktergebnis mitbeeinflusst. Zugleich hat es bei der Wahl seiner Angebotsstrategie zu berücksichtigen, dass das Marktergebnis und sein eigener Gewinn auch vom Wettbewerbsverhalten der anderen Anbieter abhängt. Im Gegensatz zum Monopol ist es daher für jeden einzelnen Anbieter wichtig, die Strategiewahl der Konkurrenten zu antizipieren und bei den eigenen Entscheidungen in Betracht zu ziehen.

Im folgenden gehen wir davon aus, dass die strategische Entscheidung des einzelnen Anbieters in der Festlegung seiner Angebotsmenge besteht. Diese Modellierung oligopolistischen Marktverhaltens als Mengenwettbewerb geht auf Cournot (1838) zurück. Das Cournot–Modell lässt sich als ein zweistufiger Marktprozess interpretieren: Auf der ersten Stufe dieses Prozesses konkurrieren die Anbieter miteinander, indem sie ihre jeweilige Angebotsmenge bestimmen. Nachdem das Gesamtangebot durch die Outputentscheidungen der Produzenten festgelegt ist, findet auf der zweiten Stufe ein Preisanpassungsprozess statt, bei dem durch den Gleichgewichtspreis Angebot und Nachfrage ausgeglichen werden. Im Cournot–Modell wird der Mechanismus der Preisbildung nicht explizit beschrieben. Vielmehr geht es – wie das Modell der vollständigen Konkurrenz – davon aus, dass der Marktpreis durch das 'Gesetz von Angebot und Nachfrage' bestimmt wird. Der wesentliche Unterschied zum Modell vollständigen Wettbewerbs besteht darin, dass die Anbieter bei ihrer Entscheidung auf der ersten Stufe den Preis nicht als gegeben betrachten, sondern den Einfluss ihrer Angebotsmenge auf den Gleichgewichtspreis berücksichtigen.

Zur Darstellung des Cournot–Wettbewerbs betrachten wir zunächst den Markt für ein homogenes Gut, welches von n Firmen produziert wird. Das aggregierte Angebot $\bar{x}$ ist die Summe der Outputs der n Unternehmen und beträgt $\bar{x} = \sum_{j=1}^{n} x_j$, wobei x_j den Output der Firma j bezeichnet. Die inverse Nachfrage $P(\bar{x})$ hängt vom Gesamtoutput $\bar{x}$ der n Firmen ab. Wir unterstellen eine fallende Nachfrage, so dass $P'(\bar{x}) < 0$. Folglich resultiert aus dem Angebot $\bar{x}$ der Gleichgewichtspreis $p = P(\bar{x})$.

Die Kostenfunktion von Firma j sei $C_j(x_j)$. In Abhängigkeit von den Angebotsmengen $x_1, ..., x_j, ..., x_n$ ist dann der Gewinn dieser Firma

$$\Pi_j(x_1, ..., x_j, ..., x_n) \equiv P\left(\sum_{i=1}^{n} x_i\right) x_j - C_j(x_j). \tag{3.1}$$

Der Gewinn der Firma j hängt also nicht nur von ihrer eigenen Angebotsmenge x_j ab, sondern auch von den Angebotsmengen x_i all ihrer Konkurrenten $i \neq j$. Diese Art der strategischen Interaktion ist ein wesentliches Charakteristikum oligopolistischen Wettbewerbs. Sie erfordert, dass die Firmen bei ihrem Entscheidungskalkül das Verhalten ihrer Konkurrenten berücksichtigen.

Cournot nahm an, dass jede einzelne Firma j die Outputwahl x_i der anderen Firmen $i \neq j$ antizipiert und als gegeben betrachtet. Sie wählt ihr eigenes Angebot x_j, so dass ihr Gewinn Π_j maximiert wird. Im Cournot–Gleichgewicht muss daher für alle Firmen j, die eine positive Menge x_j produzieren, die folgende Bedingung erster Ordnung für ein Gewinnmaximum erfüllt sein:[1]

$$P(\bar{x}) + P'(\bar{x})x_j = C_j'(x_j). \tag{3.2}$$

Diese Bedingung macht deutlich, dass Firma j den Einfluss ihrer Angebotsentscheidung auf den Gleichgewichtspreis berücksichtigt. Im Vergleich zur Monopollösung in (2.6) betrachtet sie aber nicht die Auswirkungen der resultierenden Preisänderung auf das Gesamtangebot, sondern lediglich auf ihre eigene Angebotsmenge. Der negative externe Effekt einer Angebotserhöhung auf den Erlös der Konkurrenten wird von Firma j nicht berücksichtigt. Aufgrund dieses Effektes ist das Cournot–Oligopol kompetitiver als das Monopol. Die Bedingung zweiter Ordnung für ein Gewinnmaximum ist erfüllt, wenn

---

[1] Falls $x_j = 0$, ist (3.2) zu ersetzen durch $P(\bar{x}) \leq C_j'(0)$. Im weiteren konzentrieren wir uns auf den Fall $x_j > 0$.

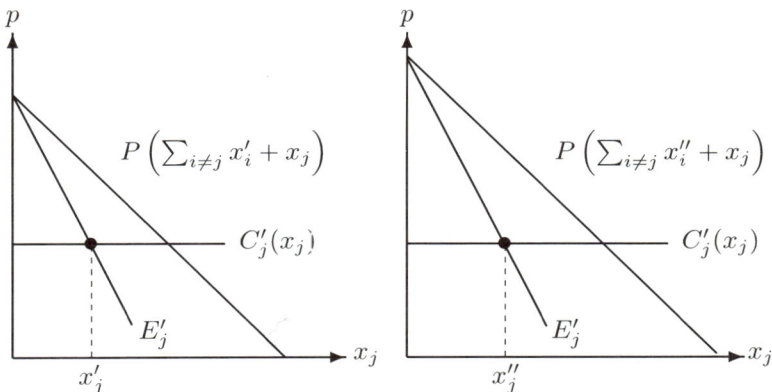

Abb. 3.1. *Angebotswahl im Cournot–Oligopol*

$2P'(\bar{x}) + P''(\bar{x})x_j - C_j''(x_j) \leq 0$. Wie im Monopolmodell genügt es also anzunehmen, dass die Nachfragefunktion konkav (oder linear) ist und die Grenzkosten mit dem Output steigen.[2] Wenn entsprechend (3.2) jeder Anbieter die für ihn optimale Angebotsmenge wählt, stellen die Outputs $(x_1^c, x_2^c, ..., x_n^c)$ ein Cournot–Gleichgewicht dar. In diesem Gleichgewicht gilt für alle Firmen $j = 1, ..., n$, dass

$$\Pi_j(x_1^c, ..., x_j^c, ..., x_n^c) \geq \Pi_j(x_1^c, ..., x_j, ..., x_n^c) \quad \text{für alle} \quad x_j \geq 0. \quad (3.3)$$

Wir können die Gleichgewichtslösung auch als einen Zustand interpretieren, in dem die Erwartungen der Anbieter über das Verhalten der Konkurrenten durch das Marktergebnis bestätigt werden: Wenn jeder Anbieter j davon ausgeht, dass alle anderen Anbieter $i \neq j$ jeweils den Output x_i^c produzieren, maximiert er seinen Gewinn durch die Menge x_j^c. Da dieses für alle Anbieter $j = 1, ..., n$ der Fall ist, erweist sich diese Erwartung im Gleichgewicht als konsistent mit den tatsächlichen Entscheidungen der Firmen.

Im Cournot–Gleichgewicht kann keiner der n Anbieter durch ein einseitiges Abweichen von seiner Angebotsentscheidung seinen Gewinn erhöhen.[3] Implizit beschreibt die Gleichung (3.2) die optimale Entscheidung x_j der Firma j in Abhängigkeit vom Output $\sum_{i \neq j} x_i$ der

---

[2] Die Existenz eines Cournot–Gleichgewichts verlangt darüber hinaus, dass das durch (3.2) definierte Gleichungssystem eine Lösung hat. Zur Frage der Existenz und Eindeutigkeit von Cournot–Gleichgewichten, siehe Amir (1996), Bamon und Fraysse (1985), Gaudet und Salant (1991), Kolstad und Mathiesen (1987), McManus (1962, 1964) und Novshek (1985).

[3] Das Cournot–Gleichgewicht ist ein Nash–Gleichgewicht (siehe Kapitel 6.2.1) in Mengenstrategien. Da Cournot (1838) für sein Oligopolmodell das Gleich-

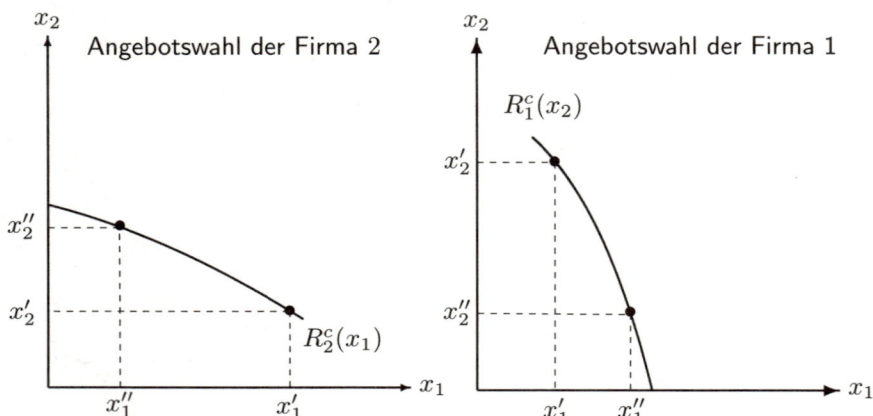

Abb. 3.2. *Reaktionsfunktionen im Cournot–Duopol*

Konkurrenten. Die Lösung

$$x_j = R_j^c \left(\sum_{i \neq j} x_i \right) \tag{3.4}$$

wird als (Cournot–) *Reaktionsfunktion* bezeichnet. Abbildung 3.1 illustriert die Angebotsentscheidung des Anbieters j in Abhängigkeit vom Angebot $\sum_{i \neq j} x_i$ der übrigen Anbieter. Da Firma j den Erlös $E_j = P(\bar{x})x_j$ hat, ist ihr Grenzerlös $E_j' = P(\bar{x}) + P'(\bar{x})x_j$. Entsprechend (3.2) bestimmt der Schnittpunkt der Grenzerlösfunktion mit den Grenzkosten die optimale Angebotsentscheidung x_j. Für den Anbieter j spiegelt sich eine Senkung des Konkurrenzangebots von $\sum_{i \neq j} x_i'$ auf $\sum_{i \neq j} x_i''$ in einer Verschiebung seiner Nachfrage und seiner Grenzerlösfunktion nach oben wider. Dementsprechend reagiert er mit einer Ausweitung seines Angebots von x_j' auf x_j''. Im homogenen Cournot–Oligopol ist also die Reaktionsfunktion $R_j^c(\cdot)$ eine fallende Funktion.

Abbildung 3.2 stellt im x_1–x_2 Diagramm die Angebotsentscheidungen in einem Duopol dar. Entsprechend ihrer Reaktionsfunktion im linken Teil der Abbildung, ist es für Firma 2 optimal, ihren Output von $x_2' = R_2^c(x_1')$ auf $x_2'' = R_2^c(x_1'')$ zu erhöhen, wenn sie davon ausgeht, dass ihr Konkurrent seine Angebotsmenge von x_1' auf x_1'' senkt. Der rechte Teil der Abbildung beschreibt das Angebotsverhalten der Firma 1. Beim Output x_2' ihres Konkurrenten maximiert sie durch das

---

gewichtskonzept von Nash (1950) antizipierte, wird $(x_1^c, ..., x_n^c)$ oft auch als *Cournot–Nash–Gleichgewicht* bezeichnet.

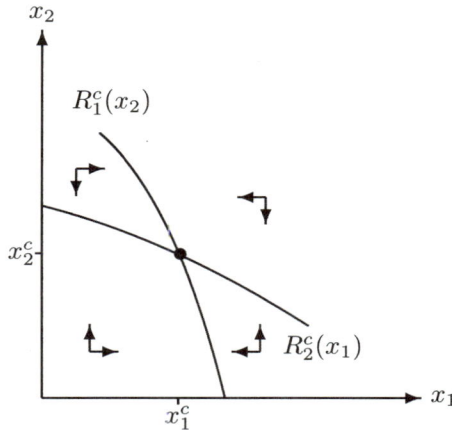

Abb. 3.3. *Reaktionsfunktionen und Cournot–Gleichgewicht*

Angebot $x_1' = R_1^c(x_2')$ ihren Gewinn; wenn der Output der Firma 2 auf x_2'' fällt, reagiert sie optimal durch eine Erhöhung ihres Angebots auf $x_1'' = R_1^c(x_2'')$.

Da die Reaktionsfunktionen das Maximierungsverhalten der Anbieter beschreiben, trifft im Cournot–Gleichgewicht die Beziehung (3.4) für alle $j = 1, ..., n$ zu. Das Gleichgewicht wird also durch den Schnittpunkt der Reaktionsfunktionen der n Firmen bestimmt. Abbildung 3.3 illustriert das Gleichgewicht für den Fall $n = 2$. Im Schnittpunkt der Reaktionsfunktionen ist die Entscheidung jeder Firma optimal bei gegebenem Verhalten der anderen Firma. Bei jedem Punkt (x_1, x_2), der oberhalb ihrer Reaktionsfunktion $R_1^c(\cdot)$ liegt, kann Firma 1 ihren Gewinn erhöhen, indem sie ihr Angebot in Reaktion auf die Menge x_2 reduziert. Unterhalb ihrer Reaktionsfunktion wird sie mit einer Outputsteigerung reagieren. Dieses Reaktionsverhalten wird durch die horizontalen Richtungspfeile angedeutet. Analog beschreiben die vertikalen Richtungspfeile das Anpassungsverhalten von Firma 2. Nur im Punkt (x_1^c, x_2^c), der das Cournot–Gleichgewicht darstellt, sieht sich kein Anbieter veranlasst, seine Angebotsentscheidung zu revidieren.

Beispiel 3.1.1. Aus der linearen Nachfragefunktion $D(p) = (a - p)/b$ ergibt sich die inverse Nachfrage $P(\bar{x}) = a - b\bar{x}$. Bei linearen Kostenfunktionen $C_j(x_j) = c_j x_j$ folgt aus Gleichung (3.2), dass

$$a - b\bar{x} - b x_j = c_j,$$

falls $x_j > 0$. Da $\bar{x} = \sum_{i \neq j} x_i + x_j$, erhalten wir durch Auflösen nach x_j die Reaktionsfunktion

$$x_j = R_j^c \left(\sum_{i \neq j} x_i \right) = \frac{a - c_j - b \sum_{i \neq j} x_i}{2\,b}.$$

Im Duopolfall ($n = 2$) ergibt sich aus den beiden Reaktionsgleichungen die Lösung

$$x_1^c = \frac{a - 2\,c_1 + c_2}{3\,b}, \quad x_2^c = \frac{a - 2\,c_2 + c_1}{3\,b},$$

wenn $c_1 \leq 0.5(a + c_2)$ und $c_2 \leq 0.5(a + c_1)$. Die Cournot–Gewinne der beiden Firmen betragen in diesem Fall

$$\Pi_1(x_1^c, x_2^c) = \frac{(a - 2\,c_1 + c_2)^2}{9\,b}, \quad \Pi_2(x_1^c, x_2^c) = \frac{(a - 2\,c_2 + c_1)^2}{9\,b}.$$

Falls $c_1 < 0.5(a + c_2)$ und $c_2 \geq 0.5(a + c_1)$, ist $x_2^c = 0$. Firma 1 ist effektiv Monopolist und produziert die Menge $x_1^c = 0.5(a - c_1)/b$.

Im Cournot–Gleichgewicht $(x_1^c, x_2^c, ..., x_n^c)$ ist der Gesamtoutput $\bar{x}^c = \sum_{j=1}^n x_j^c$. Firma j hat somit den *Marktanteil*

$$s_j \equiv \frac{x_j^c}{\bar{x}^c}. \tag{3.5}$$

Der Markt befindet sich im Gleichgewicht beim Preis $p^c = P(\bar{x}^c)$. Dementsprechend ist die Preiselastizität der Nachfrage beim Cournot–Preis $\epsilon(p^c) = -P(\bar{x}^c)/[P'(\bar{x}^c)\,\bar{x}^c]$. Durch einfache Umformungen erhalten wir daher aus Gleichung (3.2) die folgende Charakterisierung des Cournot–Gleichgewichts:

$$\frac{p^c - C_j'(x_j^c)}{p^c} = \frac{s_j}{\epsilon(p^c)}. \tag{3.6}$$

Der linke Teil dieser Gleichung ist der Lerner–Index für die Marktmacht der Firma j.[4] Die Marktmacht dieser Firma ist im Gleichgewicht also proportional zu ihrem Marktanteil und umgekehrt proportional zur Elastizität der Nachfrage. Wie im Monopol übersteigt auch im Cournot–Gleichgewicht der Preis die Grenzkosten der Produktion, so dass der Gesamtoutput $\bar{x}^c$ geringer ist als der sozial effiziente Output. Ferner folgt aus der Gleichgewichtsbedingung (3.6), dass sich Unterschiede in den Marktanteilen auf Unterschiede in den Produktionskosten zurückführen lassen: Eine Firma, deren Grenzkosten relativ hoch sind, hat einen vergleichsweise geringen Marktanteil.

---

[4] Siehe Kapitel 1.2.2.

Um den Einfluss der Anzahl der Wettbewerber auf das Marktergebnis zu diskutieren, betrachten wir als Spezialfall eine Industrie, in der alle Firmen die gleiche Kostenfunktion $C(\cdot)$ haben. Im symmetrischen Gleichgewicht ist dann der Marktanteil einer jeden Firma $s_j = 1/n$. Daher sinkt nach (3.6) die Marktmacht eines einzelnen Anbieters mit der Zahl n der Konkurrenten. Für $n = 1$ ist (3.6) identisch mit der Monopollösung in (2.4); im Grenzfall $n \to \infty$ dagegen entspricht der Cournot–Preis p^c den Grenzkosten der Produktion. Der Cournot–Gleichgewichtspreis liegt zwischen dem Monopolpreis und dem Preis bei vollständigem Wettbewerb.

Beispiel 3.1.2. Die inverse Nachfrage sei $P(\bar{x}) = a - b\,\bar{x}$. Wenn alle n Produzenten die gleiche Kostenfunktion $C(x_j) = c\,x_j$ mit $c < a$ haben, haben die Reaktionsgleichungen in Beispiel 3.1.1 die symmetrische Lösung $x_j^c = (a - c)/[b(n + 1)]$. Im Cournot–Gleichgewicht ist also der Marktpreis

$$p^c = P(\bar{x}^c) = \frac{a + c\,n}{n + 1}.$$

Der Gleichgewichtspreis fällt mit der Zahl n der Anbieter und aus $n \to \infty$ folgt $p^c \to c$.

Ein weiterer interessanter Spezialfall liegt vor, wenn alle Firmen konstante Grenzkosten haben, so dass $C_j(x_j) = c_j x_j$ für alle $j = 1, ..., n$. In diesem Fall besteht eine einfache Beziehung zwischen der Wettbewerbsintensität des Cournot–Marktes und der Anbieterkonzentration.[5] Als (inverses) Maß für die Wettbewerbsintensität betrachten wir das Verhältnis von Gewinn zu Umsatz in der gesamten Industrie:

$$\Gamma \equiv \frac{p^c \bar{x}^c - \sum_{j=1}^{n} c_j x_j^c}{p^c \bar{x}^c}. \tag{3.7}$$

Der Wettbewerb erscheint umso effektiver, je geringer Γ ist. Als Maß für die Anbieterkonzentration wird oft der *Herfindahl*–Index

$$H \equiv \sum_{j=1}^{n} s_j^2. \tag{3.8}$$

verwandt.[6] Aufgrund der Quadrierung der Marktanteile erhalten größere Firmen bei der Berechnung von H eine überproportionale Gewichtung. Eine 'ungleichere' Verteilung der Marktanteile spiegelt sich

---

[5] Diese Beobachtung geht zurück auf Cowling und Waterson (1976).

[6] Auf den Herfindahl–Index und andere Maße der Anbieterkonzentration wird im Detail in Kap. 4.2.1 eingegangen.

daher in einem Anstieg des Herfindahl–Index wider. Mit Hilfe von (3.6) können wir nun die folgende Beziehung zwischen Γ und H ableiten:

$$\Gamma = \sum_{j=1}^{n} \frac{[p^c - c_j]s_j}{p^c} = \frac{\sum_{j=1}^{n} s_j^2}{\epsilon(p^c)} = \frac{H}{\epsilon(p^c)}. \tag{3.9}$$

Im Cournot–Gleichgewicht ist die Wettbewerbsintensität umgekehrt proportional zum Verhältnis von Anbieterkonzentration und Nachfrageelastizität. Ceteris paribus ist ein Anstieg der Anbieterkonzentration gleichbedeutend mit einer geringeren Wettbewerbsintensität. Jedoch ist diese Beziehung nicht kausal zu interpretieren, da sowohl Γ wie auch H endogen durch die Interaktion der Firmen im Cournot–Wettbewerb bestimmt werden.

3.1.2 Mengenwettbewerb bei Produktdifferenzierung

Cournots Idee des Mengenwettbewerbs lässt sich auch auf eine Industrie übertragen, in der das Güterangebot der Firmen nicht völlig homogen ist. Dazu betrachten wir einen heterogenen Markt mit n Anbietern, in dem Firma j das Gut j produziert. Die inverse Nachfrage $P_j(x_1, ..., x_j, ..., x_n)$ nach Gut j hängt von den Angebotsmengen x_i aller Güter $i = 1, ..., n$ ab. Sie ist fallend in der Menge x_j, so dass $\partial P_j / \partial x_j < 0$. Implizit beschreiben die firmenspezifischen Nachfragefunktionen $P_j(\cdot)$, $j = 1, ..., n$, die Form der Produktdifferenzierung zwischen den n Gütern. Das Angebot des Konkurrenten i stellt ein Substitut zum Angebot der Firma j dar, falls $\partial P_j / \partial x_i < 0$. Falls $\partial P_j / \partial x_i > 0$, ist das Gut i komplementär zu Gut j. Der zuvor betrachtete Fall eines homogenen Marktes liegt vor, wenn die n Güter perfekte Substitute sind, so dass $P_j(x_1, ..., x_j, ..., x_n) = P\left(\sum_i x_i\right)$ für alle $j = 1, ..., n$.

Im Cournot–Gleichgewicht $(x_1^c, x_2^c, ..., x_n^c)$ maximiert jede Firma j ihren Gewinn $P_j x_j - C_j(x_j)$, wobei sie die Angebotsmengen ihrer Konkurrenten als gegeben betrachtet. Aus diesem Verhalten resultieren die Bedingungen erster Ordnung[7]

$$P_j(x_1^c, ..., x_n^c) + \frac{\partial P_j(x_1^c, ..., x_n^c)}{\partial x_j} x_j^c = C_j'(x_j^c), \quad j = 1, ..., n. \tag{3.10}$$

Beim Vergleich dieser Bedingungen mit dem Optimierungsverhalten des Mehrprodukt Monopols in (2.12) fällt auf, dass der einzelne oligopolistische Anbieter die Kreuzpreiseffekte seiner Entscheidung

---

[7] Wir vernachlässigen Randlösungen und konzentrieren uns auf den Fall $x_j^c > 0$ für alle $j = 1, ..., n$.

nicht in Betracht zieht. Wie wir bereits bei der Analyse des homogenen Cournot–Marktes festgestellt haben, beachtet Anbieter j lediglich den Preiseffekt seiner Angebotsentscheidung auf seine eigene Absatzmenge. Falls die angebotenen Güter Substitute darstellen, produziert der oligopolistische Anbieter daher eine größere Menge als im Monopol. Bei komplementären Gütern dagegen kehrt sich diese Schlussfolgerung um: Das Monopol bietet eine größere Menge von Gut j an, weil dadurch sein Absatz von Gut i steigt. Dieser Effekt findet bei miteinander konkurrierenden Anbietern keine Beachtung. Wettbewerb induziert aus diesem Grunde nur dann niedrigere Preise und eine höhere soziale Wohlfahrt, wenn die Produkte der konkurrierenden Firmen Substitute sind.

Beispiel 3.1.3. Indem wir das in Beispiel 1.3.4 bzw. 2.1.3 benutzte Nachfragesystem invertieren, erhalten wir

$$P_1(x_1, x_2) = a - b\,x_1 - g\,x_2, \quad P_2(x_1, x_2) = a - b\,x_2 - g\,x_1,$$

wobei $a > 0$, $b > 0$ und $-b \leq g \leq b$. Für $C_1(x_1) = c\,x_1, C_2(x_2) = c\,x_2$, mit $0 \leq c < a$, folgt aus (3.10), dass

$$a - c - 2b\,x_1^c - g\,x_2^c = 0, \quad a - c - 2b\,x_2^c - g\,x_1^c = 0.$$

Die Lösung (x_1^c, x_2^c) ergibt das Cournot–Gleichgewicht:

$$x_1^c = x_2^c = \frac{a - c}{2b + g}.$$

Da $p_j^c = P_j(x_1^c, x_2^c), j = 1, 2$, sind die Preise der beiden Güter im Cournot–Gleichgewicht

$$p_1^c = p_2^c = \frac{(a + c)b + gc}{2b + g}.$$

Der Vergleich mit der Monopollösung $p_1^m = p_2^m = 0.5(a + c)$ in Beispiel 2.1.3 zeigt, dass im Oligopol die Preise nur dann niedriger sind, wenn $g > 0$, d.h. wenn die beiden Güte Substitute sind. Im Grenzfall $g = b$ stellen die beiden Güter perfekte Substitute dar, so dass (x_1^c, x_2^c) und (p_1^c, p_2^c) mit dem Ergebnis aus Beispiel 3.1.2 übereinstimmen.

3.1.3 Mengenwettbewerb im Stackelberg–Duopol

Das Cournot–Modell geht davon aus, dass die Anbieter ihre Absatzentscheidungen simultan und unabhängig voneinander treffen. Eine andere Form der strategischen Interaktion wurde durch H. von Stackelberg (1934) in die Diskussion eingeführt. Er betrachtete ein Duopol ($n = 2$), in dem zuerst Anbieter 1 seine Entscheidung trifft und dann Anbieter 2 auf das Verhalten des Konkurrenten reagiert.[8] Anbieter 1 spielt also die Rolle des dominierenden Marktführers, während Anbieter 2 als Nachfolger sein Verhalten anpasst.

Zur Illustration des Mengenwettbewerbs im Stackelberg–Duopol betrachten wir zwei Firmen ($j = 1, 2$), deren inverse Nachfragefunktionen durch $P_1(x_1, x_2)$ bzw. $P_2(x_1, x_2)$ gegeben sind. Es sei

$$\frac{\partial P_j(x_1, x_2)}{\partial x_1} < 0, \quad \frac{\partial P_j(x_1, x_2)}{\partial x_2} < 0, \quad j = 1, 2. \tag{3.11}$$

Jeder Anbieter sieht sich also einer fallenden Nachfragefunktion gegenüber und die beiden Güter sind Substitute. Wenn sie sogar perfekte Substitute darstellen, handelt es sich um einen homogenen Markt. Die Kostenfunktion des Anbieters j ist $C_j(x_j)$ mit $C_j'(x_j) > 0$.

Wir betrachten zunächst das Verhalten der Firma 2. Sie kennt bereits das Angebot x_1 der Firma 1. Als Stackelberg–Folger maximiert sie ihren Gewinn $P_2(x_1, x_2)x_2 - C_2(x_2)$ durch die Wahl ihres Outputs x_2. Für $j = 2$ beschreibt daher (3.10) die Bedingung erster Ordnung für ihr Gewinnmaximierungsproblem. Wenn wir diese Bedingung nach x_2 auflösen, erhalten wir die Reaktionsfunktion

Reaktionsfunktion
$$x_2 = R_2^c(x_1) \tag{3.12}$$

der Firma 2. Die Funktion $R_2^c(\cdot)$ beschreibt das Reaktionsverhalten der Firma 2 in Abhängigkeit von der Outputentscheidung x_1 des Marktführers.

Nachdem wir das Optimierungsproblem des Stackelberg–Folgers beschrieben haben, können wir das strategische Verhalten der Firma 1 als Stackelberg–Führer analysieren. Wenn sie die in (3.12) beschriebene Reaktion der Firma 2 berücksichtigt, ist ihr Gewinn

$$P_1\left(x_1, R_2^c(x_1)\right) x_1 - C_1(x_1), \tag{3.13}$$

und die Bedingung erster Ordnung für ihre Outputentscheidung lautet:

$$P_1(x_1, x_2) + \left[\frac{\partial P_1}{\partial x_1} + \frac{\partial P_1}{\partial x_2} \frac{\partial R_2^c}{\partial x_1}\right] x_1 = C_1'(x_1). \tag{3.14}$$

---

[8] Für eine Verallgemeinerung auf den Fall mit einer beliebigen Zahl n von Firmen siehe Robson (1990a).

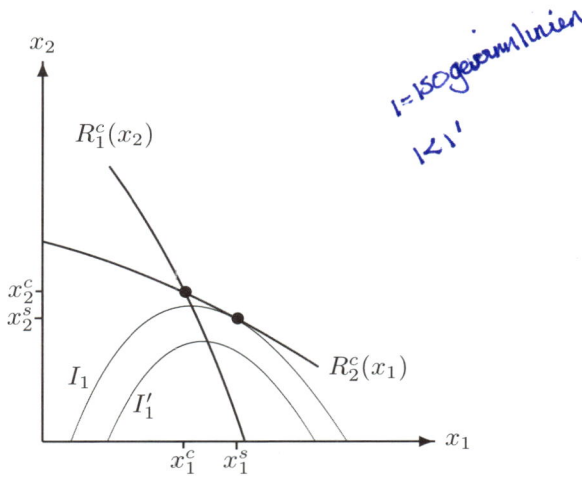

Abb. 3.4. *Mengenwettbewerb im Stackelberg–Duopol*

Die Lösung der beiden Gleichungen (3.12) und (3.14) bestimmt das Stackelberg–Gleichgewicht (x_1^s, x_2^s).

Die zeitliche Reihenfolge der Entscheidungen bewirkt, dass der Marktführer die Reaktion des Konkurrenten in sein Kalkül einbezieht.[9] Daher erscheint in (3.14) im Unterschied zum Cournot–Verhalten, wie es in (3.10) beschrieben wird, zusätzlich der Term $\partial P_1 / \partial x_2 \cdot \partial R_2^c / \partial x_1 \cdot x_1$. Dieser Term ist positiv, da bei Substituten $\partial P_1 / \partial x_2 < 0$ und $\partial R_2^c / \partial x_1 < 0$. Wenn Firma 1 ihren Output erhöht, kann sie davon ausgehen, dass Firma 2 ihr Angebot einschränkt. Aus der Sicht von Firma 1 handelt es sich hierbei um einen positiven strategischen Effekt, da die Reduktion des Konkurrenzangebots ihre eigene Nachfrage erhöht. Dies hat zur Folge, dass Firma 1 im Stackelberg–Gleichgewicht eine höhere Menge produziert und einen höheren Gewinn erzielt als im Cournot–Gleichgewicht.[10] Durch das Verhalten des Marktführers reduzieren sich die Nachfrage und der Gewinn der Firma 2, die eine geringere Menge als im Cournot–Gleichgewicht produziert.

Beispiel 3.1.4. Wir unterstellen die bereits in Beispiel 3.1.3 betrachteten Nachfrage- und Kostenfunktionen und nehmen an, dass die beiden Güter Substitute sind ($0 < g \leq b$). Die Bedingung (3.10) ist für Firma 2 erfüllt,

---

[9] Aus der Sicht der Spieltheorie handelt es sich beim Stackelberg–Duopol um ein zweistufiges extensives Spiel, dessen teilspielperfektes Nash–Gleichgewicht (siehe Kapitel 6.2.2) die Stackelberg–Lösung induziert.

[10] Die allgemeine Rolle strategischer Effekte wird in Kap. 6.2.2 auf S.215ff diskutiert.

wenn $a - c - 2b\,x_2 - g\,x_1 = 0$. Dies ergibt

$$x_2 = R_2^c(x_1) = \frac{a - c - g\,x_1}{2b}.$$

Daher ist (3.14) äquivalent zu

$$a - b\,x_1 - g\,x_2 - \left[b - \frac{g^2}{2b}\right]x_1 = c.$$

Die Lösung dieser beiden Gleichungen ist

$$x_1^s = \frac{(a - c)(2b - g)}{2(2b^2 - g^2)}, \quad x_2^s = \frac{(a - c)(4b^2 - 2bg - g^2)}{4b(2b^2 - g^2)}.$$

Da $0 < g \le b$, ist $x_1^s > x_2^s$. Der Vergleich mit der Cournot–Lösung $x_1^c = x_2^c = (a - c)/(2b + g)$ in Beispiel 3.1.3 zeigt, dass $x_1^s > x_1^c$ und $x_2^s < x_2^c$.

Das Wettbewerbsverhalten im Stackelberg–Duopol wird in Abbildung 3.4 veranschaulicht. Neben den Cournot–Reaktionsfunktionen, deren Schnittpunkt das Cournot–Gleichgewicht (x_1^c, x_2^c) bestimmt, stellt sie die Isogewinnlinien I_1 und I_1' der Firma 1 dar. Für alle Kombinationen von (x_1, x_2) entlang einer solchen Linie ist der Gewinn der Firma 1 gleich hoch. Da ihr Gewinn umso höher ist, je geringer der Output von Firma 2 ist, repräsentiert die Linie I_1' ein höheres Gewinnniveau als die Linie I_1. Im Schnittpunkt mit der eigenen Reaktionsfunktion $R_1^c(\cdot)$ ist die Steigung der Isogewinnlinien jeweils gleich Null, da $R_1^c(\cdot)$ den gewinnmaximierenden Output der Firma 1 beim gegebenen Output x_2 der Firma 2 angibt. Firma 2 realisiert als Stackelberg–Folger stets einen Punkt auf ihrer Reaktionsfunktion $R_2^c(\cdot)$. Da Firma 1 dieses Anpassungsverhalten antizipiert, wird ihre optimale Outputwahl dadurch bestimmt, dass eine ihrer Isogewinnlinien die Reaktionsfunktion $R_2^c(\cdot)$ tangiert. Dieser Tangentialpunkt stellt das Stackelberg–Gleichgewicht (x_1^s, x_2^s) dar.

In gewisser Hinsicht ist das Stackelberg–Gleichgewichtskonzept unvollständig, da es nicht die Frage klärt, welcher Firma die Position des Stackelberg–Führers zukommt.[11] Diese Frage stellt sich insbesondere im Zusammenhang mit der Beobachtung, dass es bei Mengenwettbewerb für einen Anbieter nachteilig ist, sich in die Rolle des

---

[11] Zur Diskussion dieser Problematik und einer endogenen Bestimmung der Reihenfolge, siehe Boyer und Moreaux (1987), Gal-Or (1985), Hamilton und Slutsky (1990), Robson (1990b), van Damme und Hurkens (1996, 2004), sowie Amir und Stepanova (2006).

Nachfolgers drängen zu lassen. Aus diesem Grunde erscheint eine sinnvolle Anwendung des Stackelberg–Wettbewerbs auf solche Märkte beschränkt, bei denen eine entsprechende Rollenverteilung vorgegeben und offensichtlich ist. Ein weitere evtl. problematische Eigenschaft der Stackelberg–Lösung besteht in der impliziten Voraussetzung, dass die Entscheidung des Marktführers irreversibel ist. Da seine Angebotsmenge nicht auf seiner Reaktionsfunktion liegt, könnte er durch eine nachträgliche Änderung des Angebots seinen Gewinn erhöhen. Der Konkurrent wird sich daher nur dann anpassend verhalten, wenn diese Möglichkeit ausgeschlossen ist.

3.1.4 Internationaler Handel

Der traditionellen Außenhandelstheorie liegt das Konzept des komparativen Kostenvorteils zugrunde, welches bereits auf Ricardo (1817) zurückgeht. Danach ergeben sich internationale Handelsvorteile dann, wenn zwischen verschiedenen Ländern Unterschiede in den *relativen* Produktionskosten der Güter bestehen. In einer solchen Situation bestehen profitable Tauschmöglichkeiten, indem jedes Land jeweils diejenigen Güter exportiert, bei deren Produktion es *relativ* effizienter ist als das Ausland. Als wichtige Ursache von Unterschieden in den relativen Produktionskosten wird in der Heckscher–Ohlin Theorie (siehe Ohlin (1933)) die verschiedene Ausstattung der Länder mit Produktionsfaktoren angesehen. Demnach werden z.B. kapitalreiche Länder dazu tendieren, solche Produkte zu exportieren, deren Produktion vergleichsweise kapitalintensiv ist.[12]

Die Theorie des komparativen Kostenvorteils erklärt den internationalen Handel von verschiedenen Gütern bei vollständigem Wettbewerb. Jedes Land spezialisiert sich beim Export auf bestimmte Arten von Produkten und importiert andere Produktarten. Dies wird auch als '*inter–industrieller*' Handel bezeichnet. Die traditionelle Außenhandelstheorie vermag aber nicht den gleichzeitigen Export und Import eines Landes von gleichartigen Gütern zu erklären, der für den Handel zwischen den Industrienationen eine bedeutende Rolle spielt. Eine Erklärung solcher '*intra–industrieller*' Handelsströme ist jedoch möglich in industrieökonomischen Modellen unvollständigen Wettbewerbs. Die Grundidee dieses Ansatzes besteht darin, dass der Export von Gütern für die Industrie eines Landes profitabel ist, solange sich im oligopo-

---

[12] Eine empirische Untersuchung von Leontief (1953) stellt diese Hypothese in Frage und ist als 'Leontief–Paradox' bekannt.

listischen Wettbewerb auf dem Auslandsmarkt zusätzliche Gewinne realisieren lassen.

Wir diskutieren intra–industriellen Handel in einem homogenen Cournot–Duopol Modell, in dem die beiden Firmen ($j = 1, 2$) ihre Produktionsstätten in verschiedenen Ländern ($i = A, B$) haben.[13] Firma 1 ist in Land A angesiedelt; sie produziert für den heimischen Markt die Menge x_{1A} und für Land B die Menge x_{1B}. Analog hat Firma 2 ihren Standort in Land B und bietet dort die Menge x_{2B} und in Land A die Menge x_{2A} an. Beide Firmen haben konstante Stückkosten in Höhe von c. Für den Export in das jeweilige Ausland entstehen den Firmen jedoch weitere Kosten: Pro Einheit, die Firma 1 in Land B anbietet, hat sie die zusätzlichen Kosten t_1 zu zahlen. Dieser Betrag umfasst zum einen die Transportkosten des Anbieters; zum anderen beinhaltet er aber auch die Differenz zwischen den Importzöllen des Landes B und den Exportsubventionen des Landes A. Für Firma 2 entstehen je Einheit, die sie in das Land A liefert, Exportkosten in Höhe von t_2.

Das Gesamtangebot in Land A beträgt $\bar{x}_A = x_{1A} + x_{2A}$; in Land B kommt die Menge $\bar{x}_B = x_{1B} + x_{2B}$ zum Angebot. Die inverse Nachfrage in Land i sei durch $P_i(\bar{x}_i)$ gegeben, wobei $P_i'(\bar{x}_i) < 0$, $P_i''(\bar{x}_i) \leq 0$ und $P_i(0) > c$. Aus den Angebotsentscheidungen der beiden Firmen resultieren in Land A und B die Marktpreise

$$p_A = P_A(x_{1A} + x_{2A}), \quad p_B = P_B(x_{1B} + x_{2B}). \tag{3.15}$$

Der Gesamtgewinn Π_j einer jeden Firma j ist die Summe der im jeweiligen Inland und Ausland erzielten Gewinne:[14]

$$\Pi_1 = [P_A(x_{1A} + x_{2A}) - c]x_{1A} + [P_B(x_{1B} + x_{2B}) - c - t_1]x_{1B}, \tag{3.16}$$
$$\Pi_2 = [P_B(x_{1B} + x_{2B}) - c]x_{2B} + [P_A(x_{1A} + x_{2A}) - c - t_2]x_{2A}.$$

Entsprechend der Cournot–Hypothese antizipiert jede Firma den Einfluss ihrer Mengenentscheidung auf den Gleichgewichtspreis und betrachtet die Entscheidungen der Konkurrenz als gegeben.

Wir betrachten zunächst den Markt in Land A. Das Angebot in diesem Land wird durch die Bedingungen erster Ordnung für die Ge-

---

[13] Vgl. Brander (1981), Brander und Krugman (1983) sowie Brander und Spencer (1985).

[14] Wir betrachten den Wechselkurs als konstant und geben alle nominellen Größen in einer einheitlichen Währung (z.B. der des Landes A) an.

winnmaximierung der Firmen bestimmt:[15]

$$\frac{\partial \Pi_1}{\partial x_{1A}} = P_A(x_{1A} + x_{2A}) - c + P_A'(x_{1A} + x_{2A})x_{1A} = 0, \quad (3.17)$$

$$\frac{\partial \Pi_2}{\partial x_{2A}} = P_A(x_{1A} + x_{2A}) - c - t_2 + P_A'(x_{1A} + x_{2A})x_{2A} = 0.$$

Implizit definieren diese beiden Gleichungen die Reaktionsfunktionen der beiden Firmen für ihr Angebot in Land A:

$$x_{1A} = R_{1A}^c(x_{2A}), \quad x_{2A} = R_{2A}^c(x_{1A}|t_2). \quad (3.18)$$

Die Funktion $R_{jA}^c(\cdot)$ beschreibt die gewinnmaximierende Menge x_{jA} der Firma j in Abhängigkeit von der Menge, die ihr Konkurrent in Land A anbietet. Wie im homogenen Cournot–Modell üblich, sind die Reaktionsfunktionen $R_{1A}^c(\cdot)$ und $R_{2A}^c(\cdot|t_2)$ fallend; d.h. Firma j bietet umso weniger an, je höher das Angebot der Konkurrenz ist. Beachtenswert ist, dass die Reaktionsfunktion der Firma 2 auch von den Exportkosten t_2 abhängt. Eine Erhöhung dieser Kosten macht den Markt in Land A weniger profitabel für Firma 2 und reduziert daher ihr Angebot x_{2A}.[16]

Analog lassen sich die Reaktionsfunktionen der beiden Firmen für ihr Angebot in Land B bestimmen:

$$x_{1B} = R_{1B}^c(x_{2B}|t_1), \quad x_{2B} = R_{2B}^c(x_{1B}). \quad (3.19)$$

Der Export x_{1B} der Firma 1 nach Land B hängt dabei negativ von den Kosten t_1 ab.

Im Cournot–Gleichgewicht des internationalen Handels wählt jede Firma ihr Angebot im In– und Ausland entsprechend ihrer Reaktionsfunktionen. Das Gleichgewicht $(x_{1A}^c, x_{2A}^c, x_{1B}^c, x_{2B}^c)$ ist daher die Lösung der vier Gleichungen in (3.18) und (3.19). Abbildung 3.5 stellt die Reaktionsfunktionen der Firmen in Land A und B dar. Der Schnittpunkt dieser Funktionen bestimmt in jedem Land i die Cournot–Mengen x_{1i}^c und x_{2i}^c. Gegenüber der ausländischen Konkurrenz verfügt

---

[15] Wir können das Cournot–Gleichgewicht für jedes Land separat bestimmen, da die Stückkosten der Firmen konstant sind. Die Angebotsentscheidungen x_{1A} und x_{2A} sind daher unabhängig von x_{1B} und x_{2B}. Wir konzentrieren uns im folgenden auf den Fall, dass die Exporte jeder Firma j positiv sind. Dies setzt voraus, dass t_j nicht zu hoch ist.

[16] Diese Eigenschaften der Reaktionsfunktionen folgen unmittelbar aus (3.17) und den Annahmen über $P_i(\cdot)$.

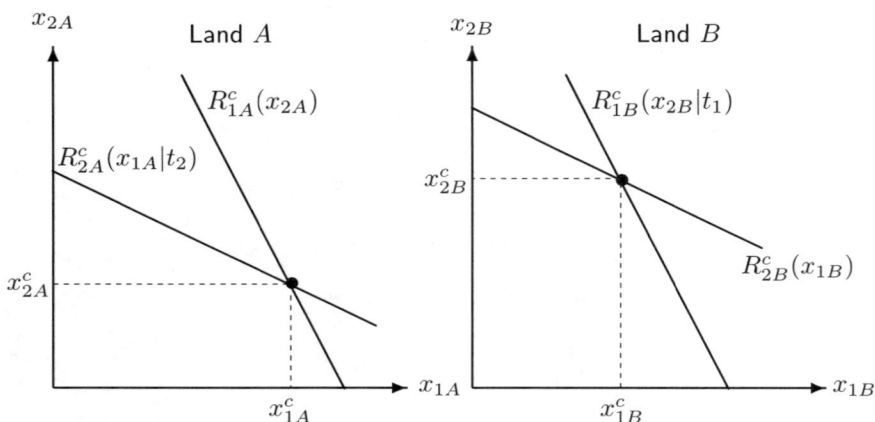

Abb. 3.5. *Cournot–Wettbewerb und internationaler Handel*

die Firma im heimischen Markt über einen Wettbewerbsvorteil, da
der Export zusätzliche Kosten verursacht. Dies bewirkt, dass in jedem Land die jeweils inländische Firma eine höhere Menge anbietet
als die ausländische Firma. Ferner findet im Gleichgewicht internationaler Handel in identischen Gütern statt, da jedes Land das Gut
sowohl exportiert wie auch importiert. Aus Effizienzgesichtspunkten
bedeutet dies eine Verschwendung von Transportkosten. Diese Kosten
ließen sich vermeiden, wenn das gesamte Angebot $\bar{x}_i$ in jedem Land i
durch die heimische Firma produziert würde.

Beispiel 3.1.5. Die inverse Nachfrage in Land A und B sei gegeben durch

$$P_A(x_{1A} + x_{2A}) = A - (x_{1A} + x_{2A}), \quad P_B(x_{1B} + x_{2B}) = B - (x_{1B} + x_{2B}).$$

Um zu garantieren, dass bei den Exportkosten $t_1, t_2 \geq 0$ die Exporte beider
Firmen positiv sind, unterstellen wir, dass $t_1 < 0.5(B-c)$ und $t_2 < 0.5(A-c)$.
Die Bedingungen (3.17) für das Angebot in Land A sind dann

$$A - 2\,x_{1A} - x_{2A} - c = 0, \quad A - x_{1A} - 2\,x_{2A} - c - t_2 = 0.$$

Daraus resultieren die Reaktionsfunktionen

$$x_{1A} = R_{1A}^c(x_{2A}) \equiv \frac{A - x_{2A} - c}{2}, \; x_{2A} = R_{2A}^c(x_{1A}\,|\,t_2) \equiv \frac{A - x_{1A} - c - t_2}{2}.$$

Die Cournot–Gleichgewichtsmengen in Land A sind

$$x_{1A}^c = (A - c + t_2)/3, \quad x_{2A}^c = (A - c - 2\,t_2)/3.$$

Analog erhalten wir für Land B

$$x_{1B}^c = (B - c - 2\,t_1)/3, \quad x_{2B}^c = (B - c + t_1)/3.$$

Die Cournot–Gleichgewichtspreise in den beiden Ländern sind

$$p_A^c = (A + 2\,c + t_2)/3, \quad p_B^c = (B + 2\,c + t_1)/3.$$

Die Gewinne der beiden Firmen betragen

$$
\begin{aligned}
\Pi_1^c &= [(A - c + t_2)^2 + (B - c - 2\,t_1)^2]/9, \\
\Pi_2^c &= [(B - c + t_1)^2 + (A - c - 2\,t_2)^2]/9.
\end{aligned}
$$

Welche Wohlfahrtseffekte ergeben sich durch internationalen Handel? Wir vergleichen dazu das Cournot–Gleichgewicht mit dem Autarkiezustand, in dem jede Firma als Monopolist den heimischen Markt beherrscht. Aus Sicht der Konsumenten stellt die Öffnung der Märkte für die ausländische Konkurrenz eine eindeutige Verbesserung dar: In jedem Land erhöht sich durch den Wettbewerb die angebotene Gesamtmenge. Dadurch fällt der Preis und steigt die Konsumentenrente in beiden Ländern. Auf Seiten der Firmen dagegen bedeutet internationaler Wettbewerb eine verschärfte Konkurrenz, so dass ihr Gesamtgewinn $\Pi_1 + \Pi_2$ sinkt. Ist die Marktsituation in beiden Ländern annähernd symmetrisch, bedeutet dies offensichtlich, dass jede einzelne Firma einen niedrigeren Gewinn realisiert. Wenn die Marktgröße in beiden Ländern jedoch hinreichend unterschiedlich ist, kann es durchaus passieren, dass eine der Firmen durch die Öffnung der Märkte ihren Gewinn steigern kann. Dieser Fall kann dann eintreten, wenn der heimische Markt vergleichsweise klein im Verhältnis zum ausländischen Markt ist. In einer solchen Situation können die zusätzlichen Gewinne, die auf dem Auslandsmarkt realisierbar sind, den negativen Effekt der internationalen Konkurrenz auf die Gewinne im Inland überwiegen.

Beispiel 3.1.6. Wir unterstellen die selben Nachfragefunktionen wie in Beispiel 3.1.5. Falls jede Firma den heimischen Markt als Monopolist beliefert, haben die Konsumenten in den beiden Ländern die Preise

$$p_A^m = \frac{A + c}{2}, \quad p_B^m = \frac{B + c}{2}$$

zu zahlen. Da $t_1 < 0.5(B - c)$ und $t_2 < 0.5(A - c)$, sind diese Preise höher als die Preise p_A^c und p_B^c, die sich in Beispiel 3.1.5 bei internationalen Wettbewerb ergeben. Im Autarkiefall realisieren die Firmen die Monopolgewinne

$$\Pi_1^m = \frac{(A - c)^2}{4}, \quad \Pi_2^m = \frac{(B - c)^2}{4}.$$

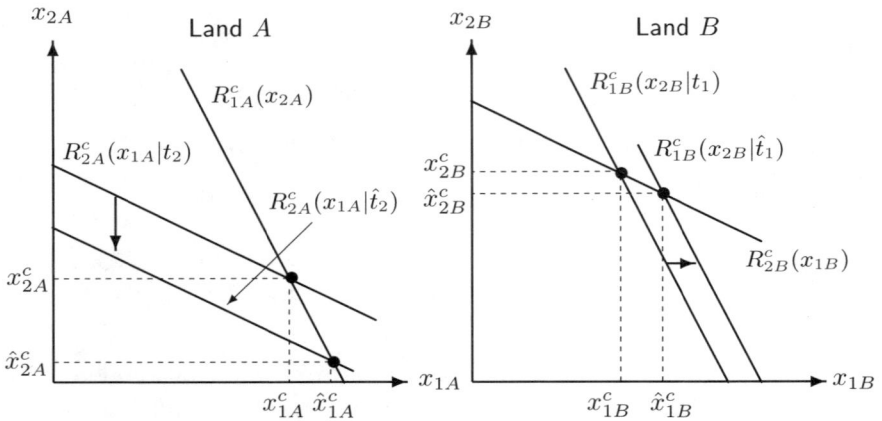

Abb. 3.6. *Importzölle und Exportsubventionen des Landes A*

Um diese Gewinne mit der Wettbewerbssituation in Beispiel 3.1.5 zu vergleichen, setzen wir zur Vereinfachung $c = t_1 = t_2 = 0$. Firma 1 stellt sich in
dieser Parameterkonstellation bei einer Öffnung der Märkte nur dann besser,
wenn $B > \sqrt{5/4}\,A$. Firma 2 profitiert vom internationalen Handel nur dann,
wenn $A > \sqrt{5/4}\,B$.

Zum Abschluss unserer Analyse intra–industriellen Handels be-
trachten wir die Auswirkungen von Importzöllen und Exportsubventionen. Diese beeinflussen die Angebotsstrategien der Firmen und das
Gleichgewichtsergebnis, da sie Bestandteil der Exportkosten sind. Nehmen wir an, dass Land A den Zoll pro importierter Einheit erhöht. Die
Kosten der Firma 1 werden von dieser Maßnahme nicht betroffen; für
Firma 2 erhöhen sich jedoch die Exportkosten in das Land A von t_2 auf
$\hat{t}_2$. In Folge der Kostensteigerung sinkt die Profitabilität ihrer Exporte
x_{2A} und sie wird diese einschränken. Wie der linke Teil der Abbildung 3.6 illustriert, verschiebt sich die Reaktionsfunktion R_{2A}^c der Firma 2 daher nach unten. Anstelle der ursprünglichen Cournot–Mengen
(x_{1A}^c, x_{2A}^c) werden im Gleichgewicht nach Erhöhung des Importzolls
die Mengen $\hat{x}_{1A}^c$ und $\hat{x}_{2A}^c$ in Land A angeboten. Der höhere Importzoll
des Landes A reduziert im Gleichgewicht nicht nur die Angebotsmenge
der Firma 2, sondern hat auch einen strategischen Effekt auf das Angebot der Firma 1. Diese weitet ihr Angebot von x_{1A}^c auf $\hat{x}_{1A}^c$ aus, da
die Wettbewerbsfähigkeit ihrer Konkurrenz auf dem Inlandsmarkt ge-
sunken ist. Aus dem selben Grunde steigt auch der Gewinn der Firma
1. Für die Konsumenten in Land A dagegen spiegelt sich der reduzierte
Wettbewerb in einem geringeren Gesamtangebot und einem höheren

Preis wider. Die Einführung von Importzöllen erhöht den Gewinn der inländischen Firma auf Kosten der inländischen Nachfrager und des ausländischen Produzenten.

Betrachten wir nun die Einführung einer Exportsubvention für Firma 1: Für den Wettbewerb in Land A spielt die Subvention keine Rolle. Für Firma 1 reduziert sich aber ihr Wettbewerbsnachteil in Land B, da ihre Exportkosten von t_1 auf $\hat{t}_1$ sinken. Sie reagiert daher mit einer Ausweitung ihrer Exporte; im rechten Teil der Abbildung 3.6 verschiebt sich ihre Reaktionsfunktion R_{1B}^c nach rechts. Im Gleichgewicht steigen die Exporte aus Land A in Land B von x_{1B}^c auf $\hat{x}_{1B}^c$. Durch die Subvention der Firma 1 reduziert sich der Wettbewerbsvorteil und der Gewinn der Firma 2 in ihrem heimischen Markt. Ihr Angebot fällt im Gleichgewicht von x_{2B}^c auf $\hat{x}_{2B}^c$. Dies wirkt sich positiv aus auf den Gewinn der Firma 1, den sie im Land B realisiert. Neben dem direkten Effekt der gewährten Subvention profitiert sie auch von dem indirekten strategischen Effekt der Subvention auf das Verhalten der ausländischen Konkurrenz!

Beispiel 3.1.7. Durch die Einführung der Mengensubvention s pro exportierter Einheit fallen die Exportkosten der Firma 1 von t_1 auf $\hat{t}_1 = t_1 - s$. In Beispiel 3.1.5 realisiert Firma 1 in Folge der Subvention daher den Gewinn

$$\Pi_1^c = [(A - c + t_2)^2 + (B - c - 2(t_1 - s))^2]/9.$$

Daher ist

$$\frac{\partial \Pi_1^c}{\partial s} = \frac{4(B - c - 2t_1 + 2s)}{9}.$$

Da Firma 1 bei den Exportkosten $\hat{t}_1 = t_1 - s$ die Menge $x_{1B}^c = [B - c - 2(t_1 - s)]/3$ in Land B anbietet, zahlt Land A den Betrag $S \equiv s[B - c - 2(t_1 - s)]/3$ für die Subventionierung des Exports. Folglich ist

$$\frac{\partial S}{\partial s} = \frac{B - c - 2t_1 + 4s}{3}.$$

Da

$$\frac{\partial \Pi_1^c}{\partial s} - \frac{\partial S}{\partial s} = \frac{B - c - 2t_1 - 4s}{9},$$

steigt bei einer Erhöhung der Subventionsrate s das Gewinneinkommen in Land A stärker als die Kosten der Exportsubvention, solange $s < (B - c - 2t_1)/4$.

Für Land A ergibt sich eine Steigerung der Gesamtwohlfahrt, solange die Erhöhung des Gewinns der Firma 1 die Subventionskosten übersteigt. Auf Grund des strategischen Effekts vermag es deshalb aus der Sicht des einzelnen Landes opportun erscheinen, den Export der heimischen Industrie zu subventionieren.[17] Diese Politik erhöht jedoch den Gewinn der inländischen Industrie auf Kosten der ausländischen Unternehmen. Wenn sich alle betroffenen Länder für eine solche Politik entscheiden, wird der positive Effekt auf die Gewinne der inländischen Firmen durch die Exportsubventionen des Auslandes wieder zunichte gemacht.

3.2 Preiswettbewerb

3.2.1 Preiswettbewerb bei homogenen Gütern

Das Cournot–Modell unterstellt, dass ein nicht näher spezifizierter Anpassungsprozess zu einer Räumung des Marktes führt, nachdem die Firmen ihre Angebotsmengen festgelegt haben. Es hat also den Nachteil, nicht explizit auf den Mechanismus der Preisbildung einzugehen. Insbesondere wird der Gleichgewichtspreis nicht direkt durch die ökonomischen Akteure des Modells bestimmt. Mit dieser Eigenschaft des Cournot–Modells eng verwandt ist ein Kritikpunkt, der auf Bertrand (1883) zurückgeht. Bertrand argumentierte, dass in einem homogenen Markt eine einzelne Firma die gesamte Marktnachfrage auf sich ziehen kann, indem sie den Preis der Konkurrenz um eine beliebig kleine Einheit unterbietet. Wenn alle Anbieter dasselbe Gut produzieren, ist nämlich für die Nachfrager der niedrigste aller verfügbaren Preise ausschlaggebend. Daher erscheinen Preisangebote für die Anbieter als ein wirksameres Wettbewerbsinstrument als die Festlegung der Angebotsmenge. Im Modell des Bertrand–Wettbewerbs konkurrieren die Unternehmen, indem sie Preise statt Mengen festlegen.

Zur Analyse des Preiswettbewerbs auf einem homogenen Markt betrachten wir zunächst als einfachsten Fall eine Situation, in der zwei Firmen ($j = 1, 2$) miteinander konkurrieren, die konstante Stückkosten haben und die gleich effizient sind.[18] Um den Output x_j zu produzieren, hat Firma j die Kosten $C_j(x_j) = c\,x_j$ aufzuwenden. Die Marktnachfrage sei $D(p)$, mit $D'(p) < 0$ und $D(c) > 0$. Die beiden

---

[17] Vgl. Beispiel 3.1.7. Die strategischen Effekte der Außenhandelspolitik hängen von den Eigenschaften der Reaktionsfunktionen ab (siehe Kap. 6.2.2, S.215ff). Falls die beiden Firmen differenzierte Güter anbieten und durch ihre Preissetzung miteinander konkurrieren (vgl. Kap. 3.2.3), kann die optimale Politik für jedes Land darin bestehen, den Export zu besteuern statt zu subventionieren.

[18] Die Verallgemeinerung der folgenden Ergebnisse auf den Fall einer beliebigen Firmenzahl $n > 2$ ist trivial.

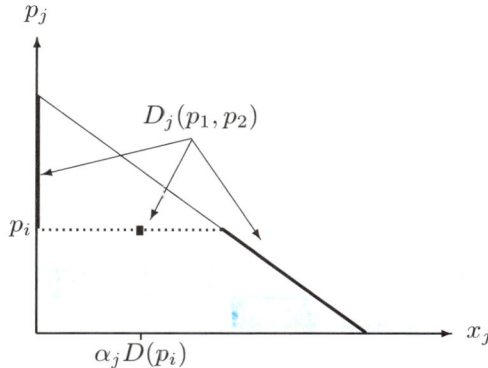

Abb. 3.7. *Firmenspezifische Nachfrage bei homogenen Gütern*

Firmen bieten das Gut zu den Preisen p_1 bzw. p_2 an. In einem homogenen Markt werden die Konsumenten das Gut nur bei der Firma nachfragen, die den niedrigsten Preis fordert. Aus diesem Verhalten resultieren die firmenspezifischen Nachfragefunktionen $D_1(p_1, p_2)$ und $D_2(p_1, p_2)$, welche die Aufteilung der Marktnachfrage auf die beiden Anbieter beschreiben. Für Firma j lautet diese Nachfragefunktion

$$D_j(p_1, p_2) = \begin{cases} 0 & \text{falls } p_j > p_i \\ \alpha_j D(p_j) & \text{falls } p_j = p_i \\ D(p_j) & \text{falls } p_j < p_i \end{cases}, \qquad (3.20)$$

mit $\alpha_1 \geq 0, \alpha_2 \geq 0$ und $\alpha_1 + \alpha_2 = 1$. Falls Firma j einen höheren Preis als ihr Konkurrent i wählt, ist dies Angebot für die Konsumenten unattraktiv und ihr Absatz ist gleich Null. Wenn beide Firmen den gleichen Preis fordern, sind die Konsumenten indifferent bei der Wahl des Anbieters. Die Aufteilung der Gesamtnachfrage ist daher beliebig. Sie wird durch die Gewichte α_1 und α_2 beschrieben. Falls Firma j das Preisangebot der Konkurrenz unterbietet, gewinnt sie die gesamte Marktnachfrage. Abbildung 3.7 illustriert die Nachfrage der Firma j bei einer linearen Marktnachfragefunktion.

Aufgrund des Nachfrageverhaltens hängt der Gewinn der Firma j nicht nur von ihrem eigenen Preis, sondern auch vom Preis des Anbieters i ab. Er beträgt

$$\Pi_j(p_1, p_2) = (p_j - c)D_j(p_1, p_2). \qquad (3.21)$$

Bei Preis- oder Bertrand–Wettbewerb wählen beide Firmen ihre Preise simultan und unabhängig voneinander. Wie im Cournot–Modell antizipiert jede Firma die Entscheidung ihrer Konkurrenz und betrachtet *äußerst = exceedingly*

sie als gegeben. Ein Bertrand–Gleichgewicht (p_1^b, p_2^b) liegt vor, wenn die Preisentscheidung einer jeden Firma ihren Gewinn bei gegebenem Verhalten des Konkurrenten maximiert. Im Gleichgewicht gilt also, dass

$$\Pi_1(p_1^b, p_2^b) \geq \Pi_1(p, p_2^b) \quad \text{und} \quad \Pi_2(p_1^b, p_2^b) \geq \Pi_2(p_1^b, p), \qquad (3.22)$$

für alle p. Bedingung (3.22) definiert ein Gleichgewicht, da bei den Preisen (p_1^b, p_2^b) kein Unternehmen durch eine unilaterale Preisänderung seinen Gewinn erhöhen kann. Sie ist analog zur Definition des Cournot–Gleichgewichts in (3.3). Im Unterschied zum Cournot–Modell werden hier statt der Angebotsmengen jedoch die Preise als strategische Entscheidungsvariablen der Firmen betrachtet.

Entsprechend der Argumentation von Bertrand sind Preisangebote ein äußerst effektives Wettbewerbsinstrument und implizieren ein aggressives Konkurrenzverhalten. In der Tat resultiert aus (3.21) und (3.22) das eindeutige Preisgleichgewicht

$$p_1^b = p_2^b = c. \qquad (3.23)$$

Wenn beide Firmen Stückkosten in gleicher Höhe haben, so ist das Bertrand–Gleichgewicht identisch mit dem Wettbewerbsgleichgewicht bei vollständiger Konkurrenz und der Gewinn jeder Firma ist gleich Null.

Die Argumentation für dieses Ergebnis beruht auf den folgenden Überlegungen: Erstens stellt (3.23) ein Gleichgewicht dar, da keine Firma bei gegebenem Verhalten des Konkurrenten einen positiven Gewinn erzielen kann. Wenn eine der Firmen einen Preis $p > c$ fordern würde, wäre ihr Absatz gleich Null. Durch einen Preis $p < c$ würde der Anbieter dagegen Verluste realisieren. Zweitens kann es kein Gleichgewicht mit $p_1 = p_2 > c$ geben. In dieser Situation hätte nämlich eine der Firmen einen Marktanteil $\alpha_j \leq 1/2$. Sie könnte aber ihren Marktanteil zumindest verdoppeln und so einen höheren Gewinn erzielen, indem sie ihren Preis minimal senkt und die Konkurrenz unterbietet. Drittens kann es kein Gleichgewicht mit $p_i > p_j \geq c$ geben. Falls $p_j = c$, wäre in dieser Situation der Gewinn beider Firmen gleich Null. Firma j würde bei einer kleinen Preiserhöhung aber immer noch eine positive Nachfrage realisieren und könnte so einen positiven Gewinn erzielen. Falls $p_j > c$, wäre der Gewinn der Firma i gleich Null. Sie könnte aber einen positiven Gewinn erzielen, indem sie den Preis p_j unterbietet. Diese drei Argumente zeigen, dass (3.23) in der Tat das eindeutige Gleichgewicht bei Preiswettbewerb beschreibt.

Bei Preiswettbewerb sind bereits zwei Konkurrenten ausreichend, dasselbe Marktergebnis wie bei vollständigem Wettbewerb zu induzieren. Diese Beobachtung erscheint wenig realistisch und kaum geeignet als Grundlage für wettbewerbstheoretische und -politische Schlussfolgerungen. Aus diesem Grunde wird sie auch als 'Bertrand–Paradox' bezeichnet. Dieses Paradox ist jedoch ein wichtiger theoretischer Referenzpunkt und deutet darauf hin, von welchen Faktoren oligopolistische Marktmacht bei Preiswettbewerb abhängt: Erstens beruht das in (3.23) erzielte Ergebnis auf der Annahme, dass die Anbieter ein homogenes Gut produzieren. Diese Annahme stellt eher eine theoretische Abstraktion dar, da die Produkte verschiedener Anbieter in der Regel von den Konsumenten nicht als perfekte Substitute betrachtet werden. Zweitens hängt das Bertrand–Paradox davon ab, dass jeder einzelne Anbieter zu konstanten Grenzkosten den gesamten Markt beliefern kann. Diese Annahme schließt Kapazitätsbeschränkungen oder steigende Grenzkosten aus. In den Kapiteln 3.2.2 und 3.2.3 gehen wir näher darauf ein, inwieweit eine Modifikation dieser Annahmen die Funktionsweise des Bertrand–Modells beeinflusst.

Für das Resultat, dass die Firmen im Gleichgewicht keinen Gewinn erzielen, spielt drittens auch noch die Annahme eine Rolle, dass beide Anbieter die gleichen Stückkosten haben. Ein Produzent, der gegenüber der Konkurrenz einen Kostenvorteil hat, ist offensichtlich in der Lage, einen positiven Gewinn zu erzielen. Wenn z.B. die Stückkosten c_1 der Firma 1 niedriger als die Stückkosten c_2 der Firma 2 sind, kann Firma 1 das Gut zu einem Preis $p > c_1$ anbieten, den Firma 2 nicht unterbieten kann. Für die Analyse des Preissetzungsverhaltens von Firma 1 in dieser Situation unterscheiden wir zwischen zwei Fällen: Es sei $p^m(c_1)$ derjenige Preis, den Firma 1 als Monopolist wählen würde; d.h. $p^m(c_1)$ maximiert $(p - c_1)D(p)$. Falls $p^m(c_1) < c_2$ hat Firma 1 einen *drastischen* Kostenvorteil. In diesem Fall stellt Firma 2 keine effektive Konkurrenz dar, da sie den Monopolpreis $p^m(c_1)$ nicht unterbieten kann. Daher verfügt Firma 1 de facto über eine Monopolposition; sie bietet das Gut zum Preis $p_1^b = p^m(c_1)$ an und realisiert den Monopolgewinn. Falls der Kostenvorteil der Firma 1 nicht drastisch ist, ist sie immer noch in der Lage, den Preis $p_2^b = c_2$ der anderen Firma um eine minimale Geldeinheit zu unterbieten. In diesem Fall setzt sie den Preis $p_1^b \approx c_2$ und erzielt approximativ den Gewinn $(c_2 - c_1)D(c_2) > 0$.

3.2.2 Preiswettbewerb bei Kapazitätsschranken

Implizit setzt das Bertrand–Paradox voraus, dass ein einzelner Anbieter die gesamte Marktnachfrage befriedigen kann, wenn er seine Konkurrenten unterbietet. Edgeworth (1897) empfand diese Voraussetzung als unrealistisch und modifizierte das Bertrand–Modell, indem er annahm, dass jede Firma nur über eine beschränkte Produktionskapazität verfügt. Diese Annahme ist sehr ähnlich zu der Annahme steigender Grenzkosten: Wenn die Stückkosten einer Firma bei steigendem Output steil ansteigen, kann sie nur einen Teil der Marktnachfrage auf profitable Weise bedienen.[19]

Zur Darstellung des Bertrand–Edgeworth Modells betrachten wir ein symmetrisches Duopol mit Kapazitätsrestriktionen. Wir gehen von einem homogenen Markt aus, auf dem zwei identische Firmen ($j = 1, 2$) durch ihre Preisangebote miteinander konkurrieren. Jede Firma kann bis zu ihrer Kapazitätsschranke $\tilde{x}$ das Gut zu konstanten Grenzkosten in Höhe von c produzieren. Zur Vereinfachung unterstellen wir eine lineare Nachfragestruktur. Die inverse Nachfrage $P(x)$ und die direkte Nachfrage $D(p)$ werden also durch

$$P(x) = a - b\,x, \quad \text{bzw.} \quad D(p) = \frac{a - p}{b} \tag{3.24}$$

mit $a > c$ und $b > 0$ beschrieben. Wie die vorangehende Analyse zeigt, würden die Firmen im Bertrand–Gleichgewicht das Gut zum Preis $p_1^b = p_2^b = c$ anbieten, wenn jede von ihnen in der Lage wäre, den gesamten Markt zu bedienen. Im folgenden interessieren wir uns aber für den Fall, in dem die Kapazitätsrestriktion dieses ausschließt. Wir unterstellen daher, dass $\tilde{x} < D(c)$.

Offensichtlich bewirkt die Annahme $\tilde{x} < D(c)$, dass im Gleichgewicht nicht länger $p_1 = p_2 = c$ gelten kann: Wenn eine der beiden Firmen ihren Preis leicht anhebt, verliert sie nicht gleich ihre gesamte Nachfrage. Wegen der Kapazitätsrestriktion kann die Konkurrenz nämlich nur einen Teil der Nachfrage zum Preis c bedienen. Die Firma mit dem höheren Preis realisiert daher immer noch eine positive *Residualnachfrage* und kann so einen positiven Gewinn erzielen. Das Bertrand–Paradox, dass beide Firmen keine Gewinne machen, ist bei beschränkten Produktionskapazitäten nicht mehr gültig.

---

[19] Bei einer konvexen Kostenfunktion $C_j(x)$ wird der Produzent j zum Preis p maximal die Menge $\tilde{x}$ anbieten, welche durch die Gleichung $p = C_j'(\tilde{x})$ bestimmt wird. Es ist für ihn nämlich nicht profitabel, eine Menge anzubieten, bei der die Kosten einer zusätzlichen Einheit den Preis übersteigen.

Für die Analyse des Wettbewerbs zwischen den Firmen spielt die Bestimmung der Residualnachfrage eine wesentliche Rolle. Dazu betrachten wir eine Situation, in der Firma j einen höheren Preis verlangt als ihr Konkurrent i. Jeder Nachfrager wird daher nach Möglichkeit das Gut zum Preis $p_i < p_j$ erwerben. Da Firma i jedoch maximal $\tilde{x}$ Einheiten des Gutes produzieren kann, beträgt ihr Output

$$D_i(p_j, p_i) = \min\left[D(p_i), \tilde{x}\right], \quad \text{wenn} \quad p_j > p_i. \qquad (3.25)$$

Wenn die Kapazität der Firma i ausreicht, die Nachfrage $D(p_i)$ zu decken, wird kein Konsument das Gut zum Preis p_j erwerben. Daher ist die Nachfrage für Firma j

$$D_j(p_j, p_i) = 0, \quad \text{wenn} \quad p_j > p_i \text{ und } D(p_i) \leq \tilde{x}. \qquad (3.26)$$

Falls jedoch $D(p_i) > \tilde{x}$, kann Firma i nur einen Teil der Marktnachfrage zum Preis p_i befriedigen. Die Nachfrager werden daher *rationiert*. Von entscheidender Bedeutung ist nun, welche *Rationierungsregel* die Firma i mit dem niedrigeren Preis p_i anwendet. Denn die Residualnachfrage der Firma j mit dem höheren Preis p_j hängt davon ab, welcher Teil der Gesamtnachfrage beim niedrigen Preis zum Zuge kommt.

Unter der Vielzahl möglicher Mechanismen erscheinen zwei Rationierungsregeln als besonders einfach und plausibel. Wir stellen uns vor, dass die Marktnachfrage $D(p)$ durch eine Menge identischer Konsumenten zustande kommt, deren Masse auf Eins normiert sei. Bei *proportionaler* oder *zufälliger* Rationierung wählt Firma i dann nach einem Zufallsmechanismus einen Teil $\tilde{x}/D(p_i)$ der Konsumenten aus und befriedigt deren Nachfrage zum Preis p_i. Während dieser Teil der Nachfrager genau die Menge erhält, die sie beim Preis p_i erwerben möchten, werden die übrigen Konsumenten rationiert, indem sie abgewiesen werden. Die zweite Rationierungsregel wird als *effiziente* oder *parallele* Rationierung bezeichnet. Bei dieser Regel werden alle Nachfrager auf die selbe Weise rationiert, indem die Kapazität $\tilde{x}$ gleichmäßig auf die Konsumenten aufgeteilt wird. Da $D(p_i) > \tilde{x}$, erhält jedoch jeder einzelne Konsument eine geringere Menge als er nachfragt. Bei identischen Konsumenten erweist sich diese Art der Rationierung als sozial effizient, weil im Marktergebnis jeder Konsument die selbe Menge des Gutes erhält und somit keine Tauschmöglichkeiten unter den Nachfragern existieren.

Im weiteren beschränken wir uns auf die effiziente Rationierung. Da dieses Verfahren alle Konsumenten gleichbehandelt, können wir

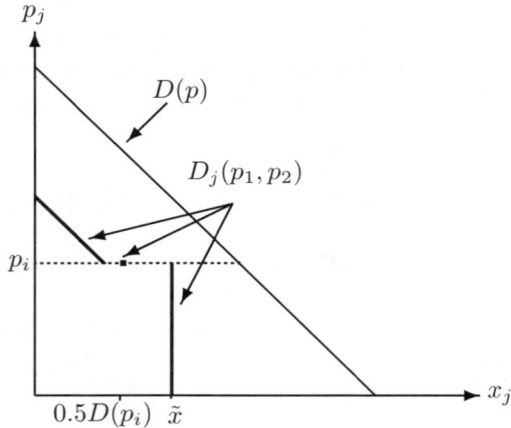

Abb. 3.8. *Firmenspezifische Nachfrage bei beschränkter Kapazität*

die inverse Nachfrage $P(\cdot)$ als die marginale Zahlungsbereitschaft eines repräsentativen Konsumenten betrachten. Wenn dieser bei der Firma i mit dem niedrigeren Preis p_i rationiert wird, ist er möglicherweise bereit, eine zusätzliche Menge des Gutes von der Firma j zum Preis $p_j > p_i$ zu kaufen. Firma j kann nämlich die Menge x_j zum Preis

$$p_j = P\left(x_j + \tilde{x}\right) = a - b(x_j + \tilde{x}) \qquad (3.27)$$

absetzen. Daher ist $x_j = (a - p_j)/b - \tilde{x} = D(p_j) - \tilde{x}$. Die Menge x_j entspricht also der Marktnachfrage beim Preis p_j abzüglich der Menge $\tilde{x}$, die von der Firma mit dem niedrigeren Preis verkauft wird. Weil auch Firma j maximal $\tilde{x}$ Einheiten produzieren kann, ist ihr Absatz

$$D_j(p_j, p_i) = \min[D(p_j) - \tilde{x}, \tilde{x}], \text{ wenn } p_j > p_i \text{ und } D(p_i) > \tilde{x}. \ (3.28)$$

Diese Gleichung stellt bei effizienter Rationierung die Residualnachfrage des Anbieters mit dem höheren Preis dar, wenn die Kapazitätsschranke des Konkurrenten bindend ist.

Der Vollständigkeit halber ist noch das Nachfrageverhalten für den Fall zu spezifizieren, in dem beide Firmen denselben Preis p verlangen. In dieser Situation können wir einfach annehmen, dass sich die Nachfrager gleichmäßig auf die beiden Anbieter aufteilen. Daher ist

$$D_1(p_1, p_2) = D_2(p_1, p_2) = \min\left[\frac{D(p)}{2}, \tilde{x}\right], \text{ wenn } p_1 = p_2 = p. \ (3.29)$$

Abbildung 3.8 veranschaulicht die firmenspezifische Nachfrage bei Kapazitätsrestriktionen. Sie setzt voraus, dass beim Preis p_i die Marktnachfrage $D(p_i)$ höher ist als die Kapazität $\tilde{x}$. Wenn Firma j daher einen Preis $p_j > p_i$ wählt, kann sie eine positive Residualnachfrage realisieren. Entsprechend (3.28) verläuft diese Nachfrage parallel zur Marktnachfrage. Dies ist der Grund dafür, dass effiziente Rationierung auch als parallele Rationierung bezeichnet wird. Wenn Firma j den Preis p_i der Firma i unterbietet, gewinnt sie die gesamte Marktnachfrage. Aufgrund ihrer Kapazitätsbeschränkung kann sie jedoch nur die Menge $\tilde{x}$ absetzen.

Aus den firmenspezifischen Nachfragefunktionen in (3.25), (3.26), (3.28) und (3.29) ergeben sich die Gewinnfunktionen $\Pi_1(p_1, p_2) = (p_1 - c)D_1(p_1, p_2)$ und $\Pi_2(p_1, p_2) = (p_2 - c)D_2(p_1, p_2)$ der beiden Firmen. Wenn entsprechend der Gleichgewichtsbedingung (3.22) jeder Anbieter beim gegebenen Preis des Konkurrenten durch sein eigenes Preisangebot seinen Gewinn maximiert, liegt ein Preisgleichgewicht (p_1^b, p_2^b) vor.

Es erscheint naheliegend, dass die Gleichgewichtslösung (p_1^b, p_2^b) von der Kapazitätsausstattung der Anbieter abhängt. Wir konzentrieren uns bei der Beschreibung des Gleichgewichts auf eine Situation, in der jeder Anbieter über eine relativ kleine Produktionskapazität $\tilde{x}$ verfügt. Genauer gesagt, betrachten wir den Fall, dass

$$\tilde{x} \leq \frac{a - c}{3\,b}. \tag{3.30}$$

Die rechte Seite dieser Ungleichung stellt die Cournot–Gleichgewichtsoutputs $x_1^c = x_2^c$ für den hier betrachteten Markt dar.[20] Die in (3.30) beschriebene Parameterkonstellation unterstellt also, dass die Kapazität jeder Firma nicht größer ist als diejenige Menge, die sie bei Mengenwettbewerb anbieten würde. Wir zeigen im folgenden, dass in diesem Fall

$$p_1^b = p_2^b = P(2\,\tilde{x}) = a - 2\,b\,\tilde{x} \tag{3.31}$$

das Gleichgewicht bei Preiswettbewerb darstellt. Wenn jeder Anbieter seine Kapazität $\tilde{x}$ voll ausnutzt, wird beim Preis $P(2\,\tilde{x})$ der Markt geräumt. Das in (3.31) behauptete Preissetzungsverhalten der Firmen führt also zum selben Ergebnis wie der dem Cournot–Modell zugrundeliegende anonyme Preisbildungsprozess.

---

[20] Siehe Beispiel 3.1.2.

Die in (3.31) beschriebene Gleichgewichtslösung erhalten wir in zwei Argumentationsschritten: Erstens kann keine Firma j ihren Gewinn erhöhen, indem sie ihren Preis senkt. Da sie beim Preis p_j^b ja bereits ihre gesamte Kapazität verkauft, würde eine Preissenkung ihren Absatz nicht erhöhen und lediglich ihren Gewinn reduzieren. Im zweiten Schritt bleibt zu zeigen, dass keine Firma j einen höheren Gewinn erzielen kann, indem sie ihren Preis erhöht. Die Intuition für diese Aussage ergibt sich aus der Tatsache, dass $\tilde{x}$ nicht größer als der Cournot–Gleichgewichtsoutput ist. Für die Cournot–Reaktionsfunktion $R_j^c(\cdot)$ der Firma j folgt daraus, dass $R_j^c(\tilde{x}) \geq \tilde{x}$. Es ist daher für Firma j nicht optimal, zu einem Preis $p > p_j^b$ eine geringere Menge als ihre Kapazität $\tilde{x}$ abzusetzen.

Die formale Ableitung des zweiten Argumentationsschritts beruht darauf, dass Firma j beim Preis $p > p_j$ die Residualnachfrage $D(p) - \tilde{x}$ hat und so den Gewinn

$$\Pi_j(p, p_i^b) = (p - c)\,[D(p) - \tilde{x}] = (p - c)\frac{a - p - b\,\tilde{x}}{b} \qquad (3.32)$$

realisiert.[21] Somit ist

$$\frac{\partial \Pi_j(p, p_i^b)}{\partial p} = \frac{a + c - b\,\tilde{x} - 2\,p}{b} < -\frac{a - c - 3\,b\,\tilde{x}}{b} \qquad (3.33)$$

für $p > p_j^b = a - 2\,b\,\tilde{x}$. Hieraus folgt wegen (3.30), dass $\partial \Pi_j(p, p_i^b)/\partial p < 0$. Im Bereich $p \geq p_j^b$ ist der Gewinn der Firma j also fallend in p. Dies bedeutet, dass sie ihren Gewinn nicht erhöhen kann, indem sie einen höheren Preis als p_j^b verlangt. Da wir bereits im ersten Schritt gezeigt haben, dass eine unilaterale Preissenkung nicht profitabel ist, haben wir somit gezeigt, dass Gleichung (3.31) für die Parameterkonstellation (3.30) das Bertrand–Gleichgewicht darstellt.

Abbildung 3.9 veranschaulicht das Bertrand–Edgeworth Gleichgewicht. Beim Preis $P(2\,\tilde{x})$ entspricht die Marktnachfrage der Gesamtkapazität $2\,\tilde{x}$. Wenn beide Firmen diesen Preis wählen, kann also jede von ihnen ihre gesamte Kapazität absetzen. Neben der firmenspezifischen Nachfrage $D_j(p_j, p_i^b)$ stellt die Abbildung die Isogewinnlinien I_j und I_j' der Firma j dar. Jede dieser Linien gibt Preis–Absatz Kombinationen an, für die der Gewinn $(p_j - c)x_j$ gleich hoch ist. Offensichtlich entspricht der Linie I_j' ein höheres Gewinnniveau als der Linie I_j. Unter

---

[21] Man beachte, dass $D_j(p_1^b, p_2^b) = D(p_j^b) - \tilde{x} = \tilde{x}$. Die Gewinnfunktion $\Pi_j(p, p_i^b)$ ist daher stetig in p.

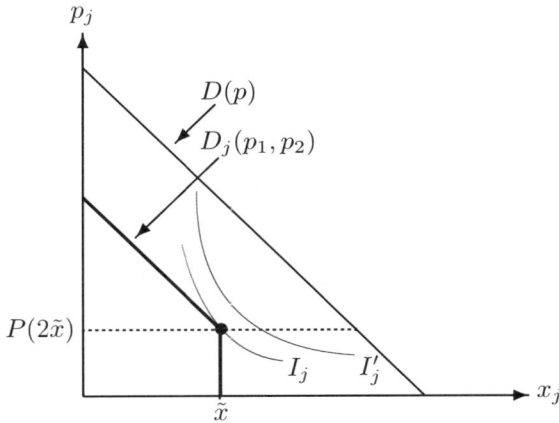

Abb. 3.9. *Bertrand–Gleichgewicht bei beschränkter Kapazität*

allen realisierbaren Preis–Absatz Kombinationen auf der Nachfrage $D_j(\cdot, p_i^b)$ maximiert der Punkt $(\tilde{x}, P(2\,\tilde{x}))$ den Gewinn der Firma j. Beim gegebenen Preis $p_i^b = P(2\,\tilde{x})$ der Konkurrenz ist es für sie daher optimal, ebenso den Preis $p_j^b = P(2\,\tilde{x})$ zu wählen.

Die Ableitung des Preisgleichgewichts deutet auf eine enge Beziehung zwischen dem Cournot–Modell und dem Bertrand–Edgeworth–Modell hin. Tatsächlich gleichen die Gleichgewichtspreise der beiden Firmen dem Marktpreis bei Cournot–Wettbewerb, wenn $\tilde{x} = (a - c)/(3\,b)$. Falls die Kapazitäten der beiden Firmen den Cournot–Gleichgewichtsoutputs entsprechen, ergibt sich bei Bertrand–Wettbewerb die Cournot–Lösung! Diese Beobachtung bildet die Grundlage für eine bemerkenswerte Synthese der Wettbewerbsmodelle von Cournot und Bertrand durch Kreps und Scheinkman (1983). Diese betrachten ein zweistufiges Wettbewerbsmodell, in dem die Firmen auf der ersten Stufe ihre Kapazität festlegen. Auf der zweiten Stufe konkurrieren die Anbieter dann im Rahmen der vorgegebenen Kapazitätsgrenzen durch ihre Preiswahl.[22] Der zweistufige Prozess entspricht der Vorstellung, dass Kapazitätsentscheidungen eher langfristiger Natur sind, während die Preissetzung das kurzfristige Konkurrenzverhalten beschreibt. Kreps und Scheinkman zeigen, dass im Gleichgewicht die Firmen auf der ersten Stufe jeweils eine Kapazität in Höhe ihres Cournot–Outputs wählen. Aus dem Preiswettbewerb auf der zweiten

---

[22] Daher haben die Kapazitätsentscheidungen einen strategischen Effekt auf die Preisentscheidungen. Die allgemeine Rolle strategischer Effekte wird in Kap. 6.2.2 auf S.215ff diskutiert.

Stufe resultiert dann derselbe markträumende Preis wie im Cournot–Gleichgewicht.[23]

Solange die Produktionskapazitäten der Firmen relativ klein sind, hat kein Anbieter einen Anreiz, sich auf seine Residualnachfrage zu beschränken und weniger als $\tilde{x}$ anzubieten. Diese Tatsache spielte eine wesentliche Rolle beim zweiten Schritt der Ableitung des Gleichgewichts in (3.31). Falls dagegen die Kapazitäten der Firmen größer als ihre Cournot–Outputs sind, stellt der markträumende Preis $P(2\,\tilde{x})$ kein Bertrand–Gleichgewicht mehr dar, da jede Firma durch eine Ausbeutung ihrer Residualnachfrage einen höheren Gewinn erzielen kann. In Abbildung 3.9 verschiebt sich dann der Berührungspunkt von Isogewinnlinie und firmenspezifischer Nachfrage in den elastischen Bereich der Funktion $D_j(\cdot, p_i^b)$.

Bereits Edgeworth erkannte, dass möglicherweise die Gleichgewichtsbedingung (3.22) bei Kapazitätsschranken keine Lösung hat. Dies ist hier dann der Fall, wenn die Restriktion (3.30) verletzt ist, so dass jede Firma einen höheren Output als die Cournot–Menge produzieren kann. In diesem Fall kann es kein Gleichgewicht mit $p_1 = p_2 = P(2\,\tilde{x})$ geben, da diese Konstellation eine unilaterale Erhöhung des Preises profitabel macht. Wenn jedoch z.B. Firma j ihren Preis anhebt, sieht sich Firma i einer Überschussnachfrage gegenüber. Anstatt diese zu rationieren, wird sie diese ausbeuten, indem sie ihrerseits ihren Preis erhöht. Diese Reaktion der Firma i macht es jedoch wiederum für Firma j attraktiv, das Konkurrenzangebot zu *unterbieten*. Aus diesem Grunde kann es auch keinen Gleichgewichtszustand geben, in dem eine der beiden Firmen einen Preis oberhalb des markträumenden Preises $P(2\,\tilde{x})$ wählt. Edgeworth war der Ansicht, dass das Preissetzungsverhalten der Firmen in einer solchen Situation nicht determiniert ist, sondern im Zeitablauf zu Preisfluktuationen führt.[24]

In der Spieltheorie lassen sich Situationen dieser Art, in denen kein Gleichgewicht für deterministische Verhaltensregeln existiert, mit Hilfe *gemischter Strategien* analysieren. In einem Bertrand–Gleichgewicht mit gemischten Strategien wählt jede Firma ihren Preis nach ei-

---

[23] Osborne und Pitchik (1986) verallgemeinern die Annahmen des Modells von Kreps–Scheinkman. Davidson und Deneckere (1986) zeigen, dass nur bei effizienter Rationierung sich die Cournot–Lösung ergibt. Andere Rationierungsregeln induzieren höhere Outputs und niedrigere Preise.

[24] Ein dynamisches Modell mit 'Edgeworth Zyklen' wird von Maskin und Tirole (1988) betrachtet.

ner Zufallsregel.[25] Dabei ist ihre Zufallsregel optimal bei gegebenem (zufälligen) Verhalten des Konkurrenten. Für die Analyse des Preiswettbewerbs sind Gleichgewichte in gemischten Strategien jedoch nicht völlig befriedigend. Das Verhalten der Firmen in einem solchen Gleichgewicht ist nämlich nur *ex ante* optimal, bevor die Realisierung des Konkurrenzpreis beobachtet wird. *Ex post* – also nachdem die Preise festgelegt wurden – besteht jedoch ein Anreiz, die Preisentscheidung zu revidieren. Weil Preisangebote im allgemeinen in relativ kurzer Zeit geändert werden können, erscheint das durch gemischte Strategien erzeugte Gleichgewicht daher als nicht sehr robust.

3.2.3 Preiswettbewerb bei Produktdifferenzierung

Wie Abbildung 3.7 zeigt, führt die Annahme homogener Güter dazu, dass die firmenspezifische Nachfrage nicht stetig vom Preis des Anbieters abhängt. Wenn der Anbieter den Preis der Konkurrenz nur marginal unterbietet, gewinnt er die gesamte Marktnachfrage. Ebenso reduziert eine beliebig kleine Erhöhung des Preises über den Konkurrenzpreis seinen Absatz auf Null. In seiner Diskussion der Stabilität des Wettbewerbs vertrat Hotelling (1929) die Ansicht, dass diese Unstetigkeit des Nachfrageverhaltens auf der unrealistischen Annahme eines homogenen Marktes beruht. Er argumentierte, dass Produktdifferenzierung unter den Anbietern dazu führt, dass die firmenspezifische Nachfrage stetig von der Differenz der Preisangebote abhängt.

Hotelling demonstrierte dieses Argument in einem Modell räumlicher Produktdifferenzierung. In diesem Modell wird die Marktregion durch das Intervall $[0,1]$ beschrieben. Zwei Firmen ($j = 1, 2$) bieten ein physisch homogenes Gut an den beiden Standorten $q_1 \in [0,1]$ und $q_2 \in [0,1]$ an. Die Stückkosten der Firma j betragen c_j. Die Nachfrager sind gleichförmig über die Marktregion verteilt; ihre Gesamtmasse ist auf Eins normiert. Jeder Konsument wünscht, eine Einheit des Gutes zu erwerben.[26] Dazu muss er einen der beiden Verkaufsorte aufsuchen, wobei ihm Transportkosten entstehen. Diese Kosten hängen linear von der zurückgelegten Distanz ab. Ein Konsument mit dem Ausgangs-

---

[25] Zu gemischten Strategien siehe Kapitel 6.1.1 und 6.2.1. Das Gleichgewicht des Bertrand–Edgeworth–Modells in gemischten Strategien wird u.a. in Allen und Hellwig (1986), Beckmann (1965), Davidson und Deneckere (1986), Dixon (1984), Kreps und Scheinkman (1983), Levitan und Shubik (1972) sowie Osborne und Pitchik (1986) analysiert.

[26] Implizit nehmen wir an, dass die Preise im Gleichgewicht hinreichend niedrig sind, so dass kein Konsument es vorzieht, das Gut nicht zu kaufen.

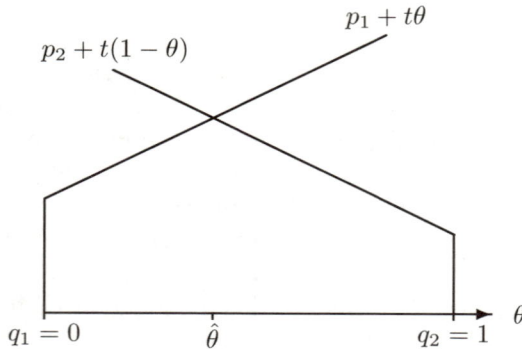

Abb. 3.10. *Kaufentscheidung bei räumlicher Produktdifferenzierung*

punkt $\theta \in [0, 1]$ hat daher Transportkosten in Höhe von $t|q_j - \theta|$ aufzuwenden, um das Gut bei der Firma j zu kaufen. Wir können den Kostenparameter t als ein Maß für die Intensität der räumlichen Produktdifferenzierung interpretieren.

Wir beschränken uns bei der Analyse des Hotelling Modells auf den Fall $q_1 = 0$ und $q_2 = 1$. Die Standorte der beiden Anbieter liegen also an den Endpunkten der Marktregion.[27] Ferner nehmen wir an, dass $-3t < c_1 - c_2 < 3t$. Unter dieser Annahme verfügt keiner der Anbieter über einen derartigen Kostenvorteil, dass er im Gleichgewicht alleine den gesamten Markt bedient.

Dem Konsumenten θ, der das Gut zum Preis p_j am Standort q_j erwirbt, entstehen Gesamtkosten in Höhe von $p_j + t|q_j - \theta|$. Er fragt das Gut bei demjenigen Anbieter nach, bei dem diese Kosten am geringsten sind. Abbildung 3.10 veranschaulicht die Abhängigkeit des Entscheidungsproblems vom Ausgangspunkt θ. Für alle Konsumenten mit $\theta < \hat{\theta}$ ist es günstiger, das Gut bei Firma 1 zu kaufen, da $p_1 + t|q_1 - \theta| = p_1 + t\theta < p_2 + t(1 - \theta) = p_2 + t|q_2 - \theta|$. Die übrigen Konsumenten mit $\theta > \hat{\theta}$ dagegen kaufen das Gut bei der Firma 2. Die Nachfrage der beiden Firmen beträgt also $D_1(p_1, p_2) = \hat{\theta}$ bzw. $D_2(p_1, p_2) = 1 - \hat{\theta}$. Da der indifferente Konsument $\hat{\theta}$ durch die Gleichung

$$p_1 + t\hat{\theta} = p_2 + t(1 - \hat{\theta}) \tag{3.34}$$

---

[27] Wenn dieses nicht der Fall ist, ergeben sich Unstetigkeiten im Nachfrageverhalten; siehe Übungsaufgabe 1.6. D'Aspremont, Gabszewicz und Thisse (1979) zeigen, dass dann kein Preisgleichgewicht in 'reinen' Strategien existiert, wenn die Distanz $|q_1 - q_2|$ relativ klein ist. In diesem Fall existiert jedoch ein Preisgleichgewicht in 'gemischten' Strategien; siehe Osborne und Pitchik (1987).

bestimmt wird, ist $\hat{\theta} = 0.5(t + p_2 - p_1)/t$. Dies ergibt die firmenspezifischen Nachfragefunktionen

$$D_1(p_1, p_2) = \frac{t + p_2 - p_1}{2\,t}, \quad D_2(p_1, p_2) = \frac{t + p_1 - p_2}{2\,t}. \qquad (3.35)$$

Wenn $p_1 = p_2$, teilen sich die Konsumenten gleichmäßig auf die beiden Anbieter auf. Die Nachfrage eines Anbieters fällt im eigenen Preis und steigt im Preis des Konkurrenten. Die räumliche Differenzierung bewirkt dabei, dass sich das Nachfrageverhalten stetig mit der Differenz der Preise verändert.

Bei den Preisen (p_1, p_2) sind die Gewinne der beiden Anbieter

$$\Pi_1(p_1, p_2) = (p_1 - c_1)D_1(p_1, p_2) = (p_1 - c_1)\frac{t + p_2 - p_1}{2\,t}, \qquad (3.36)$$

$$\Pi_2(p_1, p_2) = (p_2 - c_2)D_2(p_1, p_2) = (p_2 - c_2)\frac{t + p_1 - p_2}{2\,t}.$$

Entsprechend der Gleichgewichtsbedingung (3.22) betrachtet jeder Anbieter den Preis des Konkurrenten als gegeben und wählt seinen eigenen Preis, so dass sein Gewinn maximiert wird. Dieses Verhalten impliziert die Bedingungen erster Ordnung

$$\frac{\partial \Pi_1(p_1, p_2)}{\partial p_1} = \frac{t + c_1 + p_2 - 2\,p_1}{2\,t} = 0, \qquad (3.37)$$

$$\frac{\partial \Pi_2(p_1, p_2)}{\partial p_2} = \frac{t + c_2 + p_1 - 2\,p_2}{2\,t} = 0.$$

Durch Auflösen dieser Bedingungen nach p_1 bzw. p_2 erhalten wir die (Bertrand) Reaktionsfunktionen

$$p_1 = R_1^b(p_2) \equiv \frac{t + c_1 + p_2}{2}, \quad p_2 = R_2^b(p_1) \equiv \frac{t + c_2 + p_1}{2}. \qquad (3.38)$$

Die Reaktionsfunktion $R_j^b(\cdot)$ beschreibt den gewinnmaximierenden Preis p_j des Anbieters j in Abhängigkeit vom Preis p_i des anderen Anbieters.

Die Reaktionsfunktionen der beiden Firmen werden in Abbildung 3.11 dargestellt. Im Gegensatz zu den Reaktionsfunktionen des Cournot–Modells in Abbildung 3.2 haben diese einen steigenden Verlauf.[28]

---

[28] In der Terminologie von Bulow, Geanakoplos und Klemperer (1985) werden strategische Interaktionen mit fallenden Reaktionsfunktionen als Spiele mit *strategischen Substituten* bezeichnet. Bei steigenden Reaktionsfunktionen dagegen stellen die Strategien *strategische Komplemente* dar.

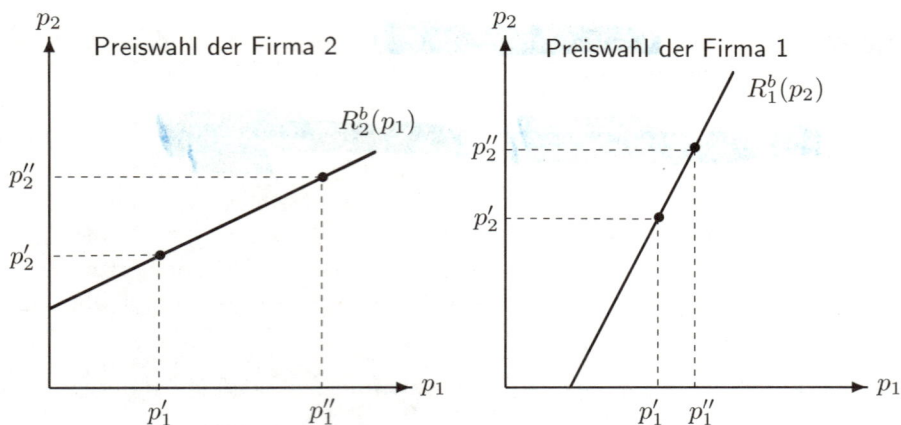

Abb. 3.11. *Reaktionsfunktionen im Bertrand–Duopol*

Dies liegt daran, dass bei Substituten die Nachfrage positiv vom Preis des Konkurrenten abhängt. Es ist daher optimal, einen umso höheren Preis zu verlangen, je höher der Preis des anderen Anbieters ist. So reagiert Firma 2 im linken Teil der Abbildung auf eine Erhöhung des Preises für Gut 1 von p_1' auf p_1'', indem sie ihren Preis von $p_2' = R_2^b(p_1')$ auf $p_2'' = R_2^b(p_1'')$ anhebt. Entsprechend ihrer Reaktionsfunktion im rechten Teil der Abbildung maximiert Firma 1 ihren Gewinn durch den Preis $p_1' = R_1^b(p_2')$, wenn Gut 2 zum Preis p_2' angeboten wird. Steigt der Preis des Gutes 2 auf p_2'', ist es für Firma 1 optimal, ihren Preis auf $p_1'' = R_1^b(p_2'')$ anzuheben.

Im Gleichgewicht des Preiswettbewerbs verhält sich jeder Anbieter gewinnmaximierend bei gegebener Preissetzung der Konkurrenz. In Abbildung 3.12 ist dies der Fall im Punkt (p_1^b, p_2^b), in dem sich beide Anbieter auf ihrer Reaktionsfunktion befinden. Die Richtungspfeile in der Abbildung deuten das Reaktionsverhalten der Anbieter an. Bei jedem Punkt (p_1, p_2), der oberhalb seiner Reaktionsfunktion liegt, kann ein Anbieter seinen Gewinn durch eine Preissenkung erhöhen. Umgekehrt ist es für ihn im Bereich unterhalb seiner Reaktionsfunktion optimal, seinen Preis zu erhöhen. Lediglich im Schnittpunkt (p_1^b, p_2^b) der beiden Reaktionsfunktionen sieht sich keiner der Anbieter veranlasst, seinen Preis zu ändern. Dieser Punkt stellt das Bertrand–Gleichgewicht dar.

Analytisch erhalten wir die Gleichgewichtspreise

$$p_1^b = \frac{3t + 2c_1 + c_2}{3}, \quad p_2^b = \frac{3t + 2c_2 + c_1}{3}, \tag{3.39}$$

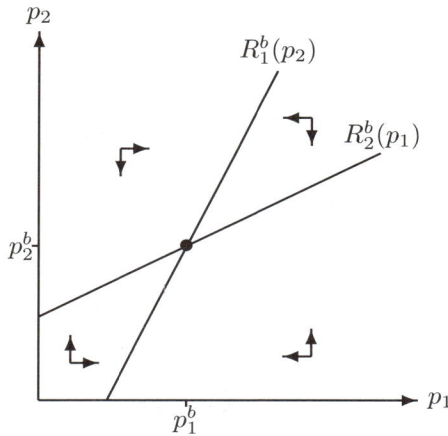

Abb. 3.12. *Reaktionsfunktionen und Bertrand–Gleichgewicht*

indem wir die beiden Gleichungen in (3.37) oder (3.38) für p_1 und p_2 lösen. Die Preise der beiden Firmen sind umso höher, je höher die Transportkosten t sind. Wenn t steigt, reduziert sich die Intensität des Wettbewerbs. Die Höhe der Transportkosten bestimmt das Ausmaß der Produktdifferenzierung und damit die Substituierbarkeit der beiden Güter. Falls $c_1 = c_2 = c$, so ist $p_1^b = p_2^b = c + t$. Der Stückgewinn der Firmen beträgt in diesem Fall also t. Im Grenzfall $t \to 0$ sind die beiden Güter perfekte Substitute und wir erhalten dasselbe Ergebnis wie in (3.23). Im Gleichgewicht sind die Gewinne der beiden Firmen

$$\Pi_1(p_1^b, p_2^b) = \frac{(3\,t - c_1 + c_2)^2}{18\,t}, \quad \Pi_2(p_1^b, p_2^b) = \frac{(3\,t + c_1 - c_2)^2}{18\,t}. \quad (3.40)$$

Für $c_1 = c_2$ ist demnach $\Pi_1(p_1^b, p_2^b) = \Pi_2(p_1^b, p_2^b) = t/2$.

Zur Verallgemeinerung des Preiswettbewerbs bei heterogenen Gütern betrachten wir ein Oligopol mit n Firmen ($j = 1, ..., n$). Jede dieser Firmen produziert ein einziges Gut, wobei die Nachfragefunktion $x_j = D_j(p_1, ..., p_n)$ stetig von den Preisen der n Güter abhängt. Dabei gelte $\partial D_j(p_1, ..., p_n)/\partial p_j < 0$, so dass die Nachfrage nach dem Produkt der Firma j fällt, wenn Firma j ihren Preis anhebt. Das Gut i stellt ein Substitut zum Angebot der Firma j dar, wenn $\partial D_j(p_1, ..., p_n)/\partial p_i > 0$; bei einer komplementären Beziehung dagegen ist $\partial D_j(p_1, ..., p_n)/\partial p_i < 0$. Wir unterstellen konstante Stückkosten bei der Produktion; die Kostenfunktion der Firma j ist daher $C_j(x_j) = c_j x_j$.

Bei den Preisen $(p_1, ..., p_n)$ realisiert das j–te Unternehmen den Gewinn

$$\Pi_j(p_1, ..., p_n) = (p_j - c_j)D_j(p_1, ..., p_n). \qquad (3.41)$$

Ein Bertrand–Gleichgewicht $(p_1^b, ..., p_n^b)$ liegt vor, wenn jede Firma durch ihren Preis p_j^b den Gewinn Π_j maximiert. Im Gleichgewicht müssen daher die folgenden Bedingungen erster Ordnung erfüllt sein:

$$(p_j - c_j)\frac{\partial D_j(p_1, ..., p_n)}{\partial p_j} + D_j(p_1, ..., p_n) = 0, \quad j = 1, ..., n. \quad (3.42)$$

Produktdifferenzierung verleiht den Firmen eine gewisse Marktmacht. Nach (3.42) wird jedes Unternehmen, welches einen positiven Absatz D_j realisiert, einen Preis setzen, der seine Stückkosten übertrifft. Im Gegensatz zur Monopollösung in (2.12) spielen jedoch die Kreuzpreiseffekte auf die Nachfrage der Konkurrenten keine Rolle. Das einzelne Unternehmen zieht nicht in Betracht, dass auch die Nachfrage der anderen Unternehmen von seiner Preissetzung abhängt. Falls die Güter der n Anbieter Substitute sind, führt dieses Verhalten zu niedrigeren Preisen als im Monopol. Die Bedingung zweiter Ordnung ist erfüllt, wenn $2\partial D_j/\partial p_j + (p_j - c_j)\partial^2 D_j/\partial p_j^2 < 0$. Dies ist z.B. dann der Fall, wenn $D_j(\cdot)$ konkav in p_j ist.[29]

Die Lösung des Gleichungssystems (3.42) ist das Bertrand–Gleichgewicht $(p_1^b, ..., p_n^b)$. Implizit definiert dieses Gleichungssystem für jede Firma j deren Reaktionsfunktion $R_j^b(\cdot)$. Das Gleichgewicht lässt sich also auch durch die Bedingung

$$p_j^b = R_j^b(\{p_i^b\}_{i\neq j}), \quad j = 1, ..., n, \qquad (3.43)$$

beschreiben.

Beispiel 3.2.1. Dem in Beispiel 3.1.3 betrachteten inversen Nachfragesystem entsprechen die Nachfragefunktionen

$$D_1(p_1, p_2) = \frac{b(a - p_1) - g(a - p_2)}{b^2 - g^2}, \quad D_2(p_1, p_2) = \frac{b(a - p_2) - g(a - p_1)}{b^2 - g^2},$$

mit $-b < g < b$. Es sei $a > c = c_1 = c_2$. Im Bertrand–Duopol sind die Bedingungen erster Ordnung in (3.42) erfüllt, wenn

---

[29] Bei der Ableitung der Nachfrage aus den Präferenzen der Konsumenten erfordert die Existenz eines Gleichgewichts Annahmen über die Verteilung der Konsumentencharakteristika. Siehe dazu Bester (1992) und Caplin und Nalebuff (1991).

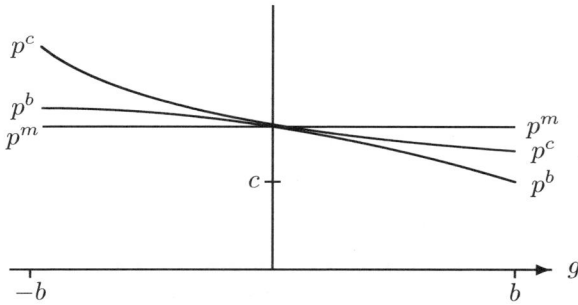

Abb. 3.13. *Cournot–, Bertrand– und Monopol–Preis*

$$a(b - g) + b(c - 2\,p_1) + g\,p_2 = 0, \quad a(b - g) + b(c - 2\,p_2) + g\,p_1 = 0.$$

Die Lösung (p_1^b, p_2^b) ergibt das Bertrand–Gleichgewicht

$$p_1^b = p_2^b = \frac{(a + c)b - g\,a}{2\,b - g}.$$

Abbildung 3.13 vergleicht den Bertrand–Preis $p^b = p_1^b = p_2^b$, den Cournot–Preis $p^c = p_1^c = p_2^c$ aus Beispiel 3.1.3 und den Monopolpreis $p^m = p_1^m = p_2^m = 0.5(a + c)$ aus Beispiel 2.1.3. Im allgemeinen erweist sich Preiswettbewerb als aggressiver als Mengenwettbewerb und führt zu einem niedrigeren Preis. Lediglich für $g = 0$ ist $p^c = p^b = p^m$, da keine Substitutions- oder Komplementaritätsbeziehungen zwischen den Gütern bestehen. Im Duopol ist der Wettbewerb umso effektiver, je höher der Parameter g ist. Nur wenn die Güter Substitute sind ($g > 0$), ist der Preis im Duopol niedriger als im Monopol.

3.2.4 Preiswettbewerb im Stackelberg–Duopol

Im Stackelberg–Modell treffen die Anbieter ihre strategischen Entscheidungen nicht simultan, sondern sequentiell. Die Analyse des Preissetzungsverhaltens bei dieser Form des Wettbewerbs folgt denselben Überlegungen wie in Kapitel 3.1.3, in dem wir das Gleichgewicht des Stackelberg–Mengenduopols abgeleitet haben.

Wir gehen von einem heterogenen Duopol ($j = 1, 2$) aus, in dem die firmenspezifischen Nachfragefunktionen durch $D_1(p_1, p_2)$ und $D_2(p_1, p_2)$ gegeben sind. Für jede Firma ist die Nachfrage eine fallende Funktion ihres Preises, so dass $\partial D_j(p_1, p_2)/\partial p_j < 0$. Ferner unterstellen wir, dass die Outputs der beiden Firmen von den Konsumenten als Substitute betrachtet werden. Daher ist

$$\frac{\partial D_1(p_1, p_2)}{\partial p_2} > 0, \quad \frac{\partial D_2(p_1, p_2)}{\partial p_1} > 0. \tag{3.44}$$

Die Stückkosten der Firmen sind c_1 bzw. c_2.

Als Stackelberg–Folger wählt Firma 2 ihren Preis p_2, nachdem der Preis p_1 ihres Konkurrenten bereits festliegt. Das Verhalten von Firma 2 wird also durch die Bedingung der Gewinnmaximierung in (3.42) oder durch die Bertrand–Reaktionsfunktion

$$p_2 = R_2^b(p_1) \tag{3.45}$$

beschrieben. Da Gut 1 ein Substitut für Gut 2 darstellt, ist es für Firma 2 optimal, einen umso höheren Preis zu wählen, je höher der Preis p_1 von Firma 1 ist. Dies bedeutet, dass $\partial R_2^b(p_1)/\partial p_1 > 0$.

Firma 1 berücksichtigt als Stackelberg–Führer den Einfluss ihres Preisangebots auf die Preisentscheidung der Firma 2. Wenn sie deren Reaktion $R_2^b(\cdot)$ antizipiert, maximiert sie bei ihrer Wahl von p_1 den Gewinn

$$(p_1 - c_1) \, D_1 \left(p_1, \, R_2^b(p_1)\right). \tag{3.46}$$

Die Bedingung erster Ordnung für dieses Maximierungsproblem lautet:

$$(p_1 - c_1) \left[\frac{\partial D_1}{\partial p_1} + \frac{\partial D_1}{\partial p_2} \frac{\partial R_2^b}{\partial p_1}\right] + D_1(p_1, p_2) = 0. \tag{3.47}$$

Diese Bedingung bestimmt zusammen mit der Reaktionsgleichung (3.45) das Stackelberg–Preisgleichgewicht (p_1^s, p_2^s).

Im Unterschied zum Bertrand–Verhalten, wie es in Gleichung (3.42) beschrieben wird, berücksichtigt der Marktführer die Preisreaktion des Marktfolgers. Dieser Effekt kommt in (3.47) durch den Term $\partial D_1/\partial p_2 \cdot \partial R_2^b/\partial p_1$ zum Ausdruck. Dieser Term ist positiv: Eine Erhöhung von p_1 induziert Firma 2, ihren Preis p_2 zu erhöhen, wodurch wiederum die Nachfrage für Firma 1 gesteigert wird. Aufgrund dieses Effektes wählt der Marktführer einen höheren Preis und erzielt einen höheren Gewinn als im Bertrand–Gleichgewicht. Zugleich wirkt sich diese Entscheidung positiv auf die Nachfrage des Stackelberg–Folgers aus. Auch Firma 2 verlangt daher einen höheren Preis und realisiert einen höheren Gewinn als bei Bertrand–Wettbewerb.

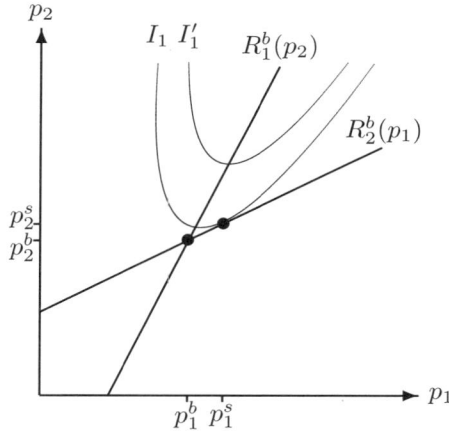

Abb. 3.14. *Preiswettbewerb im Stackelberg–Duopol*

Beispiel 3.2.2. Wir gehen aus von den Nachfragefunktionen

$$D_1(p_1, p_2) = \frac{t + p_2 - p_1}{2\,t}, \quad D_2(p_1, p_2) = \frac{t + p_1 - p_2}{2\,t},$$

des Hotelling Modells in Kapitel 3.2.3 und unterstellen, dass die Stückkosten $c = c_1 = c_2$ sind. Entsprechend (3.38) wird das Reaktionsverhalten des Stackelberg–Folgers durch

$$p_2 = R_2^b(p_1) = \frac{t + c_2 + p_1}{2}.$$

beschrieben. Daher lautet die Bedingung (3.47) des Stackelberg–Führers:

$$\frac{3\,t - 2(p_1 - c)}{4\,t} = 0.$$

Die Lösung dieser beiden Gleichungen ergibt das Stackelberg–Preisgleichgewicht

$$p_1^s = c + \frac{6}{4}t, \quad p_2^s = c + \frac{5}{4}t.$$

Der Vergleich mit der Bertrand–Lösung in (3.39) zeigt, dass $p_1^s > p_2^s > p_1^b = p_2^b = c + t$. Da $\Pi_1(p_1^s, p_2^s) = 18\,t/32$ und $\Pi_2(p_1^s, p_2^s) = 25\,t/32$, erzielt der Stackelberg–Führer einen geringeren Gewinn als der Stackelberg–Folger.

Abbildung 3.14 veranschaulicht das Gleichgewicht des Stackelberg–Preisduopols. Die Linien I_1 und I_1' sind Isogewinnlinien der Firma 1. Da der Gewinn dieser Firma positiv von p_2 abhängt, ist ihr Gewinn entlang der Linie I_1' höher als entlang der Linie I_1. Im Schnittpunkt mit der Reaktionsfunktion $R_1^b(\cdot)$ ist die Steigung der Isogewinnlinien jeweils gleich Null, da $R_1^b(\cdot)$ den gewinnmaximierenden Preis der Firma 1 beim gegebenen Preis p_2 der Firma 2 angibt. Im Punkt (p_1^s, p_2^s) tangiert die Isogewinnlinie I_1 die Reaktionsfunktion $R_2^b(\cdot)$, welche die Preisreaktion des Stackelberg–Folgers in Abhängigkeit vom Preis p_1 des Marktführers beschreibt. Dieser Punkt stellt das Stackelberg–Gleichgewicht dar, da er den Gewinn der Firma 1 unter der Nebenbedingung $p_2 = R_2^b(p_1)$ maximiert. Aufgrund der positiven Steigung der Reaktionsfunktionen sind die Preise p_1^s und p_2^s höher als im Bertrand–Gleichgewicht (p_1^b, p_2^b).

Die schon früher in Kapitel 3.1.3 angesprochenen Kritikpunkte des Stackelberg–Modells treffen natürlich auch hier zu: Das Modell enthält keine Erklärung dafür, welche der beiden Firmen als Marktführer agiert und den Preis zuerst festlegt. Ebenso setzt es voraus, dass die Entscheidung des Marktführers bindend ist, da der Punkt (p_1^s, p_2^s) nicht auf seiner Reaktionsfunktion $R_1^b(\cdot)$ liegt. Diese Voraussetzung erscheint bei Preiskonkurrenz als besonders gravierend, da es realistisch ist anzunehmen, dass Preisentscheidungen noch schneller revidiert werden können als Mengenentscheidungen. Es gibt jedoch einen interessanten Unterschied zwischen Preis- und Mengenwettbewerb im Stackelberg–Duopol: Bei Mengenwettbewerb erzielt lediglich der Marktführer einen höheren Gewinn als im Cournot–Gleichgewicht. Der Marktfolger wird durch seine Position benachteiligt und hat somit keinen Anreiz, seinen Konkurrenten als *first–mover* zu akzeptieren. Im Stackelberg–Preisduopol ist dies nicht der Fall, da beide Firmen einen höheren Gewinn erzielen als bei simultaner Preissetzung im Bertrand–Gleichgewicht. Es besteht für die Firmen also ein kollusiver Anreiz, sich darauf zu verständigen, dass eine von ihnen als Preisführer agiert. Dadurch, dass eine Firma den Markt durch ihre Preissetzung dominiert, reduziert sich der Wettbewerb und die Anbieter können auf Kosten der Konsumenten höhere Gewinne erzielen.

3.2.5 Oligopolistische Preisdiskriminierung

Das Angebot differenzierter Produkte verleiht den Unternehmen einen gewissen Grad an Marktmacht, da die Konsumenten die angebotenen Güter nicht als perfekte Substitute betrachten. Diese Marktmacht bietet den Unternehmen die Möglichkeit, eine diskriminierende Preispolitik zu verfolgen. Wie im Monopol müssen dazu allerdings zwei Voraussetzungen erfüllt sein: Erstens dürfen keine Arbitragemöglichkeiten zwischen verschiedenen Nachfragern bestehen, die unterschiedliche Preise zu zahlen haben. Zweitens müssen die Unternehmen bei einer selektiven Preissetzung in der Lage sein, Unterschiede im Nachfrageverhalten verschiedener Konsumenten zu identifizieren.

Die zweite Voraussetzung kann z.B. bei räumlicher Produktdifferenzierung erfüllt sein, wenn die Unternehmen über die Standorte der Konsumenten und die Höhe ihrer Transportkosten informiert sind. In diesem Fall besteht die Möglichkeit der *räumlichen Preisdiskriminierung,* indem die Unternehmen ihre Preisangebote vom Standort des einzelnen Konsumenten abhängig machen. Wenn die Konsumenten – abgesehen von ihren unterschiedlichen Standorten – identisch sind und jeweils eine Einheit des Gutes nachfragen, entspricht diese Form der Preisdiskriminierung der in Kapitel 2.3.1 betrachteten Diskriminierung ersten Grades. Im Unterschied zum Monopol bedeutet dies jedoch nicht, dass sich die Konsumentenrente auf Null reduziert. Da bei oligopolistischer Preisdiskriminierung mehrere Anbieter miteinander konkurrieren, sind die Nachfrager vor vollständiger Ausbeutung geschützt.

Wir greifen zur Diskussion oligopolistischer Preisdiskriminierung auf das in Kapitel 3.2.3 beschriebene Hotelling Modell räumlicher Produktdifferenzierung zurück:[30] In der Marktregion $[0,1]$ bieten zwei Firmen ein physisch homogenes Gut an den Orten $q_1 = 0$ bzw. $q_2 = 1$ zum Verkauf an. Zur Vereinfachung gehen wir davon aus, dass beide Firmen die gleichen Stückkosten c haben. Jeder Konsument wird durch seinen Standort $\theta \in [0,1]$ beschrieben und wünscht, eine Einheit des Gutes zu erwerben. Wenn er das Gut bei der Firma j kauft, entstehen ihm Transportkosten in Höhe von $t|q_j - \theta|$. Der Parameter θ ist gleichförmig auf dem Intervall $[0,1]$ verteilt.

Bei diskriminierender Preissetzung bieten die Firmen das Gut Konsumenten mit unterschiedlichen Ausgangspunkten zu verschiedenen Preisen an. Konsument θ kann das Gut entweder von Firma 1 zum Preis $p_1(\theta)$ oder von Firma 2 zum Preis $p_2(\theta)$ erwerben. Er entscheidet sich für denjenigen Anbieter, bei dem seine Gesamtausgaben, d.h. die Summe von Preis und Transportkosten, minimiert werden. Zur Bestimmung des Gleichgewichts betrachten wir zunächst die Konsumenten mit dem Ausgangspunkt $\theta < 1/2$. Da diese Konsumenten eine kürzere Distanz zur Firma 1 als zur Firma 2 zurückzulegen haben, hat Firma 1 einen Wettbewerbsvorteil gegenüber der Firma 2: Wenn sie

---

[30] Ein allgemeines Modell räumlicher Preisdiskriminierung wird in Lederer und Hurter (1986) betrachtet.

ihren Preis so wählt, dass

$$p_1(\theta) + t\,\theta = c + t(1 - \theta), \tag{3.48}$$

ist jeder Konsument mit $\theta < 1/2$ selbst dann bereit, das Gut zum Preis $p_1(\theta)$ zu kaufen, wenn Firma 2 den niedrigst möglichen Preis $p_2(\theta) = c$ anbietet. In der Tat wird der Gleichgewichtspreis $p_1(\theta)$ durch die Gleichung (3.48) bestimmt, so dass

$$p_1^b(\theta) = c + t(1 - 2\,\theta), \quad \text{für} \quad \theta < \frac{1}{2}. \tag{3.49}$$

Durch diesen Preis erzielt Firma 1 aus dem Verkauf an den Konsumenten θ den Gewinn $t(1 - 2\,\theta)$. Dieser Gewinn stellt ihren Wettbewerbsvorteil aus der Transportkostendifferenz $t|q_2 - \theta| - t|q_1 - \theta|$ dar. Würde sie einen Preis $p_1(\theta) > p_1^b(\theta)$ fordern, wäre es für Firma 2 profitabel, den Konsumenten θ abzuwerben. Bei einem Preis $p_1(\theta) < p_1^b(\theta)$ dagegen würde Firma 1 ihren Wettbewerbsvorteil nicht voll ausnutzen; sie könnte daher durch eine Preiserhöhung ihren Gewinn steigern.[31]

Während Firma 1 durch die in (3.49) beschriebene Preispolitik alle Konsumenten in der linken Markthälfte für sich gewinnt, bedient Firma 2 alle Konsumenten in der anderen Hälfte des Marktes. Bei der Konkurrenz um einen Konsumenten mit $\theta > 1/2$ beträgt ihr Wettbewerbsvorteil aus der Transportkostendifferenz $t|q_1 - \theta| - t|q_2 - \theta| = t(2\,\theta - 1)$. Analog zu (3.49) kauft daher ein Konsument mit $\theta > 1/2$ das Gut bei Firma 2 zum Preis

$$p_2^b(\theta) = c + t(2\,\theta - 1), \quad \text{für} \quad \theta > \frac{1}{2}. \tag{3.50}$$

Für den Konsumenten in der Mitte des Marktes ist die Entfernung zu beiden Anbietern gleich hoch. Daher impliziert das Bertrand–Argument, dass $p_1^b(\theta) = p_2^b(\theta) = c$ für $\theta = 1/2$.

In Abbildung 3.15 stellt die Funktion $p_1^b(\cdot)$ den relevanten Preis für die Konsumenten dar, deren Ausgangspunkt θ sich in der linken Markthälfte befindet und die daher das Gut am Standort $q_1 = 0$ erwerben. Die Konsumenten in der rechten Markthälfte entscheiden sich

---

[31] Im Gleichgewicht ist der Konsument $\theta < 1/2$ indifferent zwischen den Angeboten $p_1^b(\theta)$ und $p_2^b(\theta) = c$; er kauft das Gut jedoch bei Firma 1. Diese Entscheidungsregel ist erforderlich, weil wir Preise als kontinuierlich variabel betrachten. Gäbe es eine kleinste monetäre Einheit, so wäre im Gleichgewicht das Angebot der Firma 1 genau um eine Geldeinheit günstiger für den Konsumenten als das Angebot der Firma 2.

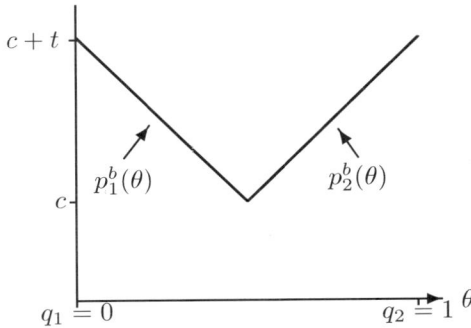

Abb. 3.15. *Räumliche Preisdiskriminierung*

für den Verkäufer am Standort $q_2 = 1$, so dass die Funktion $p_2^b(\cdot)$
den Preis angibt, den sie zu zahlen haben. Die diskriminierende Preispolitik der Anbieter äußert sich darin, dass sie den Konsumenten in
der Nähe ihres Verkaufsortes einen höheren Preis abverlangen als den
weiter entfernten. Je näher sich ein Konsument am Standort eines der
beiden Verkäufer befindet, desto kostspieliger ist es für ihn, den Standort des Konkurrenten aufzusuchen. Den jeweiligen Verkäufer versetzt
dies in die Lage, einen höheren Preis zu fordern. Die Konsumenten in
der Nähe des Zentrums der Marktregion haben daher die günstigste
Ausgangsposition. Dies gilt selbst dann, wenn man in Betracht zieht,
dass sie höhere Transportkosten beim Kauf des Gutes aufzuwenden
haben: So beträgt z.B. für einen Konsumenten mit $\theta \leq 1/2$ der Gesamtaufwand aus Preis und Transportkosten $p_1^b(\theta) + t\,\theta = c + t(1 - \theta)$.
Sein Gesamtaufwand ist also umso niedriger, je näher θ bei $1/2$ liegt.

Welche Auswirkungen hat räumliche Preisdiskriminierung auf die
Wohlfahrt der Konsumenten? In Kapitel 2.3.1 ergab sich die Schlussfolgerung, dass ein Monopolist die gesamte Konsumentenrente abschöpft,
wenn er in der Lage ist, Preisdiskriminierung ersten Grades zu betreiben. Im Gegensatz dazu profitieren hier die Konsumenten von der
Diskriminierungsstrategie der beiden Anbieter! Aus (3.39) folgt für
$c = c_1 = c_2$ nämlich, dass bei einer *nicht* diskriminierenden Preispolitik jeder Konsument im Gleichgewicht den Preis $p_1^b = p_2^b = c + t$
zahlt. Bei räumlicher Diskriminierung dagegen zahlen nur die Konsumenten an den Endpunkten der Marktregion diesen Preis; für alle
anderen Konsumenten ist der Preis niedriger als $c + t$. Die Intuition für
dieses überraschende Ergebnis besteht darin, dass die Möglichkeit der
Diskriminierung eine flexiblere Preisgestaltung zulässt. Während ein

Monopolist diese Flexibilität zur Abschöpfung der Konsumentenrente ausnutzt, verschärft sie im Oligopol die Intensität des Wettbewerbs. Bei räumlicher Diskriminierung konkurrieren die Anbieter um jeden einzelnen Konsumenten. Diese Form der Konkurrenz erweist sich als effektiver als der Wettbewerb um Marktanteile bei einheitlicher Preissetzung.[32]

3.3 Produktwettbewerb und Marktzutritt

3.3.1 Produktdifferenzierung

In einem oligopolistischen Markt konkurrieren die Unternehmen nicht nur durch ihre Preis- und Absatzpolitik miteinander, sondern auch durch die Auswahl der Produkte, die sie anbieten. Während ihre Entscheidungen über die Preis- und Absatzpolitik relativ kurzfristiger Natur sind, stellt die Bestimmung der Produkteigenschaften eher eine langfristige Unternehmensentscheidung dar. Daher ist es für jeden Anbieter wichtig, bei der Wahl seines Produktangebots die strategischen Effekte zu antizipieren, die seine Entscheidung auf die Verkaufsstrategie der Konkurrenten ausübt.

Der Unterschied zwischen langfristigen und kurzfristigen Entscheidungen wird üblicherweise durch einen zweistufigen Wettbewerbsprozess beschrieben. Auf der ersten Stufe dieses Prozesses konkurrieren die Anbieter miteinander, indem sie sich für einen bestimmten Produkttyp entscheiden. Diese Entscheidungen sind zumindest kurzfristig irreversibel, da jede Anpassung der Produktionstechnologie einen gewissen zeitlichen Aufwand voraussetzt. Auf der zweiten Wettbewerbsstufe wählen die Firmen ihre Verkaufsstrategien, die wir im folgenden durch ihre Preisentscheidungen beschreiben. Auf dieser Stufe stehen die Produkteigenschaften bereits fest, so dass die Preiskonkurrenz der Anbieter vom Grad der Produktdifferenzierung zwischen den angebotenen Gütern geprägt wird. Auf der ersten Stufe berücksichtigen die Firmen bei ihrer Produktwahl daher auch die strategischen Effekte auf die Intensität des Preiswettbewerbs.[33]

Zur Analyse des Produktwettbewerbs betrachten wir im folgenden einen Markt, in dem zwei miteinander konkurrierende Firmen

---

[32] Vgl. Corts (1998). Thisse und Vives (1988) zeigen, dass sich eine diskriminierende Preissetzung im Wettbewerb durchsetzt, obwohl sie den Gewinn der Anbieter im Vergleich zur einheitlichen Preissetzung reduziert.

[33] Die allgemeine Rolle strategischer Effekte bei mehrstufigem Wettbewerb wird in Kap. 6.2.2 auf S. 215ff diskutiert.

($j = 1, 2$) aktiv sind. Zunächst wählen beide Firmen simultan und unabhängig voneinander ihr Produktcharakteristikum $q_1 \in [0, 1]$ bzw. $q_2 \in [0, 1]$. Jede Firma beobachtet die Produktentscheidung der Konkurrenz, bevor sie sich auf der zweiten Wettbewerbsstufe auf ihren Preis p_1 bzw. p_2 festlegt.

Wir betrachten ein Modell horizontaler Produktdifferenzierung, in dem jeder Konsument eine Einheit eines der beiden Güter nachfragt.[34] Die Zahlungsbereitschaft von Konsument $\theta \in [0, 1]$ für eine Einheit des Gutes mit der Eigenschaft q sei gegeben durch

$$v(q, \theta) = r - t(q - \theta)^2. \tag{3.51}$$

Der Parameter θ ist unter den Konsumenten auf dem Intervall $[0, 1]$ gleichverteilt. Dieses Modell lässt sich auch als eine Variante des in Kapitel 3.2.3 betrachteten Hotelling Modells räumlichen Wettbewerbs interpretieren: Die Konsumenten sind gleichförmig über den linearen Markt $[0, 1]$ angeordnet und müssen zum Kauf des Gutes Transportkosten aufwenden, die quadratisch mit dem Abstand zwischen dem eigenen Standort und dem Standort des Verkäufers steigen. Die beiden Verkäufer konkurrieren miteinander durch die Wahl des Standorts.

Die Stückkosten der Verkäufer seien $c_1 = c_2 = 0$. Ferner nehmen wir an, dass der Parameter r hinreichend groß ist, so dass im Gleichgewicht alle Konsumenten entweder das Gut q_1 oder q_2 kaufen. Zunächst analysieren wir für ein gegebenes Produktangebot (q_1, q_2) den Preiswettbewerb unter den Verkäufern. Ohne Einschränkung der Allgemeinheit sei $q_1 \leq q_2$.[35] Der kritische Konsument $\hat{\theta}$, der bei den Preisen (p_1, p_2) indifferent zwischen den beiden Angeboten ist, wird durch die Gleichung $v(q_1, \hat{\theta}) - p_1 = v(q_2, \hat{\theta}) - p_2$ bestimmt. Die Auflösung dieser Gleichung ergibt[36]

$$\hat{\theta} = \frac{p_2 - p_1 + t(q_2^2 - q_1^2)}{2t(q_2 - q_1)}. \tag{3.52}$$

---

[34] Die folgende Darstellung folgt d'Aspremont, Gabszewicz und Thisse (1979). Für den Fall vertikaler Produktdifferenzierung ergeben sich im wesentlichen die gleichen qualitativen Schlussfolgerungen; siehe Shaked und Sutton (1982) und Übungsaufgabe 3.13.

[35] Durch diese Einschränkung werden lediglich Produktentscheidungen in gemischten Strategien ausgeschlossen; siehe Bester, de Palma, Leininger, von Thadden und Thomas (1996).

[36] Wir betrachten im weiteren den Fall $q_2 > q_1$, da es für die Anbieter niemals optimal ist, $q_1 = q_2$ zu wählen.

Für alle Konsumenten mit $\theta < \hat{\theta}$ gilt, dass $v(q_1, \theta) - p_1 > v(q_2, \theta) - p_2$; sie kaufen also das Produkt der Firma 1. Die übrigen Konsumenten mit $\theta > \hat{\theta}$ kaufen das Produkt der Firma 2, da für sie $v(q_1, \theta) - p_1 < v(q_2, \theta) - p_2$. Aus den Kaufentscheidungen der Konsumenten ergeben sich daher die firmenspezifischen Nachfragefunktionen

$$D_1(p_1, p_2) = \quad \hat{\theta} = \quad \frac{p_2 - p_1 + t(q_2^2 - q_1^2)}{2t(q_2 - q_1)}, \tag{3.53}$$

$$D_2(p_1, p_2) = \quad 1 - \hat{\theta} = \quad \frac{p_1 - p_2 - t(q_2^2 - q_1^2) + 2t(q_2 - q_1))}{2t(q_2 - q_1)}$$

für Firma 1 und 2.

Die Bedingungen erster Ordnung für die gewinnmaximierenden Verkaufsstrategien lauten:

$$\frac{\partial p_1 D_1(p_1, p_2)}{\partial p_1} = \frac{p_2 - 2p_1 + t(q_2^2 - q_1^2)}{2t(q_2 - q_1)} = 0, \tag{3.54}$$

$$\frac{\partial p_2 D_2(p_1, p_2)}{\partial p_2} = \frac{p_1 - 2p_2 - t(q_2^2 - q_1^2) + 2t(q_2 - q_1)}{2t(q_2 - q_1)} = 0.$$

Diese Bedingungen ergeben die Reaktionsfunktionen

$$p_1 = R_1^b(p_2) = \frac{p_2 + t(q_2^2 - q_1^2)}{2}, \tag{3.55}$$

$$p_2 = R_2^b(p_1) = \frac{p_1 - t(q_2^2 - q_1^2) + 2t(q_2 - q_1)}{2},$$

der beiden Firmen.

Die Reaktionsfunktionen hängen von den Produktentscheidungen der Firmen auf der ersten Stufe ab. Abbildung 3.16 illustriert den strategischen Effekt, der zustande kommt, wenn Firma 1 ihre Produktwahl von q_1 auf $q_1' < q_1$ verändert. Die Reaktionsfunktionen beider Firmen verschieben sich nach außen und die Gleichgewichtspreise der Firmen steigen. Dadurch, dass eine der Firmen den Unterschied zwischen ihrem Produkt und dem Konkurrenzangebot erhöht, wird die Substituierbarkeit der Produkte für die Konsumenten geringer. Diese Abschwächung des Wettbewerbs bewirkt eine Erhöhung der Preise im Bertrand–Gleichgewicht. Durch Auflösen von (3.55) erhalten wir die Gleichgewichtspreise

$$p_1^b = \frac{t(q_2 - q_1)(2 + q_1 + q_2)}{3}, \quad p_2^b = \frac{t(q_2 - q_1)(4 - q_1 - q_2)}{3}. \tag{3.56}$$

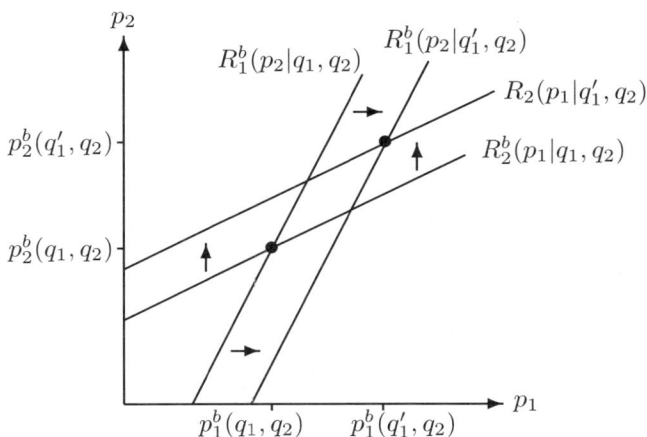

Abb. 3.16. *Preisreaktionen und Produktwahl*

Bei der Produktwahl auf der ersten Wettbewerbsstufe berücksichtigen die Firmen die Auswirkungen ihrer Entscheidung auf das Preissetzungsverhalten in der zweiten Stufe. Die Abhängigkeit des Gewinns der Firma j von den Produktentscheidungen (q_1, q_2) ist durch $\Pi_j^b(q_1, q_2) \equiv p_j^b D_j(p_1^b, p_2^b)$ gegeben. Aus (3.53) und (3.56) erhalten wir

$$\Pi_1^b(q_1, q_2) = \frac{t(q_2 - q_1)(2 + q_2 + q_1)^2}{18}, \qquad (3.57)$$

$$\Pi_2^b(q_1, q_2) = \frac{t(q_2 - q_1)(4 - q_1 - q_2)^2}{18}.$$

Es ist nun einfach zu zeigen, dass

$$\frac{\partial \Pi_1^b(q_1, q_2)}{\partial q_1} < 0, \qquad \frac{\partial \Pi_2^b(q_1, q_2)}{\partial q_2} > 0. \qquad (3.58)$$

Jede der Firmen kann bei ihrer Produktwahl ihren Gewinn steigern, indem sie das Niveau $q_2 - q_1$ der Produktdifferenzierung erhöht. Das Gleichgewicht im Produktwettbewerb ist daher

$$\hat{q}_1 = 0, \quad \hat{q}_2 = 1, \qquad (3.59)$$

und besteht in 'maximaler Produktdifferenzierung'. Wenn wir das obige Modell als eine Beschreibung räumlichen Wettbewerbs interpretieren, wählen die beiden Firmen im Gleichgewicht ihre Standorte an den Randpunkten der Marktregion.

Für dieses Ergebnis spielen zwei entgegengesetzte Effekte eine Rolle: Einerseits hat jeder Anbieter den Anreiz, sich durch sein Produkt vom Angebot der Konkurrenz zu differenzieren, weil dadurch der Preiswettbewerb abgeschwächt wird. Dieser 'Preiseffekt' induziert eine Tendenz zu erhöhter Produktdifferenzierung. Andererseits kann jeder Anbieter seinen Marktanteil erhöhen, indem er den Unterschied zwischen seinem Produkt und dem Konkurrenzangebot reduziert. Bei den Gleichgewichtspreisen (p_1^b, p_2^b) beträgt nämlich die Nachfrage nach den beiden Gütern

$$D_1(p_1^b, p_2^b) = \frac{2 + q_1 + q_2}{6}, \quad D_2(p_1^b, p_2^b) = \frac{4 - q_1 - q_2}{6}. \tag{3.60}$$

Der Marktanteil der Firma 1 ist also steigend in q_1, während der Anteil der Firma 2 fallend in q_2 ist. Der 'Nachfrageeffekt' motiviert daher eine Reduktion des Grades der Produktdifferenzierung. Im obigen Modell dominiert der Preiseffekt den Nachfrageeffekt, so dass jeder Anbieter bestrebt ist, sich durch seine Produktwahl soweit wie möglich vom Angebot der Konkurrenz abzusetzen.

Wir vergleichen nun das Wettbewerbsergebnis mit der Produktwahl, welche die soziale Wohlfahrt maximiert. Offensichtlich ist es effizient, dass jeder Konsument das Gut erhält, für welches seine Zahlungsbereitschaft $v(q, \theta)$ am höchsten ist. Daher erhalten alle Konsumenten mit $\theta < 0.5(q_1 + q_2)$ das Gut q_1, während die übrigen Konsumenten das Gut q_2 erhalten. Da die Produktionskosten der beiden Güter auf Null normiert wurden, entspricht die soziale Wohlfahrt der aggregierten Zahlungsbereitschaft und beträgt

$$W(q_1, q_2) = \int_0^{0.5(q_1+q_2)} v(q_1, \theta)\mathrm{d}\theta + \int_{0.5(q_1+q_2)}^1 v(q_2, \theta)\mathrm{d}\theta. \tag{3.61}$$

Aus Symmetriegründen gilt für das soziale Optimum $q_1 = 1 - q_2$. Firma 1 bedient also die linke Markthälfte und Firma 2 die rechte Markthälfte. Es ist nun leicht zu sehen, dass jede Firma die durchschnittliche Zahlungsbereitschaft ihrer Kundschaft maximiert, wenn sie das ideale Produkt für denjenigen Konsumenten anbietet, der sich gerade in der Mitte ihres Marktsegments befindet. Daher wird die soziale Wohlfahrt durch das Produktangebot

$$q_1^* = \frac{1}{4}, \quad q_2^* = \frac{3}{4}, \tag{3.62}$$

maximiert. Der Vergleich mit (3.59) zeigt, dass der Produktwettbewerb unter den Firmen relativ zum sozialen Optimum zu einer exzessiven Produktdifferenzierung führt.

Für den Fall, dass die Produktcharakteristika die Standort der Anbieter beschreiben, impliziert unsere Analyse, dass die Anbieter durch räumliche Dispersion einen aggressiven Verkaufswettbewerb vermeiden. Dies widerspricht der Tatsache, dass manche Güter – wie z.B. Schuhe, Textilien und Antiquitäten – oft von verschiedenen Anbietern in unmittelbarer Nachbarschaft zueinander angeboten werden. Dafür gibt es eine Reihe möglicher Erklärungen, die über den einfachen Rahmen des obigen Modells hinausgehen. Dieses Modell betrachtet einen Markt, in dem sich die angebotenen Güter durch ein eindimensionales Charakteristikum unterscheiden. Realistischer ist es natürlich, davon auszugehen, dass nicht allein der Ort der Verfügbarkeit die Zahlungsbereitschaft eines Konsumenten bestimmt. Wenn für die Anbieter neben der räumlichen Dimension noch weitere Möglichkeiten zur Produktdifferenzierung bestehen, kann dadurch der Anreiz zur räumlichen Differenzierung abgeschwächt oder sogar eliminiert werden.[37] Unvollständige Information der Konsumenten über die Preisangebote der Anbieter stellt einen weiteren Faktor dar, der zu einer räumlichen Konzentration des Güterangebots beiträgt. Diese erleichtert es den Konsumenten, Preisvergleiche zwischen verschiedenen Anbietern anzustellen. Da für die Nachfrager somit die Attraktivität eines Verkaufsortes mit der Zahl der dort befindlichen Anbieter steigt, kann der Wettbewerbsdruck unter den Anbietern zu einer räumlichen Agglomeration führen.[38]

3.3.2 Marktzutritt und Produktvielfalt

Nachdem wir bisher den Wettbewerb im Oligopol für eine exogen gegebene Zahl der Anbieter betrachtet haben, wenden wir uns nun der Frage zu, wie viele Firmen bei freiem Marktzutritt in einem Markt aktiv werden. Bei *monopolistischer Konkurrenz* wird die Zahl der Anbieter durch eine Nullgewinn Bedingung endogenisiert: Solange sich positive Gewinne realisieren lassen, treten zusätzliche Anbieter in den Markt ein; Verluste dagegen induzieren Marktaustritt. Im Gleichgewicht ist der Gewinn der Anbieter daher gleich Null. Weil Marktzutritt

---

[37] De Palma, Ginsburgh, Papageorgiou und Thisse (1985) zeigen, dass in einer solchen Situation eine räumliche Agglomeration der Anbieter an einem zentralen Verkaufsort zustande kommen kann. Irmen und Thisse (1998) betrachten mehrere Dimensionen der Produktdifferenzierung und zeigen, dass die Firmen in einer Dimension maximale und in den übrigen Dimensionen minimale Differenzierung anstreben.

[38] Siehe z.B. Stahl (1982), Wolinsky (1983), Dudey (1990) sowie Fischer und Harrington (1996).

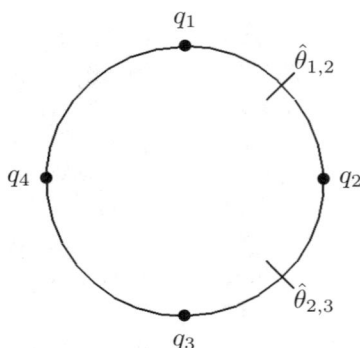

Abb. 3.17. *Preiswettbewerb im Kreismodell*

jedoch mit Kosten verbunden ist, bleibt die Zahl der aktiven Anbieter begrenzt, so dass diese als Oligopolisten miteinander konkurrieren. Bereits Chamberlin (1933) verknüpfte die Analyse monopolistischer Konkurrenz mit der Fragestellung, welchen Einfluss Marktzutritt auf die in einem Markt angebotene Produktvielfalt hat. Diese wird dadurch bestimmt, dass jeder aktive Anbieter ein Gut produziert, welches sich in seinen Charakteristika von den Produkten der Konkurrenz unterscheidet.

Wir greifen zur Beschreibung monopolistischer Konkurrenz auf das bereits in Kapitel 2.2.3 dargestellte Kreismodell horizontaler Produktdifferenzierung von Salop (1979) zurück. Zunächst analysieren wir den Preiswettbewerb bei einer gegebenen Zahl n aktiver Firmen ($j = 1, ..., n$.) Das Produkt der Firma j wird durch das Charakteristikum q_j beschrieben. Wie in Abbildung 3.17 sind die Produktcharakteristika der Firmen symmetrisch auf einem Kreis mit dem Umfang Eins angeordnet, so dass

$$q_j = \frac{j-1}{n}. \tag{3.63}$$

Der Unterschied zwischen zwei benachbarten Produkten ist daher $q_{j+1} - q_j = 1/n$. Die (variablen) Kosten der Produktion seien für alle Güter gleich hoch und proportional zum Absatz. Wir können sie daher auf Null normieren.

Die Zahlungsbereitschaft eines Konsumenten für ein Gut des Typs q hängt von seinem Charakteristikum θ ab und beträgt $v(q, \theta)$. Wir nehmen an, dass sie hinreichend hoch ist, so dass jeder Konsument genau eine Einheit eines der n angeboten Güter nachfragt. Der Präferenzparameter θ ist gleichförmig auf dem Kreis angeordnet. Wir spezifizieren die Zahlungsbereitschaft des Konsumenten θ für das Gut q, so dass

$$v(q, \theta) = r - t|q - \theta|. \tag{3.64}$$

Die Zahlungsbereitschaft fällt also proportional mit dem Abstand $|q - \theta|$. Der Parameter $t > 0$ drückt dabei die Intensität der Präferenz für verschiedene Güter aus.

Es erscheint intuitiv plausibel, dass im Gleichgewicht jeder Anbieter nur mit seinen beiden Nachbarn konkurriert. Diese Eigenschaft benutzen wir im folgenden zur Bestimmung der Nachfrageentscheidungen. Wir bezeichnen mit $\hat{\theta}_{j,j+1}$ denjenigen Konsumenten im Intervall $[q_j, q_{j+1}]$, der bei den Preisen p_j und p_{j+1} indifferent ist, das Gut q_j oder das Gut q_{j+1} zu kaufen. Dieser Konsument wird durch die Gleichung

$$v(q_j, \hat{\theta}_{j,j+1}) - p_j = v(q_{j+1}, \hat{\theta}_{j,j+1}) - p_{j+1} \tag{3.65}$$

definiert. Daher ist

$$\hat{\theta}_{j,j+1} = \frac{q_j + q_{j+1}}{2} - \frac{p_j - p_{j+1}}{2\,t}. \tag{3.66}$$

Alle Konsumenten mit $q_j \leq \theta < \hat{\theta}_{j,j+1}$ kaufen das Gut q_j, während die Konsumenten mit $\hat{\theta}_{j,j+1} < \theta \leq q_{j+1}$ das Gut q_{j+1} kaufen. Falls $p_j = p_{j+1}$, kauft jeder Konsument im Intervall $[q_j, q_{j+1}]$ dasjenige der beiden Güter, welches den geringsten Abstand zu seinem Präferenzparameter θ aufweist.

Da alle Konsumenten im Intervall $[\hat{\theta}_{j-1,j}, \hat{\theta}_{j,j+1}]$ das Gut q_j kaufen, realisiert Anbieter j die Nachfrage

$$D_j(p_{j-1}, p_j, p_{j+1}) = \hat{\theta}_{j,j+1} - \hat{\theta}_{j-1,j} = \tag{3.67}$$
$$\frac{q_{j+1} - q_{j-1}}{2} - \frac{2\,p_j - p_{j-1} - p_{j+1}}{2\,t}.$$

Die Bedingung erster Ordnung für die Maximierung seines Gewinns lautet

$$\frac{\partial p_j D_j(p_{j-1}, p_j, p_{j+1})}{\partial p_j} = D_j(p_{j-1}, p_j, p_{j+1}) - \frac{p_j}{t} = 0 \tag{3.68}$$

Im Bertrand–Gleichgewicht $(p_1^b, ..., p_n^b)$ ist diese Bedingung für jeden der n Anbieter erfüllt. Aufgrund der Symmetrie des Marktes ist der

Gleichgewichtspreis für alle Anbieter identisch, so dass $p_j^b = p^b$ für alle $j = 1, ..., n$. Wegen (3.63) und (3.67) hat daher jede Firma j den Marktanteil $D_j(p^b, p^b, p^b) = 1/n$. Aus (3.68) erhalten wir somit den Gleichgewichtspreis p^b und den Gewinn $\Pi^b \equiv p^b D_j(p^b, p^b, p^b)$ in Abhängigkeit von der Zahl n der aktiven Anbieter:

$$p^b(n) = \frac{t}{n}, \quad \Pi^b(n) = \frac{t}{n^2}. \tag{3.69}$$

Die Substituierbarkeit der angebotenen Produkte steigt, wenn sich der Abstand zwischen den jeweils benachbarten Produktcharakteristika verringert. Daher ist der Gleichgewichtspreis umso kleiner, je höher die Zahl der aktiven Anbieter ist. Da zugleich der Marktanteil jeder einzelnen Firma sinkt, fällt auch der Gewinn der Anbieter mit der Zahl n der Konkurrenten.

Wir bestimmen nun die Anzahl der im Markt aktiven Firmen. Dazu nehmen wir an, dass ein Anbieter Fixkosten in Höhe von f aufzuwenden hat, um ein Gut anzubieten. Solange $\Pi^b(n) > f$, lohnt es sich, in den Markt einzutreten. Wenn dagegen $\Pi^b(n) < f$, werden sich einige Produzenten aus dem Markt zurückziehen, da sie Verluste machen. Bei freiem Marktzutritt wird die Zahl n^w der aktiven Anbieter durch die Nullgewinn Bedingung $\Pi^b(n^w) = f$ bestimmt, so dass

$$n^w = \sqrt{\frac{t}{f}}. \tag{3.70}$$

Daraus folgt für den Wettbewerbspreis bei freiem Marktzutritt, dass $p^b(n^w) = \sqrt{tf}$. Im Gleichgewicht der monopolistischen Konkurrenz ist dieser Preis höher als die variablen Kosten. Dennoch ist der Gewinn eines jeden Anbieters Null, da er Fixkosten für den Marktzutritt aufwenden muss. Höhere Marktzutrittskosten reduzieren die Zahl der aktiven Anbieter und schwächen so den Preiswettbewerb ab. Ebenso reduziert sich der Preiswettbewerb bei einem Anstieg der Präferenzintensität t. Die Zahl der Anbieter dagegen hängt positiv von t ab.

Wenn wir die Produktvielfalt n^w bei monopolistischer Konkurrenz mit den Ergebnissen vergleichen, die wir in Kapitel 2.2.3 in den Gleichungen (2.42) und (2.44) für die Produktvielfalt n^* und n^m im sozialen Optimum und im Monopol abgeleitet haben, zeigt sich, dass

$$n^* < n^m < n^w. \tag{3.71}$$

Wie im Monopol führt auch unvollständiger Wettbewerb bei freiem Marktzutritt zu einer ineffizient hohen Produktvielfalt.[39] In der Tat gilt sogar $n^w > n^m$. Die Ursache dafür ist, dass eine Firma unter Wettbewerbsbedingungen den negativen externen Effekt ihres Markteintritts nicht beachtet, den sie auf die Profitabilität der bereits im Markt befindlichen Güter ausübt. Ein Monopolist dagegen internalisiert diesen Effekt, wenn er darüber entscheidet, wie viele Produkte er anbietet. Aus diesem Grunde wählt er eine geringere Produktvielfalt.

3.4 Übungsaufgaben

Aufgabe 3.1. In einem homogenen Markt mit der Nachfragefunktion $D(p) = p^{-\epsilon}$, $\epsilon > 1$, haben alle Anbieter $j = 1, ..., n$ die selbe Kostenfunktion $C(x_j) = c\,x_j$. Zeigen Sie, dass im symmetrischen Cournot–Gleichgewicht der Gleichgewichtspreis $p^c = c[\epsilon\,n]/[\epsilon\,n - 1]$ ist!

Aufgabe 3.2. In einem homogenen Markt mit m identischen Konsumenten sind n identische Firmen aktiv. Zum Preis p fragt jeder einzelne Konsument die Menge $1 - p$ nach. Die Produktionskosten der Firma j sind $C(x_j) = 0.5\,x_j^2$.

(a) Leiten Sie die Cournot–Reaktionsfunktion der Firma j ab! Berechnen Sie den Gesamtoutput $\bar{x}^c$ und den Marktpreis p^c im (symmetrischen) Cournot–Gleichgewicht!

(b) Welcher Cournot–Gleichgewichtspreis p^c ergibt sich, wenn sowohl die Anzahl der Konsumenten als auch die Anzahl der Firmen mit dem Faktor $\lambda > 0$ multipliziert wird? Wie hoch sind die Grenzkosten C' der Firmen im Cournot–Gleichgewicht mit λm Konsumenten und λn Firmen? Zeigen Sie, dass für $\lambda \to \infty$ die Differenz zwischen Preis und Grenzkosten gegen Null tendiert!

Aufgabe 3.3. Betrachten Sie einen homogenen Markt mit der Nachfragefunktion $D(p) = 100 - p$. Das Gut kann von insgesamt n Firmen produziert werden. Von diesen n Firmen haben n_1 Firmen die Stückkosten c_1; die restlichen $n_2 = n - n_1$ Firmen haben Stückkosten in Höhe von c_2. Es gilt $0 \leq c_1 < c_2 < 100$.

---

[39] Anderson, de Palma und Nesterov (1995) zeigen, dass in symmetrischen Modellen monopolistischer Konkurrenz typischerweise $n^w > n^*$ gilt, wenn jeder Konsument eine Einheit eines der Güter nachfragt. In Modellen, die einen repräsentativen Konsumenten zugrundelegen, kann dagegen auch der Fall auftreten, dass $n^w < n^*$; siehe Spence (1976) sowie Dixit und Stiglitz (1977).

(a) Zeigen Sie, dass die Firmen mit den Stückkosten c_2 im Cournot–Gleichgewicht nur dann einen positiven Output produzieren, wenn $n_1 < (100 - c_2)/(c_2 - c_1)$.

(b) Berechnen Sie den Cournot–Gleichgewichtspreis p^c für $n_1 < (100 - c_2)/(c_2 - c_1)$ und $n_1 \geq (100 - c_2)/(c_2 - c_1)$!

Aufgabe 3.4. Betrachten Sie das lineare Nachfragesystem

$$x_1 = 100 - p_1 + 0.5\,p_2, \quad x_2 = 100 - p_2 + 0.5\,p_1.$$

Firma 1 produziert Gut 1 zu den Stückkosten $c_1 = 0$. Die Stückkosten der Firma 2 bei der Produktion des Gutes 2 betragen $c_2 > 0$.

(a) Berechnen Sie die Cournot–Reaktionsfunktionen der beiden Firmen!

(b) Zeigen Sie, dass Firma 2 bei Cournot–Wettbewerb nur dann eine positive Menge x_2 anbietet, wenn $c_2 < 150$.

(c) Berechnen Sie das Cournot–Gleichgewicht für $c_2 < 150$ und $c_2 \geq 150$!

(d) Berechnen Sie den Herfindahl–Index der Anbieterkonzentration für $c_2 = 100$!

Aufgabe 3.5. In einem heterogenen Markt werden n Güter von n Firmen angeboten. Firma j produziert das Gut j zu den Stückkosten $c \geq 0$. Die inverse Nachfrage nach Gut j ist

$$P_j(x_1, ..., x_j, ..., x_n) = a - b\,x_j - g\sum_{i \neq j}^{n} x_i,$$

wobei $a > c$, $b > 0$ und $-b \leq g \leq b$.

(a) Berechnen Sie die Cournot–Reaktionsfunktion der Firma j!

(b) Zeigen Sie, dass im symmetrischen Cournot–Gleichgewicht

$$x_j^c = \frac{a - c}{2b + g(n - 1)}, \quad p_j^c = \frac{(a + c)b + g\,c(n - 1)}{2b + g(n - 1)}.$$

die Angebotsmenge und der Gleichgewichtspreis für Gut j sind!

(c) Erklären Sie, warum p_j^c bei einer Erhöhung der Anbieterzahl n fällt, wenn $g > 0$, und steigt, wenn $g < 0$!

Aufgabe 3.6. In einem homogenen Markt mit der Nachfrage $D(p) = 100 - p$ konkurrieren drei Firmen ($j = 1, 2, 3$) miteinander. Die Stückkosten jeder Firma sind $c = 0$. Zunächst setzt Firma 1 als Stackelberg–Führer ihre Angebotsmenge x_1 fest. Firma 2 und 3 wählen danach als Stackelberg–Folger simultan ihre Angebotsmengen x_2 und x_3.

(a) Bestimmen Sie die Angebotsmengen x_2^s und x_3^s der beiden Stackelberg–Folger, wenn Firma 1 die Menge x_1 anbietet!

(b) Ermitteln Sie die Angebotsmenge x_1^s des Stackelberg–Führers!

(c) Welcher Preis ergibt sich im Marktgleichgewicht?

Aufgabe 3.7. Die inverse Nachfrage in Land A ist $p_A = 100 - x_{1A} - x_{2A}$ und $p_B = 100 - x_{1B} - x_{2B}$ in Land B. Firma 1 produziert in Land A und Firma 2 in Land B; die Produktionskosten jeder Firma $j = 1, 2$ für den Output $x_{jA} + x_{jB}$ betragen $0.5(x_{jA} + x_{jB})^2$. Ferner muss jede Firma pro exportierter Einheit Exportkosten in Höhe von $t = 5$ aufwenden.

(a) Berechnen Sie die Produktionsmengen der Firmen im Cournot–Gleichgewicht des internationalen Handels, indem Sie die Symmetrieeigenschaften des Gleichgewichts ausnutzen! Wie hoch ist in beiden Ländern der Gleichgewichtspreis des Gutes und der Gewinn der Firmen?

(b) Nehmen Sie an, jedes Land erlässt eine Importrestriktion, die das Angebot der ausländischen Firma auf 12.5 Einheiten begrenzt! Wie wirkt sich diese Maßnahme auf das inländische Gesamtangebot aus? Welcher Preis des Gutes ergibt sich in dieser Situation und wie hoch sind die Gewinne der Firmen?

Aufgabe 3.8. In einen homogenen Markt mit der Nachfrage $D(p) = 1 - p$ konkurrieren zwei Firmen ($j = 1, 2$) als Bertrand–Wettbewerber miteinander. Ihre Stückkosten betragen $c_1 = 0$ bzw. $c_2 > 0$.

(a) Zeigen Sie, dass Firma 2 im Bertrand–Gleichgewicht den Output $x_2 = 0$ produziert!

(b) Berechnen Sie die Gleichgewichtspreise $p_1^b \geq c_1, p_2^b \geq c_2$, falls $c_2 > 1/2$!

(c) Welches Gleichgewicht ergibt sich, wenn $c_2 \leq 1/2$? (Nehmen Sie an, dass alle Konsumenten das Gut bei Firma 1 kaufen, wenn $p_1 = p_2$!)

Aufgabe 3.9. In einem homogenen Markt konkurrieren zwei Firmen durch ihre Preissetzung. Die Marktnachfragefunktion ist durch $D(p) = 100 - p$ gegeben. Die Stückkosten beider Firmen sind gleich Null. Jede

Firma kann jedoch nur maximal 25 Einheiten des Gutes produzieren. Die firmenspezifische Nachfrage für Firma j ist daher $D_j(p_1, p_2) = 100 - p_j$, wenn $p_j < p_i$; $D_j(p_1, p_2) = 50 - 0.5\,p_j$, wenn $p_j = p_i$; und $D_j(p_1, p_2) = 100 - p_j - 25$, wenn $p_j > p_i$ und $D(p_i) \geq 25$.

(a) Zeigen Sie, dass es für Firma j niemals optimal ist, einen Preis $p_j < 50$ zu verlangen!

(b) Zeigen Sie, dass Firma j durch den Preis $p_j = 50$ ihren Gewinn maximiert, wenn ihr Konkurrent i den Preis $p_i = 50$ verlangt!

Aufgabe 3.10. Betrachten Sie das lineare Nachfragesystem

$$x_1 = 100 - p_1 + 0.5\,p_2, \qquad x_2 = 100 - p_2 + 0.5\,p_1.$$

Firma 1 produziert Gut 1 zu den Stückkosten $c_1 = 0$. Die Stückkosten der Firma 2, die Gut 2 produziert, betragen $c_2 > 0$.

(a) Berechnen Sie die Bertrand–Reaktionsfunktionen der beiden Firmen für den Fall, dass $x_1 > 0$ und $x_2 > 0$!

(b) Zeigen Sie, dass Firma 2 bei Bertrand–Wettbewerb nur dann eine positive Menge x_2 anbietet, wenn $c_2 < 1000/7$!

(c) Berechnen Sie den Herfindahl–Index der Anbieterkonzentration für $c_2 = 100$!

Aufgabe 3.11. Betrachten Sie das lineare Nachfragesystem

$$x_1 = 100 - p_1 + 0.5\,p_2, \qquad x_2 = 100 - p_2 + 0.5\,p_1.$$

Firma 1 produziert Gut 1 zu den Stückkosten $c_1 = 0$. Die Stückkosten der Firma 2 betragen $c_2 = 100$. Firma 1 wählt als Stackelberg–Führer den Preis p_1; danach entscheidet Firma 2 über ihren Preis p_2.

(a) Berechnen Sie das Stackelberg–Preisgleichgewicht (p_1^s, p_2^s)!

(b) Ermitteln Sie den Herfindahl–Index der Anbieterkonzentration im Stackelberg–Gleichgewicht!

Aufgabe 3.12. Die Firmen 1 und 2 bieten ein Gut mit der Eigenschaft q_1 bzw. q_2 an. Dabei ist $0 \leq q_1 < q_2 \leq 1$. Ihre Stückkosten sind Null. Konsument θ ist am Kauf einer Einheit eines der beiden Güter interessiert; seine Zahlungsbereitschaft für das Gut q_j beträgt $v(q_j, \theta) = r - t(q_j - \theta)^2$, wobei $r > t$. Der Parameter θ ist unter den Konsumenten auf dem Intervall $[0, 1]$ gleichverteilt.

(a) Die Firmen kennen das Charakteristikum θ des einzelnen Konsumenten, so dass sie durch eine diskriminierende Preissetzung miteinander konkurrieren. Zeigen Sie, dass im Marktgleichgewicht alle

Konsumenten mit $\theta < 0.5(q_1 + q_2)$ das Gut q_1 kaufen, während die Konsumenten mit $\theta > 0.5(q_1 + q_2)$ das Gut q_2 kaufen! Welchen Preis hat Konsument θ zu zahlen?

(b) Wie hoch sind die Gewinne der beiden Firmen im Marktgleichgewicht?

(c) Firma j betrachtet die Produktentscheidung q_i ihres Konkurrenten i als gegeben und wählt q_j, um ihren Gewinn zu maximieren. Zeigen Sie, dass im Gleichgewicht $\hat{q}_1 = 1/4$ und $\hat{q}_2 = 3/4$!

Aufgabe 3.13. Die Zahlungsbereitschaft von Konsument θ für ein Gut der Qualität q sei $v(q, \theta) = q\,\theta$. Der Parameter θ ist unter den Konsumenten auf dem Intervall $[0, 1]$ gleichverteilt. Firma 1 bietet ein Gut der Qualität q_1 an; Firma 2 bietet die Qualität $q_2 < q_1$ an. Bei der Produktion des Gutes entstehen keine Kosten.

(a) Ermitteln Sie die Nachfrage für die beiden Firmen, wenn $p_1 - p_2 < q_1 - q_2$ und $p_1/p_2 > q_1/q_2$! Bestimmen Sie die Preise (p_1^b, p_2^b) im Bertrand–Gleichgewicht!

(b) Nehmen Sie an, dass Firma 1 die höchstmögliche Qualität $q_1 = 1$ produziert. Für welche Qualität $q_2 \leq 1$ wird sich Firma 2 entscheiden? Begründen Sie, dass im duopolistischen Marktgleichgewicht exzessive Produktdifferenzierung stattfindet!

Aufgabe 3.14. In einem homogenen Cournot–Oligopol sind n identische Firmen aktiv. Die Marktnachfrage ist $D(p) = a - p$. Bei der Produktion des Gutes entstehen keine variablen Kosten. Der Cournot–Gleichgewichtspreis ist daher $p^c = a/(n+1)$ und jede Firma $j = 1, ..., n$ produziert die Menge $x_j^c = a/(n + 1)$. Um in den Markt einzutreten, muss ein Anbieter fixe Kosten in Höhe von $f < a^2$ aufwenden.

(a) Berechnen Sie (unter Vernachlässigung von Ganzzahligkeitsrestriktionen) die Zahl $\hat{n}$ der Anbieter, die in den Markt eintreten wird!

(b) Wie hoch ist die soziale Wohlfahrt, wenn n Anbieter im Markt aktiv sind?

(c) Nehmen Sie an, dass es nicht möglich ist, die Angebotsentscheidungen der Firmen zu regulieren; jedoch kann ein 'sozialer Planer' die Zahl n^* der aktiven Firmen so festlegen, dass die soziale Wohlfahrt maximiert wird. Bestimmen Sie n^*!

Aufgabe 3.15. In einem Markt mit horizontaler Produktdifferenzierung hat der Konsument des Typs θ die Zahlungsbereitschaft $v(q, \theta) = r - (q - \theta)^2$ für ein Gut mit der Eigenschaft q. Der Parameter θ ist unter den Konsumenten auf dem Intervall $[0, 1]$ gleichverteilt. Nehmen

Sie an, dass r hinreichend groß ist, so dass im Gleichgewicht jeder Konsument eine Einheit eines der angebotenen Güter kauft. Die variablen Kosten der Produktion sind für alle $q \in [0, 1]$ gleich Null.

(a) Es befinden sich bereits zwei Firmen $j = 1, 2$ im Markt, die die Güter $q_1 = 0$ bzw. $q_2 = 1$ anbieten. Eine dritte Firma kann in den Markt eintreten und das Gut $q_3 = 1/2$ anbieten, wenn sie Fixkosten in Höhe von f aufwendet. Berechnen Sie das Bertrand–Gleichgewicht (p_1^b, p_2^b, p_3^b) und zeigen Sie, dass Firma 3 in den Markt eintreten wird, wenn $f < 1/8$!

(b) Zeigen Sie, dass es nur dann sozial effizient ist, zusätzlich das Gut $q_3 = 1/2$ in den Markt einzuführen, wenn $f < 1/16$!

4. Wettbewerbsbeschränkungen

4.1 Kartelle und kollusive Absprachen

4.1.1 Kartellverträge

Kartellverträge stellen explizite vertragliche Absprachen zwischen verschiedenen Unternehmen dar. Die Mitglieder eines solchen Kartells sind an die Vereinbarungen des Vertrages gebunden, behalten aber ihre rechtliche und wirtschaftliche Selbständigkeit. Im allgemeinen liegt der Bildung eines Kartells das Bestreben der Mitglieder zugrunde, ihr Verhalten zu koordinieren anstatt gegeneinander zu konkurrieren. Es gibt aber auch geschichtliche Beispiele für staatliche Zwangskartelle, die zur Durchsetzung obrigkeitlicher Zielvorstellungen dienten. Heutzutage wird die Bildung von Kartellen in den meisten industrialisierten Staaten durch das Wettbewerbsrecht eingeschränkt.[1]

Der Anreiz zu Kartellabsprachen beruht auf der Tatsache, dass die Unternehmen unter Wettbewerbsbedingungen den negativen Einfluss ihrer Entscheidungen auf den Gewinn der Konkurrenten nicht in Betracht ziehen. In einem Kartell lassen sich diese negativen externen Effekte internalisieren. Auf diese Weise erhöht das Kartell den Gewinn der beteiligten Unternehmen auf Kosten der sozialen Wohlfahrt und der Konsumentenrente.

Der linke Teil der Abbildung 4.1 illustriert den Anreiz für Kartellabsprachen im Cournot–Duopol. Bei Mengenwettbewerb wird das Entscheidungsverhalten der beiden Anbieter $j = 1, 2$ durch ihre Reaktionsfunktionen $R_j^c(\cdot)$ beschrieben, so dass sie im Cournot–Gleichgewicht die Outputs (x_1^c, x_2^c) produzieren. In der Abbildung stellt die Isogewinnlinie I_j des Anbieters j alle Kombinationen von x_1 und x_2 dar, bei denen sein Gewinn genauso hoch ist wie im Cournot–Gleichgewicht.[2] Bei Outputkombinationen innerhalb der durch $\mathcal{A}$ gekennzeichneten

---

[1] Siehe dazu Kapitel 1.2.3.
[2] Zu den Eigenschaften der Isogewinnlinien bei Mengenwettbewerb vgl. S. 88.

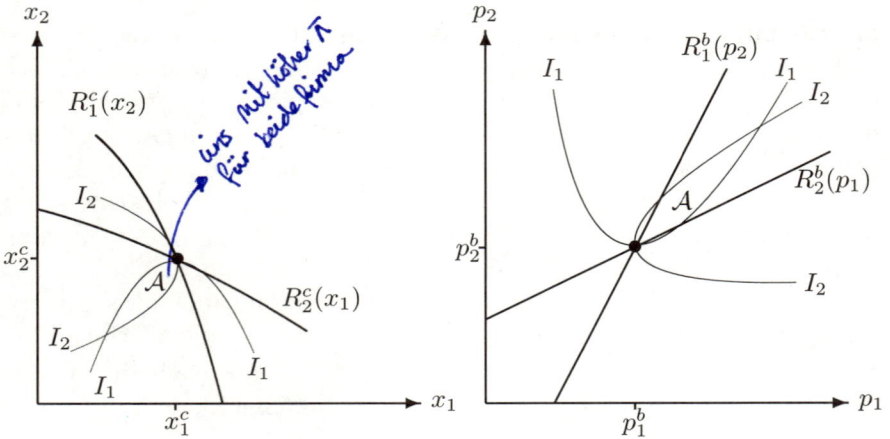

Abb. 4.1. *Anreiz zur Kartellbildung*

Fläche erzielen *beide* Anbieter einen höheren Gewinn als im Cournot–Gleichgewicht. Sie haben daher einen Anreiz, sich durch einen Kartellvertrag auf eine Senkung ihrer Produktion zu verpflichten. Da das Mengenkartell seinen Output im Vergleich zur Cournot–Lösung reduziert, haben die Konsumenten einen höheren Preis zu zahlen.

Beispiel 4.1.1. Die Kostenfunktion der beiden Anbieter sind $C(x_1) = cx_1$ und $C(x_1) = cx_2$. Die inverse Nachfrage für die unvollständigen Substitute der beiden Anbieter ist

$$P_1(x_1, x_2) = a - x_1 - 0.5\,x_2, \quad P_2(x_1, x_2) = a - x_2 - 0.5\,x_1,$$

wobei $a > c$. Wie Beispiel 3.1.3 zeigt, ist das Cournot–Gleichgewicht für die Parameterwerte $b = 1$ und $g = 0.5$ in diesem Markt

$$x_1^c = x_2^c = \frac{2(a-c)}{5}.$$

Die Gewinne der Anbieter in diesem Gleichgewicht sind

$$\Pi_1(x_1^c, x_2^c) = \Pi_2(x_1^c, x_2^c) = \frac{4(a-c)^2}{25}.$$

Falls die beiden Anbieter als Mengenkartell den gemeinsamen Gewinn, $\Pi_1 + \Pi_2$, maximieren, verhalten sie sich effektiv wie der Monopolist in Beispiel 2.1.3 und realisieren beim Angebot

$$x_1^k = x_2^k = \frac{a-c}{3}$$

die Gewinne $\Pi_1(x_1^k, x_2^k) = \Pi_2(x_1^k, x_2^k) = (a-c)^2/6$.

Der Anreiz für Preisabsprachen in einem Bertrand Markt mit unvollständigen Substituten wird im rechten Teil der Abbildung 4.1 verdeutlicht: Hier beschreibt die Isogewinnlinie I_j des Anbieters j alle (p_1, p_2)–Paare, die ihm den gleichen Gewinn erbringen.[3] Das Gleichgewicht (p_1^b, p_2^b) des Preiswettbewerb ergibt sich durch den Schnittpunkt der Bertrand–Reaktionsfunktion $R_1^b(\cdot)$ und $R_2^b(\cdot)$. Alle Preiskonstellationen innerhalb der als $\mathcal{A}$ gekennzeichneten Linse ergeben für jeden Anbieter einen höheren Gewinn als das Wettbewerbsgleichgewicht. Durch einen Kartellvereinbarung, die höhere Preise als bei Wettbewerb festlegt, können daher die Anbieter ihre Gewinne auf Kosten der Nachfrager erhöhen.

Beispiel 4.1.2. Für den in Beispiel 4.1.1 betrachteten Markt ergibt sich aus Beispiel 3.2.1 für die Parameterwerte $b = 1$ und $g = 0.5$ das Bertrand–Gleichgewicht

$$p_1^b = p_2^b = \frac{a + 2\,c}{3}.$$

Bei diesen Preisen betragen die Gewinne der beiden Anbieter

$$\Pi_1(p_1^b, p_2^b) = \Pi_2(p_1^b, p_2^b) = \frac{4(a - c)^2}{27}.$$

Bei einer Preisabsprache mit der Zielsetzung der Maximierung des gemeinsamen Gewinns, $\Pi_1 + \Pi_2$, wählen die Anbieter effektiv die Monopolpreise aus Beispiel 2.1.3

$$p_1^k = p_2^k = 0.5(a + c)$$

und erzielen so die Gewinne $\Pi_1(p_1^k, p_2^k) = \Pi_2(p_1^k, p_2^k) = (a - c)^2/6$.

In einem Markt mit mehr als zwei Firmen ist jedoch nicht klar, ob alle Firmen dem Kartell beitreten werden. Da das Kartell den Output reduziert, erhöht sich die verbleibende Nachfrage für die Anbieter, die nicht dem Kartell angehören. Es kann daher für einzelne Firmen profitabler sein, dieses auszunutzen und gegen das Kartell zu konkurrieren. Die Kartellgröße wird also durch die Anreize der Firmen bestimmt, als Mitglied bzw. als Nichtmitglied des Kartells zu agieren. Im folgenden analysieren wir die stabile Größe eines formellen Kartells in einem homogenen Cournot–Markt mit n Firmen. Von diesen legen $n^k \leq n$ Firmen ihre Outputmengen als Kartell fest. Die übrigen $n - n^k$ Firmen verhalten sich als Wettbewerber und konkurrieren sowohl gegeneinander als auch gegen das Kartell. Diese Firmen bestimmen ihre jeweiligen Outputmengen, nachdem der Kartellvertrag abgeschlossen

---

[3] Zu den Eigenschaften der Isogewinnlinien bei Preiswettbewerb vgl. S. 115.

wurde und allgemein publik geworden ist. Das Kartell agiert daher als Marktführer und maximiert durch seine Absatzentscheidung den Kartellgewinn.[4]

Die inverse Nachfrage sei $P(\bar{x}) = a - b\,\bar{x}$, wobei $\bar{x} = \sum_j x_j$ das Gesamtangebot der n Firmen bezeichnet. Wir unterstellen, dass alle Anbieter die gleiche Kostenfunktion $C(x_j) = c\,x_j$ haben. Es sei $a > c \geq 0$ und $b > 0$. Im Marktgleichgewicht produziert jedes der n^k Kartellmitglieder den Output x^k; die übrigen Firmen bieten jeweils die Menge x^w an. Beim Output x_j erzielt dann eine Firma j, die nicht zum Kartell gehört, den Gewinn

$$\left[a - b(n^k x^k + (n - n^k - 1)x^w + x_j) - c\right] x_j. \tag{4.1}$$

Sie maximiert ihren Gewinn durch die Menge

$$x_j = \frac{a - b[n^k x^k + (n - n^k - 1)x^w] - c}{2\,b}. \tag{4.2}$$

Da im Gleichgewicht alle Firmen außerhalb des Kartells denselben Output produzieren, ist $x^w = x_j$. Durch Auflösen von (4.2) erhalten wir daher

$$x^w = R^w(x^k) \equiv \frac{a - b\,n^k x^k - c}{b\,(n - n^k + 1)}. \tag{4.3}$$

Diese Gleichung beschreibt die Reaktion der Nichtkartellmitglieder auf den Kartellvertrag, in dem sich die Kartellmitglieder auf den Output x^k festgelegt haben. Die Konkurrenten wählen einen umso höheren Output, je mehr das Kartell seinen Output reduziert.

Die Kartellmitglieder bestimmen ihren Output, so dass ihr Gewinn maximiert wird. Da das Kartell als Marktführer agiert, berücksichtigt es dabei den strategischen Effekt auf die Outputentscheidung (4.3) der Firmen außerhalb des Kartells.[5] Der Output x^k maximiert daher den Gewinn

$$\left[a - b(n^k x^k + (n - n^k)R^w(x^k)) - c\right] x^k = \tag{4.4}$$

$$\left[\frac{a - b\,n^k x^k + c\,(n - n^k)}{n - n^k + 1} - c\right] x^k$$

---

[4] Das im folgenden betrachtete Modell ist eine Verallgemeinerung des in Kapitel 3.1.3 betrachteten Stackelberg–Mengenduopols. Diese Verallgemeinerung geht zurück auf d'Aspremont, Jacquemin und Gabszewicz (1983).

[5] Die allgemeine Rolle strategischer Effekte wird in Kap. 6.2.2 auf S. 215ff diskutiert.

x_j: einzelne Firm

x^w: alle Firma, die nicht in Kartel, sind

x^k: Firma in Kartel

der einzelnen Kartellmitglieder. Aus der Bedingung erster Ordnung für die Gewinnmaximierung erhalten wir, dass

$$x^k = \frac{a-c}{2\,b\,n^k}. \tag{4.5}$$

Man beachte, dass der Gesamtoutput des Kartells $n^k x^k = 0.5(a-c)/b$ beträgt und somit unabhängig von der Zahl der Kartellmitglieder ist. Da $x^w = R^w(x^k)$, produzieren die Firmen außerhalb des Kartells den Output

$$x^w = \frac{a-c}{2\,b\,(n-n^k+1)}. \tag{4.6}$$

Durch Einsetzen der Outputentscheidungen x^k und x^w in (4.1) und (4.4) lässt sich nun der Gewinn der Kartellmitglieder $\Pi^k(n^k, n)$ und der Gewinn $\Pi^w(n^k, n)$ der Firmen außerhalb des Kartells ermitteln:

$$\Pi^k(n^k, n) = \frac{(a-c)^2}{4b\,n^k(n-n^k+1)}, \quad \Pi^w(n^k, n) = \frac{(a-c)^2}{4b(n-n^k+1)^2}. \tag{4.7}$$

Der Gewinn Π^k eines Kartellmitglieds steigt mit der Größe n^k des Kartells nur dann, wenn $n^k > 0.5(1+n)$. Dies hängt damit zusammen, dass der Gesamtoutput des Kartells unabhängig von der Zahl seiner Mitglieder ist. Je größer das Kartell ist, umso geringer ist daher der Marktanteil des einzelnen Mitglieds. Solange $n^k < 0.5(1+n)$, überwiegt dieser Effekt die Tatsache, dass der Marktpreis durch den Beitritt einer Firma zum Kartell ansteigt. Der Gewinn Π^w der Nichtmitglieder ist dagegen stets steigend in n^k. Dies ist intuitiv einleuchtend, da die Zahl der Wettbewerber mit der Größe des Kartells abnimmt.

Mit Hilfe der in (4.7) beschriebenen Gewinne können wir die stabile Größe eines Kartells ermitteln. Diese wird durch zwei Bedingungen bestimmt: Erstens wird eine Firma nur dann im Kartell verbleiben, wenn sie als Kartellmitglied zumindest denselben Gewinn erzielt wie außerhalb des Kartells. Zweitens darf es für eine Firma außerhalb des Kartells keinen Anreiz geben, dem Kartell beizutreten. Daher muss für n^k gelten, dass

$$\Pi^k(n^k, n) \geq \Pi^w(n^k-1, n), \quad \Pi^w(n^k, n) \geq \Pi^k(n^k+1, n). \tag{4.8}$$

Die erste Ungleichung verhindert, dass eine Firma ihren Gewinn dadurch erhöhen kann, dass sie das Kartell verlässt. Sie garantiert die 'interne' Stabilität des Kartells. Die zweite Ungleichung macht es für

n	3	4	5	6	7	8	9	10
$n^{\min}$	3	3	4	4	5	5	6	6
$n^{\max}$	3	4	4	4	5	5	6	6

Tab. 4.1. *Interne und externe Kartellstabilität*

die übrigen Firmen unattraktiv, sich dem Kartell anzuschließen. Sie beschreibt die 'externe' Stabilität des Kartells.[6]

Wir betrachten zunächst die Möglichkeit, dass alle Firmen dem Kartell angehören, so dass $n^k = n$. In diesem Fall ist nur die interne Stabilität des Kartells relevant. Wegen (4.7) ist die Bedingung $\Pi^k(n,n) \geq \Pi^w(n-1,n)$ äquivalent zu

$$n \leq 4. \tag{4.9}$$

Wenn mehr als vier Firmen im Markt sind, ist ein vollständiges Kartell nicht zu erwarten. Eine der Firmen hätte nämlich einen Anreiz, dem Kartell nicht beizutreten und stattdessen gegen das Kartell zu konkurrieren.

Im allgemeinen Fall impliziert die Bedingung der internen Stabilität, dass die Größe n^k des Kartells eine gewisse Grenze $n^{\max}$ nicht übersteigen kann.[7] Falls die Anzahl der Firmen im Kartell zu hoch ist, ist der Kartellgewinn Π^k zu niedrig, so dass einige Firmen es vorziehen, dem Kartell nicht beizutreten. Die Bedingung der externen Stabilität dagegen hat zur Folge, dass die Größe des Kartells eine kritische Größe $n^{\min}$ nicht unterschreiten kann.[8] Wenn nämlich die Zahl der Kartellmitglieder zu gering ist, ist die Konkurrenz unter den Anbietern zu intensiv. In dieser Situation kann eine Firma davon profitieren, durch ihren Beitritt zum Kartell den Wettbewerb abzuschwächen. Insgesamt muss für eine stabile Mitgliederzahl im Kartell also gelten, dass $n^{\min} \leq n^k \leq n^{\max}$. Tabelle 4.1 stellt die Berechnung von $n^{\min}$ und $n^{\max}$ in Abhängigkeit von der Gesamtzahl der Anbieter für $n = 3, 4, ..., 10$ dar.

---

[6] Man beachte, dass es für das Kartell profitabel ist, ein weiteres Mitglied aufzunehmen, wenn $\Pi^k(n^k+1,n) \geq \Pi^k(n^k,n)$, d.h. wenn $n_k \geq n/2$. Diese Bedingung ist in einem extern stabilen Kartell stets erfüllt.

[7] Wegen (4.7) impliziert die Bedingung $\Pi^k(n^k,n) \geq \Pi^w(n^k-1,n)$, dass $n^k \leq 0.25[5 + 3n - (n^2 - 2n - 7)^{0.5}]$.

[8] Wegen (4.7) impliziert die Bedingung $\Pi^w(n^k,n) \geq \Pi^k(n^k+1,n)$, dass $n^k \geq 0.25[1 + 3n - (n^2 - 2n - 7)^{0.5}]$.

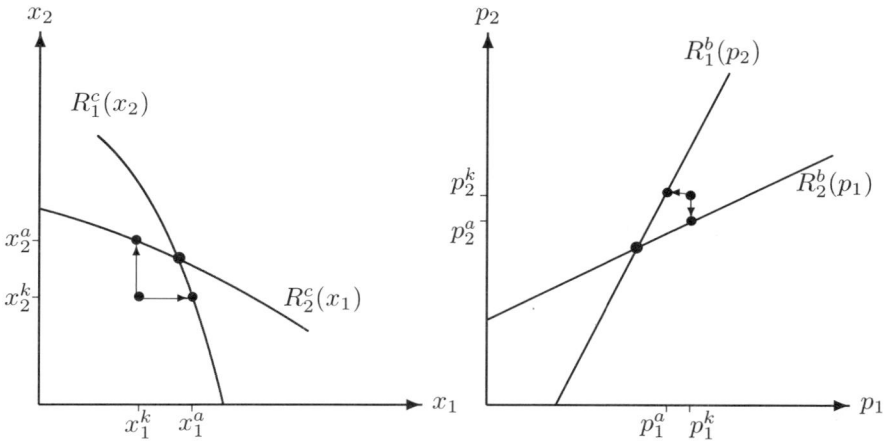

Abb. 4.2. *Einseitiges Abweichen von der Kartellvereinbarung*

Eine wichtige Voraussetzung für das Zustandekommen eines formellen Kartells ist, dass es legal ist und seine Mitglieder somit bei abweichendem Verhalten mit gesetzlichen Sanktionen rechnen müssen. Wenn das nicht der Fall ist, gibt es keinen Anreiz, die Kartellvereinbarung einzuhalten. Da das Kartell das Verhalten seiner Mitglieder koordiniert, entspricht dieses nicht länger dem optimalen individuellen Reaktionsverhalten. Ein Mitglied kann daher seinen Gewinn erhöhen, indem es *einseitig* von der Kartellvereinbarung abweicht.

So können z.B. die im linken Teil der Abbildung 4.2 dargestellten Duopolisten zwar ihre Gewinne gegenüber der Cournot–Wettbewerbslösung erhöhen, indem sie sich auf die Outputkombination (x_1^k, x_2^k) verständigen. Dennoch hat jeder der beiden Anbieter einen Anreiz, diese Mengenvereinbarung einseitig zu unterlaufen: Durch eine Steigerung seines Outputs auf $x_1^a = R_1^c(x_2^k)$ bzw. $x_2^a = R_2^c(x_1^k)$ erzielt er einen höheren Gewinn, solange er davon ausgeht, dass der *andere* Anbieter die Vereinbarung einhält. Der rechte Teil der Abbildung 4.2 verdeutlicht den Anreiz, einseitig von der Preisvereinbarung (p_1^k, p_2^k) durch eine Preissenkung auf $p_1^a = R_1^b(p_2^k)$ bzw. $p_2^a = R_2^b(p_1^k)$ abzuweichen. Auf diese Weise kann jeder einzelne Anbieter seinen Gewinn auf Kosten des anderen Anbieters erhöhen. Folglich ist davon auszugehen, dass ein Kartellvertrag nur dann Bestand hat, wenn die Anbieter an ihn gebunden sind.

4.1.2 Kollusion und dynamischer Wettbewerb

Als kollusives Verhalten von Unternehmen werden rechtlich formlose Aktivitäten bezeichnet, die das Ziel haben, den Wettbewerb in irgendeiner Form zu beschränken. Im Gegensatz zum expliziten Kartell stellt ein solches aufeinander abgestimmtes Verhalten eine Form der Koordinierung und Kooperation unterhalb der Vertragsschwelle dar. Der Anreiz zu kollusiven Absprachen ist im Prinzip derselbe wie beim Abschluss eines expliziten Kartellvertrags und besteht in einer Beschränkung des Wettbewerbs. Wenn das Wettbewerbsrecht jedoch die Bildung von Kartellen untersagt, lässt sich kein legal bindender Kartellvertrag abschließen. In dieser Situation besteht für die Unternehmen allenfalls die Möglichkeit, durch kollusive Absprachen das Wettbewerbsrecht zu unterlaufen. Sie sind dabei darauf angewiesen, dass ihre informelle Vereinbarung nicht nachzuweisen ist und somit juristisch nicht als eine Beschränkung des Wettbewerbs geahndet werden kann.

Das Problem bei der Bildung eines kollusiven Kartells besteht darin, dass die einzelnen Mitglieder nicht legal an die Einhaltung der Kartellvereinbarung gebunden sind. Der bereits aus der Analyse des expliziten Kartells bekannte Anreiz, unilateral von der Vereinbarung abzuweichen, wirft daher ein schwerwiegendes Problem für die Realisierung kollusiver Absprachen auf. Eine mögliche Lösung dieses Problems existiert bei dynamischem Wettbewerb, wenn die Firmen in einer Folge von Perioden im Markt aktiv sind. In dieser Situation lassen sich unter bestimmten Umständen kollusive Absprachen durch 'Drohstrategien' stabilisieren: Falls eine der Firmen sich nicht an die Absprache hält, wird sie von den anderen Firmen in den Folgeperioden durch Wettbewerbsverhalten bestraft. Auf diese Weise wird der Anreiz jeder einzelnen Firma, die Vereinbarung zu unterlaufen, reduziert.

Wir betrachten dazu einen Markt mit n identischen Firmen, die in jeder Periode, $t = 0, 1, 2, ...$, über ihr Wettbewerbsverhalten entscheiden. Falls sich alle n Firmen an die stillschweigende Kartellvereinbarung halten, realisiert jede Firma pro Periode den Gewinn Π^k. Wenn die Firmen dagegen miteinander konkurrieren, beträgt der Gewinn jeder Firma Π^w pro Periode. Da das kollusive Kartell den Wettbewerb beschränkt, ist $\Pi^k > \Pi^w$. Solange die anderen $n-1$ Firmen an der kollusiven Vereinbarung festhalten, kann jede einzelne Firma durch einseitiges abweichendes Verhalten den Gewinn $\Pi^a > \Pi^k$ erzielen, indem sie gegen die anderen Firmen in Konkurrenz tritt. Insgesamt gilt also

$$\Pi^a > \Pi^k > \Pi^w. \tag{4.10}$$

Bei kollusivem Verhalten erzielen alle Firmen einen höheren Gewinn als bei der Konkurrenzlösung. Da jedoch jede Firma einen Anreiz hat, von der kollusiven Vereinbarung abzuweichen, ist in einem statischen Wettbewerbsmarkt kollusives Verhalten nicht stabil.

Beispiel 4.1.3. In einem homogenen Cournot–Markt sei die inverse Nachfrage $P(\bar{x}) = a - b\bar{x}$, wobei $\bar{x}$ der gesamte Output der n Firmen ist. Alle Produzenten haben die selbe Kostenfunktion $C_j(x_j) = c\,x_j$, $0 \leq c < a$. Der Gewinn des Produzenten j beträgt daher $[P(\bar{x}) - c]x_j$. Bei der Cournot–Wettbewerbslösung (siehe Beispiel 3.1.2) produziert jede Firma die Menge $x^c = (a - c)/[b(n + 1)]$, so dass

$$\Pi^w = (a - b\,n\,x^c - c)\,x^c = \frac{(a - c)^2}{b\,(n + 1)^2}.$$

Falls sich die Firmen auf den Output x^k verständigen, beträgt der Gewinn jeder einzelnen Firma $(a - b\,n\,x^k - c)x^k$. Der optimale kollusive Output ist daher $x^k = (a - c)/(2\,b\,n)$ und der Gewinn bei Kollusion beträgt

$$\Pi^k = \left(a - b\,n\,x^k - c\right)x^k = \frac{(a - c)^2}{4\,b\,n}.$$

Solange sich alle anderen Firmen an die Vereinbarung x^k halten, ist es für eine einzelne Firma optimal, entsprechend ihrer Cournot–Reaktionsfunktion (siehe Beispiel 3.1.2) den Output $x^a = 0.5(a - c)/b - 0.5(n - 1)x^k = (n + 1)(a - c)/(4\,b\,n)$ anzubieten. Sie erzielt so den Gewinn

$$\Pi^a = \left(a - b\,(n - 1)x^k - b\,x^a - c\right)x^a = \frac{(n + 1)^2(a - c)^2}{16\,b\,n^2}.$$

Da $n \geq 2$, treffen die Ungleichungen in (4.10) zu.

Beispiel 4.1.4. Wie im vorangehenden Beispiel betrachten wir einen homogenen Markt mit der Nachfragefunktion $D(p) = (a - p)/b$. Die Stückkosten jeder der n Firmen betragen $c < a$. Wenn die Firmen als Bertrand–Wettbewerber miteinander konkurrieren, erzielen sie den Gewinn

$$\Pi^w = 0.$$

Wenn die Firmen sich auf den kollusiven Preis p^k verständigen, teilt sich die Nachfrage gleichmäßig auf die n Anbieter auf und jeder erzielt den Gewinn $(p^k - c)(a - p^k)/(b\,n)$. Dieser Gewinn wird durch $p^k = 0.5(a + c)$ maximiert, so dass

$$\Pi^k = \frac{(a - c)^2}{4\,b\,n}.$$

Eine einzelne Firma kann von dem vereinbarten Preis p^k abweichen, indem sie diesen um eine beliebig kleine Einheit unterbietet. Da sie dadurch die gesamte Marktnachfrage gewinnt, kann sie so approximativ den Gewinn

$$\Pi^a = \frac{(a-c)^2}{4\,b}.$$

erzielen. Da $n \geq 2$, trifft (4.10) auch hier zu.

Bei dynamischem Wettbewerb können die Firmen ihr Verhalten in jeder Periode davon abhängig machen, ob sich die anderen Firmen in den Vorperioden an die kollusive Absprache gehalten haben oder nicht. Eine relativ einfache Strategie für jeden Anbieter besteht darin, sich kollusiv zu verhalten, solange in der Vergangenheit keine der anderen Firmen von der kollusiven Absprache abgewichen ist. Sobald aber eine der Firmen in Periode t von der kollusiven Vereinbarung abweicht, verhalten sich alle Firmen in den Folgeperioden als Konkurrenten. Diese Strategien können ein kollusives Kartell stabilisieren, da jede Firma antizipiert, dass abweichendes Verhalten nur aus kurzfristiger Sicht profitabel ist. Langfristig dagegen wird ein solches Verhalten durch den Zusammenbruch der Kollusion und die Konkurrenzmarktlösung bestraft.

Die Firmen diskontieren zukünftige Gewinne mit dem Faktor $0 < \delta < 1$. Wenn sich alle Firmen an die kollusive Vereinbarung halten, ist zu jedem Zeitpunkt t der diskontierte Gegenwartswert der zukünftigen Gewinne für jede Firma gleich

$$\sum_{\tau=0}^{\infty} \delta^\tau\, \Pi^k = \frac{\Pi^k}{1-\delta}. \tag{4.11}$$

Wenn eine einzelne Firma zum Zeitpunkt t die kollusive Vereinbarung bricht, realisiert sie in der betreffenden Periode den Gewinn Π^a. In den folgenden Perioden jedoch werden auch die anderen Firmen ihr kollusives Verhalten aufgeben und alle Firmen werden miteinander in Wettbewerb treten. Folglich beträgt der diskontierte Gegenwartswert der Gewinne bei abweichendem Verhalten

$$\Pi^a + \sum_{\tau=1}^{\infty} \delta^\tau\, \Pi^w = \Pi^a + \frac{\delta}{1-\delta}\, \Pi^w. \tag{4.12}$$

Kollusives Verhalten ist stabil, wenn der Gegenwartswert der Gewinne in (4.11) nicht kleiner ist als in (4.12). Dann steht sich jede Firma dadurch besser, dass sie die Kartellvereinbarung einhält. Dies ist der Fall, wenn

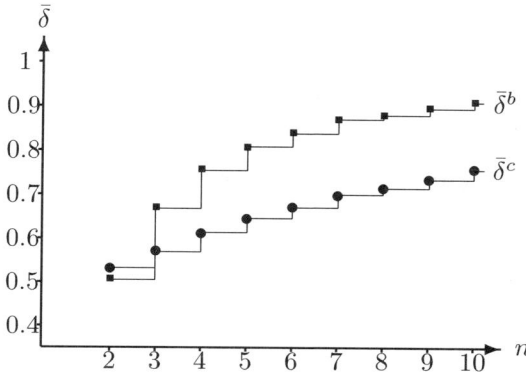

Abb. 4.3. *Kollusion und dynamischer Wettbewerb*

$$\delta \geq \bar{\delta} \equiv \frac{\Pi^a - \Pi^k}{\Pi^a - \Pi^w}. \tag{4.13}$$

Wenn δ nahe genug bei Eins liegt, ist kollusives Verhalten stabil.[9] Durch abweichendes Verhalten kann eine Firma kurzfristig ihren Gewinn um $\Pi^a - \Pi^k$ steigern. Dem steht langfristig eine Reduzierung des Gewinns um den Betrag $\Pi^k - \Pi^w$ gegenüber, da das kollusive Kartell zusammenbricht. Jede der Firmen hat einen Anreiz, sich an die stillschweigende Vereinbarung zu halten, wenn sie diese langfristigen Verluste nicht allzu stark diskontiert. Wir können $\bar{\delta}$ als ein (inverses) Maß für die Stabilität kollusiver Vereinbarungen interpretieren. Je höher $\bar{\delta}$ ist, umso unwahrscheinlicher ist es, dass der Diskontfaktor δ die Bedingung (4.13) erfüllt.

Beispiel 4.1.5. In einem homogenen Markt mit einer linearen Nachfrage und konstanten Stückkosten ergibt sich bei Cournot–Wettbewerb aus Beispiel 4.1.3 der kritische Diskontfaktor

$$\bar{\delta}^c = \frac{(n+1)^2}{n^2 + 6\,n + 1}.$$

Bei Bertrand–Wettbewerb erhalten wir aus Beispiel 4.1.4 den kritischen Diskontfaktor

$$\bar{\delta}^b = \frac{n-1}{n}.$$

Wie Abbildung 4.3 illustriert, steigt sowohl $\bar{\delta}^c$ wie auch $\bar{\delta}^b$ in n. Unabhängig von der Form des Wettbewerbs ist die Stabilität eines kollusiven Kartells

---

[9] Da $\Pi^k > \Pi^w$, ist $\bar{\delta} < 1$. Das in (4.13) abgeleitete Ergebnis ist in der Spieltheorie als das 'Folk Theorem' für unendlich wiederholte Spiele bekannt. Siehe Friedman (1971), Rubinstein (1979), Fudenberg und Maskin (1986) und Abreu (1988).

umso eher gefährdet, je größer die Zahl der beteiligten Firmen ist. Wenn sich mehr als 2 Firmen im Markt befinden, besteht bei Bertrand–Wettbewerb ein größerer Anreiz, von der kollusiven Vereinbarung abzuweichen, als bei Cournot–Wettbewerb.

Die oben beschriebenen Strategien können nur dann kollusives Verhalten stabilisieren, wenn es aus der Sicht der beteiligten Firmen keine definitiv letzte Periode der Interaktion gibt. Ansonsten wäre es nicht möglich, abweichendes Verhalten in der letzten Periode T durch die Rückkehr zum Konkurrenzgleichgewicht zu bestrafen. Zum Zeitpunkt T wäre daher das Kartell nicht aufrecht zu erhalten und die Firmen könnten nur den Wettbewerbsgewinn Π^w realisieren. Sie würden diese Tatsache aber auch schon in der Periode $T-1$ antizipieren, so dass bereits zu diesem Zeitpunkt das kollusive Kartell zusammenbricht. Dasselbe Argument gilt dann ebenso für die Periode $T-2$ und per rückwärtiger Induktion für alle Perioden $t = 0, ..., T$. Aus diesem Grunde kann dynamischer Wettbewerb nur dann kollusives Verhalten erklären, wenn die Firmen in jeder Periode davon ausgehen, dass sie – zumindest mit positiver Wahrscheinlichkeit – auch noch in der nächsten Periode im Markt aktiv sein werden.[10]

Eine andere Voraussetzung dynamischer Kollusion besteht darin, dass die Unternehmen in der Lage sind, abweichendes Verhalten hinreichend schnell zu erkennen und darauf zu reagieren. Zur Illustration modifizieren wir das obige Modell und nehmen an, dass die Firmen auf eine Abweichung von der stillschweigenden Vereinbarung nicht unmittelbar in der nächsten Periode, sondern erst in der zweiten Folgeperiode reagieren können. Der in (4.12) beschriebene Gewinn bei abweichendem Verhalten erhöht sich dann auf

$$\Pi^a \left(1 + \delta\right) + \sum_{\tau=2}^{\infty} \delta^\tau \, \Pi^w = \Pi^a \left(1 + \delta\right) + \frac{\delta^2}{1-\delta} \, \Pi^w \qquad (4.14)$$

und ist nur dann nicht größer als der Kartellgewinn in (4.11), wenn

$$\delta \geq \tilde{\delta} \equiv \left[\frac{\Pi^a - \Pi^k}{\Pi^a - \Pi^w} \right]^{1/2} . \qquad (4.15)$$

Da $\tilde{\delta} = \bar{\delta}^{1/2} > \bar{\delta}$, zeigt der Vergleich mit (4.13), dass bei zeitlich verzögerter Reaktion die Stabilität der kollusiven Lösung abnimmt.

---

[10] Wenn das Ende des Marktes in jeder Periode mit Wahrscheinlichkeit $1-\alpha$ eintritt, lässt sich dieses einfach dadurch berücksichtigen, dass der Diskontfaktor δ durch $\delta\alpha$ ersetzt wird.

Im Prinzip können die Unternehmen 'heimliches' Abweichen von der Kartellabsprache daran erkennen, dass ihr Absatz und ihr Gewinn sinkt. Bei stochastischen Schwankungen der Marktnachfrage lässt sich jedoch abweichendes Verhalten auf diese Weise nicht präzise identifizieren. Wenn der Absatz einer Firma relativ gering ist, kann sie nicht mit Sicherheit darauf schließen, dass eine andere Firma von der kollusiven Strategie abgewichen ist. Die Ursache des geringen Absatzes könnte ja auch mit einem Rückgang der Marktnachfrage zusammenhängen. Green und Porter (1984) zeigen, dass die Nichtbeobachtbarkeit von Nachfrageschocks dazu führt, dass das kollusive Kartell in Perioden geringer Nachfrage zusammenbricht.[11] Um abweichendes Verhalten abzuschrecken, sind die Mitglieder des kollusiven Kartells gezwungen, auf eine niedrige Absatzrealisierung mit Konkurrenzverhalten zu reagieren. Somit destabilisiert eine geringe Marktnachfrage den Fortbestand des Kartells.

Das obige Modell dynamischen Wettbewerbs unterstellt, dass die im Markt aktiven Firmen identisch sind. Aus theoretischer Sicht ist dies lediglich eine vereinfachende Annahme. Dennoch erscheint es plausibel, dass in der Realität kollusive Absprachen einfacher sind, wenn das Angebot der Firmen annähernd homogen ist und keine großen Unterschiede in den Produktionskosten bestehen. Wenn dies nicht der Fall ist, werden Absprachen relativ kompliziert, da sie die Unterschiede zwischen den Kartellmitgliedern berücksichtigen müssen. Dies erhöht die Transaktions- und Kontrollkosten eines kollusiven Kartells.

4.2 Anbieterkonzentration und Fusionen

4.2.1 Die Messung der Anbieterkonzentration

Die Anbieterkonzentration in einem Markt stellt eine Maßzahl für die Verteilung der Marktanteile der Unternehmen dar. Die Anbieterkonzentration wird als umso höher angesehen, je ungleicher die Verteilung der Marktanteile ist. Die wichtigsten Konzentrationsmaße sind der *Konzentrationsgrad* und der *Herfindahl* Index.[12]

---

[11] Eine spieltheoretische Verallgemeinerung dieses Modells wird von Abreu, Pearce und Stacchetti (1990) und von Fudenberg, Levine und Maskin (1994) untersucht. Für den Fall, dass die Höhe der Nachfrageschocks den Firmen bekannt ist, zeigen jedoch Rotemberg und Saloner (1986), dass kollusives Verhalten sich in Perioden mit einer niedrigen Nachfrage eher aufrecht erhalten lässt als in Perioden mit einer hohen Nachfrage.

[12] Einen Überblick über eine Reihe verschiedener Konzentrationsindizes geben Curry und George (1983).

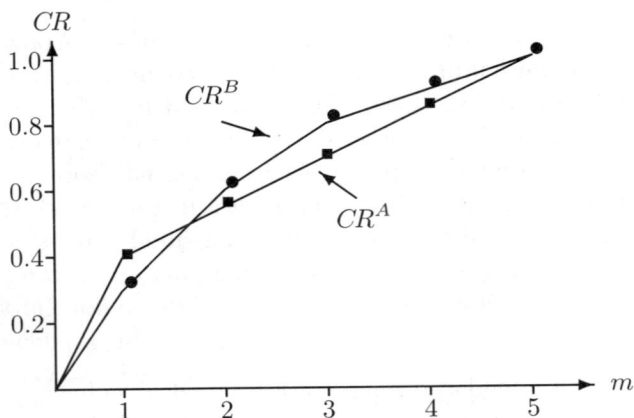

Abb. 4.4. *Konzentrationsgrad und Konzentrationskurve*

Um den *Konzentrationsgrad* einer Industrie zu ermitteln, werden zunächst die Marktanteile s_j der Unternehmen $j = 1, ..., n$ nach ihrer Größe geordnet, so dass $s_1 \geq s_2 \geq ... \geq s_n$. Der Konzentrationsgrad

$$CR(m) \equiv \sum_{j=1}^{m} s_j \tag{4.16}$$

gibt dann den kumulierten Marktanteil der m größten Unternehmen an. Offensichtlich reagiert das Maß $CR(m)$ nur auf Veränderungen, welche die m Firmen mit den höchsten Marktanteilen betreffen. Wenn sich z.B. zwei Firmen j und i zusammenschließen und der Marktanteil der fusionierten Firma $s_i + s_j$ beträgt, so steigt der Konzentrationsgrad $CR(m)$ nur dann an, wenn das neue Unternehmen nach der Fusion zu den m größten Firmen der betreffenden Industrie zählt. Insbesondere ist der Konzentrationsgrad unabhängig von der Anzahl der im Markt aktiven Firmen.

Für verschiedene Werte von m ergibt sich aus dem Konzentrationsgrad die *Konzentrationskurve* $CR(\cdot)$. Falls alle Firmen den gleichen Marktanteil haben, ist $CR(m) = m/n$ und die Konzentrationskurve verläuft linear. Im Falle des Monopols ist $s_1 = 1$ und somit ist $CR(m) = 1$ für alle m. Solange die Konzentrationskurve einer Industrie gänzlich oberhalb der Konzentrationskurve einer anderen Industrie liegt, ist die Anbieterkonzentration in der ersten Industrie eindeutig höher. Es ist jedoch möglich, dass die Konzentrationskurven verschiedener Industrien sich schneiden. In diesem Fall erlaubt der Konzentrationsgrad keine allgemeine Aussage darüber, welche dieser Industrien eine höhere Anbieterkonzentration aufweist.

Beispiel 4.2.1. Abbildung 4.4 stellt zwei mögliche Konzentrationskurven einer Industrie mit $n = 5$ Unternehmen dar. Der Konzentrationskurve CR^A liegen die Marktanteile $s_1^A = 0.4$ und $s_2^A = s_3^A = s_4^A = s_5^A = 0.15$ zugrunde. Die Konzentrationskurve CR^B ergibt sich, wenn die Marktanteile der Firmen $s_1^B = s_2^B = 0.3$, $s_3^B = 0.2$ und $s_4^B = s_5^B = 0.1$ sind.

Ein alternatives Konzentrationsmaß stellt der Herfindahl–Index

$$H = \sum_{j=1}^{n} s_j^2 \qquad (4.17)$$

dar. Er berechnet sich als die Summe der Quadrate der Marktanteile. Da bei dieser Berechnung größere Marktanteile stärker gewichtet werden, deutet ein höherer Index H auf eine höhere Anbieterkonzentration hin. Dabei ist $1/n \leq H \leq 1$. Der Herfindahl–Index nimmt den Wert $1/n$ an, wenn alle Firmen gleich groß sind. Im Extremfall $H = 1$ monopolisiert ein einziges Unternehmen den Markt. Wenn nach einem Zusammenschluss zweier Unternehmen j und i der Marktanteil des fusionierten Unternehmen $s_j + s_i$ beträgt, erhöht die Fusion den Herfindahl–Index, da $s_j^2 + s_i^2 < (s_j + s_i)^2$.

Beispiel 4.2.2. Für die in Beispiel 4.2.1 angegebenen Marktanteile ist der Herfindahl–Index $H^A = 0.4^2 + 4 \cdot 0.15^2 = 1/4 = 25\%$ bzw. $H^B = 2 \cdot 0.3^2 + 0.2^2 + 2 \cdot 0.1^2 = 6/25 = 24\%$.

Oft werden Indizes der Anbieterkonzentration als (inverse) Indikatoren der Wettbewerbsintensität angesehen. Wie wir in Kapitel 3.1 in Gleichung (3.9) gezeigt haben, ist tatsächlich im Cournot–Gleichgewicht die Wettbewerbsintensität umgekehrt proportional zum Verhältnis von Herfindahl–Index und Nachfrageelastizität. Dennoch gibt es keinen kausalen Zusammenhang zwischen der Anbieterkonzentration und dem Marktergebnis, da die Marktanteile der Unternehmen keine exogenen Größen darstellen. Sie hängen u.a. ab von der Kostenstruktur, der Form des Wettbewerbs und dem Grad der Produktdifferenzierung. Insbesondere besteht kein eindeutiger Zusammenhang zwischen der Höhe der Anbieterkonzentration und der Effizienz eines Marktes. Wenn es z.B. einer Firma gelingt, durch eine Senkung ihrer Produktionskosten ihren Marktanteil zu erhöhen, kann sich dies durchaus positiv auf die Wohlfahrt auswirken, obwohl die Anbieterkonzentration in diesem Markt steigt.[13] Dagegen reduziert sich die Wohlfahrt, wenn die Anbieterkonzentration durch einen Unternehmenszusammenschluss steigt, der lediglich den Wettbewerb reduziert und nicht mit Kostenersparnissen verbunden ist.

Beispiel 4.2.3. Im Hotelling Modell des Kapitels 3.2.3 ist nach Gleichung (3.35) $s_1 = 0.5(t + p_2 - p_1)/t$ und $s_2 = 1 - s_1$. Im Gleichgewicht ist wegen (3.39)

$$s_1 = \frac{c_2 - c_1 + 3t}{6t}, \quad s_2 = \frac{c_1 - c_2 + 3t}{6t}.$$

Daraus folgt

$$CR(1) = \max[s_1, s_2], \quad H = \frac{(c_1 - c_2)^2 + 9t^2}{18t^2}.$$

Sowohl $CR(1)$ wie auch H sind umso höher, je größer der Kostenunterschied $|c_1 - c_2|$ zwischen den beiden Firmen ist. Für $c_1 < c_2$ fällt der Konzentrationsgrad $CR(1) = s_1$ in t, obwohl die Wettbewerbsintensität mit steigendem t abnimmt. Der Herfindahl–Index ist eine fallende Funktion von t, wenn $c_1 \neq c_2$.

4.2.2 Unternehmenszusammenschlüsse

Als Unternehmenszusammenschluss oder Fusion wird die Vereinigung von Unternehmen zu einer wirtschaftlichen Einheit bezeichnet. Wir betrachten im folgenden horizontale Fusionen, bei denen sich Unternehmen auf der gleichen Produktions- oder Handelsstufe vereinigen.[14] Aus der Sicht der beteiligten Unternehmen lassen sich zwei verschiedene Anreize für Zusammenschlüsse unterscheiden. Zum einen kann eine Fusion durch die Erzielung von *Synergieeffekten* motiviert sein. Solche Effekte liegen vor, wenn durch die Fusion Skalenerträge in der Produktion oder Verbundvorteile ausgenutzt werden und dadurch die Produktionskosten sinken. Aus wettbewerbstheoretischer Sicht ist die Ausnutzung solche Effekte zweifellos wünschenswert. Zum anderen wird durch eine Fusion zweier Konkurrenten aber auch die Zahl der Wettbewerber reduziert. Da sich die *Marktmacht* der Unternehmen erhöht, sinkt die allokative Effizienz des Marktes. Für die wohlfahrtstheoretische Einschätzung von Zusammenschlüssen besteht daher ein Trade–off zwischen produktiver und allokativer Effizienz.

---

[13] Demsetz (1973) und Peltzman (1977) argumentieren daher, dass eine hohe Anbieterkonzentration durchaus ein Zeichen hoher Effizienz darstellen kann.

[14] Bei einer vertikalen Fusion schließen sich Unternehmen auf vor- und nachgelagerten Stufen zusammen.

$C(x)/x$

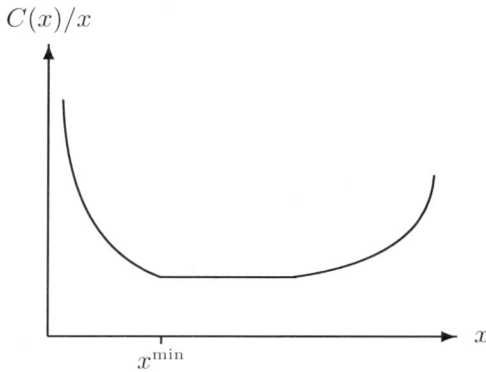

$x^{\min}$ x

Abb. 4.5. *Die minimale effiziente Betriebsgröße*

Solange einzelne Unternehmen im Bereich sinkender Durchschnittskosten operieren, lassen sich durch eine Zusammenfassung der Produktion Synergievorteile realisieren. Wenn z.B. zwei Unternehmen $j = 1, 2$
dasselbe Gut produzieren und die gleiche Kostenfunktion $C(\cdot)$ haben,
ist es günstiger, die Outputs x_1 und x_2 in einer einzigen Firma zu
produzieren, wenn[15]

$$C(x_1) + C(x_2) > C(x_1 + x_2). \tag{4.18}$$

Die *minimale effiziente Betriebsgröße* stellt die Mindestgröße eines Unternehmens dar, bei der die Durchschnittskosten ein Minimum haben.
Bei der in Abbildung 4.5 dargestellten Durchschnittskostenfunktion
ist die minimale effiziente Betriebsgröße durch $x^{\min}$ gegeben. Reicht die
auf das einzelne Unternehmen entfallende Nachfrage nicht aus, so kann
eine Fusion möglicherweise dazu dienen, eine effizientere Betriebsgröße
zu erreichen.

Eine wichtige Ursache für Synergieeffekte sind typischerweise *Skalenerträge* oder Größenvorteile. Diese können sich nicht nur in der Produktion, sondern auch in der Forschung und Entwicklung und beim
Marketing von Produkten ergeben. Die wichtigsten Ursachen für Skalenerträge sind vom Produktionsvolumen unabhängige Fixkosten, Spe-
zialisierungsvorteile, Unteilbarkeiten in der Produktion und 'Learning
by Doing'. Weiterhin können Synergieeffekte durch *Verbundvorteile* in
der Produktion verschiedener Güter begründet sein. So ist es denkbar,

---

[15] Wenn (4.18) für alle x_1 und x_2 erfüllt ist, wird die Kostenfunktion als 'subadditiv'
bezeichnet. Subadditivität liegt vor, wenn die Durchschnittskosten $C(x)/x$ für
alle x fallend sind.

dass die Herstellung solcher Güter deshalb günstiger in einem einzigen Unternehmen erfolgt, da ihre Produktion gemeinschaftlich nutzbare Inputs voraussetzt. Ebenso können sich z.B. bei komplementären Gütern Koordinationsvorteile beim Absatz und Marketing ergeben. Den positiven Synergieeffekten eines Zusammenschlusses stehen möglicherweise Effizienzverluste entgegen, die mit der innerbetrieblichen Organisation eines größeren Unternehmens zusammenhängen. So kann z.B. die Zusammenführung von Abteilungen zu Problemen bei der Koordination und Motivation der Mitarbeiter führen.[16]

Dem wohlfahrtstheoretisch positiven Aspekt einer Erhöhung der produktiven Effizienz steht die Erhöhung der Marktmacht als Motiv für horizontale Unternehmensfusionen gegenüber. Um dieses Motiv zu isolieren, abstrahieren wir im weiteren von Synergieeffekten, die evtl. bei einem Zusammenschluss eine Rolle spielen. Zunächst analysieren wir die Anreize für einen horizontalen Zusammenschluss in einem Cournot–Markt, in dem n identische Firmen aktiv sind.[17] Die inverse Nachfrage sei $P(\bar{x}) = a - b\,\bar{x}$, wobei $\bar{x}$ das aggregierte Angebot bezeichnet. Wenn die Stückkosten der Produktion $c < a$ betragen, produziert im Cournot–Gleichgewicht jede Firma den Output[18]

$$x^c(n) = \frac{a - c}{b(1 + n)}. \tag{4.19}$$

In Abhängigkeit von der Zahl n der Anbieter beträgt dann der Gewinn jedes einzelnen Unternehmens

$$\Pi^c(n) = [P(nx^c) - c]\, x^c = \frac{(a - c)^2}{b\,(1 + n)^2}. \tag{4.20}$$

Wenn sich nun zwei Firmen zu einer Firma zusammenschließen, reduziert sich dadurch die Gesamtzahl der Anbieter auf $n - 1$ und nach der Fusion erzielt jede der $n - 1$ Firmen den Gewinn $\Pi^c(n - 1)$. Auf jeden Fall erscheint die Fusion aus der Sicht der nicht beteiligten Firmen attraktiv, da $\Pi^c(n - 1) > \Pi^c(n)$. Die beiden an der Fusion beteiligten Firmen haben dagegen vor dem Zusammenschluss einen Gesamtgewinn in Höhe von $2\,\Pi^c(n)$. Die Fusion ist für sie daher nur dann profitabel, wenn $\Pi^c(n - 1) > 2\,\Pi^c(n)$. Wegen (4.20) erfordert diese Ungleichung, dass

---

[16] Effizienzverluste, die mit der innerbetrieblichen Organisation zusammenhängen, werden von Leibenstein (1966) als 'X–Ineffizienz' bezeichnet.

[17] Die folgende Argumentation geht zurück auf Salant, Switzer und Reynolds (1983). Siehe auch Gaudet und Salant (1991b).

[18] Siehe Beispiel 3.1.2.

$$1 + 2\,n - n^2 > 0. \tag{4.21}$$

Diese Bedingung trifft für $n = 2$ zu. Für $n \geq 3$ ist sie jedoch nicht erfüllt. Eine Fusion erhöht den Gewinn der beteiligten Firmen nur dann, wenn sich ein Duopol zu einem Monopol zusammenschließt. Wenn aber mehr als zumindest drei Unternehmen im Markt aktiv sind, haben zwei einzelne Firmen keinen Anreiz zu fusionieren.

Insgesamt erscheint die Erhöhung der Marktmacht als Motiv für Unternehmenszusammenschlüsse in einem Cournot–Markt eher unbedeutend. Dieses Ergebnis hängt mit dem strategischen Effekt der Fusion auf die Angebotsentscheidungen der Unternehmen zusammen:[19] Durch die Fusion sinkt die Zahl der Anbieter von n auf $n-1$. Die fusionierten Firmen nutzen die Erhöhung ihrer Marktmacht dazu aus, ihren Gesamtoutput von $2\,x^c(n)$ auf $x^c(n-1)$ zu senken. Entsprechend dem üblichen Cournot–Reaktionsverhalten induziert diese Outputreduktion jedoch eine Angebotserhöhung der nicht an der Fusion beteiligten Firmen. Jede von ihnen erhöht ihr Angebot von $x^c(n)$ auf $x^c(n-1)$. Durch diese Reaktion verringert sich die auf das fusionierte Unternehmen entfallende Nachfrage. Wie die obige Analyse zeigt, führt dieser Effekt dazu, dass eine Fusion in der Regel nicht profitabel ist.[20]

Im Cournot–Modell lassen sich Unternehmenszusammenschlüsse eher durch Synergieeffekte als durch das Streben nach Marktmacht erklären.[21] Sie erscheinen daher aus wettbewerbspolitischer Sicht weniger bedenklich.[22] Eine skeptischere Einschätzung von Fusionen ergibt sich jedoch, wenn man das Bertrand–Modell als Beschreibung oligopolistischen Wettbewerbs betrachtet. Bei Preiswettbewerb reicht das Motiv der Erhöhung der Marktmacht aus, Fusionen profitabel erscheinen zu lassen. Wir illustrieren dies an Hand eines Marktes, in dem zunächst $n \geq 3$ Firmen je ein horizontal differenziertes Gut anbieten. In diesem Markt sei die Nachfrage nach Gut j beschrieben durch

$$x_j = \frac{1}{n} + \bar{p}_j - p_j, \tag{4.22}$$

---

[19] Die allgemeine Rolle strategischer Effekte wird in Kap. 6.2.2 auf S. 215ff diskutiert.

[20] Baye, Crocker und Ju (1996) zeigen, dass es für ein Unternehmen sogar gewinnbringend sein kann, sich in verschiedene unabhängige Einheiten aufzuspalten.

[21] Perry und Porter (1985) untersuchen, welche Bedingungen die Kostenstruktur erfüllen muss, damit eine Fusion profitabel ist.

[22] Die Synergieeffekte einer Fusion müssen allerdings relativ groß sein, damit sie sich auch in einem niedrigeren Preis für die Konsumenten niederschlagen; siehe Farrell und Shapiro (1990).

wobei

$$\bar{p}_j \equiv \frac{\sum_{i \neq j} p_i}{n-1} \tag{4.23}$$

der Durchschnittspreis der übrigen Güter ist. Wenn wir zur Vereinfachung annehmen, dass die Produktion der Güter keine Kosten verursacht, lautet die Bertrand–Reaktionsfunktion der Firma j

$$p_j = R_j^b(\bar{p}_j) = \frac{1}{2}\left[\bar{p}_j + \frac{1}{n}\right]. \tag{4.24}$$

Im symmetrischen Gleichgewicht ist $p_j = \bar{p}_j$. Daher bietet jede Firma das Gut zum Preis $p^b = 1/n$ an und erzielt den Gewinn $\Pi^b = 1/n^2$.

Wenn sich nun z.B. die Firmen 1 und 2 zu einem Unternehmen f zusammenschließen, produziert Firma f die beiden Güter 1 und 2 und bietet sie zum Preis $p_f = p_1 = p_2$ an. Wir bezeichnen mit $p_u = p_3 = p_4 = \dots p_n$ den Preis der übrigen $n-2$ Anbieter. Der Gewinn der Firma f ist dann gleich

$$\Pi_f = 2 p_f \left[\frac{1}{n} + \frac{p_f + (n-2)p_u}{n-1} - p_f\right]. \tag{4.25}$$

Aus der Bedingung erster Ordnung für die Maximierung von Π_f erhalten wir den Preis

$$p_f = \frac{1}{2}\left[p_u + \frac{n-1}{n(n-2)}\right]. \tag{4.26}$$

Für alle anderen Firmen $j = 3, \dots, n$ beschreibt die Reaktionsgleichung (4.24) ihr optimales Preissetzungsverhalten, so dass

$$p_u = \frac{1}{2}\left[\frac{2 p_f + (n-3)p_u}{n-1} + \frac{1}{n}\right]. \tag{4.27}$$

Die Lösung der beiden Gleichungen (4.26) und (4.27) ergibt die Gleichgewichtspreise

$$p_f^b = \frac{(n-1)(2n-1)}{2 n^2(n-2)}, \quad p_u^b = \frac{(n-1)^2}{n^2(n-2)}. \tag{4.28}$$

Es ist $p_f^b > p_u^b > 1/n$. Der Zusammenschluss zweier Anbieter zu einer Firma hat also nicht nur zur Folge, dass der Preis für die beiden von der fusionierten Firma produzierten Güter steigt. Es reagieren auch die an der Fusion nicht beteiligten Firmen mit einer Preiserhöhung. Ebenso wie im Cournot–Modell gewinnen diese Firmen durch den Zusammenschluss, da sich ihre Nachfrage durch die Preissetzung der fusionierten Firma erhöht.

Indem wir die Lösung (4.28) in (4.25) einsetzen, erhalten wir das Ergebnis

$$\Pi_f^b = \frac{(n-1)(2\,n-1)^2}{2\,n^4(n-2)} > \frac{2}{n^2} = 2\,\Pi^b. \tag{4.29}$$

Der Gewinn der fusionierten Firma ist höher als der Gesamtgewinn der beiden einzelnen Firmen vor dem Zusammenschluss. Bei Preiswettbewerb ist eine Fusion selbst dann gewinnbringend, wenn keine Synergieeffekte vorliegen.[23]

Die Steigerung der Marktmacht als erklärendes Motiv für Unternehmensfusionen hängt also kritisch davon ab, ob die Unternehmen als Mengen- oder Preiswettbewerber agieren. Die Ursache dafür, dass wir bei Preiswettbewerb ein anderes Ergebnis als bei Mengenwettbewerb erhalten, ist der unterschiedliche strategische Effekt, den eine Fusion zweier Unternehmen hervorruft.[24] Bei Bertrand–Wettbewerb nutzt das fusionierte Unternehmen seine höhere Marktmacht dazu aus, höhere Preise zu verlangen. Die Konkurrenten reagieren auf diese Preiserhöhung, indem auch sie ihre Preise anheben. Diese Reaktion wirkt sich positiv auf den Gewinn des fusionierten Unternehmens aus. In einem Bertrand–Markt mit unvollständigen Substituten besteht daher stets ein Anreiz, durch Unternehmenszusammenschlüsse die Marktmacht auszuweiten.

4.3 Marktzutrittsabschreckung

4.3.1 Kapazitätswahl und Marktzutritt

Verdrängungswettbewerb bezeichnet den Versuch eines marktbeherrschenden Unternehmens, seine Konkurrenz durch Preisunterbietungen (Predatory Pricing) oder durch die Wahl eines entsprechenden Produktionsvolumens aus dem Markt zu drängen. Eine solche Strategie hat

---

[23] Dieses Ergebnis geht zurück auf Deneckere und Davidson (1985).

[24] Die allgemeine Rolle strategischer Effekte wird in Kap. 6.2.2 auf S. 215ff diskutiert.

das Ziel, nach der Verdrängung einen erhöhten Preis zu erzielen. Eine ähnliche Zielsetzung liegt der Strategie der *Marktzutrittsabschreckung* zugrunde. Hierbei versucht ein marktmächtiges Unternehmen, durch niedrige Preise (Limit Pricing) oder ein hohe Angebotsmenge den Marktzutritt von Wettbewerbern zu verhindern. Offensichtlich machen diese Verhaltensweisen nur dann Sinn, wenn das betreffende Unternehmen durch das Ausschalten der Konkurrenz seinen Gewinn erhöhen kann.

Im folgenden untersuchen wir, unter welchen Bedingungen es für einen Anbieter möglich und profitabel ist, durch die Höhe seines Outputs oder seine Produktionskapazität einen potentiellen Konkurrenten am Marktzutritt zu hindern. Dazu betrachten wir einen homogenen Markt mit der inversen Nachfragefunktion $P(\cdot)$. Firma 1 ist bereits als Monopolist in diesem Markt aktiv. Ihre Monopolposition wird jedoch durch eine Firma 2 bedroht, die überlegt, ob sie in den Markt eintreten soll oder nicht. Vereinfachend nehmen wir an, dass die variablen Produktionskosten beider Firmen Null sind. Wenn Firma 2 in den Markt eintritt, hat sie jedoch zuvor fixe Kosten in Höhe von f aufzuwenden. Die Gewinne der Firmen sind daher

$$\Pi_1(x_1, x_2) = P(x_1 + x_2)x_1, \quad \Pi_2(x_1, x_2) = P(x_1 + x_2)x_2 - f. \ (4.30)$$

Wir unterstellen zunächst, dass Firma 1 als Marktinhaber in der Lage ist, ihre Kapazität x_1 festzulegen, bevor Firma 2 ihre Marktzutrittsentscheidung trifft. Wie wir im weiteren sehen werden, ist die Annahme, dass Firma 1 als Stackelberg–Führer agiert, kritisch dafür, dass sie unter bestimmten Voraussetzungen ihre Monopolposition verteidigen kann. Sie übt durch ihre Kapazitätswahl einen strategischen Effekt auf das Verhalten von Firma 2 aus, die sich entscheidet, ob sie in dem Markt aktiv wird oder nicht, nachdem sie die Wahl von Firma 1 beobachtet hat.[25]

Das Entscheidungsverhalten der Firma 2 hängt vom Output x_1 der Firma 1 ab. Wenn sie in den Markt eintritt, wählt sie als Stackelberg–Folger den Output $x_2 = R_2^c(x_1)$ entsprechend ihrer Cournot–Reaktionsfunktion. Sie erzielt auf diese Weise den Gewinn $\Pi_2(x_1, R_2^c(x_1))$. Offensichtlich ist ihr Gewinn umso niedriger, je höher das Produktionsvolumen der Firma 1 ist.[26] Falls Firma 1 daher einen Output

---

[25] Die Anwendung des Stackelberg–Modells auf das Problem der Marktzutrittsabschreckung geht auf Dixit (1979) und Spence (1977b) zurück. Die allgemeine Rolle strategischer Effekte wird in Kap. 6.2.2 auf S. 215ff diskutiert.

[26] Da $\partial \Pi_2(x_1, R_2^c(x_1))/\partial x_2 = 0$, ist $\partial \Pi_2(x_1, R_2^c(x_1))/\partial x_1 = P'(x_1 + x_2)x_2 < 0$.

oberhalb einer kritischen Grenze x_1^a wählt, lohnt es sich für Firma 2 nicht mehr, die Fixkosten aufzuwenden, um in den Markt einzutreten. Dieser kritische Output x_1^a wird durch die Gleichung

$$\Pi_2\left(x_1^a, R_2^c(x_1^a)\right) = 0 \qquad (4.31)$$

bestimmt.[27] Firma 2 tritt also nur dann in den Markt ein, wenn $x_1 < x_1^a$. In diesem Fall wählt sie den Output $x_2 = R_2^c(x_1)$. Wenn Firma 1 dagegen eine Menge $x_1 \geq x_1^a$ produziert, bleibt sie der einzige Anbieter im Markt.

Als Monopolist würde Firma 1 ihren Gewinn $\Pi_1(x_1, 0)$ durch den Monopoloutput x_1^m maximieren. In einer Situation, in der sie durch Marktzutritt bedroht wird, ist diese Entscheidung möglicherweise nicht optimal. Wenn ihre Kapazitätswahl das Marktzutrittsverhalten des Konkurrenten beeinflusst, lassen sich drei mögliche Fälle unterscheiden. Erstens ist es möglich, dass die Fixkosten der Firma 2 so hoch sind, dass

$$x_1^m \geq x_1^a. \qquad (4.32)$$

In diesem Fall stellt Firma 2 keine echte Bedrohung für den Marktinhaber dar, da der Marktzutritt bereits durch den Monopoloutput 'blockiert' wird. Firma 1 wählt in diesem Fall x_1^m und Firma 2 tritt nicht in den Markt ein. Es findet aber keine Marktzutrittsabschreckung im eigentlichen Sinne statt.

Interessanter ist die Parameterkonstellation $x_1^m < x_1^a$, die in Abbildung 4.6 unterstellt wird. Bei dieser Konstellation steht Firma 1 vor der Wahl, ob sie den Zutritt des Konkurrenten verhindern soll oder nicht. Sie kann einerseits Firma 2 aus dem Markt fernhalten, indem sie ihre Kapazität auf x_1^a festlegt. Bei dieser Strategie erzielt sie den Gewinn $\Pi_1(x_1^a, 0)$. Andererseits kann sie sich mit dem Zutritt der Firma 2 abfinden. Sie wählt dann als Stackelberg–Führer die Kapazität x_1^s, welche den Gewinn $\Pi_1(x_1, R_2^c(x_1))$ maximiert. Folglich wird Firma 1 sich für die Strategie der Marktzutrittsabschreckung entscheiden, wenn

$$\Pi_1(x_1^a, 0) > \Pi_1\left(x_1^s, R_2^c(x_1^s)\right). \qquad (4.33)$$

Firma 1 verhindert den Zutritt der Firma 2, wenn deren Fixkosten in einem mittleren Bereich liegen. Die Obergrenze dieses mittleren Bereichs ergibt sich aus der Voraussetzung $x_1^a > x_1^m$. Die untere Grenze

---

[27] Da Π_2 in f fällt, ist x_1^a umso kleiner, je höher f ist.

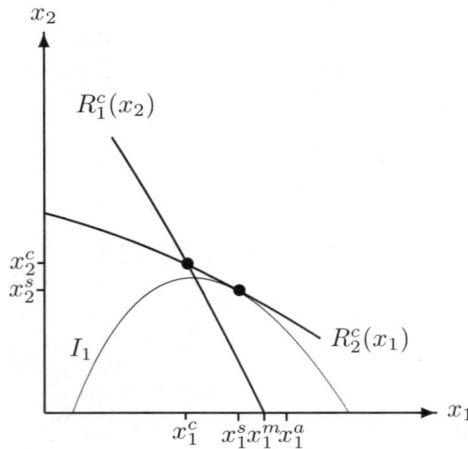

Abb. 4.6. *Kapazitätswahl bei Marktzutritt*

wird dadurch bestimmt, dass der Gewinn der Firma 1 bei der Kapazität x_1^a höher ist als beim Eintritt der Firma 2. Der dritte Fall tritt ein, wenn die Fixkosten der Firma 2 relativ gering sind. In diesem Fall ist

$$\Pi_1\left(x_1^s, R_2^c(x_1^s)\right) \geq \Pi_1(x_1^a, 0), \qquad (4.34)$$

so dass es für Firma 1 optimal ist, sich mit dem Zutritt des Konkurrenten abzufinden. Firma 2 tritt dann in den Markt ein und das Stackelberg–Gleichgewicht (x_1^s, x_2^s) wird realisiert.

Zusammenfassend stellen wir fest, dass Firma 1 bei ihrer Kapazitätswahl als Stackelberg–Führer den Zutritt von Firma 2 abschreckt, wenn Bedingung (4.33) gilt und $x_1^a > x_1^m$. Dieser Fall wird in Abbildung 4.6 illustriert. Der Tangentialpunkt der Isogewinnlinie I_1 der Firma 1 mit der Reaktionsfunktion $R_2^c(\cdot)$ der Firma 2 bestimmt das Stackelberg–Gleichgewicht (x_1^s, x_2^s), welches sich bei Marktzutritt ergibt. Da jedoch der Punkt $(x_1^a, 0)$ unterhalb der Linie I_1 liegt, ist der Gewinn der Firma 1 in diesem Punkt höher als bei (x_1^s, x_2^s). Folglich wählt sie die Kapazität x_1^a und Firma 2 zieht es vor, nicht aktiv zu werden.

Beispiel 4.3.1. Bei der inversen Nachfrage $P(x_1+x_2) = 1-x_1-x_2$ maximiert Firma 2 ihren Gewinn durch den Output $x_2 = R_2^c(x_1) = 0.5(1-x_1)$, so dass

$$\Pi_2(x_1, R_2^c(x_1)) = 0.25(1-x_1)^2 - f.$$

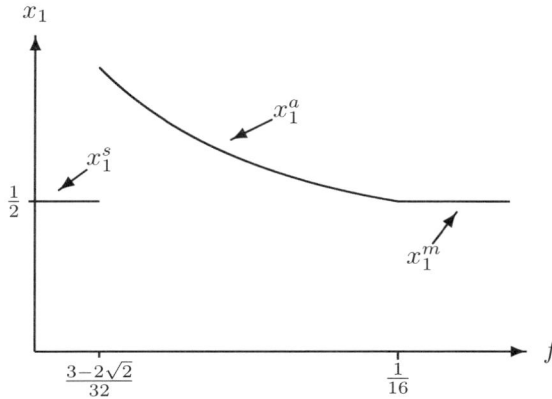

Abb. 4.7. *Marktzutrittsabschreckung und Fixkosten*

Entsprechend (4.31) ist daher $x_1^a = 1 - 2\sqrt{f}$. Da $x_1^m = 1/2$, ist der Marktzutritt von Firma 2 blockiert, wenn $f \geq 1/16$. Für $f < 1/16$ erzielt Firma 1 durch Marktzutrittsabschreckung mit der Kapazität x_1^a den Gewinn $\Pi_1(x_1^a, 0) = 2\sqrt{f}(1 - 2\sqrt{f})$. Bei Marktzutritt beträgt ihr Gewinn $\Pi_1(x_1, R_2^c(x_1)) = 0.5(1 - x_1)x_1$. Daher ist $x_1^s = 1/2$ und $\Pi_1(x_1^s, R_2^c(x_1^s)) = 1/8$. Nach Bedingung (4.33) kommt es daher zur Abschreckung des Marktzutritts, wenn

$$\frac{3 - 2\sqrt{2}}{32} < f < \frac{1}{16}.$$

Falls $f \leq (3 - 2\sqrt{2})/32$, tritt Firma 2 in den Markt ein. Abbildung 4.7 illustriert die Abhängigkeit der Outputentscheidung der Firma 1 von den Marktzutrittskosten f der Firma 2.

Im obigen Modell erfolgen die Outputentscheidungen der Firmen sequentiell. Der Marktinhaber hat den Vorteil, sich langfristig an eine bestimmte Outputentscheidung binden zu können, bevor der potentielle Konkurrent seine Entscheidung trifft. Dieser Vorteil ist wesentlich dafür, dass unter bestimmten Bedingungen Marktzutrittsabschreckung stattfindet. Um dieses zu zeigen, betrachten wir nun ein alternatives Modell des Marktzutritts, in dem wir davon ausgehen, dass der Marktinhaber seine Angebotsentscheidung erst *ex post* festlegt, nachdem ein Konkurrent in den Markt eingetreten ist.

Das Entscheidungsproblem der Firmen wird in Abbildung 4.8 beschrieben. Zunächst entscheidet sich Firma 2, ob sie in den Markt eintritt (E) oder nicht (N). Falls sie sich für N entscheidet, erzielt Firma 1 den Monopolgewinn $\Pi_1(x_1^m, 0)$ und der Gewinn der Firma 2 ist Null. Wenn Firma 2 in den Markt eintritt, wählt sie entsprechend ihrer Cournot–Reaktionsfunktion $R_2^c(\cdot)$ eine Outputmenge, die

$$[\,\Pi_1(R_1^c(x_2), R_2^c(x_1)),$$
$$\Pi_2(R_1^c(x_2), R_2^c(x_1))\,]$$

$$[\,\Pi_1\,(x_1^a, R_2^c(x_1^a))\,,\,0\,]$$

$$[\Pi_1(x_1^m, 0),\,0\,]$$

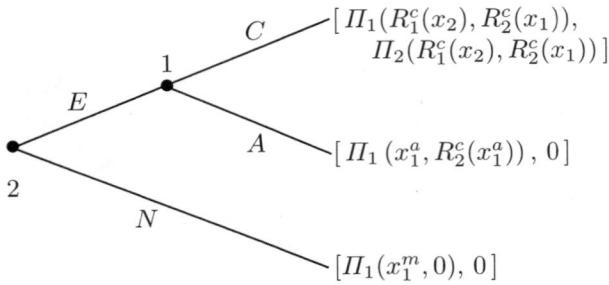

Abb. 4.8. *Unglaubwürdige Marktzutrittsabschreckung*

ihren Gewinn bei gegebenen Verhalten der Firma 1 maximiert. Firma 1 kann auf den Marktzutritt reagieren, indem auch sie sich als Cournot–Duopolist verhält (C) und ihren Output entsprechend ihrer Reaktionsfunktion $R_1^c(\cdot)$ bestimmt. Sie kann aber auch ein aggressives Verhalten (A) wählen, indem sie durch die Outputmenge x_1^a den Gewinn der Firma 2 auf Null reduziert.

Bei dieser Beschreibung der strategischen Interaktion besteht zwar die Möglichkeit, dass Firma 1 die Strategie A wählt. Für Firma 2 ist es dann optimal, sich für N zu entscheiden, da sie durch den Markteintritt keinen Gewinn erzielen kann. Auch für Firma 1 ist die Strategie A optimal, da sie die Drohung, den Konkurrenten zu ruinieren, nicht ausführen muss. Sie produziert stattdessen den Monopoloutput x_1^m, nachdem Firma 2 als Konkurrent ausgeschieden ist. Jedoch erscheint die Strategie der Marktzutrittsabschreckung in diesem Fall nicht völlig plausibel.[28] Wenn Firma 1 nämlich auf rationale Weise ihren Gewinn maximiert, ist es für sie nicht optimal, auf den Marktzutritt mit dem Output x_1^a zu reagieren. Vielmehr wird sie ihren Gewinn maximieren, indem sie ihren Output entsprechend ihrer Reaktionsfunktion $R_1^c(\cdot)$ festlegt. Ihre Drohung, die Strategie A zu wählen, ist daher unglaubwürdig. Wenn Firma 2 antizipiert, dass Firma 1 rational auf den Marktzutritt reagiert, kann sie davon ausgehen, dass durch ihren Markteintritt ein Cournot–Duopol entsteht, dessen Gleichgewichtsoutputs durch den Schnittpunkt der beiden Reaktionsfunktionen bestimmt werden.

---

[28] In der Terminologie der Spieltheorie stellen die Strategien der Firmen zwar ein Nash–Gleichgewicht dar; jedoch ist dieses Gleichgewicht nicht *teilspielperfekt* (siehe Kapitel 6.2.2).

Falls der Cournot–Duopolgewinn $\Pi_2(x_1^c, x_2^c)$ der Firma 2 positiv ist, besteht das plausiblere Marktergebnis darin, dass Firma 2 sich für E entscheidet und nach dem Marktzutritt das Cournot–Gleichgewicht (x_1^c, x_2^c) realisiert wird. Firma 2 erzielt daher durch ihre Entscheidung E einen positiven Gewinn. Da sich im Cournot–Gleichgewicht beide Firmen auf ihrer Reaktionsfunktion befinden, stellen auch ihre Outputentscheidungen gewinnmaximierendes Verhalten dar. Im Gegensatz zu der Konstellation $N - A$, sind diese Strategien auf jeder Entscheidungsstufe kompatibel mit dem Ziel der individuellen Gewinnmaximierung. Für den Marktinhaber bedeutet dies, dass er keinen aktiven Einfluss auf die Eintrittsentscheidung des Konkurrenten nehmen kann.

Beispiel 4.3.2. In dem in Beispiel 4.3.1 beschriebenen Markt ist das Angebot im Cournot–Gleichgewicht $x_1^c = x_2^c = 1/3$. Daher ist der Gewinn der Firma 2 bei Markteintritt $\Pi_2(x_1^c, x_2^c) = 1/9 - f$. Sie tritt also in den Markt ein, wenn $f < 1/9$.

Sieht man von unglaubwürdigen Strategien ab, so erscheint eine effektive Marktzutrittsabschreckung nur dann möglich, wenn der Marktinhaber langfristig irreversible Entscheidungen treffen kann, die den Gewinn potentieller zukünftiger Konkurrenten reduzieren. Unter Umständen mag dies bei der Entscheidung über Produktionskapazitäten der Fall sein. Ebenso ist denkbar, dass ein Unternehmen durch seine Produktwahl oder durch die Vielfalt seines Produktangebots einen Marktzutritt verhindert, indem es keine profitablen Marktnischen für zusätzliche Anbieter übrig lässt.[29] Eine andere Möglichkeit der Marktzutrittsabschreckung, auf die wir im folgenden eingehen, besteht in Märkten, in denen der Marktinhaber besser über die Marktdaten informiert ist als seine potentiellen Konkurrenten.

4.3.2 Limit Pricing bei unvollständiger Information

Im allgemeinen stellt eine marktzutrittsabschreckende Preis- oder Mengenstrategie keine glaubwürdige Drohung dar, wenn diese Strategie nach erfolgtem Marktzutritt suboptimal ist. Da die Konkurrenz diesen Sachverhalt durchschaut, wird sie sich vom Marktzutritt nicht abhalten lassen. Dieses Argument setzt jedoch voraus, dass die Konkurrenz über die optimale Preis- oder Mengenstrategie des Marktinhabers vollständig informiert ist. Wenn z.B. die Produktionskosten des Marktinhabers nicht allgemein bekannt sind, kann die Marktzutrittsentscheidung von der Einschätzung dieser Kosten abhängen. In

---

[29] Siehe dazu Bonanno (1987) und Schmalensee (1978).

dieser Situation kann der Marktinhaber unter bestimmten Voraussetzungen Marktzutritt verhindern, indem er die Konkurrenz durch seine Preis- oder Mengenpolitik darüber im unklaren lässt, wie hoch seine tatsächlichen Kosten sind.

Wir betrachten dazu ein einfaches Zwei Perioden Modell eines homogenen Marktes.[30] In jeder Periode ist die Nachfrage durch $D(p) = 1 - p$ gegeben. In der ersten Periode befindet sich Firma 1 als Monopolist im Markt und wählt den Preis p_1. Firma 2 beobachtet diesen Preis und entscheidet zu Anfang der zweiten Periode, ob sie in den Markt eintritt oder nicht. Firma 2 kennt die Stückkosten c_1 der Firma 1 nicht genau. Sie kann jedoch davon ausgehen, dass mit Wahrscheinlichkeit λ die Kosten $c_1 = c_{1h}$ betragen und dass sie mit Wahrscheinlichkeit $1 - \lambda$ die Höhe $c_1 = c_{1l}$ haben. Ihre eigenen Stückkosten betragen c_2. Sie muss zusätzlich Fixkosten in Höhe von f aufwenden, wenn sie in den Markt eintritt. Bei Marktzutritt wird der Wettbewerb in der zweiten Periode durch ein Bertrand–Duopol beschrieben.[31] Wir unterstellen, dass

$$0 \leq c_{1l} < c_2 < c_{1h} < 1, \quad (c_{1h} - c_2)(1 - c_{1h}) > f. \tag{4.35}$$

Firma 2 verfügt nur dann über einen Kostenvorteil, wenn Firma 1 die Stückkosten c_{1h} hat. In diesem Fall kann sie durch Eintritt in den Markt den Gewinn $(c_{1h} - c_2)(1 - c_{1h}) - f$ erzielen, indem sie die Stückkosten der Firma 1 marginal unterbietet. Wenn jedoch $c_1 = c_{1l}$, kann Firma 2 nicht mit Firma 1 konkurrieren und sie hat bei Marktzutritt den Verlust $-f$.

Zunächst analysieren wir die Marktzutrittsentscheidung der Firma 2 zu Anfang der zweiten Periode. Diese kennt zwar nicht die Kosten des Marktinhabers; jedoch kann sie evtl. aus dessen Preissetzung p_1 in der ersten Periode entsprechende Rückschlüsse ziehen. Wir bezeichnen mit $\mu(p_1)$ die Wahrscheinlichkeit, mit der Firma 2 nach der Beobachtung des Preises p_1 davon ausgeht, dass Firma 1 die hohen Kosten c_{1h} hat. In Abhängigkeit von ihrer Erwartung $\mu(p_1)$ ist es für Firma 2 nicht profitabel, in den Markt einzutreten, wenn

$$\mu(p_1)\,(c_{1h} - c_2)(1 - c_{1h}) \leq f. \tag{4.36}$$

---

[30] Dieses Modell beruht auf Milgrom und Roberts (1983).

[31] Zur Vereinfachung nehmen wir an, dass Firma 2 nach dem Markteintritt Information über die Kosten ihres Konkurrenten erlangt. Ebenso schließen wir aus, dass einer der Konkurrenten einen *drastischen* Kostenvorteil hat. Für den Monopolpreis p^m gilt daher $p^m(c_2) > c_{1h}$ und $p^m(c_{1l}) > c_2$.

Sie wird die Fixkosten f nur dann aufwenden, wenn ihre Erwartung, dass der Marktinhaber hohe Stückkosten hat, hinreichend groß ist.

Die Preissetzung der Firma 1 in der zweiten Periode hängt davon ab, ob Firma 2 in den Markt eingetreten ist oder nicht. Tritt sie nicht ein, so realisiert Firma 1 in der zweiten Periode den Monopolgewinn $0.25(1 - c_1)^2$, indem sie den Preis $p^m(c_1) = 0.5(1 + c_1)$ wählt. Falls dagegen die beiden Firmen in der zweiten Periode miteinander konkurrieren, erzielt Firma 1 nur dann einen positiven Gewinn, wenn ihre Stückkosten $c_1 = c_{1l}$ sind. Sie kann dann die Stückkosten der Firma 2 unterbieten und den Gewinn $(c_2 - c_{1l})(1 - c_2)$ realisieren.

Wenn Firma 1 keinen Marktzutritt zu befürchten hätte, würde sie in der ersten Periode in Abhängigkeit von ihren tatsächlichen Kosten den Monopolpreis $p^m(c_{1h}) = 0.5(1 + c_{1h})$ bzw. $p^m(c_{1l}) = 0.5(1 + c_{1l})$ wählen. Diese Preispolitik würde aber ihre tatsächlichen Kosten an die Konkurrenz verraten. Sollte nämlich Firma 2 den Preis $p^m(c_{1h})$ beobachten, kann sie daraus schließen, dass der Marktzutritt profitabel ist, da $c_1 = c_{1h}$. Aus diesem Grunde ist es für Firma 1 erwägenswert, auch dann den Preis $p^m(c_{1l})$ zu fordern, wenn ihre tatsächlichen Kosten $c_1 = c_{1h}$ betragen.

Unter welchen Bedingungen wird Firma 1 in der ersten Periode selbst bei hohen Kosten den Preis $p^m(c_{1l})$ wählen? Da ihr Gewinn in der ersten Periode bei diesem Preis kleiner ist als bei $p^m(c_{1h})$, macht die Wahl von $p^m(c_{1l})$ nur dann Sinn, wenn sie dadurch den Marktzutritt der Firma 2 verhindern kann. Wegen (4.36) muss daher gelten, dass

$$\mu(p^m(c_{1l}))\,(c_{1h} - c_2)(1 - c_{1h}) \leq f. \tag{4.37}$$

Diese Bedingung besagt, dass $p^m(c_{1l})$ ein Limit Preis ist, der den Konkurrenten vom Eintritt in den Markt abhält. Durch Limit Preissetzung kann Firma 1 auch bei hohen Kosten ihre Monopolposition in der zweite Periode behaupten, so dass ihr Gesamtgewinn $[p^m(c_{1l}) - c_{1h}][1 - p^m(c_{1l})] + 0.25(1 - c_{1h})^2$ beträgt.[32] Im Vergleich dazu induziert der Preis $p^m(c_{1h})$ Marktzutritt und Firma 1 erzielt nur in der ersten Periode einen Gewinn in Höhe von $0.25(1 - c_{1h})^2$. Marktzutrittsabschreckung durch Limit Pricing ist für sie daher profitabel, wenn $p^m(c_{1l}) > c_{1h}$, d.h. wenn

$$c_{1h} < 0.5(1 + c_{1l}). \tag{4.38}$$

---

[32] Wir nehmen an, dass Firma 1 den Gewinn der zweiten Periode nicht diskontiert.

Schließlich sollten die Erwartungen $\mu(\cdot)$ der Firma 2 mit dem tatsächlichen Verhalten der Firma 1 konsistent sein. Da die Beobachtung von $p_1 = p^m(c_{1l})$ keine Information über die tatsächlichen Kosten des Marktinhabers offenbart, muss die Erwartung $\mu(p^m(c_{1l}))$ mit der a priori Einschätzung übereinstimmen. Somit ist $\mu(p^m(c_{1l})) = \lambda$ und Bedingung (4.37) erfordert, dass

$$\lambda\,(c_{1h} - c_2)(1 - c_{1h}) \leq f. \tag{4.39}$$

Wenn nun die Erwartungen der Firma 2 durch

$$\mu(p_1) = \begin{cases} \lambda & \text{wenn } p_1 \leq p^m(c_{1l}), \\ 1 & \text{wenn } p_1 > p^m(c_{1l}), \end{cases} \tag{4.40}$$

gegeben sind, wird sie wegen (4.39) nur dann in den Markt eintreten, nachdem sie einen Preis $p_1 > p^m(c_{1l})$ beobachtet. Nach (4.38) ist es daher auch für den Marktinhaber mit den Kosten $c_1 = c_{1h}$ optimal, in der ersten Periode den Preis $p_1 = p^m(c_{1l})$ zu wählen. Aus der Beobachtung dieses Preises schließt Firma 2 korrekt, dass sie nur mit Wahrscheinlichkeit λ gegen den Marktinhaber konkurrieren kann. Sie entscheidet sich daher dazu, nicht in den Markt einzutreten.

Falls (4.38) und (4.39) erfüllt sind, ist es also möglich, dass der Marktinhaber trotz eines Kostennachteils den Zutritt des Konkurrenten durch Limit Preissetzung abwehrt.[33] Dazu nimmt er in der ersten Periode eine Reduktion seines Gewinns in Kauf, um seine Monopolposition in der zweiten Periode zu verteidigen. Die Kosten der Marktzutrittsabschreckung sind umso geringer, je kleiner die Differenz zwischen den beiden Preisen $p^m(c_{1h})$ und $p^m(c_{1l})$ ist. Diese Intuition liegt der Ungleichung (4.38) zugrunde, die es für den Marktinhaber profitabel macht, bei hohen Stückkosten Limit Pricing zu betreiben. Die zweite Voraussetzung für Limit Pricing ist Bedingung (4.39), welche garantiert, dass der Konkurrent nicht in den Markt eintritt, wenn er keine Information über die Kosten des Marktinhabers erhält.

---

[33] Die oben beschriebenen Strategien und Erwartungen stellen aus der Sicht der Spieltheorie ein Perfektes Bayesianisches Gleichgewicht dar (siehe Kapitel 6.2.3). Falls eine der beiden Bedingungen (4.38) und (4.39) nicht zutrifft, gibt es stets ein Gleichgewicht, in dem Firma 1 in Abhängigkeit von ihren Kosten den Preis $p^m(c_{1h})$ bzw. $p^m(c_{1l})$ wählt. Dieses Verhalten ist konsistent mit der Erwartung $\mu(p_1) = 0$ für $p_1 \leq p^m(c_{1l})$ und $\mu(p_1) = 1$ für $p_1 \geq p^m(c_{1l})$. Nach (4.36) tritt Firma 2 nur dann in den Markt ein, wenn sie einen Preis $p_1 \geq p^m(c_{1l})$ beobachtet. Es findet also kein Limit Pricing statt und das Verhalten der beiden Firmen entspricht dem bei vollständiger Information.

Die Bedeutung unvollständiger Information für das Marktergebnis wird deutlich, wenn wir die obigen Schlussfolgerungen mit dem Wettbewerbsverhalten bei vollständiger Information vergleichen. Bei vollständiger Information über die Kosten des Marktinhabers würde Firma 2 genau dann in den Markt eintreten, wenn $c_1 = c_{1h}$. Da das Preissetzungsverhalten von Firma 1 in der ersten Periode keinen Einfluss auf die Marktzutrittsentscheidung der Firma 2 hat, wird Firma 1 in Abhängigkeit von ihren Kosten den Preis $p^m(c_{1h})$ bzw. $p^m(c_{1l})$ verlangen.

Falls Firma 1 niedrige Kosten hat, gibt es somit keinen Unterschied im Marktergebnis bei vollständiger und unvollständiger Information. In der ersten Periode fordert Firma 1 den Preis $p^m(c_{1l})$ und es findet kein Marktzutritt statt. Lediglich wenn Firma 1 hohe Kosten hat, hängt das Marktergebnis vom Informationsstand der Firma 2 ab. Bei unvollständiger Information setzt Firma 1 in der ersten Periode einen niedrigeren Preis als bei vollständiger Information und verhindert so den Marktzutritt von Firma 2. In der zweiten Periode bedeutet dies, dass die Konsumenten einen höheren Preis zu zahlen haben als bei vollständiger Information. Aus der Sicht der Nachfrager hat diese Form des Limit Pricing also in der ersten Periode einen positiven und in der zweiten Periode einen negativen Effekt.

4.4 Übungsaufgaben

Aufgabe 4.1. Zeigen Sie, dass der Herfindahl–Index H nur von der Zahl n der Anbieter und der Varianz

$$\sigma^2 = \frac{1}{n} \sum_{j=1}^{n} \left(s_j - \frac{1}{n} \right)^2$$

der Marktanteile abhängt!

Aufgabe 4.2. In einem Markt sind drei Firmen aktiv. Die Nachfragefunktion der Firma j lautet

$$D_j(p_1, p_2, p_3) = 1 - 3\,p_j + \Sigma_{i \neq j}\, p_i.$$

Die Produktionskosten der Firmen sind Null.

(a) Auf welchen Preis p^k einigen sich die drei Firmen, wenn sie einen Kartellvertrag abschließen, durch den der Gewinn der Kartellmitglieder maximiert wird? Welchen Gewinn erzielen die Firmen bei diesem Vertrag?

(b) Nehmen Sie an, nur Firma 1 und 2 schließen einen Kartellvertrag ab, in dem sie den Preis $p^k = p_1 = p_2$ festlegen. Firma 3 wählt ihren Preis $p^w = p_3$, nachdem der Kartellvertrag abgeschlossen wurde. Bestimmen Sie p^k und p^w und berechnen Sie die Gewinne der drei Firmen!

(c) Ist es für Firma 3 profitabel, sich dem unter (b) beschriebenen Kartell anzuschließen?

Aufgabe 4.3. In einem Markt sind drei Firmen aktiv, die eine kollusive Vereinbarung treffen. Diese sieht vor, dass jede Firma das Gut zum Preis p^k anbietet, wobei $1/4 < p^k \leq 1/2$. Die Nachfragefunktion der Firma j lautet

$$D_j(p_1, p_2, p_3) = 1 - 3\,p_j + \sum_{i \neq j} p_i.$$

Die Produktionskosten der Firmen sind Null.

(a) Berechnen Sie den Gewinn Π^w, den jede Firma im Bertrand–Gleichgewicht (also ohne Kollusion) erzielt.

(b) Welchen Gewinn Π^a kann Firma j erzielen, wenn sie als einzige von der Kartellvereinbarung p^k abweicht?

(c) Zeigen Sie, dass die kollusive Vereinbarung bei unendlich wiederholtem Wettbewerb stabil ist, wenn der Diskontfaktor der Firmen die Bedingung $\delta \geq (16\,p^k - 4)/(4\,p^k + 5)$ erfüllt!

Aufgabe 4.4. In einem homogenen Cournot–Oligopol sei die inverse Marktnachfrage $P(\bar{x}) = 100 - \bar{x}$. Die Stückkosten der beiden Firmen seien $c_1 = 0$ und $c_2 = 20$. Die beiden Firmen bilden ein kollusives Kartell und verständigen sich darauf, dass Firma 1 die Menge $x_1^k = 30$ und Firma 2 die Menge $x_2^k = 15$ anbietet. Zeigen Sie, dass diese Absprache bei dynamischem Wettbewerb stabil ist, wenn der Diskontfaktor der Firmen die Bedingung $\delta \geq 25/33$ erfüllt.

Aufgabe 4.5. Betrachten Sie einen homogenen Cournot–Markt mit der Nachfragefunktion $D(p) = 10 - p$. Jede Firma hat Fixkosten in Höhe von $f < 1$, ihre variablen Kosten sind gleich Null. Es befinden sich zunächst 9 Firmen im Markt. Wenn $n_f < 9$ Firmen sich zu einem Unternehmen zusammenschließen, beträgt ihre Fixkostenersparnis $(n_f - 1)f$.

(a) Zeigen Sie, dass eine Fusion von $n_f = 2$ Firmen nur dann für die beteiligten Firmen profitabel ist, wenn $f > 62/81$!

(b) Nehmen Sie an, dass $f = 0$. Wie groß muss n_f sein, damit eine Fusion für die beteiligten Firmen profitabel ist?

Aufgabe 4.6. In einem Bertrand–Markt sind zunächst drei Firmen aktiv, die jeweils ein differenziertes Gut anbieten. Die Nachfrage nach diesen Gütern beträgt

$$x_1 = 0.25 - p_1 + p_3, \ x_2 = 0.25 - p_2 + p_3, \ x_3 = 0.5 + p_1 + p_2 - 2p_3.$$

Die Produktionskosten der Güter sind gleich Null.

(a) Zeigen Sie, dass eine Fusion von Firma 1 und 2 nicht profitabel ist!

(b) Zeigen Sie, dass Firma 1 und 3 (bzw. Firma 2 und 3) einen Anreiz haben zu fusionieren, um so ihre Marktmacht zu erhöhen!

(c) Zeigen Sie, dass Firma 2 von der Fusion ihrer beiden Konkurrenten profitiert!

Aufgabe 4.7. In einem homogenen Markt ist die (inverse) Nachfrage $P(\bar{x}) = 100 - \bar{x}$, wobei $\bar{x}$ der Output aller aktiven Firmen ist. Die variablen Produktionskosten des Gutes sind gleich Null. Firma 1 ist bereits im Markt aktiv und hat keine Fixkosten. Firma 2 muss Fixkosten in Höhe von $f = 400$ aufwenden, um in den Markt einzutreten. Firma 1 wählt zunächst x_1, danach entscheidet Firma 2, ob sie in den Markt eintritt und – gegebenenfalls – welche Menge x_2 sie produziert.

(a) Berechnen Sie die Cournot–Reaktionsfunktion der Firma 2! Zeigen Sie, dass Firma 2 bei Markteintritt den Gewinn $0.25(100 - x_1)^2 - 400$ erzielt, wenn Firma 1 den Output x_1 produziert!

(b) Zeigen Sie, dass Firma 1 durch die Menge $x_1^a = 60$ verhindern kann, dass Firma 2 in den Markt eintritt!

(c) Zeigen Sie, dass Firma 1 die Menge $x_1^s = 50$ wählt, wenn sie nicht darauf abzielt, den Marktzutritt der Firma 2 zu verhindern! Welche Menge x_2^s wählt Firma 2, nachdem sie in den Markt eingetreten ist?

(d) Ist es für Firma 1 optimal, den Marktzutritt der Firma 2 zu verhindern?

(e) Welche Mengen $x_1^c = x_2^c$ würden die beiden Firmen im Cournot–Gleichgewicht wählen? Würde Firma 2 in den Markt eintreten, wenn die Unternehmen nach dem Marktzutritt der Firma 2 als Cournot–Duopol konkurrieren?

Aufgabe 4.8. Die Konsumenten, deren Masse auf Eins normiert ist, haben die Zahlungsbereitschaft $U(x_1, x_2) = 100(x_1 + x_2) - 0.5(x_1^2 + x_1 x_2 + x_2^2)$ für Gut 1 und 2. Zunächst ist Firma 1 monopolistischer Anbieter des Gutes 1. Firma 2 muss Fixkosten in Höhe von $f = 1200$ aufwenden, um Gut 2 zu produzieren. Die variablen Kosten der Produktion beider Güter sind gleich Null.

(a) Berechnen Sie die Nachfrage der Konsumenten für die beiden Fälle, dass nur Gut 1 bzw. dass beide Güter angeboten werden. Welchen Preis p_1^m fordert Firma 1, wenn sie nicht durch den Marktzutritt der Firma 2 bedroht wird?

(b) Firma 1 setzt zuerst den Preis p_1 fest. Danach entscheidet Firma 2, ob sie in den Markt eintritt und Gut 2 zum Preis p_2 anbietet. Zeigen Sie, dass es für Firma 1 in dieser Situation optimal ist, durch den Preis $p_1^a = 20$ den Marktzutritt von Firma 2 zu verhindern!

(c) Zeigen Sie, dass Firma 2 in den Markt eintreten wird, wenn die Firmen nach dem Marktzutritt ihre Preise simultan festlegen!

Aufgabe 4.9. Betrachten Sie einen Markt mit zwei Perioden. Firma 1 hat entweder hohe oder niedrige Kosten (c_{1h} oder c_{1l}). In der ersten Periode ist Firma 1 ein Monopol und kann entweder einen hohen oder einen niedrigen Preis (p_h oder p_l) wählen. Firma 2 entscheidet zu Anfang der zweiten Periode, ob sie in den Markt eintritt. Sie kennt nicht die Kosten von Firma 1; sie beobachtet aber die Preisentscheidung von Firma 1 in der ersten Periode. Die erste der folgenden Tabellen gibt die Gewinne der beiden Firmen über beide Perioden an, wenn Firma 2 in den Markt eintritt. Die zweite Tabelle gibt die Gewinne an, wenn Firma 2 nicht in den Markt eintritt. (Zum Beispiel hat Firma 1 den Gesamtgewinn 130, wenn sie bei den Kosten c_{1l} in der ersten Periode den Preis p_l wählt und Firma 2 in den Markt eintritt. Falls Firma 2 in den Markt eintritt, erzielt sie den Gewinn 40, wenn Firma 1 hohe Kosten hat, und den Verlust 50, wenn Firma 1 niedrige Kosten hat.)

	c_{1l}	c_{1h}
p_l	130, -50	90, 40
p_h	120, -50	100, 40

Eintritt

	c_{1l}	c_{1h}
p_l	200, 0	110, 0
p_h	190, 0	150, 0

Nichteintritt

(a) Wie würde Firma 2 sich entscheiden, wenn sie die Kosten der Firma 1 kennt? Welchen Preis würde Firma 1 in der ersten Periode bei vollständiger Information wählen?

(b) Zeigen Sie, dass das Ergebnis unter (a) nicht zustande kommen kann, wenn Firma 2 lediglich davon ausgehen kann, dass Firma 1 mit jeweils gleicher Wahrscheinlichkeit hohe oder niedrige Kosten hat!

(c) Welchen Preis wird Firma 1 bei den Kosten c_l in Periode 1 wählen, wenn Firma 2 über die tatsächlichen Kosten nicht informiert ist?

(d) Wie wird sich Firma 2 entscheiden, wenn sie aus der Beobachtung des Preises keinen Rückschluss auf die tatsächlichen Kosten der Firma 1 ziehen kann?

(e) Zeigen Sie, dass bei unvollständiger Information Firma 1 bei den Kosten c_h Limit Pricing betreiben wird, so dass kein Marktzutritt stattfindet!

5. Forschung und Entwicklung

5.1 Marktstruktur und Innovationsanreize

5.1.1 Monopol und soziales Optimum

Aktivitäten im Bereich von Forschung und Entwicklung ($F\&E$) zielen darauf ab, die technologischen Bedingungen zu ändern, unter denen Unternehmen in einem Markt tätig sind. Sie beinhalten die Entwicklung neuer Produktionsprozesse und neuer Produkte. *Prozessinnovationen* sind technologische Erneuerungen, welche die Produktivität erhöhen, so dass gegebene Produkte kostengünstiger hergestellt werden können. *Produktinnovationen* dagegen bezeichnen die Entwicklung neuer Produkte oder auch die qualitative Verbesserung bereits existierender Güter. Der Anreiz einer Firma, in Forschung und Entwicklung zu investieren, besteht darin, ihre Gewinne durch eine Senkung der Produktionskosten oder die Erschließung neuer Märkte zu erhöhen. Die Innovationstätigkeit einer Industrie hängt daher von den Gewinnen ab, die sich durch $F\&E$ Investitionen realisieren lassen. Abgesehen von rein zufälligen Entdeckungen, wird die Rate des technischen Fortschritts durch die erwarteten Kosten und Erträge von Innovationsaktivitäten endogen bestimmt.[1]

Wir betrachten zunächst die Abhängigkeit des Ertrages einer Prozessinnovation von den Wettbewerbsbedingungen auf dem Outputmarkt.[2] Die Nachfrage für das betreffende Gut sei durch $D(p)$ mit $D'(p) < 0$ beschrieben. Durch die Innovation lassen sich die Stückkosten des Anbieters von c auf $c' < c$ reduzieren.

Um welchen Betrag erhöht eine solche Innovationden Gewinn eines Anbieters, der als Monopolist den Markt beherrscht? Es sei $p^m(c)$

---

[1] In dynamischen Modellen verändert die heutige Innovationstätigkeit zugleich auch die zukünftigen Innovationsanreize. Siehe dazu Bester und Petrakis (2003, 2004).

[2] Die folgende Analyse geht zurück auf Arrow (1962).

der Monopolpreis in Abhängigkeit von den Stückkosten. Ein Monopol erzielt daher bei optimaler Preissetzung den Gewinn

$$\Pi^m(c) = [p^m(c) - c]D(p^m(c)). \tag{5.1}$$

Da p^m die Bedingung erster Ordnung (2.3) für die Maximierung des Gewinns erfüllt, gilt

$$\begin{aligned} \frac{\partial \Pi^m(c)}{\partial c} &= [(p^m - c)D'(p^m) + D(p^m)]\frac{\partial p^m(c)}{\partial c} - D(p^m) \\ &= -D(p^m(c)). \end{aligned} \tag{5.2}$$

Folglich erhöht sich durch die Prozessinnovation der Gewinn um den Betrag

$$R^m \equiv \Pi^m(c') - \Pi^m(c) = -\int_{c'}^c \frac{\partial \Pi^m(z)}{\partial z}\mathrm{d}z = \int_{c'}^c D(p^m(z))\mathrm{d}z. \tag{5.3}$$

Der Monopolist ist bereit, maximal R^m aufzuwenden, um seine Produktionskosten von c auf c' zu senken. Wir können daher R^m als ein Maß für den Innovationsanreiz in einem monopolistischen Markt ansehen.

Wir vergleichen nun den Anreiz R^m des Monopolisten mit der Steigerung des sozialen Überschusses, die bei effizienter Produktion durch die Prozessinnovation zustande käme. Da bei effizienter Produktion der Preis gleich den Grenzkosten ist, ist die Produzentenrente bei konstanten Stückkosten gleich Null. Die soziale Wohlfahrt $W(c)$ entspricht daher der Konsumentenrente:

$$W(c) = \int_c^\infty D(z)\mathrm{d}z. \tag{5.4}$$

Durch die Prozessinnovation erhöht sich die soziale Wohlfahrt um den Betrag

$$R^* \equiv W(c') - W(c) = \int_{c'}^c D(z)\mathrm{d}z. \tag{5.5}$$

Bei effizienter Produktion erscheint ein Aufwand bis zu R^* für die Innovation gerechtfertigt. Da $p^m(c) > c$, ist $D(p^m(z)) < D(z)$ und aus (5.3) und (5.5) folgt unmittelbar, dass

$$R^m < R^*. \tag{5.6}$$

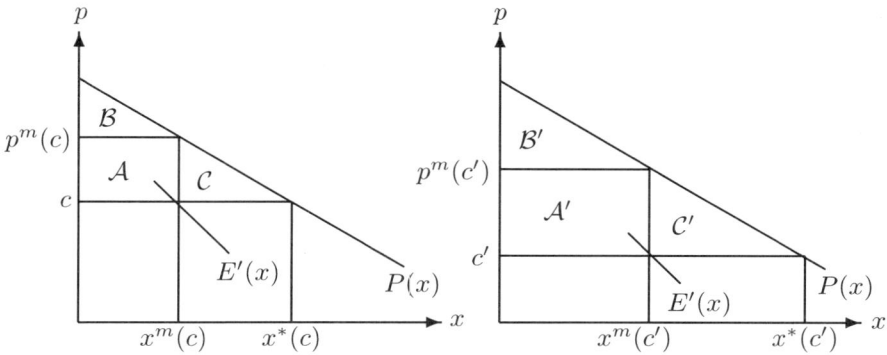

Abb. 5.1. *Innovation im Monopol und im sozialen Optimum*

Im Vergleich zum sozialen Optimum hat der Monopolist einen zu geringen Anreiz, die Innovation zu implementieren. Die Intuition für dieses Ergebnis hängt damit zusammen, dass der Monopolist sich nur einen Teil des potentiell zur Verfügung stehenden sozialen Überschusses aneignen kann. Dadurch wird sein Interesse geschmälert, durch Innovationsaktivitäten diesen Überschuss zu erhöhen.

Dieser Sachverhalt wird in Abbildung 5.1 veranschaulicht. Die inverse Nachfrage wird durch $P(x)$ beschrieben. Bei der Outputwahl x^m des Monopols stimmen Grenzerlös $E'(x)$ und Stückkosten überein. Sein Gewinn entspricht daher der Fläche $\mathcal{A}$ bei den Stückkosten c bzw. $\mathcal{A}'$ bei den Stückkosten c'. Der Innovationsanreiz R^m gleicht also der Differenz $\mathcal{A}' - \mathcal{A}$. Demgegenüber wird im sozialen Optimum eine Wohlfahrt realisiert, die durch die Fläche $\mathcal{A} + \mathcal{B} + \mathcal{C}$ bzw. $\mathcal{A}' + \mathcal{B}' + \mathcal{C}'$ dargestellt wird. Somit entspricht R^* der Differenz $(\mathcal{A}' + \mathcal{B}' + \mathcal{C}') - (\mathcal{A} + \mathcal{B} + \mathcal{C})$. Da die Flächen $\mathcal{B}'$ und $\mathcal{C}'$ größer sind als $\mathcal{B}$ und $\mathcal{C}$, ist $R^* > R^m$.

Selbst wenn wir das Preissetzungsverhalten $p^m(\cdot)$ als gegeben ansehen und damit den monopolistischen Wohlfahrtsverlust $\mathcal{C}$ bzw. $\mathcal{C}'$ vernachlässigen, erscheint der Innovationsanreiz des Monopols ineffizient niedrig, da es bei seinem Kalkül die Steigerung der Konsumentenrente von $\mathcal{B}$ auf $\mathcal{B}'$ nicht berücksichtigt. Für den Innovationsanreiz des Anbieters spielt es keine Rolle, dass auch die Konsumenten von der Innovation profitieren, indem der Preis von $p^m(c)$ auf $p^m(c')$ fällt.

Beispiel 5.1.1. Aus Beispiel 2.1.2 erhalten wir für die Nachfrage $D(p) = 1/p^2$, dass $p^m(c) = 2\,c$ und $W(c) = 1/c$. Daher ist $\Pi(c) = (p^m - c)/p^{m2} = 1/(4\,c)$ und

$$R^m = \Pi(c') - \Pi(c) = \frac{c - c'}{4\,c\,c'} < \frac{c - c'}{c\,c'} = W(c') - W(c) = R^*.$$

Da $W(p^m(c)) = 3/(4\,c)$, induziert die Innovation bei monopolistischer Preissetzung eine Wohlfahrtssteigerung in Höhe von

$$W(p^m(c')) - W(p^m(c)) = \frac{3(c - c')}{4\,c\,c'}.$$

Somit gilt, dass $R^m < W(p^m(c')) - W(p^m(c)) < R^*$.

5.1.2 Oligopolistischer Wettbewerb

Wenn mehrere Firmen in einem Markt aktiv sind, wird dadurch auch die Profitabilität einer kostenreduzierenden Innovation beeinflusst. Dazu betrachten wir als einfachsten Fall einen homogenen Markt, in dem zwei Anbieter durch ihre Preissetzung miteinander konkurrieren. In der Ausgangssituation haben beide Anbieter die gleichen Stückkosten c. Wie wir in Kapitel 3.2.1 gesehen haben, ist der Gleichgewichtspreis bei Preiswettbewerb dann $p^b = c$ und der Gewinn beider Firmen ist Null.

Wenn eine der beiden Firmen durch eine Innovation ihre Kosten auf $c' < c$ senken kann, wird sie aufgrund ihres Kostenvorteils einen positiven Gewinn erzielen. Um den Innovationsanreiz dieser Firma zu bestimmen, haben wir zwei Fälle zu unterscheiden. Es sei $p^m(c')$ der Monopolpreis einer Firma mit den Kosten c'. Falls $p^m(c') < c$, kann die Firma mit den Kosten c' den Monopolpreis $p^m(c')$ verlangen, da ihre Konkurrenz nicht in der Lage ist, diesen Preis zu unterbieten. In diesem Fall stellt die Kostenreduktion $c - c'$ eine *drastische* Innovation dar. Eine *nicht–drastische* Innovation liegt dagegen vor, wenn $p^m(c') \geq c$. In diesem Fall kann die Firma mit den Kosten c' nur den Preis $p^b = c$ fordern, da die andere Firma jeden höheren Preis unterbieten würde. Bei Bertrand–Wettbewerb wird demnach der Anreiz, eine Prozessinnovation durchzuführen, durch

$$R^b \equiv \begin{cases} [p^m(c') - c']D(p^m(c')) & \text{falls } p^m(c') < c \\ [c - c']D(c) & \text{falls } p^m(c') \geq c. \end{cases} \tag{5.7}$$

beschrieben.[3]

---

[3] Genau genommen unterbietet bei einer nicht–drastischen Innovation die Firma mit den Kosten c' die Kosten c der Konkurrenz um eine minimale Einheit und gewinnt so die gesamte Marktnachfrage.

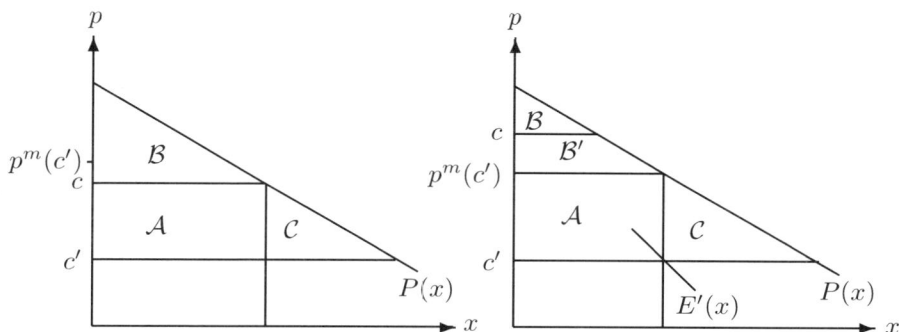

Abb. 5.2. *Innovationsanreize bei Wettbewerb*

Um R^b mit R^m und R^* zu vergleichen, betrachten wir zunächst den Fall einer nicht–drastischen Innovation. Aus $c \leq p^m(c')$ folgt, dass $D(c) \geq D(p^m(c')) > D(p^m(z))$ für alle $z > c'$. Somit gilt

$$R^b = (c - c')D(c) = \int_{c'}^{c} D(c)\mathrm{d}z > \int_{c'}^{c} D(p^m(z))\mathrm{d}z = R^m. \qquad (5.8)$$

Da $D(c) < D(z)$ für alle $z < c$, gilt ferner

$$R^b = \int_{c'}^{c} D(c)\mathrm{d}z < \int_{c'}^{c} D(z)\mathrm{d}z = R^*. \qquad (5.9)$$

Für eine nicht–drastische Innovation gilt daher die Beziehung $R^m < R^b < R^*$.

Der linke Teil der Abbildung 5.2 veranschaulicht die Wohlfahrtseffekte einer nicht–drastischen Innovation. Der Innovationsanreiz entspricht der Produzentenrente, welche durch den Inhalt der Fläche $\mathcal{A}$ beschrieben wird. Die Konsumentenrente $\mathcal{B}$ wird durch die Innovation nicht verändert, da der Preis des Gutes konstant bleibt. Bei sozial effizienter Preissetzung würde durch die Innovation der Wohlfahrtsgewinn $\mathcal{A} + \mathcal{C}$ realisiert. Durch das Preissetzungsverhalten des Anbieters entsteht daher ein Wohlfahrtsverlust in Höhe von $\mathcal{C}$.

Betrachten wir nun eine drastische Innovation. In diesem Fall erzielt die Firma mit den Kosten c' den Monopolgewinn $\Pi^m(c')$. Daher ist

$$R^b = \Pi^m(c') > \Pi^m(c') - \Pi^m(c) = R^m. \qquad (5.10)$$

Da $c' < p^m(c') < c$, gilt ferner

$$R^* = \int_{c'}^{c} D(z)\mathrm{d}z > \int_{c'}^{p^m(c')} D(z)\mathrm{d}z > \qquad (5.11)$$

$$\int_{c'}^{p^m(c')} D(p^m(c'))\mathrm{d}z = [p^m(c') - c']D(p^m(c')) = R^b.$$

Dass auch für eine drastische Innovation die Ungleichung $R^* > R^b$ zutrifft, veranschaulicht der rechte Teil der Abbildung 5.2. Im sozialen Optimum ließe sich durch die Reduktion der Stückkosten der Wohlfahrtsgewinn R^* erreichen, der durch den Inhalt der Fläche $\mathcal{A} + \mathcal{B'} + \mathcal{C}$ beschrieben wird. Dagegen entspricht der Anreiz R^b dem Monopolgewinn, der durch die Fläche $\mathcal{A}$ dargestellt wird. Die Konsumentenrente steigt infolge der Innovation von $\mathcal{B}$ auf $\mathcal{B} + \mathcal{B'}$.

Zusammenfassend stellen wir fest, dass sich sowohl für drastische als auch für nicht–drastische Innovationen die folgende Beziehung ergibt:

$$R^m < R^b < R^*. \qquad (5.12)$$

Bei Bertrand–Wettbewerb in einem homogenen Markt ist der Innovationsanreiz größer als im Monopol, jedoch geringer als im sozialen Optimum. Die Beobachtung, dass der Ertrag einer Innovation bei Wettbewerb größer ist als im Monopol, steht im Gegensatz zu der von Schumpeter (1943) geäußerten These, dass Marktmacht und $F\&E$–anreize positiv miteinander korreliert sind. Diese These beruht auf der Vermutung, dass ein marktbeherrschendes Unternehmen eher in der Lage sei, eine Innovation profitabel auszubeuten. Wie die obige Analyse zeigt, übersieht dieses Argument die Tatsache, dass ein Monopol bereits vor der Innovation einen höheren Gewinn erzielt als ein Anbieter unter Konkurrenzbedingungen. Es hat daher einen geringeren Anreiz, die bestehende Technologie durch ein effizienteres Produktionsverfahren zu ersetzen.

Beispiel 5.1.2. Bei der Nachfrage $D(p) = 1/p^2$ ist der Monopolpreis $p^m(c) = 2\,c$ und der Monopolgewinn $\Pi(c) = 1/(4\,c)$ (siehe Beispiel 2.1.2). Die Kostenreduktion $c - c'$ ist somit drastisch, wenn $p^m(c') = 2\,c' < c$. Folglich ist der Innovationsanreiz $R^b = \Pi(c') = 1/(4\,c')$, wenn $c' < c/2$. Falls $c' \geq c/2$, handelt es sich um eine nicht–drastische Innovation und $R^b = [c - c']D(c) = (c - c')/c^2$. Der Vergleich mit den Ergebnissen aus Beispiel 5.1.1 bestätigt, dass $R^m < R^b < R^*$.

Bei homogenen Gütern hat Preiswettbewerb zur Folge, dass selbst bei einem geringen Kostenvorteil eine einzige Firma die gesamte

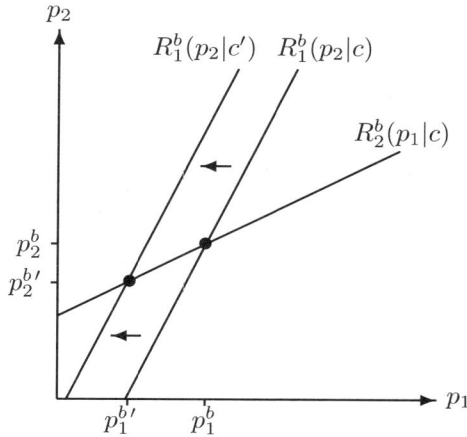

Abb. 5.3. *Innovation bei Produktdifferenzierung*

Marktnachfrage befriedigt. Diese extreme Schlussfolgerung wird durch Mengenwettbewerb oder Produktdifferenzierung abgeschwächt. Wenn die übrigen Anbieter nicht aus dem Markt verdrängt werden, beeinflusst die Innovationsentscheidung einer Firma auch die Absatzstrategien ihrer Konkurrenten. Abbildung 5.3 veranschaulicht den *strategischen* Effekt einer Innovation bei Bertrand–Wettbewerb in einem differenzierten Duopol. Solange beide Firmen die gleichen Stückkosten c haben, bestimmt der Schnittpunkt der beiden Reaktionsfunktionen $R_1^b(p_2|c)$ und $R_2^b(p_1|c)$ das Preisgleichgewicht (p_1^b, p_2^b). Wenn es der Firma 1 gelingt, ihre Kosten auf $c' < c$ zu reduzieren, ist es für sie optimal, auch ihren Preis p_1 zu senken. Daher verschiebt sich ihre Reaktionsfunktion nach links. Im Gleichgewicht sinkt folglich nicht nur der Preis der Firma 1 von p_1^b auf $p_1^{b'}$, sondern es fällt auch der Preis der Firma 2 von p_2^b auf $p_2^{b'}$. Für Firma 1 wirkt sich dieser strategische Effekt negativ auf ihre Nachfrage aus und mindert so ihren Innovationsanreiz.[4]

Bei heterogenen Gütern wird die Intensität des Wettbewerbs durch den Grad der Produktdifferenzierung bestimmt. Um den Einfluss von Produktdifferenzierung auf den Innovationsanreiz zu untersuchen, kön-

---

[4] Bei Cournot–Wettbewerb dagegen ist der strategische Effekt positiv, da die Konkurrenz nach einer Innovation ihre Angebotsmenge verringert; siehe Brander und Spencer (1983). Zum Vergleich des Innovationsanreizes bei Bertrand– und Cournot–Wettbewerb siehe Bester und Petrakis (1993) sowie Delbono und Denicolo (1990). Die allgemeine Rolle strategischer Effekte wird in Kap. 6.2.2 auf S. 215ff diskutiert.

nen wir die Ergebnisse des in Kapitel 3.2.3 dargestellten Hotelling Duopols heranziehen. In diesem Modell wird der Grad der Produktdifferenzierung durch den Transportkostenfaktor t der Konsumenten repräsentiert. Solange die Stückkostendifferenz die Bedingung $-3\,t <$ $c_1 - c_2 < 3\,t$ erfüllt, sind beide Firmen im Markt aktiv und nach Gleichung (3.40) betragen ihre Gewinne

$$\Pi_1^b(c_1, c_2) = \frac{(3\,t - c_1 + c_2)^2}{18\,t}, \; \Pi_2^b(c_1, c_2) = \frac{(3\,t + c_1 - c_2)^2}{18\,t}. \quad (5.13)$$

Wie zuvor betrachten wir eine Situation, in welcher beide Firmen zunächst identische Kosten $c_1 = c_2 = c$ haben. Falls nun z. B. Firma 1 durch eine Prozessinnovation ihre Kosten um den Betrag $c - c' < 3\,t$ senkt, steigt ihr Gewinn um

$$R^b \equiv \Pi_1^b(c', c) - \Pi_1^b(c, c) = \frac{(c - c')^2 + 6(c - c')t}{18\,t}. \quad (5.14)$$

Der Innovationsanreiz ist also umso höher, je niedriger der Grad t der Produktdifferenzierung ist. Ähnlich wie beim Vergleich zwischen Monopol und Wettbewerb stellen wir auch hier fest, dass sich die Wettbewerbsintensität auf dem Absatzmarkt positiv auf den Ertrag einer Innovation auswirkt. Die Ursache dafür ist, dass der durch die Kostensenkung entstehende Wettbewerbsvorteil einen größeren Zuwachs des Marktanteils zur Folge hat, wenn die angebotenen Güter in einer engen Substitutionsbeziehung zueinander stehen.

Wenn trotz bestehender Kostenunterschiede mehrere Anbieter in einem Markt aktiv sein können, besteht die Möglichkeit, den Ertrag einer erfolgreichen Innovation durch die Vergabe einer *Lizenz* zu erhöhen. Eine solche Lizenz ermöglicht es auch den Konkurrenten, die effizientere Technologie des Innovators zu nutzen. Dieser kann für die Nutzung eine Lizenzgebühr verlangen. Wie bei einem Zwei–Stufen–Tarif kann diese Gebühr im allgemeinen sowohl fixe wie auch outputabhängige Zahlungen beinhalten. Nehmen wir an, dass im soeben betrachteten Duopol Firma 1 eine Lizenz für ihre Innovation anbietet, durch die auch für Firma 2 die Produktionskosten auf c' sinken. Bei einer rein outputabhängigen Lizenzgebühr in Höhe von g pro produzierter Einheit hat Firma 2 dann effektive Stückkosten in Höhe von $c' + g$. Für sie ist es attraktiv, die Lizenz zu erwerben, solange $c' + g \leq c$. Firma 1 kann daher maximal die Gebühr $g = c - c'$ verlangen. Wenn dies geschieht, beeinflusst die Vergabe der Lizenz das Preissetzungsverhalten der beiden Konkurrenten nicht. Die Wohlfahrt der Konsumenten und der Gewinn der Firma 2 sind mit und ohne Lizensierung der Innovation identisch. Firma 1 jedoch erzielt durch die Lizenz einen zusätzlichen Gewinn und hat daher einen größeren Anreiz, die Innovation zu realisieren.[5]

5.1.3 Netzwerkexternalitäten

Produktinnovationen beinhalten Änderungen der vertikalen und horizontalen Produktdifferenzierung oder die Einführung neuer Produkte. Die Marktanreize für solche Aktivitäten wurden bereits in früheren Kapiteln diskutiert.[6] Im folgenden gehen wir auf die Besonderheiten des Produktwettbewerbs in Märkten mit *Netzwerkexternalitäten* ein, die insbesondere im Bereich moderner Kommunikationstechnologien auftreten.[7] In diesem Bereich sind die Nutzungsmöglichkeiten eines Produktes oft davon abhängig, wie weit dieses unter den Konsumenten verbreitet ist. So steigt z.B. der Nutzen eines Faxgeräts für den jeweiligen Besitzer mit der Zahl der übrigen Besitzer eines Faxgeräts. Aus demselben Grunde kann beim Kauf eines Computers die Entscheidung für ein bestimmtes Betriebssystem davon abhängen, inwieweit dieses kompatibel mit dem Betriebssystem und der Software anderer Computerbesitzer ist. Ebenso spielt im Video- und Audiomarkt die Kompatibilität und Verbreitung verschiedener Wiedergabesysteme eine Rolle.

Wir untersuchen im folgenden die Einführung einer neuen Technologie durch einen Anbieter N in einem Markt mit Netzwerkexternalitäten. Das neue Produkt konkurriert mit dem Produkt des Anbieters A, welches dem Stand der 'alten' Technologie entspricht. Beide Produzenten haben identische Stückkosten in Höhe von $c > 0$. Sie bieten ihr Produkt zum Preis p_N bzw. p_A an.

Die potentiellen Nachfrager sind identisch; jeder von ihnen entscheidet darüber, eine Einheit des Produktes mit entweder der neuen oder der alten Technologie zu erwerben. Die neue und die alte Technologie sind nicht miteinander kompatibel. Daher bestehen Netzwerkexternalitäten lediglich zwischen den Nutzern derselben Technologie.

---

[5] Die Bedeutung von Lizenzen für Innovationsaktivitäten wird diskutiert in Gallini und Winter (1985), Katz und Shapiro (1987) und Shapiro (1985).

[6] Siehe Kapitel 2.2 und 3.3.

[7] Die Rolle von Netzwerkexternalitäten für den Produktwettbewerb wird analysiert u.a. in Katz und Shapiro (1985, 1986), Farrell und Saloner (1985, 1986, 1992).

Die Zahlungsbereitschaft der Konsumenten hängt aufgrund dieser Externalitäten nicht nur von den technologischen Eigenschaften des Produktes ab, sondern auch von der Gesamtzahl der Konsumenten, die dieses Produkt nutzen. Wir bezeichnen mit $v_j(m_j)$ die Zahlungsbereitschaft eines Konsumenten für das Produkt $j = A, N$, wenn die Zahl der Nutzer dieses Produktes m_j beträgt. Es sei

$$v_A(m_A) = r_A + \alpha\, m_A,\ v_N(m_N) = r_N + \alpha\, m_N,\quad r_N > r_A \geq c.\,(5.15)$$

Der Parameter $\alpha > 0$ beschreibt das Ausmaß der Netzwerkexternalitäten für den Nutzen der Konsumenten. Die Überlegenheit der neuen Technologie drückt sich dadurch aus, dass $r_N > r_A$. Daher ist $v_N(m_N) > v_A(m_A)$, wenn $m_N = m_A$.

Die Masse der Konsumenten, die eine Entscheidung über den Kauf eines der beiden Produkte treffen, sei m. Zusätzlich zu diesen Konsumenten existieren bereits $\bar{m}_A$ Besitzer der alten Technologie, die in der Vergangenheit das Produkt A erstanden haben und weiterhin nutzen. Diese Nutzer treten nicht als Käufer auf; sie bilden die *'installierte Basis'* des Anbieters A. Wie wir im weiteren sehen werden, wirkt sich die bereits installierte Basis positiv auf die Wettbewerbsposition des Anbieters A aus.

Für die Kaufentscheidung der m Konsumenten spielen nicht nur die Preise p_N und p_A eine Rolle, sondern auch die Erwartung darüber, ob sich die neue Technologie im Markt durchsetzen wird oder nicht. Aufgrund der bestehenden Netzwerkexternalitäten hängt der Nutzen eines einzelnen Konsumenten ja von der Wahl der übrigen Konsumenten ab. Wir ermitteln im folgenden Gleichgewichte mit 'rationalen' Erwartungen. In solchen Gleichgewichten bestätigen sich die Erwartungen der Konsumenten und die Anbieter maximieren durch ihre Preissetzung ihren Gewinn.

Zunächst betrachten wir den Fall, dass die Marktteilnehmer davon ausgehen, dass sich im Markt die neue Technologie durchsetzt. Dies bedeutet, dass die m Konsumenten das Produkt N erwerben und so den Nutzen $v_N(m)$ realisieren. Da der einzelne Konsument beim Kauf des Produktes A den Nutzen $v_A(\bar{m}_A)$ erzielen könnte, ist seine Entscheidung für das Produkt N optimal, wenn[8]

$$v_N(m) - p_N \geq v_A(\bar{m}_A) - p_A. \tag{5.16}$$

---

[8] Da wir eine Masse von Konsumenten unterstellen, hat die Entscheidung eines einzelnen Käufers keinen Einfluss auf die Höhe der Netzwerkexternalitäten.

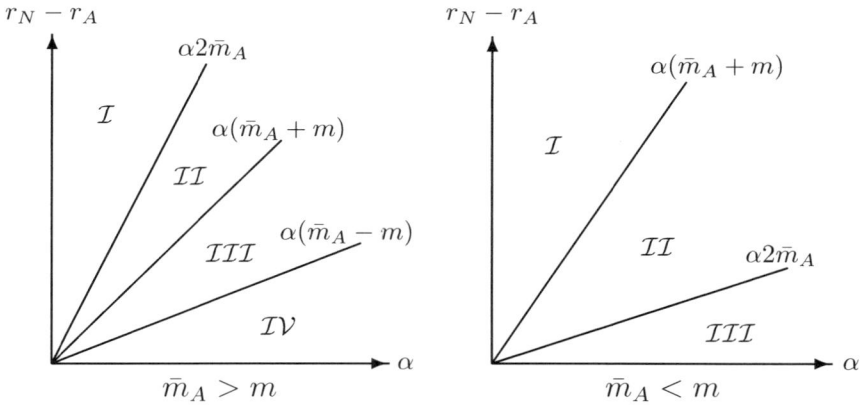

Abb. 5.4. *Wettbewerb und Wohlfahrt bei Netzwerkexternalitäten*

Im Gleichgewicht muss in (5.16) die Gleichung erfüllt sein, da ansonsten Anbieter N seinen Preis erhöhen könnte, ohne die m Nachfrager zu verlieren. Zugleich darf Anbieter A nicht in der Lage sein, durch eine Preissenkung die Nachfrager für sich zu gewinnen und so positive Gewinne zu realisieren. Daher ist $p_A = c$. Die Gleichgewichtspreise sind also

$$p_N^b = c + v_N(m) - v_A(\bar{m}_A), \quad p_A^b = c. \qquad (5.17)$$

Es muss folglich gelten, dass $v_N(m) \geq v_A(\bar{m}_A)$, weil sonst der Anbieter N einen Verlust machen würde. Die neue Technologie kann sich nur dann durchsetzen, wenn die Zahlungsbereitschaft der Konsumenten im Gleichgewicht für das Produkt N nicht niedriger ist als für das Produkt A. Wenn diese Voraussetzung erfüllt ist, ergibt sich für den Anbieter N ein Stückgewinn in Höhe seines Wettbewerbsvorteils $v_N(m) - v_A(\bar{m}_A)$. Wegen (5.15) ist die Bedingung $v_N(m) \geq v_A(\bar{m}_A)$ äquivalent zu

$$r_N - r_A \geq \alpha(\bar{m}_A - m). \qquad (5.18)$$

Falls die installierte Basis für die alte Technologie relativ klein ist, so dass $\bar{m}_A \leq m$, ist diese Ungleichung immer erfüllt. Falls jedoch $\bar{m}_A > m$, kann sich die neue Technologie nur dann durchsetzen, wenn die durch den Parameter α beschriebene Bedeutung der Netzwerkexternalitäten nicht zu groß ist. In Abbildung 5.4 trifft Bedingung (5.18) mit Ausnahme von Region $\mathcal{IV}$ im linken Teil der Abbildung für alle übrigen Parameterkonstellationen zu.

Wir wenden uns nun der Möglichkeit zu, dass die Marktteilnehmer antizipieren, dass die alte Technologie auch weiterhin den Markt dominieren wird. In einem solchen Gleichgewicht kaufen die m Konsumenten das Produkt A. Ihre Zahlungsbereitschaft ist daher $v_A(\bar{m}_A + m)$ für die alte Technologie und $v_N(0)$ für die neue Technologie. Analog zu unseren obigen Überlegungen kann es dem Anbieter A nur dann gelingen, sich nicht aus dem Markt verdrängen zu lassen, wenn sein Wettbewerbsvorteil $v_A(\bar{m}_A+m)-v_N(0)$ nicht negativ ist. Wegen (5.15) setzt dies voraus, dass

$$r_N - r_A \leq \alpha(\bar{m}_A + m). \tag{5.19}$$

Diese Bedingung trifft umso eher zu, je höher die Bedeutung α der Netzwerkexternalitäten ist. Da der Anbieter A bereits von der installierten Basis $\bar{m}_A$ ausgehen kann, stärken diese Externalitäten seine Wettbewerbsposition. Voraussetzung (5.19) ist im linken Teil der Abbildung 5.4 in den Regionen III und IV und im rechten Teil der Abbildung in den Regionen II und III erfüllt.

Unsere Analyse zeigt, dass das Gleichgewichtsergebnis möglicherweise nicht eindeutig bestimmt ist. Falls $\bar{m}_A > m$, ist es für Parameterwerte in Region III im linken Teil der Abbildung 5.4 sowohl möglich, dass sich die neue Technologie durchsetzt, als auch, dass sich die alte Technologie behauptet. Dasselbe Ergebnis ergibt sich für den Fall $\bar{m}_A < m$ im rechten Teil der Abbildung in den Regionen II und III. Die Möglichkeit multipler Gleichgewichte ist typisch für Märkte mit Netzwerkexternalitäten und ist ein Effekt sich selbst bestätigender Erwartungen: Wenn die Konsumenten erwarten, dass eine bestimmte Technologie den Markt dominieren wird, haben sie für diese Technologie eine höhere Zahlungsbereitschaft. Aus diesem Grunde kann der Anbieter dieser Technologie seine Konkurrenz dann auch tatsächlich aus dem Markt verdrängen.

Welche der beiden Technologien sollte sich im sozialen Optimum im Markt verbreiten? Wenn die m Konsumenten die Technologie N erwerben und lediglich die installierte Basis $\bar{m}_A$ die Technologie A nutzt, beträgt die soziale Wohlfahrt

$$W_N = m[v_N(m) - c] + \bar{m}_A v_A(\bar{m}_A). \tag{5.20}$$

Wenn dagegen die Technologie A von der Gesamtheit $\bar{m}_A + m$ aller Konsumenten benutzt wird, beträgt die soziale Wohlfahrt

$$W_A = m[v_A(\bar{m}_A + m) - c] + \bar{m}_A v_A(\bar{m}_A + m). \tag{5.21}$$

Die Einführung der Technologie N ist genau dann sozial effizient, wenn $W_N \geq W_A$. Wegen (5.15) ist diese Bedingung gleichbedeutend mit

$$r_N - r_A \geq 2\,\alpha \bar{m}_A. \qquad (5.22)$$

Die neue Technologie sollte nur dann die alte ersetzen, wenn die Höhe der Netzwerkexternalitäten und die installierte Basis der alten Technologie nicht zu groß sind. Dieses Kalkül wägt die Überlegenheit der neuen Technologie gegenüber der fehlenden Kompatibilität mit der installierten Basis ab.

Offensichtlich stimmen die Marktgleichgewichtsbedingungen (5.18) und (5.19) nicht mit der Effizienzbedingung (5.22) überein. Im linken Teil der Abbildung 5.4 ist die Dominanz der neuen Technologie nur in Region $\mathcal{I}$ sozial effizient. Im Marktgleichgewicht setzt sich die neue Technologie jedoch nicht nur in Region $\mathcal{I}$ durch, sondern auch in Region $\mathcal{II}$ und evtl. auch in Region $\mathcal{III}$. Im Fall $\bar{m}_A > m$ kann das Marktergebnis sich also durch eine 'exzessive Geschwindigkeit' bei der Verbreitung der neuen Technologie auszeichnen. Im Fall $\bar{m}_A < m$ dagegen besteht auch die Möglichkeit einer 'exzessiven Trägheit'. Die Beibehaltung der alten Technologie ist im rechten Teil der Abbildung 5.4 nur in Region $\mathcal{III}$ sozial effizient. Wie wir zuvor gesehen haben, ist es jedoch möglich, dass diese Technologie sich darüber hinaus auch bei Parameterwerten in Region $\mathcal{II}$ behauptet. Netzwerkexternalitäten können eine Effizienzverzerrung des Marktergebnisses aus zwei Gründen verursachen: Erstens kann die Erwartungshaltung der Konsumenten die Dominanz einer ineffizienten Technologie induzieren. Zweitens findet bei der Konkurrenz der Anbieter die Wohlfahrt der installierten Basis keine Beachtung, da diese sich nicht in der Nachfrage nach Produkten äußert.

Wir sind bisher davon ausgegangen, dass die neue Technologie mit der alten nicht kompatibel ist. Oft ist jedoch die fehlende oder bestehende Kompatibilität verschiedener Produkte nicht einfach exogen gegeben, sondern beruht auf der Produktentscheidung der Anbieter. Zum einen können die Anbieter sich auf einen industriellen *Standard* verständigen. Die Vereinbarung eines solchen Standards sieht vor, dass die beteiligten Firmen ihre Produkte so gestalten, dass sie untereinander kompatibel sind. Zum anderen kann ein Anbieter entscheiden, durch die Bereitstellung eines *Adapters* seine Produkte mit der Technologie anderer Firmen kompatibel zu machen. Bei Kompatibilitätsentscheidungen spielen zwei gegensätzliche Effekte eine Rolle: Einerseits erhöht die Kompatibilität die Nutzungsmöglichkeiten und damit die Attraktivität eines Produktes für die Verbraucher. Dieser Effekt wirkt sich positiv auf die Nachfrage aus und schafft so einen Anreiz, sich einem Standard anzuschließen oder einen Adapter zu erstellen. Andererseits sind miteinander kompatible Technologien für die Konsumenten eher gegeneinander auszutauschen. Die Substituierbarkeit unter den Produkten verschärft die Konkurrenz zwischen den Anbietern. Dies macht es für sie attraktiv, durch nicht miteinander kompatible Produkte den Grad der Produktdifferenzierung zu erhöhen.[9]

Wir illustrieren den Anreiz, eine kompatible Technologie anzubieten, im Rahmen des obigen Modells. Für den Fall, dass die neue Technologie nicht mit der alten kompatibel ist, haben wir gezeigt, dass bei der Parameterkonstellation (5.18) ein Gleichgewicht existiert, in dem die m Konsumenten die neue Technologie erwerben. Der Stückgewinn des Anbieters N in diesem Gleichgewicht entspricht nach Gleichung (5.17) seinem Wettbewerbsvorteil

$$v_N(m) - v_A(\bar{m}_A) = r_N - r_A + \alpha(m - \bar{m}_A). \qquad (5.23)$$

Wir nehmen nun an, der Anbieter N könne sein Produkt auch kompatibel zur alten Technologie gestalten. Zur Vereinfachung seien seine Produktionskosten unabhängig von dieser Entscheidung. Wenn beide Technologien vollständig miteinander kompatibel sind, ist der Netzwerkeffekt für die Produkte N und A gleich hoch. Die neue Technologie wird sich deshalb aufgrund ihrer Überlegenheit am Markt durchsetzen. Der Wettbewerbsvorteil und damit der Stückgewinn des Anbieters N beträgt $r_N - r_A$. Der Vergleich mit (5.23) zeigt, dass es für den Anbieter N nur dann profitabel ist, sein Produkt mit der alten Technologie kompatibel zu machen, wenn

$$m < \bar{m}_A. \qquad (5.24)$$

Dieses Ergebnis hat eine einfache Intuition: Entscheidet sich Anbieter N für die Kompatibilität seiner Technologie mit der alten Technologie, erhöht sich der Nutzen der Konsumenten aus den Netzwerkexternalitäten für beide Produkte auf $\alpha(\bar{m}_A + m)$. Die Zahlungsbereitschaft für das Produkt N steigt also um den Betrag $\alpha\bar{m}_A$. Zugleich erhöht sich aber auch die Zahlungsbereitschaft für das Konkurrenzprodukt A um den Betrag αm. Der Anbieter der neuen Technologie wägt den

[9] Dieser Effekt wurde bereits in Kapitel 3.3.1 betrachtet. Die Interaktion zwischen der Wahl der Produktspezifikation und Kompatibilitätsentscheidungen wird in Boom (2001) und Baake und Boom (2001) analysiert.

positiven ersten Effekt gegen den negativen zweiten Effekt ab und entscheidet sich nur dann für ein kompatibles Produktangebot, wenn die installierte Basis der alten Technologie relativ hoch ist.

5.2 Forschungswettbewerb und -kooperation

5.2.1 Patentwettbewerb

In unserer bisherigen Analyse von $F\&E$ haben wir unterstellt, dass nur ein einziges Unternehmen die Möglichkeit hat, eine Innovation durchzuführen. Oft stehen jedoch mehrere Firmen miteinander im Wettbewerb, wenn sie in Forschungsaktivitäten investieren. Dabei schützt das Patentrecht den Erfinder eines neuen Produkts oder einer neuen Technologie für einen gewissen Zeitraum vor der Imitation seiner Innovation durch die Konkurrenz. Das Grundanliegen des Patentwesens besteht darin, innovative Aktivitäten zu fördern. Es belohnt den Erfinder durch die Gewährung einer zeitlich begrenzten Monopolrente. Zugleich bewirkt es, dass er seine Innovation offenlegt und so den Ausgangspunkt für weiterführende Innovationen verbessert.[10]

Wir betrachten dazu einen Markt, in dem n Firmen um eine patentierbare Prozess- oder Produktinnovation miteinander konkurrieren. Diejenige Firma, die als erste die Innovation realisiert, ist durch ein Patent solange vor der Imitation durch ihre Konkurrenten geschützt, bis dessen Gültigkeit erlischt. Der Wert V des Patents entspricht dem Marktwert aus dem alleinigen Nutzungsrecht der Innovation während der Patentdauer.

Die Firmen können durch ihre $F\&E$–Aktivitäten den Zeitpunkt der Innovation beeinflussen. Jedoch ist der Erfolg solcher Aktivitäten typischerweise nicht deterministisch, sondern zufallsabhängig.[11] Wir berücksichtigen diesen Zusammenhang, indem wir unterstellen, dass der Gewinner des Patentrennens stochastisch von den Forschungsaufwendungen der Firmen abhängt. Es bezeichne h_j den $F\&E$–Aufwand

---

[10] Als Alternative zum Patentsystem wäre eine direkte staatliche Zahlung an den erfolgreichen Erfinder denkbar. Die Vor– und Nachteile eines solchen Systems werden in Kremer (1998) und in Shavell und van Ypersele (1999) diskutiert.

[11] Stochastische Modelle des Patentwettbewerbs gehen zurück auf Loury (1979), Dasgupta und Stiglitz (1980) und Lee und Wilde (1980). Ebenso wie unsere folgende Analyse sind diese Modelle statisch, da die Firmen einmalig ihre Innovationsaktivitäten festlegen. Zu explizit dynamischen Modellen des Patentwettbewerbs siehe Fudenberg et al. (1983), Grossman und Shapiro (1987), Harris und Vickers (1987) und Reinganum (1982).

der Firma $j = 1, ..., n$. Wir gehen im folgenden davon aus, dass das Forschungsprojekt der Firma j mit Wahrscheinlichkeit

$$\pi_j(h_1, ..., h_j, ..., h_n) = \frac{h_j}{\alpha + h_1 + h_2 ... + h_j ... + h_n} \quad (5.25)$$

als erstes erfolgreich bei der Realisierung der Innovation ist. Durch eine Erhöhung ihrer Aufwendungen h_j kann Firma j die Wahrscheinlichkeit erhöhen, das Patentrennen zu gewinnen. Diese Wahrscheinlichkeit hängt positiv vom Verhältnis $h_j/\sum_i h_i$ ihres Aufwands zum Gesamtaufwand aller Firmen ab. Der Parameter $\alpha > 0$ beeinflusst die Wahrscheinlichkeit $\sum_j \pi_j$ mit der die Innovation überhaupt realisiert wird. Diese Wahrscheinlichkeit ist kleiner als Eins und fällt mit α.

Da nur das erste erfolgreiche Projekt durch das Patent belohnt wird, beträgt für Firma j der erwartete Gewinn Π_j^v aus der Beteiligung am Patentwettbewerb[12]

$$\Pi_j^v(h_1, ..., h_n) = \pi_j(h_1, ..., h_n) V - h_j. \quad (5.26)$$

Der erwartete Gewinn der Firma j hängt nicht nur von ihren eigenen Forschungsaufwendungen ab, sondern auch von den Forschungsinvestitionen ihrer Konkurrenten $i \neq j$. Die Firmen wählen ihre $F\&E$ Investitionen gleichzeitig und unabhängig voneinander. Im Gleichgewicht antizipiert jede einzelne Firma j die Forschungsanstrengungen der anderen Firmen und betrachtet sie als gegeben. Sie wählt ihre eigene Forschungsintensität h_j so, dass ihr Gewinn Π_j^v maximiert wird. Das Gleichgewicht $(h_1^v, ..., h_n^v)$ des Patentwettbewerbs wird also dadurch beschrieben, dass für jede Firma j die Bedingung

$$\Pi_j^v(h_1^v, ..., h_j^v, ..., h_n^v) \geq \Pi_j^v(h_1^v, ..., h_j, ..., h_n^v) \quad \text{für alle} \quad h_j \geq 0 \ (5.27)$$

erfüllt ist.

Um die Forschungsaufwendungen der Firmen im Gleichgewicht zu bestimmen, gehen wir von der Bedingung erster Ordnung

$$\frac{\partial \Pi_j^v}{\partial h_j} = \frac{\alpha + \sum_{i \neq j} h_i}{(\alpha + \sum_{i \neq j} h_i + h_j)^2} V - 1 = 0 \quad (5.28)$$

aus, die entsprechend der Gleichgewichtsbedingung (5.27) für die Maximierung des erwarteten Gewinns gelten muss. Implizit beschreibt diese Bedingung die Reaktionsfunktion

---

[12] Zur Vereinfachung nehmen wir an, dass die Firmen zukünftige Gewinne nicht diskontieren. Der Gegenwartswert des Patents hängt daher nicht vom Zeitpunkt der Innovation ab.

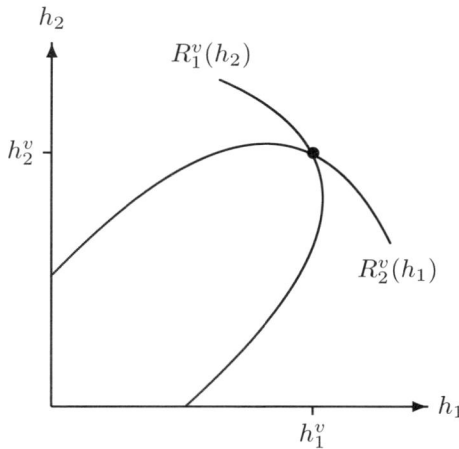

Abb. 5.5. *Patentwettbewerb*

$$h_j = R_j^v \left(\sum_{i \neq j} h_i \right) \tag{5.29}$$

der Firma j. Die Funktion $R_j^v(\cdot)$ gibt den optimalen Forschungsaufwand dieser Firma an, wenn der gesamte Aufwand ihrer Konkurrenten durch $\sum_{i \neq j} h_i$ gegeben ist. Abbildung 5.5 stellt für den Fall $n = 2$ die Reaktionsfunktionen der beiden Firmen dar. Entlang ihrer Reaktionskurve $R_j^v(\cdot)$ ist die Gleichgewichtsbedingung (5.27) für Firma j erfüllt. Im Schnittpunkt der beiden Kurven maximiert daher jede Firma durch ihre Entscheidung den Gewinn bei gegebenem Verhalten des Konkurrenten. Dieser Punkt bestimmt die Forschungsausgaben (h_1^v, h_2^v) der beiden Firmen im Gleichgewicht des Patentrennens.

Da die Ausgangslage für alle n Firmen identisch ist, können wir davon ausgehen, dass im Gleichgewicht auch ihre Forschungsausgaben gleich hoch sind, so dass $h_j^v = h^v$ für alle $j = 1, ..., n$. Mit Hilfe dieser Symmetriebedingung lässt sich (5.28) einfach umformen zu

$$V = \varphi(h^v, n, \alpha) \equiv \frac{(\alpha + n\, h^v)^2}{\alpha + (n-1)h^v}. \tag{5.30}$$

Die Lösung dieser Gleichung ergibt die Höhe der Forschungsausgaben h^v. Abbildung 5.6 stellt diese Lösung graphisch dar. Die Funktion $\varphi(h, n, \alpha)$ ist steigend in h und für $h = 0$ erhalten wir $\varphi(0, n, \alpha) = \alpha$. Wenn $V > \alpha$, ist daher $h^v > 0$.

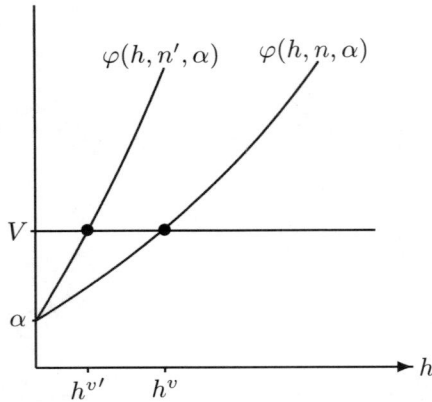

Abb. 5.6. *Forschungsausgaben bei Patentwettbewerb*

Mit Hilfe der Abbildung 5.6 können wir auch die Frage beantworten, wie sich die Zahl der am Patentrennen beteiligten Konkurrenten auf ihre $F\&E$–Aktivität auswirkt. Da $\partial\varphi/\partial n > 0$, führt eine Erhöhung von n auf n' dazu, dass sich die Funktion $\varphi(\cdot)$ in der Abbildung nach oben verschiebt. Daraus folgt, dass der Forschungsaufwand jeder einzelnen Firma von h^v auf $h^{v'}$ sinkt. Je größer die Zahl der Wettbewerber um das Patent ist, desto geringer ist die Chance einer jeden Firma, als erste die Innovation zu realisieren. Dadurch reduziert sich der Anreiz, in $F\&E$ zu investieren. Diese Beobachtung impliziert jedoch nicht, dass zunehmender Wettbewerb eine geringere Innovationsrate zur Folge hat. Die Wahrscheinlichkeit, dass zumindest eines der n Projekte erfolgreich ist, beträgt $\sum_j \pi_j = n\,h^v/(\alpha + nh^v)$; für $\alpha > 0$ hängt sie positiv von den Gesamtausgaben $n\,h^v$ aller Firmen ab. In der Tat lässt sich zeigen, dass $n\,h^v$ umso höher ist, je größer n ist.[13] Je mehr Firmen aktiv sind, desto höher sind die Gesamtausgaben für $F\&E$, obwohl die Forschungsausgaben pro Firma fallen. Dies bedeutet, dass die Innovation eher zustande kommt, wenn die Zahl der Wettbewerber um das Patent steigt.[14]

---

[13] Aus (5.30) erhalten wir $h^v < V/4$ und $nh^v = 0.5[\sqrt{(V - 4\,h^v)V} - 2\alpha + V]$. Da $\partial h^v/\partial n < 0$, ist $\partial(n\,h^v)/\partial n > 0$.

[14] Unsere Ergebnisse stimmen überein mit Loury (1979), der ebenfalls annimmt, dass jede Firma eine einmalige $F\&E$–Investition tätigt. Lee und Wilde (1980) dagegen unterstellen, dass die Aufwendungen der Firmen kontinuierlich anfallen, solange bis das Patentrennen beendet ist. Dies hat zur Folge, dass nicht nur nh^v, sondern möglicherweise auch h^v in n steigt.

Aus Abbildung 5.6 lässt sich als eine weitere Schlussfolgerung ableiten, dass eine Erhöhung des Wertes V des Patents auch höhere Forschungsausgaben h^v stimuliert. Dies hat zur Folge, dass die Innovation mit größerer Wahrscheinlichkeit realisiert wird. Durch die Ausgestaltung des Patentrechts wird daher die Rate des technischen Fortschritts beeinflusst. Ein wichtiger Parameter, von dem der Wert eines Patents abhängt, ist die *Patentdauer*. Diese limitiert den Zeitraum, innerhalb dessen der Innovator ein Monopolrecht auf die Nutzung seiner Erfindung hat. Bei der Bestimmung der *optimalen Patentdauer* spielen die folgenden Gesichtspunkte eine Rolle: Einerseits ist die Steigerung der sozialen Wohlfahrt durch Innovationen gegenüber den Kosten für $F\&E$–Investitionen abzuwägen. Eine längere Patentdauer steigert die Rate des technischen Fortschritts, sie erhöht jedoch zugleich den Ressourcenaufwand für die Erlangung eines Patents. Andererseits hängt die Steigerung der sozialen Wohlfahrt, die durch eine erfolgreiche Innovation zustande kommt, von der Patentdauer ab. Der rechte Teil der Abbildung 5.2 veranschaulicht dies für den Fall einer drastischen Prozessinnovation: Während der Patentdauer realisiert der Erfinder den Monopolgewinn $\mathcal{A}$ und die Wohlfahrt der Konsumenten steigt infolge der Innovation um $\mathcal{B}'$. Durch den Patentschutz entsteht ein monopolistischer Wohlfahrtsverlust in Höhe von $\mathcal{C}$. Nach Ablauf des Patentes steht die Technologie mit den Produktionskosten c' allen Firmen zur Verfügung. Durch den Wettbewerb reduziert sich der Preis des Gutes dann auf c' und so kommt durch die Innovation der Wohlfahrtsgewinn $\mathcal{A} + \mathcal{B}' + \mathcal{C}$ zustande. Je kürzer daher die Patentdauer ist, umso geringer ist der insgesamt anfallende Wohlfahrtsverlust aus der monopolistischen Nutzung der Erfindung. Insgesamt besteht also der folgende Trade–off: Eine längere Patentdauer induziert mehr Innovationen und steigert dadurch die soziale Wohlfahrt. Diesem positiven Effekt stehen die höheren Kosten für $F\&E$–Aktivitäten und der größere Effizienzverlust aus der längeren Monopolisierung der Innovation gegenüber.[15]

5.2.2 Innovationswettbewerb und Marktstruktur

Das obige Modell des Patentwettbewerbs betrachtet eine Situation, in der sich alle Firmen in derselben Ausgangsposition befinden. Der Wert der Innovation hängt nicht davon ab, welche Firma diese zuerst

---

[15] Die optimale Patentdauer wird diskutiert in Denicolo (1999), Gallini (1992), Gilbert und Shapiro (1990), Kamien und Schwarz (1974), Nordhaus (1969, 1972) und Scherer (1972).

realisiert. Auch ist der Gewinn eines jeden erfolglosen Wettbewerbers gleich Null. Im allgemeinen hängt jedoch der Wert einer Innovation von der Marktstruktur ab, die sich nach der Innovation einstellt. Das Motiv einer Firma, in $F\&E$ zu investieren, besteht ja gerade darin, in der neuen Marktstruktur eine günstigere Position zu erlangen. Ebenso führt der Misserfolg ihres Forschungsprojektes nicht notwendigerweise dazu, dass die betreffende Firma aus dem Markt ausscheidet. Möglicherweise wird sie weiterhin gegen die erfolgreiche Firma konkurrieren und dabei positive Gewinne erzielen.

Wir beschränken uns bei der Analyse des dynamischen Zusammenhangs von Innovationswettbewerb und Marktstruktur auf einen duopolistischen Markt. Wenn die Stückkosten der beiden Firmen c_1 bzw. c_2 betragen, erzielt Firma j den Gewinn $\Pi_j(c_1, c_2)$. Die Firmen konkurrieren um eine Prozessinnovation, welche die Stückkosten auf $c' < \min[c_1, c_2]$ reduziert. Diejenige Firma j, deren Forschungsprojekt als erstes erfolgreich ist, ist durch ein Patent geschützt und hat gegenüber ihrem Konkurrenten i einen Kostenvorsprung in Höhe von $c_i - c'$.

Wie in Kapitel 5.2.1 gehen wir davon aus, dass die Erfolgswahrscheinlichkeit $\pi_j(h_1, h_2)$ der Firma j entsprechend Gleichung (5.25) von den Forschungsaufwendungen h_1 und h_2 abhängt. Mit Wahrscheinlichkeit π_1 erlangt also Firma 1 den Kostenvorteil $c_2 - c'$, und mit Wahrscheinlichkeit π_2 erlangt Firma 2 den Kostenvorteil $c_1 - c'$. Die Wahrscheinlichkeit, dass die Innovation nicht zustande kommt, beträgt $1 - \pi_1 - \pi_2$. Der erwartete Gewinn der Firma 1 ist daher

$$\Pi_1^v(h_1, h_2) = \pi_1(h_1, h_2)\,\Pi_1(c', c_2) + \pi_2(h_1, h_2)\,\Pi_1(c_1, c') \qquad (5.31)$$
$$+\, [1 - \pi_1(h_1, h_2) - \pi_2(h_1, h_2)]\,\Pi_1(c_1, c_2) - h_1.$$

Analog gilt für Firma 2

$$\Pi_2^v(h_1, h_2) = \pi_2(h_1, h_2)\,\Pi_2(c_1, c') + \pi_1(h_1, h_2)\,\Pi_2(c', c_2) \qquad (5.32)$$
$$+\, [1 - \pi_1(h_1, h_2) - \pi_2(h_1, h_2)]\,\Pi_2(c_1, c_2) - h_2.$$

Da jede Firma ihre $F\&E$–Aufwendungen so wählt, dass ihr erwarteter Gewinn maximiert wird, erhalten wir die beiden Bedingungen erster Ordnung

$$\frac{\alpha[\Pi_1(c', c_2) - \Pi_1(c_1, c_2)] + h_2[\Pi_1(c', c_2) - \Pi_1(c_1, c')]}{(\alpha + h_1 + h_2)^2} \;=\; 1, (5.33)$$

$$\frac{\alpha[\Pi_2(c_1, c') - \Pi_2(c_1, c_2)] + h_1[\Pi_2(c_1, c') - \Pi_2(c', c_2)]}{(\alpha + h_1 + h_2)^2} \;=\; 1.$$

Diese Gleichungen bestimmen das Gleichgewicht (h_1^v, h_2^v) des Innovationswettbewerbs.

Beispiel 5.2.1. Im Hotelling Duopol des Kapitels 3.2.3 ist nach Gleichung (3.40)

$$\Pi_1(c', c) - \Pi_1(c, c') = \Pi_2(c, c') - \Pi_2(c', c) = \frac{2}{3}(c - c'),$$

solange $-3\,t < c - c' < 3\,t$. Wenn beide Firmen zunächst identische Kosten $c_1 = c_2 = c$ haben, erhalten wir aus (5.33) im Grenzfall $\alpha \to 0$ die symmetrische Lösung $h_1^v = h_2^v = (c - c')/6$.

Die Gleichungen in (5.33) machen deutlich, dass bei der Wahl der $F\&E$–Aktivitäten zwei Gesichtspunkte eine Rolle spielen: Erstens erzielt die erfolgreiche Firma eine Gewinnsteigerung dadurch, dass die Innovation ihre Kosten senkt. Für Firma 1 z.B. wird dieser Effekt durch die Differenz $\Pi_1(c', c_2) - \Pi_1(c_1, c_2)$ beschrieben. Diese Differenz entspricht dem Innovationsanreiz, den wir bereits in Kapitel 5.1.2 kennen gelernt haben. Zweitens zieht jede Firma bei ihrer Entscheidung den Gewinnunterschied in Betracht, wenn sie anstatt ihrer Konkurrenz die Kostenreduktion realisiert. Dieser Unterschied spiegelt sich z.B. für Firma 1 in der Differenz $\Pi_1(c', c_2) - \Pi_1(c_1, c')$ wider. Über das in Kapitel 5.1.2 dargestellte Motiv der Kostensenkung hinaus wird der Innovationsanreiz durch den Wettbewerbsdruck verstärkt. Bei $F\&E$–Wettbewerb besteht dieser Anreiz nicht nur darin, die eigenen Kosten zu senken, sondern auch darin, einen Kostennachteil gegenüber der Konkurrenz zu vermeiden.

Der $F\&E$–Wettbewerb zwischen den Unternehmen induziert eine endogene Dynamik der Kostenstruktur. Wenn keines der Unternehmen erfolgreich ist, bleibt die Ausgangssituation (c_1, c_2) weiterhin bestehen. Ansonsten realisiert sich entweder (c', c_2) oder (c_1, c') als die neue Kostenstruktur. Durch das Gleichgewicht (h_1^v, h_2^v) werden die Wahrscheinlichkeiten dieser drei Möglichkeiten bestimmt. Zur Illustration dieser Dynamik betrachten wir den Fall, dass Firma 1 bei der bestehenden Kostenstruktur einen Kostenvorsprung $c_2 - c_1 > 0$ hat. Ferner gehen wir davon aus, dass die beiden Firmen in einem homogenen Markt aktiv sind, in dem sie durch ihre Preissetzung miteinander konkurrieren. Daher erzielt nur die Firma mit den geringeren Produktionskosten einen positiven Gewinn. Aus $c' < c_1 < c_2$ folgt also, dass

$$\Pi_1(c_1, c_2) > 0, \quad \Pi_1(c', c_2) > 0, \quad \Pi_1(c_1, c') = 0, \quad (5.34)$$
$$\Pi_2(c_1, c') > 0, \quad \Pi_2(c_1, c_2) = 0, \quad \Pi_2(c', c_2) = 0.$$

Bei der bestehenden Marktstruktur (c_1, c_2) ist Firma 1 der 'Marktinhaber', da sie aufgrund ihres Kostenvorsprungs den Markt dominiert. Sie wird nur dann aus dieser Position verdrängt, wenn Firma 2 erfolgreich aus dem Innovationswettbewerb hervorgeht. Für die in (5.34) beschriebene Konstellation ergibt sich aus der Kombination der beiden Gleichungen in (5.33) die Schlussfolgerung

$$(\alpha + h_1)\Pi_2(c_1, c') = (\alpha + h_2)\Pi_1(c', c_2) - \alpha\,\Pi_1(c_1, c_2). \qquad (5.35)$$

Welche der beiden Firmen wird nun mehr in $F\&E$ investieren und hat dadurch eine höhere Chance, die Innovation zu realisieren?[16] Diese Frage lässt sich eindeutig beantworten, wenn die Innovation eine relativ hohe Kostenreduktion beinhaltet. Falls der Monopolpreis $p^m(c')$ bei den Kosten c' niedriger ist als c_1, befindet sich die erfolgreiche Firma de facto in einer Monopolposition und erzielt den Monopolgewinn $\Pi^m(c')$. In diesem Fall ist also

$$\Pi_1(c', c_2) = \Pi_2(c_1, c') = \Pi^m(c'), \qquad (5.36)$$

und aus (5.35) folgt unmittelbar, dass $h_2^v > h_1^v$. Der Tendenz nach löst die Firma mit dem anfänglichen Kostennachteil den ursprünglichen Marktinhaber ab, da sie höhere Aufwendungen für $F\&E$ tätigt! Da Firma 1 einen geringeren Betrag investiert, hat sie auch eine geringere Wahrscheinlichkeit, den Innovationswettbewerb zu gewinnen. Die Ursache für dieses Ergebnis besteht darin, dass sie – im Gegensatz zu Firma 2 – auch dann einen positiven Gewinn erzielt, wenn die Innovation überhaupt nicht zustande kommt. Dieser Effekt, den wir bereits in Kapitel 5.1.2 beim Vergleich des Innovationsanreizes im Monopol und bei Wettbewerb kennen gelernt haben, macht es für sie weniger attraktiv, in $F\&E$ zu investieren. Die Dynamik der Marktstruktur bei drastischen Innovationen ähnelt dem von Schumpeter (1943) beschriebenen Prozess der 'kreativen Zerstörung': Im Zeitablauf wird der jeweilige Marktinhaber, der zunächst über einen Kostenvorsprung verfügt, tendenziell durch einen Konkurrenten ersetzt, dessen Innovation die bestehende Technologie obsolet macht.

Falls die Kostenreduktion $c_1 - c'$ nicht–drastisch ist, besteht dagegen die Möglichkeit, dass der Marktinhaber einen höheren Betrag in $F\&E$ investiert als sein Konkurrent. Denn in diesem Fall ist

---

[16] Die Frage, ob der Marktinhaber mehr in $F\&E$ investiert als seine Konkurrenten, wird u.a. von Gilbert und Newbery (1982) und Reinganum (1983, 1985) analysiert.

$$\Pi_1(c', c_2) > \Pi_2(c_1, c'), \tag{5.37}$$

da $c_2 - c' > c_1 - c'$. Der Marktinhaber erzielt durch die Innovation den Kostenvorsprung $c_2 - c'$, während sein Konkurrent durch die Innovation lediglich einen Vorsprung in Höhe von $c_1 - c'$ erlangt. Dieser Gesichtspunkt kann den oben erwähnten negativen Anreizeffekt überwiegen, dass der Marktinhaber auch dann positive Gewinne realisiert, wenn die Innovationsanstrengungen beider Firmen erfolglos sind. Ist dies der Fall, so ist $h_1^v > h_2^v$. In dieser Situation ist die Wahrscheinlichkeit größer, dass Firma 1 in der Position des Marktinhabers verbleibt als dass Firma 2 sie in dieser Rolle ablöst.

5.2.3 Spillover Effekte und Forschungskooperation

Das Patentsystem bietet dem Innovator einen gewissen Schutz vor der unmittelbaren Imitation seiner Erfindung durch Konkurrenten. Dieser Schutz ist jedoch möglicherweise unvollständig. Einige der Erkenntnisse, die zu einer Innovation geführt haben, lassen sich evtl. nutzen, ohne das Patent des Erfinders zu verletzen. Ebenso kann die Offenlegung einer Erfindung dazu führen, dass sich andere Innovationen schneller realisieren lassen. In solchen Fällen schafft die Innovationstätigkeit eines Unternehmens *Spillover* Effekte für die Forschungsaktivität seiner Konkurrenten. Diese Effekte stellen positive Externalitäten dar, die sich dadurch internalisieren lassen, dass die Unternehmen im *F&E–* Bereich miteinander kooperieren anstatt gegeneinander zu konkurrieren. In der Tat erlaubt das Kartellrecht in vielen industrialisierten Ländern bei *F&E*–Aktivitäten eine Ausnahme vom Verbot wettbewerbsbeschränkender Absprachen.[17] Eine solche Ausnahme birgt einerseits die Gefahr, dass die Verringerung des Innovationswettbewerbs eine Reduktion von Forschungsaktivitäten zur Folge hat. Andererseits lassen sich durch die Kooperation in einem 'Research Joint Venture' (RJV) mögliche Spillover Effekte internalisieren. Dadurch, dass innerhalb eines RJVs das Free–Rider Problem beseitigt wird, entsteht ein positiver Innovationsanreiz.

Um die Auswirkungen von RJV–Vereinbarungen zu analysieren, betrachten wir ein homogenes Cournot–Duopol und vergleichen das Marktergebnis bei Innovationswettbewerb mit dem Ergebnis bei F&E–Kooperation. In beiden Situationen konkurrieren die Firmen

---

[17] Durch den § 5 des GWB können in Deutschland Rationalisierungskartelle vom Kartellverbot des § 1 freigestellt werden.

miteinander auf dem Absatzmarkt, da sich die Kooperation innerhalb des RJVs auf Forschungsaktivitäten beschränkt.[18]

Wir nehmen an, dass die inverse Nachfrage durch $P(x_1+x_2) = a - b(x_1+x_2)$ gegeben ist. Die beiden Firmen haben konstante Stückkosten in Höhe von c_1 bzw. c_2, wobei $c_1 < 0.5(a+c_2)$ und $c_2 < 0.5(a+c_1)$. Im Cournot–Gleichgewicht sind daher ihre Gewinne auf dem Absatzmarkt[19]

$$\Pi_1(c_1,c_2) = \frac{(a-2c_1+c_2)^2}{9b}, \ \Pi_2(c_1,c_2) = \frac{(a-2c_2+c_1)^2}{9b}. \quad (5.38)$$

In der Ausgangssituation haben beide Firmen identische Stückkosten in Höhe von c. Sie können jedoch ihre Kosten reduzieren, indem sie Prozessinnovationen durchführen. Wir bezeichnen mit k_1 und k_2 ihre $F\&E$–Intensitäten. Zur Vereinfachung abstrahieren wir davon, dass die Ergebnisse von $F\&E$ zufallsabhängig sind, und nehmen an, dass die Produktionskosten durch die Innovationstätigkeit der Firmen auf

$$c_1 = c - k_1 - \beta k_2, \quad c_2 = c - k_2 - \beta k_1 \quad (5.39)$$

sinken. Der Faktor $0 \le \beta \le 1$ beschreibt dabei das Ausmaß der Spillover Effekte. Falls $\beta > 0$, profitiert auch Firma j von den Forschungsergebnissen ihres Konkurrenten i. Die $F\&E$–Kosten der Firma j betragen $0.5\gamma k_j^2$, wobei $\gamma > 0$. Aufgrund des quadratischen Kostenverlaufs unterliegen die $F\&E$–Investitionen abnehmenden Grenzerträgen. In Abhängigkeit von den Forschungsintensitäten (k_1,k_2) sind die Gewinne des Duopols

$$\Pi_1^v(k_1,k_2) \equiv \Pi_1(c-k_1-\beta k_2, c-k_2-\beta k_1) - 0.5\gamma k_1^2, \quad (5.40)$$
$$\Pi_2^v(k_1,k_2) \equiv \Pi_2(c-k_1-\beta k_2, c-k_2-\beta k_1) - 0.5\gamma k_2^2.$$

Wenn die Firmen ihre Forschungsaktivitäten nicht koordinieren, werden ihre $F\&E$–Intensitäten durch das Kalkül der individuellen Gewinnmaximierung bestimmt. Im nicht–kooperativen Gleichgewicht (k_1^v, k_2^v) ist

$$\Pi_1^v(k_1^v,k_2^v) \ge \Pi_1^v(k_1,k_2^v) \quad \text{für alle} \quad k_1 \ge 0, \quad (5.41)$$
$$\Pi_2^v(k_1^v,k_2^v) \ge \Pi_2^v(k_1^v,k_2) \quad \text{für alle} \quad k_2 \ge 0.$$

Für Firma j wird daher die Wahl von k_j durch die Bedingung erster Ordnung

---

[18] Die folgende Darstellung beruht auf d'Aspremont und Jacquemin (1988).
[19] Siehe Beispiel 3.1.1.

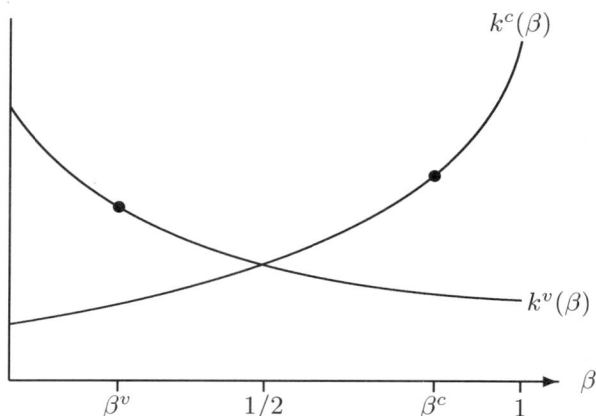

Abb. 5.7. *Spillover Effekte und Forschungsintensität*

$$\frac{\partial \Pi_1^v}{\partial k_j} = \frac{2(2-\beta)[a-c+k_j(2-\beta)-k_i(1-2\beta)]}{9\,b} - \gamma\,k_j = 0 \quad (5.42)$$

bestimmt.[20] Wegen der symmetrischen Marktstruktur ist im Gleichgewicht $k_1^v = k_2^v$. Wir erhalten somit aus (5.42) die Lösung

$$k_1^v = k_2^v = k^v(\beta) = \frac{2(2-\beta)(a-c)}{9\,b\,\gamma - 2(2-\beta)(1+\beta)}. \quad (5.43)$$

Wie Abbildung 5.7 illustriert, sind die Forschungsintensitäten der Firmen bei der Wettbewerbslösung umso niedriger, je höher die durch den Faktor β beschriebenen Spillover Effekte sind. Aufgrund dieser Effekte reduziert die Innovationstätigkeit eines Unternehmens nicht nur die eigenen Kosten, sondern auch die Kosten der Konkurrenz. Die Existenz von Spillover Effekten wirkt sich daher negativ auf die *F&E*–Anreize der Unternehmen aus. Diese Auswirkung wird möglicherweise durch das Free–Rider Problem noch verschärft. Weil jedem Unternehmen auch die Forschungsergebnisse der Konkurrenz zugute kommen, kann der Anreiz zu eigenen *F&E*–Investitionen geschwächt werden.

Wir leiten nun die Höhe der Forschungsintensitäten bei einer kooperativen Vereinbarung ab. In einem *RJV* verständigen sich die Duopolisten auf ein gemeinsames Niveau $k_1 = k_2 = k$ ihrer *F&E* Aktivitäten. Jede Firma j erzielt bei diesem Niveau den Gewinn

$$\Pi_j(c - k - \beta\,k, c - k - \beta\,k) - 0.5\,\gamma\,k^2. \quad (5.44)$$

---

[20] Um zu garantieren, dass auch die Bedingung zweiter Ordnung für ein Maximum erfüllt ist, nehmen wir im weiteren an, dass $\gamma > 8/(9\,b)$.

Die optimale Vereinbarung maximiert diesen Gewinn und wird durch die Bedingung erster Ordnung

$$\frac{2(1+\beta)[a - c + k(1+\beta)]}{9\,b} = \gamma\,k \tag{5.45}$$

bestimmt. Wir erhalten so die kooperative Lösung

$$k_1^c = k_2^c = k^c(\beta) = \frac{2(1+\beta)(a-c)}{9\,b\,\gamma - 2(1+\beta)^2}. \tag{5.46}$$

Da $k^c(\cdot)$ eine steigende Funktion ist, hängen die $F\&E$–Intensitäten des RJVs positiv vom Ausmaß der Spillover Effekte ab. Ein gegebener Forschungsaufwand bewirkt eine umso größere Kostenreduktion, je höher der Faktor β ist. Aus diesem Grunde verstärken Spillover Effekte den Innovationsanreiz im RJV.

Durch den Vergleich von (5.43) und (5.46) können wir nun ermitteln, unter welchen Bedingungen bei $F\&E$–Kooperation eine höhere Innovationstätigkeit zustande kommt. Da $k^v(1/2) = k^c(1/2)$, ist $k^v(\beta) > k^c(\beta)$, wenn $\beta < 1/2$, und $k^v(\beta) < k^c(\beta)$, wenn $\beta > 1/2$. Wie Abbildung 5.7 zeigt, reduziert ein $F\&E$–Kartell den Forschungsaufwand gegenüber der Wettbewerbslösung, wenn die Spillover Effekte relativ klein sind. Sind diese Effekte dagegen hinreichend groß, haben Kartellabsprachen im $F\&E$–Bereich eine Steigerung der Innovationstätigkeit zur Folge.

Welche Wohlfahrtseffekte ergeben sich dadurch, dass man den Unternehmen gestattet, ihre Forschungsaktivitäten zu koordinieren? Offensichtlich erzielen die Firmen im RJV höhere Gewinne als bei nicht–kooperativem Wettbewerb. Dies folgt einfach daraus, dass auch das RJV sich auf die Wettbewerbslösung $k^v(\beta)$ verständigen könnte. Die Tatsache, dass es im allgemeinen $k^c(\beta) \neq k^v(\beta)$ wählt, offenbart, dass durch Kooperation der Gewinn der Unternehmen steigt. Für die Wohlfahrt der Konsumenten dagegen ist entscheidend, wie sich die Forschungskooperation auf die Produktionskosten der Firmen auswirkt. Der Cournot–Gleichgewichtspreis hängt positiv vom Niveau dieser Kosten ab. Falls $\beta < 1/2$, induziert das RJV eine Einschränkung der Forschungsaktivitäten gegenüber der Wettbewerbslösung; die Konsumenten haben daher einen höheren Preis zu zahlen und stehen sich schlechter. Falls $\beta > 1/2$, steigt die Konsumentenrente durch die erhöhte Forschungsintensität bei $F\&E$–Kooperation. In diesem Fall bewirken RJV–Vereinbarungen eine allgemeine Wohlfahrtsverbesserung nicht nur für die Produzenten, sondern auch für die Konsumenten.

In unserer Analyse sind wir davon ausgegangen, dass die Spillover Effekte bei Kooperation genauso hoch sind wie bei Nicht–Kooperation. Es erscheint jedoch plausibel, dass in einem RJV mehr Information zwischen den beteiligten Forschungsprojekten ausgetauscht wird, als wenn die Firmen gegeneinander konkurrieren.[21] Dies bedeutet, dass der Spillover Faktor β bei RJV–Vereinbarungen höher ist als bei $F\&E$–Konkurrenz. In dieser Situation können sich kooperative Absprachen auch dann positiv auf die Forschungsaktivität der Firmen auswirken, wenn die Spillover Effekte bei Wettbewerb relativ klein sind. Abbildung 5.7 veranschaulicht diese Möglichkeit. Wenn die Firmen nicht miteinander kooperieren, ist der Spillover Faktor β^v. Durch Kooperation steigt er auf $\beta^c > \beta^v$. Da $k^c(\beta^c) > k^v(\beta^v)$, engagieren sich die Unternehmen mehr in $F\&E$, wenn sie in diesem Bereich zusammenarbeiten.

Insgesamt zeigt die obige Analyse, dass RJV–Vereinbarungen bei Spillover Effekten durchaus eine höhere Forschungsintensität und sogar eine Erhöhung der sozialen Wohlfahrt bewirken können. Eine wichtige Voraussetzung für diese Schlussfolgerung ist, dass sich die Kooperation der Unternehmen auf den $F\&E$–Bereich beschränkt. Wenn die Gefahr besteht, dass sich die Zusammenarbeit in diesem Bereich auf Absprachen bezüglich der Absatzstrategie ausdehnt, erscheinen Forschungskooperationen eher bedenklich.

5.3 Übungsaufgaben

Aufgabe 5.1. Ein Monopol bietet ein homogenes Gut an, für welches die inverse Nachfrage durch $P(x) = a - b\,x$ beschrieben wird.

(a) Ermitteln Sie den Betrag R^m, um den der Gewinn des Anbieters steigt, wenn eine Innovation seine Stückkosten von c auf $c' < c < a$ reduziert!

(b) Um welchen Betrag steigt die Konsumentenrente dadurch, dass das Angebot des Anbieters von $x^m(c)$ auf $x^m(c')$ steigt?

(c) Welcher Wohlfahrtsgewinn R^* ließe sich durch die Innovation im sozialen Optimum erzielen?

Aufgabe 5.2. In einem homogenen Markt mit der inversen Nachfrage $P(x) = a - b\,x$ sind zwei Anbieter aktiv, die im Preiswettbewerb

---

[21] Dieser Effekt von $F\&E$–Kooperation wird bei Choi (1993) und Kamien, Muller und Zang (1992) berücksichtigt.

miteinander stehen. Beide Anbieter haben zunächst die Stückkosten c. Einer der Anbieter kann infolge einer Innovation seine Kosten auf $c' < c$ senken.

(a) Zeigen Sie, dass die Kostenreduktion $c - c'$ eine drastische Innovation darstellt, wenn $c - c' > a - c$!

(b) Welchen Gewinn kann der Anbieter durch die Innovation erzielen?

Aufgabe 5.3. In einem homogenen Cournot–Duopol mit der inversen Nachfrage $P(x) = a - b\,x$ haben beide Anbieter zunächst die Stückkosten c. Einer der Anbieter kann infolge einer Innovation seine Kosten um den Betrag $c - c' < a - c$ senken.

(a) Um welchen Betrag steigt der Gewinn des Anbieters durch die Innovation?

(b) Zeigen Sie, dass der Innovationsanreiz im Cournot–Duopol geringer ist als im Bertrand–Duopol!

(c) Welchen zusätzlichen Gewinn kann der Anbieter erzielen, wenn er für die Nutzung der Innovation durch die Konkurrenz die Lizenzgebühr $g = c - c'$ pro Outputeinheit verlangt?

Aufgabe 5.4. In einem homogenen Markt ist die Nachfrage $D(p) = 10 - p$. Firma 1 hat Stückkosten in Höhe von $c_1 = \max[0, 5 - k]$, wenn sie den Betrag k^2 für Prozessinnovationen aufwendet.

(a) Welche Innovationspolitik k^m wählt Firma 1, wenn sie als Monopolist den Markt beherrscht?

(b) Welche Innovationspolitik k^d wählt Firma 1 in einem Bertrand–Duopol, in dem Firma 2 Stückkosten in Höhe von $c_2 = 5$ hat?

Aufgabe 5.5. In einem Markt mit Netzwerkexternalitäten erwägt ein Monopolist, sein Produktangebot der alten Technologie A durch eine neue Technologie N zu ersetzen. Seine Produktionskosten sind gleich Null. Die Zahlungsbereitschaft $v_j(m_j)$ der Konsumenten hängt von der Technologie $j = A, N$ und von der Zahl der Nutzer dieser Technologie m_j ab. Dabei ist

$$v_A(m_A) = r_A + \alpha\, m_A, \quad v_N(m_N) = r_N + \alpha\, m_N, \quad r_N > r_A > 0.$$

Es gibt m potentielle Konsumenten für das Angebot des Monopolisten. Ferner existiert eine installierte Basis von $\bar{m}_A$ Konsumenten, die in der Vergangenheit das Produkt A erworben haben. Jeder Konsument wünscht maximal eine Einheit des Gutes zu besitzen.

(a) Unter welchen Bedingungen entscheidet sich der Monopolist für die neue Technologie?

(b) Unter welchen Bedingungen ist die Einführung der neuen Technologie sozial effizient?

(c) Nehmen Sie an, der Monopolist könnte jedes seiner Produkte der Technologie N mit einem Adapter ausstatten, so dass die neue und die alte Technologie miteinander kompatibel sind. Unter welchen Bedingungen wird er den Adapter installieren, wenn die Stückkosten des Adapters $c \geq 0$ betragen?

Aufgabe 5.6. Zwei Firmen konkurrieren um ein Patent mit dem Wert $V < 4$. Die Wahrscheinlichkeit, dass Firma 1 das Patentrennen gewinnt, hängt von den Forschungsintensitäten (h_1, h_2) beider Firmen ab und beträgt $\pi_1(h_1, h_2) = h_1(1 - h_2) + 0.5\, h_1 h_2$. Analog gilt für Firma 2, dass $\pi_2(h_1, h_2) = h_2(1 - h_1) + 0.5\, h_1 h_2$. Wenn Firma j die Forschungsintensität h_j wählt, entstehen ihr Kosten für F&E in Höhe von h_j^2.

(a) Wie hängt die optimale Forschungsintensität h_j der Firma j von der Wahl h_i ihres Konkurrenten ab?

(b) Welche Forschungsintensitäten wählen die Firmen im Gleichgewicht des Patentrennens?

(c) Wie wirkt sich eine Erhöhung von V auf die F&E–Aufwendungen der beiden Firmen aus?

Aufgabe 5.7. In einem Duopol erzielt Firma $j = 1, 2$ den Gewinn $\Pi_j(c_1, c_2)$, wenn die Stückkosten der Firmen c_1 bzw. c_2 betragen. Die Firmen konkurrieren um eine patentierbare Prozessinnovation, welche die Stückkosten auf $c' < \min[c_1, c_2]$ reduziert. Es ist

$$\Pi_1(c_1, c_2) = 1, \quad \Pi_1(c', c_2) = 2, \quad \Pi_2(c_1, c') = \omega \in (0, 2],$$

und $\Pi_1(c_1, c') = \Pi_2(c_1, c_2) = \Pi_2(c', c_2) = 0$. Die Wahrscheinlichkeit π_j, dass Firma j die Innovation zuerst realisiert, hängt von den Forschungsintensitäten (h_1, h_2) beider Firmen ab und beträgt $\pi_j(h_1, h_2) = h_j(1 - h_i) + 0.5\, h_1 h_2$, $(i \neq j)$. Wenn Firma j die Forschungsintensität h_j wählt, entstehen ihr Kosten für F&E in Höhe von h_j^2.

(a) Ermitteln Sie das Gleichgewicht (h_1^v, h_2^v) des Innovationswettbewerbs!

(b) Für welche Werte von ω ist $h_1^v < h_2^v$?

Aufgabe 5.8. In einem Duopol hängt der Gewinn der Firma $j = 1, 2$ auf dem Absatzmarkt von den Stückkosten (c_1, c_2) beider Firmen ab und beträgt $\Pi_j = 50 - 3\,c_j + c_i$. Die beiden Firmen wenden den Betrag $0.5\,k_1^2$ bzw. $0.5\,k_2^2$ für $F\&E$ auf. Die Stückkosten der Firma j sind dann $c_j = 5 - k_j - \beta\,k_i$.

(a) Wie hoch sind die Forschungsintensitäten der beiden Firmen, wenn sie im $F\&E$–Bereich gegeneinander konkurrieren?

(b) Wie wirkt sich eine RJV–Vereinbarung der beiden Firmen auf ihre Forschungsintensitäten aus?

(c) Bei Nicht–Kooperation ist der Spillover Faktor $\beta^v = 1/4$. Er steigt durch die Kooperation im RJV auf $\beta^c > \beta^v$. Wie hoch muss β^c sein, damit durch eine RJV-Vereinbarung die Forschungsintensität der Firmen steigt?

6. Anhang A: Spieltheoretische Grundlagen

6.1 Die Darstellung von Spielen

6.1.1 Die Normalform

Die Spieltheorie betrachtet Entscheidungszusammenhänge, an denen mehrere Individuen beteiligt sind, die unterschiedliche Zielsetzungen verfolgen. Sie wird daher auch als 'interaktive Entscheidungstheorie' bezeichnet. Das interaktive Entscheidungsproblem stellt ein 'Spiel' dar, in dem die einzelnen Entscheidungsträger als 'Spieler' über ihre Strategien entscheiden. Dabei hängt das Ergebnis für jeden einzelnen Spieler nicht nur von seiner eigenen Strategiewahl ab, sondern auch von den Strategien der übrigen Spieler. Im folgenden beschreiben wir die Grundelemente der 'nicht–kooperativen' Spieltheorie. Diese unterstellt, dass ein interaktives Entscheidungsproblem dadurch beschrieben wird, dass jeder einzelne Spieler bei seiner Entscheidung rational bestrebt ist, seinen erwarteten Nutzen zu maximieren.[1]

Zum einen ist dazu die Spielsituation zu beschreiben. Diese Beschreibung beinhaltet die formale Darstellung der Aktionsmöglichkeiten oder Strategien der einzelnen Spieler, ihre Präferenzen über die möglichen Ergebnisse des Spiels sowie ihre Informationen über den Zustand des Spiels. Zum anderen geht es um die Entwicklung von Lösungs- oder Gleichgewichtskonzepten, durch die das Entscheidungsverhalten der Spieler eingegrenzt wird.

Wir betrachten zunächst die Beschreibung eines Spiels durch die sog. *Normalform* oder *strategische Form*. Diese Beschreibung enthält die folgenden Elemente:

– die Menge der *Spieler*: $I = \{1, ..., i, ..., n\}$;

– die Menge der *Strategien,* die dem Spieler i zur Verfügung stehen: S_i;

– die *Auszahlung,* die Spieler i erhält, wenn jeder Spieler $j = 1, ..., n$ eine Strategie $s_j \in S_j$ wählt: $u_i(s_1, s_2, ..., s_i, ..., s_n)$.

---

[1] Im Gegensatz dazu betrachtet die 'kooperative' Spieltheorie die Möglichkeiten der Koalitionsbildung zwischen Spielern, die vertragliche Vereinbarungen treffen können. Sie unterstellt, dass diese Vereinbarungen plausible Axiome erfüllen.

	A_2	B_2
A_1	a , α	g , γ
B_1	b , β	d , δ

Abb. 6.1. *Ein Bi–Matrix Spiel*

Eine *Strategiekombination* $(s_1, s_2, ..., s_n)$ spezifiziert für jeden der Spieler $i = 1, ..., n$ eine Strategie $s_i \in S_i$.

In den meisten industrieökonomischen Anwendungen ist die Menge der Spieler durch die Unternehmen gegeben, die in einem Markt miteinander agieren. Ihre Strategien können z.B. in der Wahl des Outputs, des Preises, der Produktqualität, der Aufwendungen für Forschung und Entwicklung oder der Entscheidung über den Marktzutritt bestehen. Die Auszahlung eines Unternehmens ist sein Gewinn, welcher von der Strategiewahl aller Firmen in dem betrachteten Markt abhängt.

Beispiel 6.1.1. Bei Cournot–Wettbewerb wählt jede Firma $i = 1, ..., n$ eine Menge $s_i \in S_i = \{s_i | s_i \geq 0\}$. Wenn sie die Kostenfunktion $C_i(s_i)$ hat und die inverse Nachfrage durch $P(s_1 + s_2 + ... + s_n)$ gegeben ist, ist ihre Auszahlung $u_i(s_1, s_2, ..., s_n) = P(s_1 + s_2 + ... + s_n)s_i - C_i(s_i)$.

Die Menge der Strategien S_i eines Spielers i ist entweder endlich oder unendlich. In Modellen des Preiswettbewerbs wird z.B. in der Regel unterstellt, dass jede Firma eine beliebige nicht–negative Zahl als ihr Preisangebot festlegen kann. In manchen Situationen dagegen hat ein Unternehmen sich zwischen einer endlichen Zahl von Möglichkeiten zu entscheiden. Dies ist z.B. der Fall bei der Entscheidung, ob es in einen Markt eintritt oder nicht.

Spiele zwischen zwei Spielern, von denen jeder über eine endliche Zahl von Strategien verfügt, lassen sich als *Bi–Matrix* Spiel darstellen. Abbildung 6.1 stellt ein Normalform Spiel dar, in dem Spieler 1 die Wahl zwischen den Strategien A_1 und B_1 hat, während Spieler 2 sich zwischen A_2 und B_2 entscheidet. Die Auszahlungen der Spieler sind durch die beiden Zahlen in den vier Feldern gegeben, die den möglichen Strategiekombinationen entsprechen. Dabei gibt jeweils die erste Zahl die Auszahlung des Spielers 1 und die zweite Zahl die Auszahlung des Spielers 2 an. So ist in der Abbildung z.B. $u_1(A_1, B_2) = g$ und $u_2(A_1, B_2) = \gamma$.

Möglicherweise kann es für einen Spieler optimal sein, seine Strategie nach einer Zufallsregel zu bestimmen. Wenn Spieler i die Strategiemenge $S_i =$

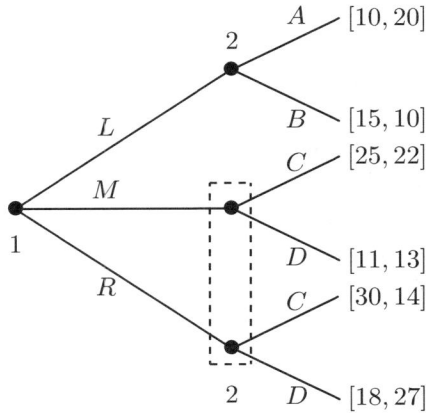

Abb. 6.2. *Ein extensives Spiel*

$\{s_{i1}, s_{i2}, ..., s_{ih}, ..., s_{ik}\}$ zur Verfügung hat, kann er jede Strategie s_{ih} mit einer gewissen Wahrscheinlichkeit $\sigma_{ih} \geq 0$ wählen, wobei $\sigma_{i1} + \sigma_{i2} + ... + \sigma_{ik} = 1$. Man bezeichnet S_i als die Menge der 'reinen' Strategien. Eine 'gemischte' Strategie $(\sigma_{i1}, \sigma_{i2}, ..., \sigma_{ih}, ..., \sigma_{ik})$ ist dann eine Wahrscheinlichkeitsverteilung über die reinen Strategien. Offensichtlich ist die Wahl einer reinen Strategie s_{ih} der Spezialfall einer gemischten Strategie mit $\sigma_{ih} = 1$.

Beispiel 6.1.2. In dem in Abbildung 6.1 dargestellten Normalform Spiel wählt Spieler i die Strategie A_i mit Wahrscheinlichkeit σ_{iA} und die Strategie B_i mit Wahrscheinlichkeit $\sigma_{iB} = 1 - \sigma_{iA}$. Bei diesen gemischten Strategien ist die erwartete Auszahlung für Spieler 1

$$\sigma_{1A} \left[\sigma_{2A}\, a + (1 - \sigma_{2A})\, g \right] + (1 - \sigma_{1A}) \left[\sigma_{2A}\, b + (1 - \sigma_{2A})\, d \right].$$

Spieler 2 hat die erwartete Auszahlung

$$\sigma_{2A} \left[\sigma_{1A}\, \alpha + (1 - \sigma_{1A})\, \beta \right] + (1 - \sigma_{2A}) \left[\sigma_{1A}\, \gamma + (1 - \sigma_{1A})\, \delta \right].$$

In einem Normalform Spiel wählen die Spieler ihre Strategien simultan und unabhängig voneinander. Da die Normalform keine Information über die zeitliche Abfolge von Entscheidungen enthält, stellt sie eine statische Beschreibung von Spielen dar.

6.1.2 Die extensive Form

Die extensive Darstellung eines Spiels gibt die dynamische Struktur eines interaktiven Entscheidungsproblems wider. Sie beschreibt ein solches Problem durch einen *Spielbaum*.

Wir erläutern die Grundelemente eines Spielbaums an Hand des in Abbildung 6.2 dargestellten Zwei–Personen Spiels. Das Spiel beginnt mit dem 'Anfangsknoten', an dem sich Spieler 1 für L, M oder R entscheidet. Falls er sich für L entscheidet, wird ein 'Entscheidungsknoten' für Spieler 2 erreicht, an dem dieser zwischen A und B wählen kann. Ebenso wird jeweils ein Entscheidungsknoten für Spieler 2 erreicht, wenn Spieler 1 die Entscheidung M oder R trifft. Diese beiden Entscheidungsknoten sind jedoch durch ein gestricheltes Rechteck zu einer 'Informationsmenge' zusammengefasst. Dadurch wird angedeutet, dass Spieler 2 nicht weiß, ob Spieler 1 zuvor M oder R gewählt hat. Spieler 2 trifft daher seine Wahl zwischen C und D unter 'unvollkommener Information'. Da er nicht zwischen dem oberen und dem unteren Entscheidungsknoten in seiner Informationsmenge unterscheiden kann, muss er an beiden Knoten die selbe Wahl treffen. Nachdem Spieler 2 seine jeweilige Entscheidung getroffen hat, sind die 'Endknoten' erreicht und das Spiel ist beendet. Die Endknoten geben die Auszahlungen der beiden Spieler an. Wenn der Verlauf des Spiels z.B. durch die Entscheidungen $L - B$ beschrieben wird, erhält Spieler 1 die Auszahlung 15 und Spieler 2 erhält 10. Der Spielverlauf $R - C$ dagegen hat die Auszahlung 30 für Spieler 1 und 14 für Spieler 2 zur Folge.

Ein Spielbaum enthält also die folgenden Elemente:

– das Spiel beginnt mit einem *eindeutigen Anfangsknoten* und endet an den *Endknoten*, welche die Auszahlungen der Spieler angeben;

– alle Knoten außer den Endknoten sind *Entscheidungsknoten*, an denen einer der Spieler eine Aktion wählt,

– die einzelnen Knoten befinden sich in einer *Reihenfolge*, welche die zeitliche Struktur des Spiels beschreibt;

– die Information der Spieler über den bisherigen Spielverlauf wird durch *Informationsmengen* beschrieben, die aus einem oder mehreren Entscheidungsknoten bestehen;

– jeder Informationsmenge ist ein Spieler zugeordnet, durch dessen Entscheidung ein weiterer Knoten des Spiels erreicht wird.

In einem extensiven Spiel beschreibt eine Strategie s_i des Spielers i dessen Entscheidung an *allen* Informationsmengen, an denen er eine Aktion zu wählen hat. Eine Strategie ist also ein vollständiger Plan, der das Verhalten eines Spielers in allen Entscheidungssituationen spezifiziert, die potentiell auftreten können. In Abbildung 6.2 hat Spieler 1 nur an einer Informationsmenge eine Entscheidung zu treffen. Seine Strategiemenge ist also $S_1 = \{L, M, R\}$. Spieler 2 trifft eine Entscheidung an zwei Informationsmengen: Erstens, nachdem Spieler 1 die Strategie L gewählt hat, und zweitens, nachdem Spieler 1 entweder M oder R gewählt hat. An jeder dieser Informationsmengen wählt er zwischen zwei Aktionen. Insgesamt verfügt Spieler 2 daher über vier Strategien; seine Strategiemenge lässt sich durch $S_2 = \{A\text{-}C, A\text{-}D, B\text{-}C, B\text{-}D\}$ beschreiben. Dabei bedeutet z.B. die Strategie $B\text{-}C$, dass Spieler 2 die Aktion

	A-C	A-D	B-C	B-D
L	10 , 20	10 , 20	15 , 10	15 , 10
M	25 , 22	11 , 13	25 , 22	11 , 13
R	30 , 14	18 , 27	30 , 14	18 , 27

Abb. 6.3. *Die Normalform des extensiven Spiels aus Abb. 6.2*

B wählt, wenn Spieler 1 sich für L entschieden hat, und dass er die Aktion C wählt, wenn Spieler 1 sich gegen L (d.h. für M oder R) entschieden hat.

Da eine Strategiekombination $(s_1, s_2, ..., s_n)$ für jeden Spieler eine Strategie angibt, wird durch sie an jedem Entscheidungsknoten festgelegt, welcher Knoten als nächster im Spiel erreicht wird. Sie bestimmt somit den Verlauf des Spiels vom Anfangsknoten bis zu den Endknoten. Jeder möglichen Strategiekombination lassen sich daher die Auszahlungen zuordnen, welche die Spieler am Ende des Spiels erhalten.

Aus einem Spielbaum sind die beteiligten Spieler, ihre Strategien und ihre Auszahlungen ersichtlich. Er enthält somit alle Elemente, welche die Normalform kennzeichnen. Daher lässt sich jedes extensive Spiel in die Normalform überführen. Abbildung 6.3 stellt den Spielbaum aus Abbildung 6.2 als Bi–Matrix Spiel dar. Wie wir bereits oben festgestellt haben, hat Spieler 1 in Abbildung 6.2 die drei Strategien L, M und R, während Spieler 2 über die vier Strategien A-C, A-D, B-C und B-D verfügt. Die Auszahlungen der Spieler in der Normalformdarstellung lassen sich durch den Verlauf des Spiels bei den zwölf möglichen Strategiekombinationen ermitteln. Durch die Strategiekombination $(M, B$-$C)$ z.B. wird der Verlauf $M - C$ induziert, so dass Spieler 1 die Auszahlung 25 und Spieler 2 die Auszahlung 22 erhält.

Ein Spieler ist bei all seinen Entscheidungen vollkommen über den bisherigen Verlauf des Spiels informiert, wenn all seine Informationsmengen aus nur einem Entscheidungsknoten bestehen. Trifft dies für alle Spieler zu, so handelt es sich um ein Spiel mit *vollkommener Information*. In einem Spiel mit *unvollkommener Information* dagegen hat zumindest ein Spieler eine Entscheidung an einer Informationsmenge zu treffen, die mehrere Knoten enthält. Ein Spielbaum stellt zwar die Entscheidungen der Spieler in einer zeitlichen Reihenfolge dar; jedoch lassen sich mit Hilfe von Informationsmengen auch simultane Entscheidungen in der extensiven Form darstellen. Wenn zwei Spieler sich simultan entscheiden, ist dies inhaltlich äquivalent zu einer Situation,

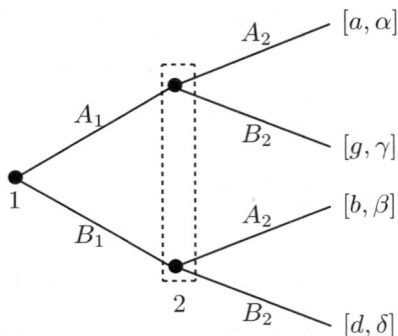

Abb. 6.4. *Eine extensive Darstellung des Spiels aus Abb. 6.1*

in der die Spieler sich sequentiell entscheiden, wobei jedoch der nachfolgende Spieler die vorangegangene Entscheidung des Gegenspielers nicht beobachtet. Der Spielbaum in Abbildung 6.4 beschreibt daher dasselbe Spiel wie das Bi–Matrix Spiel aus Abbildung 6.1.

Exogene Unsicherheit können wir in einem Spiel dadurch berücksichtigen, dass wir die 'Natur' als einen 'künstlichen' Spieler $\mathcal{N}$ einführen. Der Spieler $\mathcal{N}$ erzielt keine Auszahlungen; er wählt lediglich mit exogen vorgegebenen Wahrscheinlichkeiten den Zustand des Spiels. Wenn ein Spieler über das Ergebnis dieses Zufallsprozesses nicht informiert ist, agiert er unter Unsicherheit über den tatsächlichen Zustand des Spiels. Eine solche Situation wird in Abbildung 6.5 beschrieben: Firma 1 entscheidet darüber, ob sie in einen Markt

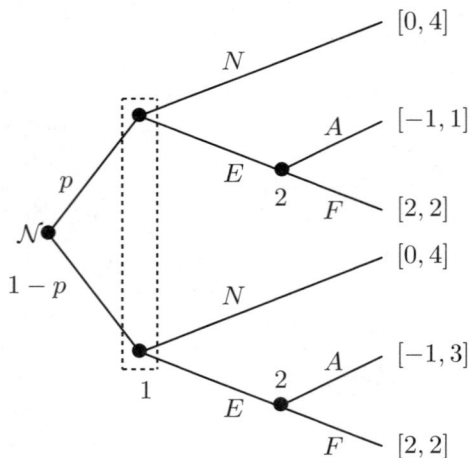

Abb. 6.5. *Marktzutritt unter Unsicherheit*

eintritt (E) oder nicht (N). Sie trifft ihre Entscheidung unter Unsicherheit, da zwei mögliche Spielsituationen vorliegen können, welche jeweils die Wahrscheinlichkeit p und $1-p$ haben. Falls Firma 1 sich für N entscheidet, ist das Spiel beendet. Andernfalls kann Firma 2, die sich bereits im Markt befindet, auf die Entscheidung E entweder 'aggressiv' (A) oder 'friedfertig' (F) reagieren. Firma 2 ist in diesem Spiel vollkommen informiert. Firma 1 dagegen kennt nicht genau die Auszahlung der Firma 2 bei einer aggressiven Reaktion auf den Marktzutritt. Aus ihrer Sicht erzielt Firma 2 durch die Wahl von A mit Wahrscheinlichkeit p die Auszahlung 1 und mit Wahrscheinlichkeit $1-p$ die Auszahlung 3. Bei der Entscheidung für A steht sich Firma 2 im ersten Fall schlechter und im zweiten Fall besser, als wenn sie auf den Marktzutritt mit F reagiert.

6.2 Gleichgewichte in Spielen

6.2.1 Nash–Gleichgewicht

Um das Verhalten von Spielern zu beschreiben, geht die Spieltheorie davon aus, dass die Spielregeln allgemein bekannt sind. Es besteht also für alle Spieler *vollständige Information* über das Spiel, an dem sie beteiligt sind.[2] Weiterhin ist allgemein bekannt, dass alle Spieler rational bestrebt sind, ihre eigene erwartete Auszahlung zu maximieren.

Das grundlegende Gleichgewichtskonzept der nicht–kooperativen Spieltheorie ist das *Nash–Gleichgewicht*. Eine Strategiekombination $(s_1^*, s_2^*, ..., s_i^*, ..., s_n^*)$ ist ein Nash–Gleichgewicht, wenn für jeden Spieler i gilt

$$u_i(s_1^*, ..., s_{i-1}^*, s_i^*, ..., s_n^*) \geq u_i(s_1^*, ..., s_{i-1}^*, s_i, ..., s_n^*) \quad \text{für alle} \quad s_i \in S_i. \quad (6.1)$$

Bei gegebenen Strategien $s_j^*, j \neq i$, der Gegenspieler maximiert in einem Nash–Gleichgewicht jeder Spieler i seine Auszahlung, indem er die Strategie s_i^* wählt. Jede Strategiekombination, welche die Bedingung (6.1) nicht erfüllt, gibt zumindest einem Spieler einen Anreiz, seine Strategie zu ändern. Lediglich Nash–Gleichgewichte sind gegenüber einseitigem Abweichen stabil.

Abbildung 6.6 stellt ein Duopolspiel dar, in dem jede Firma entweder eine niedrige Produktionskapazität x_L oder eine hohe Kapazität x_H wählen kann. In diesem Beispiel ist die Strategiekombination (x_H, x_H) das einzige Nash–Gleichgewicht. Im Gleichgewicht erzielen beide Firmen den Gewinn 16. Wenn eine der beiden Firmen einseitig ihre Strategie ändern würde, erhielte sie lediglich die Auszahlung 15. Man beachte, dass (x_L, x_L) kein Nash–Gleichgewicht ist, obwohl beide Firmen bei dieser Strategiekombination einen höheren Gewinn als im Nash–Gleichgewicht erzielen würden. In der Tat ist es für jede einzelne Firma niemals optimal, x_L zu wählen. Durch x_H erzielt

---

[2] Innerhalb des Spiel kann natürlich unvollkommene Information über das *Verhalten* der Gegenspieler bestehen.

	x_L	x_H
x_L	18 , 18	15 , 20
x_H	20 , 15	16 , 16

Abb. 6.6. *Kapazitätswahl im Duopol*

sie immer einen höheren Gewinn – unabhängig davon, welche Kapazität ihr Konkurrent wählt. Die Strategie x_L wird von der Strategie x_H 'strikt dominiert'.

Allgemein wird eine Strategie s_i' des Spielers i durch eine andere Strategie s_i'' *strikt dominiert*, wenn

$$u_i(s_1, .., s_i'', .., s_n) > u_i(s_1, .., s_i', .., s_n) \text{ für alle } (s_1, .., s_{i-1}, s_{i+1}, .., s_n). \quad (6.2)$$

Offensichtlich ist es für einen rationalen Spieler niemals optimal, eine strikt dominierte Strategie zu wählen. Unabhängig vom Verhalten seiner Gegenspieler könnte er ja durch eine andere Strategie eine höhere Auszahlung erlangen. Es ist leicht zu sehen, dass das Nash–Gleichgewicht mit diesem Rationalitätskriterium konsistent ist, da (6.1) ausschließt, dass die Strategie s_i^* eines Spielers i strikt dominiert wird.

In manchen Spielen gelangt man durch – evtl. wiederholte – Anwendung des Dominanzkriteriums zum Nash–Gleichgewicht. Abbildung 6.7 stellt ein Spiel dar, in dem Spieler 1 keine strikt dominierte Strategie hat: In Abhängigkeit davon, ob er erwartet, dass sein Gegenspieler C oder D wählt, ist es für ihn optimal, entweder B oder A zu wählen. Für Spieler 2 hingegen wird die Strategie D durch C strikt dominiert. Daher kann Spieler 1 davon ausgehen, dass Spieler 2 niemals D wählt; er selbst wird sich folglich für B entscheiden. Das Nash–Gleichgewicht dieses Spiels ist die Strategiekombination (B, C).

	C	D
A	5 , 8	4 , 7
B	6 , 3	2 , 2

Abb. 6.7. *Eliminierung strikt dominierter Strategien*

	N	E
N	0 , 0	0 , 2
E	2 , 0	$-1 , -1$

Abb. 6.8. *Simultaner Markteintritt*

In vielen Fällen jedoch reicht die Eliminierung strikt dominierter Strategien nicht aus, um zum Nash–Gleichgewicht zu gelangen. Ein Beispiel ist das in Abbildung 6.8 beschriebene Spiel, in dem kein Spieler eine strikt dominierte Strategie hat. Im allgemeinen setzt das Konzept des Nash–Gleichgewichts nicht nur voraus, dass generell bekannt ist, dass jeder Spieler sich rational verhält; es erfordert darüber hinaus, dass jeder Spieler die Strategiewahl der übrigen Spieler korrekt antizipiert.

Nash–Gleichgewichte sind möglicherweise nicht eindeutig. Abbildung 6.8 beschreibt ein Spiel, in dem zwei Firmen simultan darüber entscheiden, ob sie in einen Markt eintreten (E) oder nicht (N). Der Markteintritt ist aber nur dann profitabel, wenn lediglich eine der beiden Firmen sich für E entscheidet. Dieses Spiel hat zwei Nash–Gleichgewichte (in reinen Strategien), nämlich (E, N) und (N, E).[3]

Falls die Zahl der Strategien für jeden Spieler endlich ist, lassen sich Nash–Gleichgewichte (in reinen Strategien) z.B. dadurch ermitteln, dass man alle möglichen Strategiekombinationen daraufhin überprüft, ob sie die Bedingung (6.1) erfüllen. Bei kontinuierlichen Spielen besteht die Strategiemenge der Spieler oft aus einer Teilmenge der reellen Zahlen. In industrieökonomischen Anwendungen ist dies z.B. der Fall bei Entscheidungen über Produktionsmengen oder Preise. In solchen Spielen muss das Nash–Gleichgewicht wegen (6.1) die folgenden Bedingungen erster Ordnung erfüllen:[4]

$$\frac{\partial u_i(s_1, ..., s_{i-1}, s_i, ..., s_n)}{\partial s_i} = 0, \quad i = 1, ..., n. \tag{6.3}$$

Falls die Auszahlung $u_i(\cdot)$ konkav oder zumindest quasi–konkav in s_i ist, ist die Bedingung erster Ordnung hinreichend für das Maximierungsproblem des

---

[3] Es gibt ein drittes Nash–Gleichgewicht in gemischten Strategien; siehe Beispiel 6.2.2.

[4] Wir unterstellen, dass $u_i(\cdot)$ bzgl. s_i differenzierbar ist, und vernachlässigen in (6.3) die Möglichkeit von Randlösungen.

	p_H	p_M	p_L
p_H	7 , 7	4 , 8	3 , 4
p_M	8 , 4	6 , 6	2 , 7
p_L	4 , 3	7 , 2	1 , 1

Abb. 6.9. *Duopolistischer Preiswettbewerb*

Spielers i.[5] Jede Lösung $(s_1^*, ..., s_n^*)$ der n Gleichungen in (6.3) ist dann auch ein Nash–Gleichgewicht.

Implizit beschreiben die Gleichungen (6.3), wie die optimale Strategie s_i eines jeden Spielers i von den Strategien $s_j, j \neq i$, der Gegenspieler abhängt. Diese Abhängigkeit wird auch als 'Reaktionsfunktion' $R_i(\cdot)$ des Spielers i bezeichnet. Daher ist (6.3) äquivalent zu

$$s_i = R_i(s_1, ..., s_{i-1}, s_{i+1}, ..., s_n), \quad i = 1, ..., n. \tag{6.4}$$

Im Nash–Gleichgewicht s^* wählt jeder Spieler seine Strategie s_i^* entsprechend seiner Reaktionsfunktion an der Stelle $(s_1^*, ..., s_{i-1}^*, s_{i+1}^*, ..., s_n^*)$.

Beispiel 6.2.1. In einem Zwei–Personen Spiel sei $S_1 = \{a|a \geq 0\}$ und $S_2 = \{b|b \geq 0\}$. Die Auszahlungen sind

$$u_1(a,b) = 14\,a + a\,b - 2\,a^2, \quad u_2(a,b) = 12\,b + a\,b - 4\,b^2.$$

Im Nash–Gleichgewicht (a^*, b^*) müssen die Bedingungen erster Ordnung

$$\frac{\partial u_1}{\partial a} = 14 + b - 4\,a = 0, \quad \frac{\partial u_2}{\partial b} = 12 + a - 8\,b = 0,$$

erfüllt sein. Die Reaktionsfunktionen der beiden Spieler sind daher

$$a = R_1(b) \equiv (14 + b)/4, \quad b = R_2(a) \equiv (12 + a)/8.$$

Die Lösung der Bedingungen erster Ordnung bzw. der Reaktionsgleichungen ergibt das Nash–Gleichgewicht $(a^*, b^*) = (4, 2)$.

---

[5] Eine Funktion $f(\cdot)$ ist quasi–konkav, wenn aus $f(x) \geq f(z)$ und $f(y) \geq f(z)$ folgt, dass $f(\lambda\,x + (1 - \lambda)y) \geq f(z)$ für alle $0 < \lambda < 1$.

Einige Spiele haben kein Nash–Gleichgewicht in reinen Strategien. Ein Beispiel ist das in Abbildung 6.9 dargestellte symmetrische Bi–Matrix Spiel. In diesem Spiel konkurrieren zwei Firmen durch ihre Preissetzung. Jede Firma kann entweder den Preis p_H, p_M oder p_L wählen. Für Firma $i = 1, 2$ ist es optimal, p_M zu wählen, wenn ihr Konkurrent den Preis p_H fordert. Beim Konkurrenzpreis p_M ist p_L die optimale Preisstrategie. Schließlich ist p_H die optimale Reaktion auf den Preis p_L der Konkurrenz. Keine der neun möglichen Strategiekombinationen erfüllt daher die Gleichgewichtsbedingungen für ein Nash–Gleichgewicht. Es existiert aber ein Nash–Gleichgewicht in gemischten Strategien. In diesem Gleichgewicht wählt Firma i den Preis p_H mit Wahrscheinlichkeit σ_{iH}, den Preis p_M mit Wahrscheinlichkeit σ_{iM} und den Preis p_L mit Wahrscheinlichkeit $\sigma_{iL} = 1 - \sigma_{iH} - \sigma_{iM}$. Wir zeigen nun, dass die gemischten Strategien

$$\sigma_{1H}^* = \sigma_{2H}^* = 0, \quad \sigma_{1M}^* = \sigma_{2M}^* = 1/2, \quad \sigma_{1L}^* = \sigma_{2L}^* = 1/2 \qquad (6.5)$$

ein Gleichgewicht darstellen. Da Firma j ihre Preise entsprechend der Strategie $(\sigma_{jH}^*, \sigma_{jM}^*, , \sigma_{jL}^*)$ bestimmt, erzielt Firma i durch die Wahl von p_L den erwarteten Gewinn $4\,\sigma_{jH}^* + 7\,\sigma_{jM}^* + 1\,\sigma_{jL}^* = 4$. Bei der Wahl von p_M ist ihr erwarteter Gewinn $8\,\sigma_{jH}^* + 6\,\sigma_{jM}^* + 2\,\sigma_{jL}^* = 4$. Schließlich kann sie durch p_H den erwarteten Gewinn $7\,\sigma_{jH}^* + 4\,\sigma_{jM}^* + 3\,\sigma_{jL}^* = 7/2$ erzielen. Sie maximiert daher ihren erwarteten Gewinn, indem sie p_L oder p_M fordert. Gegeben die Zufallsstrategie ihres Konkurrenten, spielt es für jede Firma $i = 1, 2$ aber keine Rolle, welchen dieser beiden Preise sie wählt. Ihre Strategie, p_L und p_M zufällig auszuwählen, ist daher optimal. Die gemischten Strategien in (6.5) sind folglich ein Nash–Gleichgewicht.[6]

Beispiel 6.2.2. Das Markteintrittspiel in Abbildung 6.8 hat neben den beiden asymmetrischen Gleichgewichten in reinen Strategien ein symmetrisches Gleichgewicht in gemischten Strategien: Jede Firma entscheidet sich mit Wahrscheinlichkeit $0 < \sigma_N < 1$ gegen und mit Wahrscheinlichkeit $\sigma_E = 1 - \sigma_N$ für den Markteintritt. Diese Strategie ist optimal, wenn die erwartete Auszahlung bei E und N gleich hoch ist, d.h. wenn

$$2\,\sigma_N - (1 - \sigma_N) = 0.$$

Daher ist $\sigma_N^* = 1/3$ und $\sigma_E^* = 2/3$.

6.2.2 Teilspielperfektheit

In extensiven Spielen mit vollkommener Information, in denen die Strategiemengen der Spieler endlich sind, lässt sich durch *Rückwärtsinduktion* ein Nash–Gleichgewicht in reinen Strategien bestimmen. Dieses Verfahren beginnt an den letzten Entscheidungsknoten des Spiels, denen nur noch die

---

[6] Es lässt sich zeigen, dass jedes endliche Spiel zumindest ein Nash–Gleichgewicht hat, wenn die Spieler gemischte Strategien wählen können.

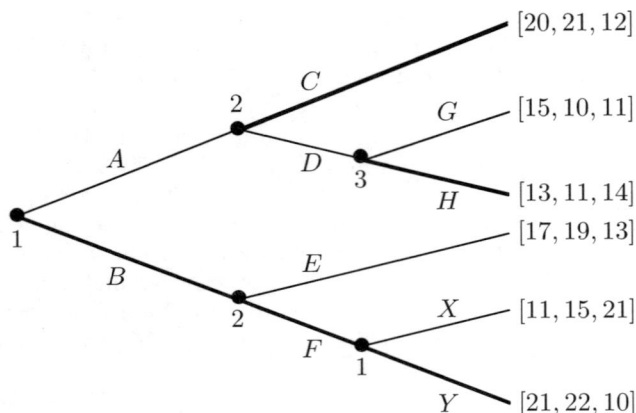

Abb. 6.10. *Rückwärtsinduktion*

Endknoten folgen. An diesen Knoten hängt die optimale Entscheidung eines Spielers nicht mehr vom Verhalten der anderen Spieler ab. Sein Entscheidungsproblem reduziert sich darauf, diejenige Aktion auszuwählen, die seine Auszahlung maximiert. Im nächsten Schritt lässt sich dann die jeweils optimale Entscheidung an den vorletzten Knoten bestimmen, da für jede mögliche Entscheidung an diesen Knoten der weitere Verlauf des Spiels bereits ermittelt wurde. Diese Prozedur lässt sich rekursiv solange fortsetzen, bis der Anfangsknoten des Spiels erreicht ist. Indem durch rückwärtige Induktion an jeder Informationsmenge eine optimale Entscheidung des betreffenden Spielers bestimmt wird, erhält man eine Strategiekombination, die ein Nash–Gleichgewicht darstellt.

Abbildung 6.10 verdeutlicht das Prinzip der Rückwärtsinduktion an einem Spiel mit drei Spielern. An den letzten Entscheidungsknoten des dargestellten Spielbaums wählt Spieler 3 zwischen G und H und Spieler 1 zwischen X und Y. Spieler 3 maximiert seine Auszahlung, indem er sich für H entscheidet. Spieler 1 entscheidet sich für Y. An den vorletzten Entscheidungsknoten wählt Spieler 2 zwischen C und D bzw. zwischen E und F. Wenn er die nachfolgenden Entscheidungen von Spieler 3 bzw. Spieler 1 antizipiert, ist es für ihn optimal, C bzw. F zu wählen. Schließlich antizipiert Spieler 1 am Anfangsknoten den weiteren Verlauf des Spiels, der durch seine Entscheidung zwischen A und B induziert wird. Für ihn ist es optimal, B zu wählen. Insgesamt ergibt sich durch Rückwärtsinduktion die Strategie $B - Y$ für Spieler 1, die Strategie $C - F$ für Spieler 2 und die Strategie H für Spieler 3. Die Strategiekombination $(B\text{-}Y, C\text{-}F, H)$ ist ein Nash–Gleichgewicht und induziert den Spielverlauf $B - F - Y$.

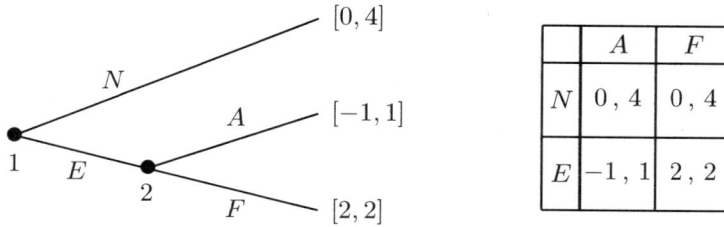

	A	F
N	0 , 4	0 , 4
E	-1 , 1	2 , 2

Abb. 6.11. *Unglaubwürdige Drohungen*

Bei vollkommener Information der Spieler können wir stets ein Nash–Gleichgewicht in reinen Strategien durch rückwärtige Induktion ermitteln.[7] Neben diesem Gleichgewicht kann es jedoch weitere Nash–Gleichgewichte geben, für welche die Logik der Rückwärtsinduktion nicht zutrifft. Ein solches Spiel wird in Abbildung 6.11 in der extensiven Form und in der Normalform dargestellt: Firma 1 entscheidet ob sie in den Markt eintritt (E) oder nicht (N). Firma 2, die bisher den Markt als Monopol beherrscht, kann auf den Zutritt des Konkurrenten entweder 'aggressiv' (A) oder 'friedfertig' (F) reagieren. Durch Rückwärtsinduktion erhalten wir aus dem extensiven Spiel das Nash–Gleichgewicht (E, F). Jedoch stellt auch die Strategiekombination (N, A) ein Nash–Gleichgewicht dar.

Das Gleichgewicht (N, A) in Abbildung 6.11 beruht darauf, dass Firma 2 mit A droht, um den Marktzutritt abzuschrecken. Diese Strategie ist nur solange optimal, wie Firma 1 tatsächlich N wählt und Firma 2 ihre Drohung nicht ausführen muss. Würde durch den Spielverlauf der Entscheidungsknoten der Firma 2 erreicht, erhielte diese durch F eine höhere Auszahlung als durch A. In diesem Sinne stellt die Strategie A eine *unglaubwürdige* Drohung dar, welche das Gleichgewicht (N, A) weniger plausibel erscheinen lässt.

In extensiven Spielen eliminiert das Kriterium der *Teilspielperfektheit* solche Nash–Gleichgewichte, die unglaubwürdiges Verhalten beinhalten. Es stellt eine Verfeinerung des Gleichgewichtskonzepts dar, indem es optimales Verhalten nicht nur für das gesamte Spiel, sondern auch für seine einzelnen Teile unterstellt. Dazu wird das Gesamtspiel in einzelne *Teilspiele* zerlegt, die jeweils als separate Spielbäume betrachtet werden können. In einem Spiel mit vollkommener Information beginnt an jedem Entscheidungsknoten ein Teilspiel. Das Konzept des Teilspiels lässt sich aber auch auf extensive Spiele mit unvollkommener Information anwenden. Allgemein hat ein Teilspiel die folgenden Eigenschaften:

– es beginnt an einer Informationsmenge, die einen einzelnen Entscheidungsknoten enthält;

---

[7] Wenn die Auszahlungen eines jeden Spielers an allen Endknoten verschieden sind, ist dieses Gleichgewicht sogar eindeutig.

– es enthält alle folgenden Informationsmengen und die Endknoten;

– es zerschneidet keine der folgenden Informationsmengen.

Entsprechend dieser Definition stellt insbesondere der gesamte Spielbaum stets ein Teilspiel dar. Jedes extensive Spiel enthält daher zumindest ein Teilspiel.

Beispiel 6.2.3. Das Spiel in Abbildung 6.10 hat fünf Teilspiele, die jeweils an den fünf Entscheidungsknoten des Spiels beginnen. Das Spiel in Abbildung 6.5 hat drei Teilspiele. Diese beginnen an den beiden Entscheidungsknoten des Spielers 2 und am Anfangsknoten. Das Spiel in Abbildung 6.2 hat zwei Teilspiele: Eines beginnt am Entscheidungsknoten des Spielers 1; ein weiteres beginnt an dem Entscheidungsknoten des Spielers 2, wo dieser zwischen A und B wählt.

Jedes Teilspiel eines extensiven Spiels kann als ein isoliertes Spiel angesehen werden, auf welches sich das Nash–Gleichgewichtskonzept anwenden lässt. Ein Nash–Gleichgewicht ist *teilspielperfekt*, wenn jeder Spieler in jedem Teilspiel seine Strategie – bei gegebenen Strategien der Gegenspieler – optimal wählt. Ein teilspielperfektes Nash–Gleichgewicht induziert daher ein Nash–Gleichgewicht in jedem Teilspiel. In Spielen mit vollkommener Information entspricht das teilspielperfekte Nash–Gleichgewicht dem Prinzip der Rückwärtsinduktion.

Beispiel 6.2.4. Spieler 1 wählt $a \geq 0$. Spieler 2 beobachtet die Wahl von Spieler 1 und wählt dann $b \geq 0$. Wie in Beispiel 6.2.1 sind die Auszahlungen der beiden Spieler

$$u_1(a,b) = 14\,a + a\,b - 2\,a^2, \quad u_2(a,b) = 12\,b + a\,b - 4\,b^2.$$

Die Strategie des Spielers 1 besteht in der Wahl von $a \geq 0$. Da Spieler 2 seine Entscheidung von a abhängig machen kann, besteht seine Strategie aus einer Funktion $b = s_2(a)$, die für jedes $a \geq 0$ angibt, welches $b \geq 0$ er wählt. Nachdem Spieler 1 sich für a entschieden hat, beginnt jeweils ein Teilspiel. Spieler 2 verhält sich in diesem Teilspiel optimal, wenn seine Strategie die Bedingung erster Ordnung

$$\frac{\partial u_2(a, s_2(a))}{\partial b} = 12 + a - 8\,s_2(a) = 0$$

erfüllt. Daher ist $b = s_2^*(a) = (a+12)/8$. Gegeben diese Strategie maximiert Spieler 1 durch seine Wahl von a die Auszahlung

$$u_1(a, s_2^*(a)) = 14\,a + a\,s_2^*(a) - 2\,a^2 = \frac{124\,a - 15\,a^2}{8}.$$

Aus der Bedingung erster Ordnung ergibt sich für Spieler 1 die optimale Strategie $a^* = 62/15$. Der Verlauf des Spiels ist daher $(a^*, b^*) = (a^*, s_2^*(a^*)) = (62/15, 121/60)$.

Das Kriterium der Teilspielperfektheit fordert optimierendes Verhalten der Spieler auch an solchen Entscheidungsknoten, die im Verlaufe des Spiels

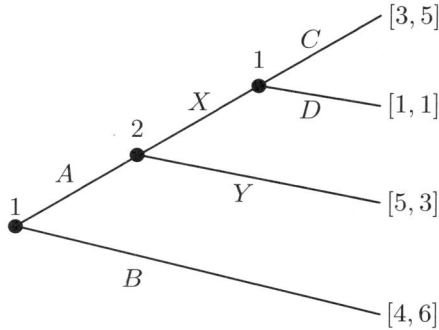

Abb. 6.12. *Teilspielperfektheit*

nicht erreicht werden. In Abbildung 6.12 ist $(B\text{-}C, X)$ das teilspielperfekte Nash–Gleichgewicht. Die Strategiekombination $(A\text{-}D, Y)$ ist zwar ein Nash–Gleichgewicht, sie ist aber nicht teilspielperfekt. In diesem Gleichgewicht droht nämlich Spieler 1 damit, D zu wählen, falls Spieler 2 sich für X entscheidet. In dem Teilspiel, welches an seinem zweiten Entscheidungsknoten beginnt, ist für Spieler 1 die Entscheidung für D aber nicht optimal. Diese Überlegung führt dazu, dass Spieler 1 sich gleich zu Anfang für die Alternative B entscheidet.

In einem extensiven Spiel übt die Entscheidung eines Spielers einen *strategischen Effekt* auf das Verhalten seiner Gegenspieler in den folgenden Teilspielen aus.[8] Neben dem *direkten* Effekt auf seine Auszahlung hat er bei seiner Wahl daher auch einen *indirekten* Effekt zu berücksichtigen, weil seine Auszahlung von den nachfolgenden Entscheidungen der anderen Spieler abhängt.

Zur Diskussion strategischer Effekte betrachten wir ein zweistufiges Spiel zwischen den Spielern 1 und 2.[9] In der ersten Stufe des Spiels trifft lediglich Spieler 1 eine Entscheidung $k \geq 0$. In der zweiten Spielstufe entscheiden Spieler 1 und 2 simultan über $a \geq 0$ bzw. $b \geq 0$. Die Auszahlungen der beiden Spieler sind $u_1(k, a, b)$ bzw. $u_2(a, b)$. Die Wahl von k hat also keinen direkten Effekt auf die Auszahlung des Spielers 2. Jedoch ergibt sich für jeden Wert von k ein anderes Teilspiel auf Stufe 2, in dem die Strategien der beiden Spieler durch $a(k)$ bzw. $b(k)$ beschrieben werden. Für Spieler 1 bein-

---

[8] Strategische Effekte spielen im oligopolistischen Wettbewerb eine Rolle z.B. im Stackelberg–Modell (siehe Kap. 3.1.3 und Kap. 3.2.4), in der strategischen Außenhandelspolitik (siehe Kap. 3.1.4), bei Kapazitätsentscheidungen (siehe Kap. 3.2.2), bei Produktdifferenzierungsentscheidungen (siehe Kap. 3.3.1), bei Kartellverträgen (siehe Kap. 4.1.1), bei Unternehmensfusionen (siehe Kap. 4.2.2), bei der Marktzutrittsabschreckung (siehe Kap. 4.3.1) und bei Innovationsentscheidungen (siehe Kap. 5.1.2).

[9] Siehe Fudenberg und Tirole (1984) zu einer Klassifikation strategischer Effekte.

haltet seine Gesamtstrategie die Entscheidung k in der ersten Stufe und das Entscheidungsverhalten $a(\cdot)$ in der zweiten Stufe. Entsprechend der Gleichgewichtsbedingung (6.3) wird für ein gegebenes k das Nash–Gleichgewicht im Teilspiel auf der zweiten Stufe durch die Bedingungen erster Ordnung

$$\frac{\partial u_1(k, a^*(k), b^*(k))}{\partial a} = 0, \quad \frac{\partial u_2(a^*(k), b^*(k))}{\partial b} = 0 \tag{6.6}$$

bestimmt.[10] Auf der ersten Stufe des Spiels maximiert die Entscheidung k^* des Spielers 1 dessen Auszahlung $u_1(k, a^*(k), b^*(k))$.

Der Gesamteffekt einer Änderung von k auf die Auszahlung von Spieler 1 wird durch die Ableitung

$$\frac{\mathrm{d}u_1(k, a^*(k), b^*(k))}{\mathrm{d}k} = \frac{\partial u_1}{\partial k} + \frac{\partial u_1}{\partial a}\frac{\partial a^*(k)}{\partial k} + \frac{\partial u_1}{\partial b}\frac{\partial b^*(k)}{\partial k} \tag{6.7}$$

beschrieben. Nach (6.6) ist $\partial u_1/\partial a = 0$, so dass sich diese Gleichung vereinfacht zu

$$\frac{\mathrm{d}u_1(k, a^*(k), b^*(k))}{\mathrm{d}k} = \frac{\partial u_1}{\partial k} + \frac{\partial u_1}{\partial b}\frac{\partial b^*(k)}{\partial k} \tag{6.8}$$

Beim Gesamteffekt einer Änderung von k lassen sich also zwei Effekte unterscheiden: Der erste Term $\partial u_1/\partial k$ stellt den *direkten Effekt* auf die Auszahlung von Spieler 1 dar. Der zweite Term $[\partial u_1/\partial b] \cdot [\partial b^*(k)/\partial k]$ wird als '*strategischer Effekt*' bezeichnet. Wenn dieser Effekt positiv ist, tendiert Spieler 1 aus strategischen Motiven dazu, einen höheren Wert von k zu wählen als in einer Situation, in der er keine Reaktion des Gegenspielers zu beachten hat. Analog reduziert ein negativer strategischer Effekt die Wahl von k^* auf der ersten Spielstufe.

Beispiel 6.2.5. Wir modifizieren die Auszahlungen in Beispiel 6.2.1 zu

$$u_1(k, a, b) = (14 + k)a + ab - 2a^2 - k^2, \quad u_2(a, b) = 12b + ab - 4b^2.$$

Die Gleichgewichtsbedingungen (6.6) auf der zweiten Spielstufe sind dann

$$\partial u_1/\partial a = 14 + k + b^* - 4a^* = 0, \quad \partial u_2/\partial b = 12 + a^* - 8b^* = 0.$$

Die Lösung dieser Bedingungen ergibt

$$a^*(k) = (8k + 124)/31, \quad b^*(k) = (k + 62)/31.$$

Der direkte Effekt einer Änderung von k beträgt also

$$\partial u_1/\partial k = a^*(k) - 2k = (124 - 54k)/31.$$

---

[10] Wir unterstellen im weiteren, dass die Auszahlungen differenzierbar sind und vernachlässigen die Möglichkeit von Randlösungen. Ferner seien für jedes k die Entscheidungen $a^*(k)$ und $b^*(k)$ durch (6.6) eindeutig bestimmt.

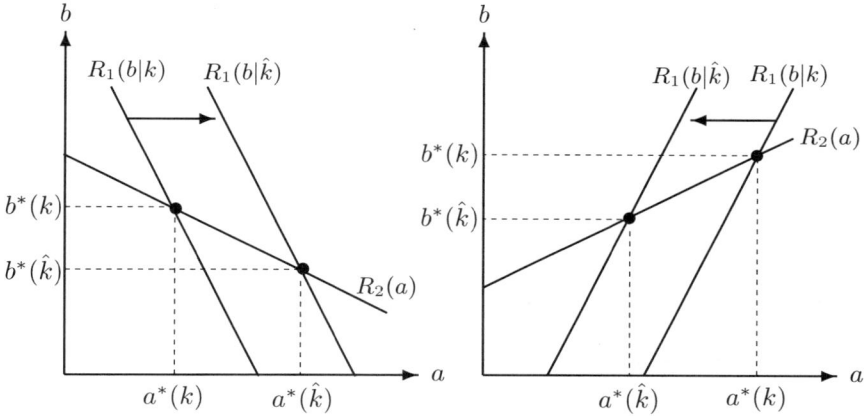

Abb. 6.13. *Strategische Effekte bei Mengen– und Preiswettbewerb*

Der strategische Effekt ist

$$[\partial u_1/\partial b] \cdot [\partial b^*(k)/\partial k] = a^*(k)/31 = (8\,k + 124)/961 > 0.$$

Durch Addition der beiden Effekte erhalten wir aus der Gleichung $\mathrm{d}u_1/\mathrm{d}k = 0$, dass Spieler 1 auf der ersten Spielstufe sich für $k^* = 1984/833$ entscheidet. Bei Vernachlässigung des strategischen Effekts dagegen wäre $k = 124/54 < k^*$.

Das Vorzeichen des strategischen Effektes hängt zum einen davon ab, wie sich die Entscheidung b des Gegenspielers auf die Auszahlung u_1 von Spieler 1 auswirkt. Zum anderen hängt es davon ab, wie Spieler 2 auf der zweiten Spielstufe auf eine Änderung von k reagiert. Als Beispiel betrachten wir in Abbildung 6.13 ein Wettbewerbspiel zwischen zwei Firmen ($i = 1, 2$). Dieser Wettbewerb findet auf der zweiten Spielstufe statt. Auf der ersten Stufe entscheidet Firma 1 zunächst über eine Investition k, durch die sie ihre Technologie verbessern und ihre Produktionskosten im Marktwettbewerb senken kann. Der linke Teil der Abbildung 6.13 beschreibt die Reaktionsfunktionen der beiden Firmen, wenn sie im Mengenwettbewerb über ihre Produktionsmengen a und b entscheiden. Das Nash–Gleichgewicht (a^*, b^*) auf der Stufe des Marktwettbewerbs wird durch den Schnittpunkt der Reaktionsfunktionen bestimmt, die – wie bei Cournot–Wettbewerb üblich – einen fallenden Verlauf haben.[11] Wenn Firma 1 nun durch eine Erhöhung von k auf $\hat{k}$ ihre Produktionskosten senkt, wird sie auf der zweiten Stufe ihre Produktion ausdehnen. Dies bedeutet, dass sich ihre Reaktionsfunktion $R_1(b|k)$ nach rechts verschiebt. Im Gleichgewicht reduziert sich folglich die Produktionsmenge der Firma 2 von $b^*(k)$ auf $b^*(\hat{k})$. Weil der Gewinn der Firma 1 umso höher ist,

---

[11] Vgl. Kap. 3.1.1. In der Terminologie von Bulow, Geanakoplos und Klemperer (1985) werden strategische Interaktionen mit fallenden Reaktionsfunktionen als Spiele mit *strategischen Substituten* bezeichnet. Bei steigenden Reaktionsfunktionen dagegen stellen die Strategien der Spieler *strategische Komplemente* dar.

je weniger ihr Konkurrent produziert, hat die Kostenreduktion bei Mengen-wettbewerb einen positiven strategischen Effekt!

Ein negativer strategischer Effekt ergibt sich dagegen, wenn die beiden Firmen heterogene Produkte anbieten und durch ihre Preise a und b mit-einander konkurrieren: Wie im rechten Teil der Abbildung 6.13 sind ihre Reaktionsfunktionen dann steigend.[12] Die Senkung ihrer Produktionskosten von k auf $\hat{k}$ induziert Firma 1, ihren Preis zu reduzieren. Ihre Reaktionsfunk-tion $R_1(b|k)$ verschiebt sich daher nach links und im Gleichgewicht sinkt der Preis der Firma 2 von $b^*(k)$ auf $b^*(\hat{k})$. Der Gewinn der Firma 1 ist jedoch umso niedriger, je geringer der Konkurrenzpreis ist. Folglich hat die Kosten-reduktion bei Preiswettbewerb einen negativen strategischen Effekt für Firma 1.

6.2.3 Perfektes Bayesianisches Gleichgewicht

Teilspielperfektheit induziert Nash–Verhalten in jedem Teilspiel eines extensi-ven Spiels. Ein Teilspiel beginnt aber nur an solchen Informationsmengen, die einen einzelnen Entscheidungsknoten enthalten. Aus diesem Grunde reicht in extensiven Spielen mit unvollkommener Information das Konzept der Teil-spielperfektheit nicht aus, optimierendes Verhalten auch an Informationsmen-gen zu garantieren, die durch den Verlauf des Spiels nicht erreicht werden. Abbildung 6.14 stellt ein Spiel dar, welches zwei Nash–Gleichgewichte hat, nämlich (L, B) und (M, A). In der extensiven Form ist das Gesamtspiel das einzige Teilspiel. Daher ist sowohl (L, B) wie auch (M, A) teilspielperfekt. Dennoch erscheint das Verhalten von Spieler 2 im Gleichgewicht (L, B) nicht plausibel. Wenn er tatsächlich zwischen A und B wählen müsste, würde er auf jeden Fall – unabhängig davon, ob Spieler 1 zuvor M oder R gewählt hat – durch A eine höhere Auszahlung als durch B erhalten.

Das 'Perfekte Bayesianische Gleichgewicht' ist eine Verfeinerung des Nash–Gleichgewichts für extensive Spiele, welche die Idee der Teilspielper-fektheit verallgemeinert. Es fordert für jeden Spieler i optimierendes Verhal-ten auch an Informationsmengen, die aus mehr als einem Entscheidungskno-ten bestehen. Damit ein Spieler bei unvollkommener Information in der Lage ist, seine erwartete Auszahlung zu maximieren, muss er einschätzen, wel-che Wahrscheinlichkeiten die verschiedenen Situationen haben, die bei seiner Entscheidung vorliegen können. Das Perfekte Bayesianisches Gleichgewicht spezifiziert daher neben den Strategien der Spieler auch ihre *Erwartungen:* An jeder Informationsmenge H_{ik} geben die Erwartungen $\mu(H_{ik})$ des Spie-lers i an, mit welchen Wahrscheinlichkeiten er davon ausgeht, sich an den einzelnen Entscheidungsknoten zu befinden.[13]

---

[12] Vgl. Kap. 3.2.3

[13] Wenn eine Informationsmenge nur einen Entscheidungsknoten enthält, ordnet die Erwartung diesem Knoten natürlich die Wahrscheinlichkeit Eins zu.

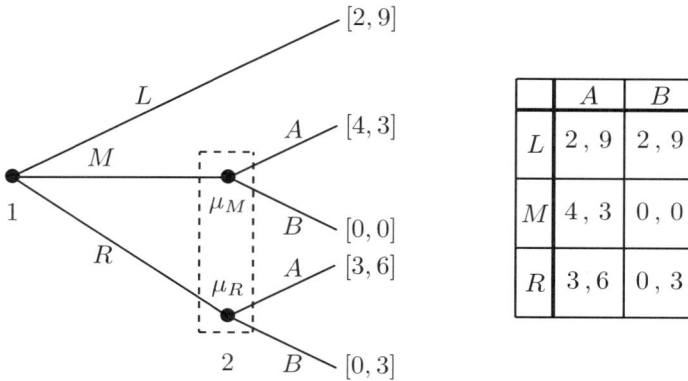

	A	B
L	2 , 9	2 , 9
M	4 , 3	0 , 0
R	3 , 6	0 , 3

Abb. 6.14. *Sequentielle Rationalität*

In Abbildung 6.14 werden die Erwartungen von Spieler 2 durch μ_M und μ_R gekennzeichnet. Wenn Spieler 2 zwischen A und B entscheidet, geht er davon aus, dass sein Gegenspieler zuvor mit Wahrscheinlichkeit μ_M die Aktion M und mit Wahrscheinlichkeit $\mu_R = 1 - \mu_M$ die Aktion R gewählt hat. Durch die Wahl von A erzielt Spieler 2 daher die erwartete Auszahlung $3\,\mu_M + 6\,\mu_R = 6 - 3\,\mu_M$; durch die Wahl von B erzielt er $3\,\mu_R = 3 - 3\,\mu_M$. An seiner Informationsmenge verhält er sich nur dann optimal, wenn er A wählt. In diesem Beispiel ist seine optimale Entscheidung sogar unabhängig von μ_M. Spieler 1 kann folglich bei seiner Entscheidung zwischen L, M und R davon ausgehen, dass Spieler 2 sich für A entscheidet, wenn er zuvor entweder M oder R gewählt hat. Für ihn ist daher die Wahl von M optimal. Bei der Strategiekombination (M, A) sind die Erwartungen von Spieler 2 mit dem tatsächlichen Verhalten des Gegenspielers konsistent, wenn $\mu_M = 1$ und $\mu_R = 0$. Die Strategiekombination (M, A) und die Erwartung $\mu_M = 1$ stellen ein Perfektes Bayesianisches Gleichgewicht dar.

Allgemein spezifiziert ein *Perfektes Bayesianisches Gleichgewicht* eine Strategiekombination $(s_1^*, s_2^*, ..., s_n^*)$ und für jeden Spieler i Erwartungen $\mu^*(H_{ik})$ an all seinen Informationsmengen $H_{ik}, k = 1, ..., z_i$. Die Strategien und die Erwartungen der Spieler haben dabei die folgenden beiden Bedingungen zu erfüllen:

– die Strategie eines jeden Spielers i ist *sequentiell rational*, d.h. an jeder Informationsmenge H_{ik} maximiert Spieler i durch seine Entscheidung seinen erwarteten Nutzen, wobei er von den Erwartungen $\mu^*(H_{ik})$ ausgeht und das Verhalten der Gegenspieler im weiteren Verlauf des Spiels als gegeben betrachtet;

– die Erwartungen der Spieler sind soweit wie möglich *konsistent* mit der Strategiekombination $(s_1^*, s_2^*, ..., s_n^*)$.

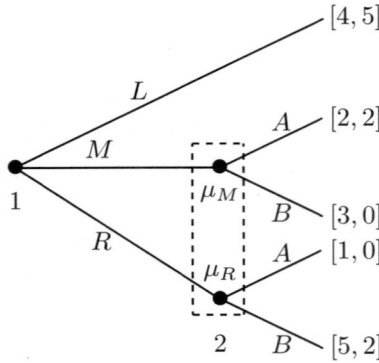

Abb. 6.15. *Perfektes Bayesianisches Gleichgewicht*

Das Bayesianische Element dieses Gleichgewichtskonzeptes kommt in der Bildung konsistenter Erwartungen zum Ausdruck: Die Bestimmung bedingter Wahrscheinlichkeiten erfolgt nach der Regel von Bayes. Die Konsistenzbedingung lässt sich jedoch nur an solchen Informationsmengen anwenden, die durch eine vorhergehende Aktion eines Spielers erreicht werden. An Informationsmengen, wo dies nicht der Fall ist, lassen sich die Erwartungen nicht eindeutig aus den Strategien der Spieler bestimmen. Aus diesem Grunde ist die zweite Gleichgewichtsbedingung nur 'soweit wie möglich' anzuwenden.

Beispiel 6.2.6. In Abbildung 6.15 handelt Spieler 2 sequentiell rational, indem er für $\mu_M \geq 1/2$ die Strategie A und für $\mu_M \leq 1/2$ die Strategie B wählt. Wenn Spieler 2 sich für B entscheidet, ist es für Spieler 1 optimal, die Strategie R zu wählen. Wenn Spieler 2 dagegen die Strategie A wählt, ist für Spieler 1 die Strategie L optimal. Das extensive Spiel hat daher zwei Perfekte Bayesianische Gleichgewichte mit verschiedenen Strategiekombinationen: Erstens stellt die Strategiekombination (R, B) zusammen mit den Erwartungen $\mu_M^* = 0, \mu_R^* = 1$ des Spielers 2 ein Gleichgewicht dar. In diesem Gleichgewicht werden die Erwartungen durch die Strategiekombination eindeutig festgelegt. Zweitens ist die Strategiekombination (L, A) in Kombination mit den Erwartungen μ_M^* und $\mu_R^* = 1 - \mu_M^*$ ein Perfektes Bayesianisches Gleichgewicht, wenn $\mu_M^* \geq 1/2$. In diesem Gleichgewicht wird die Informationsmenge des Spielers 2 im Verlaufe des Spiels nicht erreicht und seine Erwartungen sind nicht eindeutig bestimmt.

Das in Abbildung 6.16 dargestellte Spiel beschreibt einen Markt, in dem Firma 1 als Marktinhaber durch den Marktzutritt der Firma 2 bedroht wird. Ob es sich für Firma 2 lohnt, in den Markt einzutreten, hängt von den Produktionskosten des Marktinhabers ab. Diese Kosten sind jedoch der Firma 2 nicht bekannt. Sie beobachtet lediglich die Preissetzung der Firma 1 und entscheidet dann über den Marktzutritt. In einer solchen Situation kann der Marktinhaber möglicherweise durch 'Limit Pricing' den Marktzutritt ver-

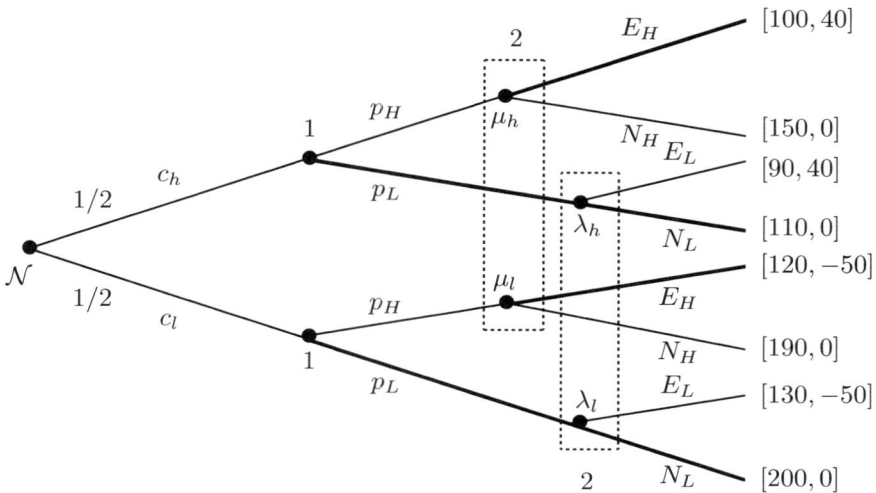

Abb. 6.16. *Limit Pricing*

hindern, indem er den Konkurrenten durch seine Preisstrategie darüber im unklaren lässt, wie hoch seine tatsächlichen Kosten sind.[14]

Das Spiel beginnt damit, dass der Spieler $\mathcal{N}$ jeweils mit Wahrscheinlichkeit $1/2$ festlegt, ob Firma 1 niedrige Kosten c_l oder hohe Kosten c_h hat. Firma 1 hat vollkommene Information über das Ergebnis dieses Zufallsprozesses. In der ersten Periode beherrscht sie den Markt als Monopol. Ihre Strategie besteht darin, in Abhängigkeit von ihren Kosten $c \in \{c_l, c_h\}$ entweder einen hohen Preis p_H oder einen niedrigen Preis p_L zu wählen. Firma 2 kennt die Realisierung von c nicht; sie beobachtet lediglich die Preissetzung der Firma 1. Wenn Firma 1 den Preis p_H gewählt hat, entscheidet sie sich, in den Markt einzutreten (E_H) oder nicht (N_H). Analog entscheidet sie sich zwischen E_L und N_L, nachdem Firma 1 den Preis p_L gewählt hat. Wenn Firma 2 zu Anfang der zweiten Periode in den Markt eintritt, verliert der Marktinhaber seine Monopolposition und beide Firmen konkurrieren als Duopol.

Ob der Marktzutritt für Firma 2 profitabel ist, hängt nur von den Kosten und nicht von der Preisstrategie der Firma 1 ab. Falls deren Kosten hoch sind, erzielt Firma 2 durch den Marktzutritt den Gewinn 40. Andernfalls hat sie einen Verlust in Höhe von -50. Bei vollkommener Information über die Kosten der Firma 1 würde sie also nur dann in den Markt eintreten, wenn $c = c_H$. In dieser Situation könnte Firma 1 die Marktzutrittsentscheidung des Konkurrenten nicht beeinflussen; sie würde daher bei den Kosten c_h den Preis p_H und bei den Kosten c_l den Preis p_L wählen.

---

[14] Eine allgemeinere Darstellung des Limit Pricing Modells findet sich in Kapitel 4.3.2.

Wir zeigen nun, dass Firma 1 selbst bei den Kosten c_h den Marktzutritt verhindern kann, wenn Firma 2 lediglich ihre Preisstrategie nicht aber ihre Kosten beobachtet. Dazu zeigen wir, dass es ein Perfektes Bayesianisches Gleichgewicht gibt, in dem Firma 1 bei den Kosten c_h durch Limit Pricing den Konkurrenten davon abhält, in den Markt einzutreten. Nachdem Firma 2 den Preis p_H beobachtet, erwartet sie, dass Firma 1 mit Wahrscheinlichkeit μ_h die Kosten c_h und mit Wahrscheinlichkeit $\mu_l = 1 - \mu_h$ die Kosten c_l hat. Nach der Beobachtung von p_L geht sie davon aus, dass Firma 1 mit Wahrscheinlichkeit λ_h die Kosten c_h und mit Wahrscheinlichkeit $\lambda_l = 1 - \lambda_h$ die Kosten c_l hat. Die folgenden Strategien und Erwartungen stellen dann ein Perfektes Bayesianisches Gleichgewicht dar:

$$p_L(c_h) - p_L(c_l), \ E_H - N_L; \quad \mu_h^* = 1, \ \mu_l^* = 0, \ \lambda_h^* = \lambda_l^* = 1/2. \quad (6.9)$$

In diesem Gleichgewicht wählt Firma 1 sowohl bei den Kosten c_h wie auch bei den Kosten c_l den Preis p_L. Firma 2 tritt nicht in den Markt ein, nachdem sie p_L beobachtet. Sie würde jedoch nach der Beobachtung von p_H in den Markt eintreten.

Zunächst zeigen wir, dass die Strategie der Firma 2 sequentiell rational ist und dass ihre Erwartungen konsistent sind. Nach der Beobachtung des Preises p_L erzielt Firma 2 durch die Wahl von N_L die Auszahlung Null. Bei der Wahl von E_L beträgt ihre erwartete Auszahlung $40\lambda_h^* - 50\lambda_l^* = -5$. Ihre Entscheidung N_L ist daher optimal. Ebenso ist ihre Entscheidung E_H nach der Beobachtung von p_H optimal: Durch E_H erzielt sie den erwarteten Gewinn $40\mu_h^* = 40$, während ihr Gewinn bei N_H gleich Null ist. Da Firma 1 sowohl bei den Kosten c_h wie auch bei den Kosten c_l den Preis p_L wählt, offenbart dieser Preis keine Information über ihre Kosten. Die Erwartung (λ_h, λ_l) ist daher konsistent mit dem Preissetzungsverhalten der Firma 1, wenn sie mit den durch $\mathcal{N}$ festgelegten a priori Wahrscheinlichkeiten übereinstimmt, d.h. wenn $\lambda_h^* = \lambda_l^* = 1/2$. Die Informationsmenge der Firma 2, an der ihre Erwartungen durch (μ_h, μ_l) beschrieben werden, wird durch das Gleichgewichtsverhalten der Firma 1 nicht erreicht. Für (μ_h^*, μ_l^*) gelten daher keine Konsistenzrestriktionen.[15]

Es bleibt zu zeigen, dass die Preissetzung des Marktinhabers optimal ist. Wir betrachten zunächst den Fall, dass seine Kosten c_l betragen. In diesem Fall erzielt er durch den Preis p_H den Gewinn 120, da Firma 2 nach Beobachtung des hohen Preises in den Markt eintritt. Durch die Wahl von p_L dagegen verhindert Firma 1 den Zutritt des Konkurrenten und erzielt den Gewinn 200. Daher wird der Marktinhaber bei den Kosten c_l sich für den Preis p_L entscheiden. Aber auch wenn die Kosten des Marktinhabers c_h betragen, ist es für ihn optimal, p_L zu wählen. Durch den Preis p_L realisiert er nämlich den Gewinn 110, da Firma 2 auf diesen Preis mit N_L reagiert. Bei der Wahl von p_H erzielt Firma 1 lediglich den Gewinn 100, da dieser Preis

---

[15] In der Tat sind die Erwartungen (μ_h^*, μ_l^*) nicht eindeutig bestimmt. Damit Firma 2 auf p_H mit E_H reagiert, muss lediglich gelten, dass $\mu_h^* \geq 5/9$.

die Reaktion E_H zur Folge hat. Gegeben die Strategie $E_H - N_L$ der Firma 2 maximiert Firma 1 also ihren Gewinn durch die Preisstrategie $p_L(c_h) - p_L(c_l)$. In dem in (6.9) beschriebenen Gleichgewicht imitiert Firma 1 bei den Kosten c_h das Preissetzungsverhalten bei den Kosten c_l und hält so Firma 2 davon ab, in den Markt einzutreten.

7. Anhang B: Lösungen der Übungsaufgaben

7.1 Aufgaben zu Kapitel 1

Aufgabe 1.1

(a) Die Zahlungsbereitschaft $U_i(4)$ ist dadurch gegeben, dass der Konsument vor und nach dem Tausch den gleichen Nutzen hat: $\sqrt{4} + w_i - U_i(4) = w_i$. Daraus folgt $U_i(4) = \sqrt{4} = 2 \leq w_i$. Eine Erhöhung von w_i hat keinen Einfluss auf seine Zahlungsbereitschaft.

(b) Der Nutzenzuwachs ist $\sqrt{4} + (w_i - 1) - w_i = 1$. Dies ist seine in (a) berechnete Zahlungsbereitschaft abzüglich der tatsächlichen Zahlung. Die Zahlungsbereitschaft für vier weitere Güter ist $\sqrt{8} - \sqrt{4} \approx 0.83$. Sie ist kleiner als $U_i(4)$.

(c) Der Konsument maximiert $\sqrt{x_i} + x_{i0}$ unter den Nebenbedingungen $p\,x_i + x_{i0} = w_i$ und $x_i, x_{i0} \geq 0$. Solange die Restriktion $x_{i0} \geq 0$ nicht verletzt ist, wird seine Nachfrage x_i durch die Bedingung erster Ordnung $\partial\sqrt{x_i}/\partial x_i - p = 0$ bestimmt, so dass $x_i^* = 1/(4\,p^2) = 1/4$. Aus der Budgetrestriktion folgt dann $x_{i0}^* = w_i - 1/4$. Die Restriktion $x_{i0}^* \geq 0$ ist nicht verletzt, solange $w_i \geq 1/4$. Falls $w_i < 1/4$, verausgabt der Konsument sein gesamtes Vermögen für den Kauf des Gutes, so dass $x_i^* = w_i$ und $x_{i0}^* = 0$. In Partialmodellen gehen wir im allgemeinen davon aus, dass die Konsumenten nur einen kleinen Teil ihres Einkommens für das betrachtete Gut ausgeben. Daher ist der Fall $w_i < 1/4$ für industrieökonomische Fragestellungen nicht typisch.

Aufgabe 1.2

(a) Für die effiziente Allokation müssen die Bedingungen erster Ordnung

$$\frac{1}{\sqrt{x_a}} = \frac{2}{\sqrt{x_b}} = 2x_1 = 4x_2 = \lambda,$$

und die Erreichbarkeitsbedingung $150x_a + 150x_b = x_1 + x_2$ erfüllt sein. Durch Einsetzen der Bedingungen erster Ordnung in die Erreichbarkeitsbedingung erhalten wir

$$\frac{150}{\lambda^2} + \frac{600}{\lambda^2} = \frac{\lambda}{2} + \frac{\lambda}{4}.$$

Dies ergibt $\lambda^3 = 1000$, so dass $\lambda = 10$. Daraus folgt

$$x_a = \frac{1}{100}, \ x_b = \frac{1}{25}, \ x_1 = 5, \ x_2 = \frac{5}{2}.$$

Die soziale Wohlfahrt beträgt daher $150 \cdot 2\sqrt{1/100} + 150 \cdot 4\sqrt{1/25} - 5^2 - 2(5/2)^2 = 225/2$.

(b) Die Nachfrage der Konsumenten ergibt sich aus den Bedingungen erster Ordnung

$$\frac{1}{\sqrt{x_a}} = \frac{2}{\sqrt{x_b}} = p,$$

so dass $x_a^*(p) = 1/p^2$ und $x_b^*(p) = 4/p^2$. Daher ist $D(p) = 150/p^2 + 600/p^2 = 750/p^2$. Die Konsumentenrente beim Preis $p = 10$ beträgt

$$\int_{10}^{\infty} D(p)\mathrm{d}p = \left[-\frac{750}{p} \right]_{10}^{\infty} = 75.$$

(c) Das Angebot der Produzenten ergibt sich aus den Bedingungen erster Ordnung

$$2x_1 = p, \ 4x_2 = p,$$

so dass Produzent 1 die Menge $x_1^* = p/2$ und Produzent 2 die Menge $x_2^* = p/4$ anbietet. Die Produzentenrente beträgt daher

$$px_1^* - C_1(x_1^*) + px_2^* - C_2(x_2^*) = 50 - 25 + 25 - 25/2 = 75/2.$$

(d) Die Gleichgewichtsbedingung lautet $D(p) = x_1^* + x_2^*$. Dies entspricht der Gleichung

$$\frac{750}{p^2} = \frac{p}{2} + \frac{p}{4},$$

so dass $p^3 = 1000$, d.h. $p = 10$. Aus Teil (b) und (c) folgt, dass beim Preis $p = 10$ die Nachfrage- und Angebotsentscheidungen mit der Allokation in (a) übereinstimmen. Die Summe von Konsumenten- und Produzentenrente beträgt $75 + 75/2 = 225/2$ und ist identisch mit der unter (a) berechneten sozialen Wohlfahrt.

Aufgabe 1.5

(a) Da $v(q_1, \theta) > v(q_2, \theta)$ für alle θ sind die beiden Güter vertikal differenziert. Gut 1 hat eine höhere Qualität als Gut 2.

(b) Falls $p_1 - p_2 < q_1 - q_2$, ist $v(q_1, \theta) - p_1 > v(q_2, \theta) - p_2$. Daher ist $D_2(p_1, p_2) = 0$. Konsument θ kauft Gut 1, wenn $\theta \geq p_1 - q_1$. Daher ist Anteil der Konsumenten, die Gut 1 kaufen, gleich $1 - (p_1 - q_1)/\bar{\theta}$. Somit ist $D_1(p_1, p_2) = (\bar{\theta} + q_1 - p_1)/\bar{\theta}$. Falls $p_1 - p_2 > q_1 - q_2$, gilt analog $D_1(p_1, p_2) = 0$ und $D_2(p_1, p_2) = (\bar{\theta} + q_2 - p_2)/\bar{\theta}$. Falls $p_1 - p_2 = q_1 - q_2$, sind die Konsumenten indifferent zwischen dem Kauf von Gut 1 und Gut 2. Die Gesamtnachfrage beträgt $D_1(p_1, p_2) + D_2(p_1, p_2) = (\bar{\theta} + q_1 - p_1)/\bar{\theta} = (\bar{\theta} + q_2 - p_2)/\bar{\theta}$.

Aufgabe 1.6

(a) Alle Konsumenten $\theta \in [0, 1/4]$ kaufen Gut 1, da die Bedingung

$$v(q_1, \theta) - p_1 = 100 - (1/4 - \theta) - p_1 > 100 - (3/4 - \theta) - p_2 = v(q_2, \theta) - p_2$$

äquivalent zu $p_1 - p_2 < 1/2$ ist. Alle Konsumenten $\theta \in [3/4, 1]$ kaufen Gut 2, da die Bedingung

$$v(q_2, \theta) - p_2 = 100 - (\theta - 3/4) - p_2 > 100 - (\theta - 1/4) - p_1 = v(q_1, \theta) - p_1$$

äquivalent zu $p_1 - p_2 > -1/2$ ist. Im Intervall $(1/4, 3/4)$ ist der Konsument $\hat{\theta}$ indifferent, wenn

$$v(q_1, \hat{\theta}) - p_1 = 100 - (\hat{\theta} - 1/4) - p_1 = 100 - (3/4 - \hat{\theta}) - p_2 = v(q_2, \hat{\theta}) - p_2.$$

Dies ergibt $\hat{\theta} = 0.5[1 + p_2 - p_1]$. Daher ist $D_1(p_1, p_2) = \hat{\theta} = 0.5[1 + p_2 - p_1]$ und $D_2(p_1, p_2) = 1 - \hat{\theta} = 0.5[1 + p_1 - p_2]$.

(b) Falls $p_1 - p_2 > 1/2$, kaufen alle Konsumenten $\theta \in [0, 1/4]$ Gut 2, da die Bedingung

$$v(q_1, \theta) - p_1 = 100 - (1/4 - \theta) - p_1 < 100 - (3/4 - \theta) - p_2 = v(q_2, \theta) - p_2$$

äquivalent zu $p_1 - p_2 > 1/2$ ist. Wie in Teil (a) gezeigt wurde, kaufen alle Konsumenten $\theta \in [3/4, 1]$ Gut 2, da $p_1 - p_2 > -1/2$. Im Intervall $(1/4, 3/4)$ kaufen alle Konsumenten Gut 2, da

$$v(q_1, \theta) - p_1 = 100 - (\theta - 1/4) - p_1 < 100 - (3/4 - \theta) - p_2 = v(q_2, \theta) - p_2$$

äquivalent zu $\theta > 0.5[1 + p_2 - p_1]$ ist. Diese Bedingung ist für alle $\theta \in (1/4, 3/4)$ erfüllt, da $0.5[1 + p_2 - p_1] < 1/4$. Daher ist $D_1(p_1, p_2) = 0$ und $D_2(p_1, p_2) = 1$. Für $p_1 - p_2 < -1/2$ ergibt sich analog $D_1(p_1, p_2) = 1$ und $D_2(p_1, p_2) = 0$.

Aufgabe 1.7

Die Bedingungen erster Ordnung für das Maximierungsproblem des Konsumenten lauten

$$\frac{1}{x_1} = p_1, \quad \frac{1}{x_2} = p_2.$$

Daher ist $D_1(p_1, p_2) = 1/p_1$ und $D_2(p_1, p_2) = 1/p_2$. Da $\partial D_1/\partial p_2 = \partial D_2/\partial p_1 = 0$, ist auch $\epsilon_{12} = \epsilon_{21} = 0$.

Aufgabe 1.8

Die Bedingungen erster Ordnung sind

$$\frac{\partial U(D_1, D_2)}{\partial x_1} = p_1, \quad \frac{\partial U(D_1, D_2)}{\partial x_2} = p_2,$$

und die Budgetrestriktion $p_1 D_1 + p_2 D_2 + D_0 = w$. Durch Differenzieren der beiden ersten Bedingungen nach p_2 erhalten wir

$$\frac{\partial^2 U}{\partial x_1^2}\frac{\partial D_1}{\partial p_2} + \frac{\partial^2 U}{\partial x_1 \partial x_2}\frac{\partial D_2}{\partial p_2} = 0,$$

$$\frac{\partial^2 U}{\partial x_2 \partial x_1}\frac{\partial D_1}{\partial p_2} + \frac{\partial^2 U}{\partial x_2^2}\frac{\partial D_2}{\partial p_2} = 1.$$

Daher ist

$$\frac{\partial D_1}{\partial p_2} = \frac{\partial^2 U}{\partial x_1 \partial x_2}\frac{1}{Z}, \ \frac{\partial D_2}{\partial p_2} = \frac{\partial^2 U}{\partial x_1^2}\frac{1}{Z},$$

wobei

$$Z \equiv \frac{\partial^2 U}{\partial x_1 \partial x_2}\frac{\partial^2 U}{\partial x_2 \partial x_1} - \frac{\partial^2 U}{\partial x_1^2}\frac{\partial^2 U}{\partial x_2^2}.$$

Wegen strenger Konkavität von $U(\cdot, \cdot)$ ist $Z < 0$. Falls die beiden Güter Substitute sind, ist daher $\partial D_1 / \partial p_2 > 0$. Folglich ist $\epsilon_{12} > 0$.

7.2 Aufgaben zu Kapitel 2

Aufgabe 2.1

(a) Die Bedingung erster Ordnung für die Maximierung des Gewinns $\Pi(p) = p(a - p) - 0.5c(a - p)^2$ lautet

$$a - 2p + c(a - p) = 0.$$

Daher ist $p^m = a(1 + c)/(2 + c)$ und $x^m = a - p^m = a/(2 + c)$. Der Gewinn des Anbieters beträgt $\Pi(p^m) = 0.5a^2/(2 + c)$.

(b) Es ist

$$\epsilon(p^m) = \frac{p^m}{a - p^m} = 1 + c > 1.$$

(c) Beim Preis p beträgt die Konsumentenrente $R_K(p) = \int_p^a (a - p')\mathrm{d}p' = [p'(a - 0.5p')]_p^a = 0.5(a - p)^2$. Daher ist $R_K(p^m) = 0.5a^2/(2 + c)^2$.

(d) Beim Preis p ist die Summe von Konsumenten- und Produzentenrente

$$R_K(p) + \Pi(p) = 0.5(1 - c)(a - p)^2 + p(a - p).$$

Die Bedingung erster Ordnung für die Maximierung der sozialen Wohlfahrt lautet

$$-(1 - c)(a - p) + a - 2p = 0.$$

Dies ergibt $p^* = a\,c/(1 + c)$ und $x^* = a - p^* = a/(1 + c)$. Die soziale Wohlfahrt beträgt $R_K(p^*) + \Pi(p^*) = 0.5a^2/(1 + c)$. Daher ist der monopolistische Wohlfahrtsverlust

$$R_K(p^*) + \Pi(p^*) - \Pi(p^m) - R_K(p^m) = 0.5\frac{a^2}{(2 + c)^2(1 + c)}.$$

Aufgabe 2.2

(a) Aus der Nachfrage $D(p) = a - b\,p$ ergibt sich die inverse Nachfragefunktion $P(x) = (a - x)/b$ und der Erlös $E(x) = (a\,x - x^2)/b$. Daher ist $E'(x) = (a - 2\,x)/b = P(2\,x)$.

(b) Der Gewinn des Monopols ist $\Pi(p) = (p - c)(a - b\,p)$. Der gewinnmaximierende Preis ergibt sich aus der Bedingung erster Ordnung $a - 2b\,p + c\,b = 0$, so dass $p^m = 0.5(a + b\,c)/b$. Daher ist $\Pi(p^m) = 0.25(a - b\,c)^2/b$.

Für $p^* = c$ ist $\Pi(p^*) = 0$. Die Konsumentenrente beträgt

$$R_K(c) = W(c) = \int_c^{a/b} (a - b\,p)\mathrm{d}p = [a\,p - 0.5b\,p^2]_c^{a/b} = \frac{(a - b\,c)^2}{2\,b}.$$

Daher ist $\Pi(p^m) = 0.5W(c)$.

(c) Beim Monopolpreis beträgt die Konsumentenrente

$$R_K(p^m) = \int_{p^m}^{a/b} (a - b\,p)\mathrm{d}p = [a\,p - 0.5b\,p^2]_{p^m}^{a/b} = \frac{(a - b\,c)^2}{8\,b}.$$

Die soziale Wohlfahrt beim Monopolpreis ist gleich

$$W(p^m) = \Pi(p^m) + R_K(p^m) = \frac{3(a - b\,c)^2}{8\,b}.$$

Daher beträgt der monopolistische Wohlfahrtsverlust $W(c) - W(p^m) = W(c)/4$.

Aufgabe 2.3

Es sei $a' < a''$. Der Monopolist produziere bei der Kostenfunktion $a'\bar{C}(\cdot)$ die Menge x' und bei $a''\bar{C}(\cdot)$ die Menge x''. Aufgrund der Gewinnmaximierung muss gelten, dass

$$P(x')x' - a'\bar{C}(x') \geq P(x'')x'' - a'\bar{C}(x''),$$

$$P(x'')x'' - a''\bar{C}(x'') \geq P(x')x' - a''\bar{C}(x').$$

Die Addition dieser beiden Ungleichungen ergibt $(a'' - a')[\bar{C}(x') - \bar{C}(x'')] \geq 0$. Da $a'' > a'$, ist $\bar{C}(x') \geq \bar{C}(x'')$ und somit $x' \geq x''$.

Aufgabe 2.4

(a) Die beiden Güter sind Komplemente. Wenn der Anbieter mehr von Gut i anbietet, erzielt er einen höheren Preis bei Gut j.

(b) Der Gewinn des Anbieters beträgt

$$(1 - x_1/2 + x_2/8)x_1 + (2 - x_2/2 + x_1/8)x_2 - 5x_1/4 - x_2/2.$$

Daher lauten die Bedingungen erster Ordnung für die Maximierung des Gewinns

$$1 - x_1 + 2\,x_2/8 - 5/4 = 0,\ 2 - x_2 + 2\,x_1/8 - 1/2 = 0.$$

Dies ergibt die Monopollösung

$$x_1^m = 2/15,\ x_2^m = 23/15,\ p_1^m = 9/8,\ p_2^m = 5/4.$$

Der Monopolgewinn beträgt $(9/8 - 5/4)2/15 + (5/4 - 1/2)23/15 = 17/15$.

(c) Da bei Gut 1 Stückkosten in Höhe von $5/4$ anfallen, macht der Monopolist pro Einheit des Gutes 1 einen Verlust in Höhe von $-(p_1^m - 5/4) = 1/8$. Der Gesamtverlust aus der Produktion von Gut 1 beträgt $-(9/8 - 5/4)2/15 = 1/60$. Er trägt den Verlust, weil der Verkauf von Gut 1 den Verkauf von Gut 2 stimuliert und er deshalb einen höheren Preis für Gut 2 fordern kann. Würde er zum Beispiel Gut 1 nicht verkaufen, dann könnte er nur $37/30\,(< 5/4)$ für Gut 2 verlangen, wenn er $23/15$ Einheiten davon verkaufen möchte.

(d) Wenn der Monopolist nur das zweite Gut produziert, ist $x_1 = 0$. Die inverse Nachfragefunktion für Gut 2 ist $P(x_2) = 2 - x_2/2$. Der Gewinn des Anbieters beträgt $(2 - x_2/2)x_2 - x_2/2$. Aus der Bedingung erster Ordnung $2 - x_2 - 1/2 = 0$ erhalten wir $x_2^m = 3/2$ und somit $p_2^m = P_2(3/2) = 5/4$. Der Gewinn des Anbieters beträgt $(5/4 - 1/2)3/2 = 9/8$. dass der Preis sich nicht verändert, liegt daran, dass die Komplementaritätseffekte in zwei Richtungen wirken. Eine höhere Produktion des ersten Gutes fördert die Nachfrage des zweiten Gutes und auch umgekehrt. Die zwei Effekte sind hier gleich stark und heben sich gegenseitig auf.

Aufgabe 2.5

(a) Der Gewinn des Anbieters ist

$$(a_1 - x_1)x_1 + (a_2 - x_2)x_2 - (x_1^2 + x_2^2 + x_1\,x_2).$$

Die Bedingungen erster Ordnung für das Gewinnmaximum,

$$a_1 - 2x_1 - 2x_1 - x_2 = 0,\ a_2 - 2x_2 - 2x_2 - x_1 = 0,$$

ergeben die Lösung

$$x_1^m = \frac{4\,a_1 - a_2}{15},\quad x_2^m = \frac{4\,a_2 - a_1}{15}.$$

Eine Erhöhung von a_1 führt zu einer Steigerung des Angebots x_1^m. Dadurch steigen aber auch die Grenzkosten der Produktion von Gut 2. Aus diesem Grunde fällt x_2^m in a_1.

Aufgabe 2.6

(a) Offensichtlich wird der Anbieter entweder $p = 1$ oder $p = 2$ wählen. Bei $p = 1$ erzielt er den Gewinn 1; bei $p = 2$ erzielt er den Gewinn $2(1 - \lambda)$. Da $\lambda < 1/2$, ist $p^m = 2$.

(b) Wenn der Anbieter in der ersten Periode das Gut zum Preis $p_1 = p^m = 2$ verkauft, sind die Käufer mit der hohen Zahlungsbereitschaft in der zweiten Periode nicht mehr im Markt. Daher wird der Anbieter in der zweiten Periode das Gut für $p_2 = 1$ anbieten. Da die Konsumenten mit der hohen Zahlungsbereitschaft dies antizipieren, sind sie nicht länger bereit, in der ersten Periode $p_1 = 2$ zu zahlen.

(c) Da in der zweiten Periode nur Konsumenten mit der niedrigen Zahlungsbereitschaft vorhanden sind, wird der Monopolist den Preis $p_2 = 1$ setzen. Um die Konsumenten mit der hohen Zahlungsbereitschaft davon abzuhalten, in der zweiten Periode zu kaufen, muss der Preis p_1 folgende Gleichung erfüllen:

$$2 - p_1 \geq \delta_K (2 - p_2) = \delta_K.$$

Der Monopolist wird daher $p_1 = 2 - \delta_K$ verlangen. Bei dieser Strategie erzielt er den Gewinn $(1 - \lambda)(2 - \delta_K) + \delta_M \lambda$.

(d) Der Monopolist kann das Gut in der ersten Periode an alle Konsumenten verkaufen, indem er den Preis $p_1 = 1$ verlangt. Auf diese Weise erzielt er den Gewinn 1. Er zieht diese Strategie vor, wenn $1 \geq (1 - \lambda)(2 - \delta_K) + \delta_M \lambda$, d.h. wenn

$$\delta_K \geq \frac{1 - (2 - \delta_M)\lambda}{1 - \lambda}.$$

Aufgabe 2.7

(a) Die Bedingung erster Ordnung für die Maximierung des Gewinns $(p_B - p_A)(a - p_B)$ des Einzelhändlers lautet

$$a - 2p_B + p_A = 0.$$

Daraus folgt $\tilde{p}_B(p_A) = 0.5(a + p_A)$.

(b) Die Nachfrage des Produzenten ist $D(\tilde{p}_B(p_A)) = 0.5(a - p_A)$ Die Bedingung erster Ordnung für die Maximierung seines Gewinns $p_A 0.5(a - p_A) - 0.5c[0.5(a - p_A)]^2$ lautet

$$a - 2p_A + 0.5\,c(a - p_A) = 0.$$

Daher ist $p_A^m = a(2 + c)/(4 + c)$.

(c) Der Endverkaufspreis beträgt $p_B^m = \tilde{p}_B(p_A^m) = a(3 + c)/(4 + c)$ und ist höher als der Preis $p^m = a(1+c)/(2+c)$ aus Aufgabe 2.1 (a). In der vertikalen Struktur sind die Gewinne

$$\Pi_A = 0.5\,\frac{a^2}{4 + c}, \quad \Pi_B = \frac{a^2}{(4 + c)^2}.$$

Daher ist $\Pi_A + \Pi_B < \Pi(p^m) = 0.5\,a^2/(2 + c)$.

Aufgabe 2.8

(a) Wenn der Produzent die Qualität q wählt, ist sein Gewinn $(p-c(q))(q-p)$. Die Bedingung erster Ordnung für die Maximierung des Gewinns bzgl. p lautet $q - 2p + c(q) = 0$. Daher ist $p^m = 0.5(q + c(q))$ und der Gewinn des Anbieters bei der Qualität q beträgt $\Pi(p^m) = 0.25(q-c(q))^2$. Die Bedingung erster Ordnung für die gewinnmaximierende Qualität ist daher $c'(q^m) = 1$.

(b) Der sozial effiziente Preis ist $p^* = c(q)$. Daher ist die Produzentenrente gleich Null. Die Konsumentenrente beträgt im sozialen Optimum

$$R_K(c(q)) = \int_{c(q)}^{q} (q - p)\mathrm{d}p = \big[pq - 0.5p^2\big]_{c(q)}^{q} = 0.5(q - c(q))^2.$$

Die Bedingung erster Ordnung für die sozial effiziente Qualität ist daher $c'(q^*) = 1$.

(c) Beim Monopolpreis beträgt die Konsumentenrente

$$R_K(p^m) = \int_{p^m}^{q} (q - p)\mathrm{d}p = \big[pq - 0.5p^2\big]_{p^m}^{q} = (q - c(q))^2/8.$$

Die soziale Wohlfahrt beim Monopolpreis und der Qualität q beträgt

$$\Pi(p^m) + R_K(p^m) = \frac{3}{8}(q - c(q))^2.$$

Sie wird maximiert durch die Qualität q, bei der $c'(q) = 1$. Diese Bedingung stimmt überein mit der Entscheidungsregel des Monopols.

Aufgabe 2.9

(a) Der Monopolist wird entweder das Gut zu Preis $p = 10q$ oder zum Preis $p = 6q$ anbieten. Im ersten Fall ist sein Gewinn $\lambda(10q - q^2)$. Er wird daher $q^m = 5$ wählen und den Gewinn 25λ erzielen. Im zweiten Falls ist sein Gewinn $6q - q^2$. Er wird daher $q^m = 3$ wählen und den Gewinn 9 erzielen. Falls $\lambda > 9/25$ ist die erste Strategie für ihn optimal, so dass $q^m = 5$. Falls $\lambda < 9/25$ ist die zweite Strategie für ihn optimal, so dass $q^m = 3$.

(b) Wir zeigen zunächst, dass im sozialen Optimum alle Konsumenten das Gut erhalten. Wenn nur die Konsumenten mit der höchsten Zahlungsbereitschaft das Gut erhalten würden, wäre die soziale Wohlfahrt $\lambda(10q - q^2)$. In diesem Fall wäre $q^* = 5$. Die Zahlungsbereitschaft der restlichen Konsumenten wäre dann aber gleich 30 und somit höher als die Stückkosten in Höhe von 25.

Wenn alle Konsumenten das Gut erhalten, beträgt die soziale Wohlfahrt $\lambda 10q + (1 - \lambda)6q - q^2$. Daraus folgt $q^* = 5\lambda + (1 - \lambda)3$.

Aufgabe 2.10

(a) Der Wohlfahrtsgewinn aus der Produktion eines Gutes beträgt $qr - 0.5q^2$. Daher ist $q^* = r$.

(b) Wenn der Anbieter das Gut zum Preis p verkauft ist sein Gewinn

$$p - (1-q)z - 0.5q^2.$$

Da die Konsumenten q nicht kennen, spielt q keine Rolle für den Preis p, den der Anbieter erzielen kann. Er maximiert daher seinen Gewinn durch $q = z$.

(c) Der Anbieter kann das Gut zum Preis $p = v(q_e, z)$ verkaufen. Für $q_e = z$ beträgt daher sein Gewinn

$$zr + (1-z)z - (1-q)z - 0.5q^2 = zr + (1-z)z - (1-z)z - 0.5z^2,$$

da er $q = z$ wählt. Folglich maximiert er seinen Gewinn, indem er $z^m = r$ setzt. Daraus folgt $q^m = r$. Da $v(z^m, z^m) = r$, ist $p^m = r$.

Aufgabe 2.11

(a) Da $r > 3$, ist es effizient, alle Konsumenten mit einer Einheit des Gutes zu versorgen, da ihre Zahlungsbereitschaft in jedem Fall größer als Null ist. Wenn nur Gut $q_1 = 0$ angeboten wird, ist die soziale Wohlfahrt

$$r - \int_0^1 \theta^2 \mathrm{d}\theta = r - \left[\frac{\theta^3}{3}\right]_0^1 = r - \frac{1}{3}.$$

Wenn $q_1 = 0$ und $q_2 = 1$ angeboten werden, ist die soziale Wohlfahrt

$$r - \int_0^{1/2} \theta^2 \mathrm{d}\theta - \int_{1/2}^1 (1-\theta)^2 \mathrm{d}\theta = r - 2\left[\frac{\theta^3}{3}\right]_0^{1/2} = r - \frac{1}{12}.$$

Daher ist es effizient, Gut q_2 zusätzlich anzubieten, wenn $f < 1/3 - 1/12 = 1/4$.

(b) Wir zeigen zunächst, dass jeder Konsument ein Gut kauft, selbst wenn nur das Gut q_1 angeboten wird. Wenn dies nicht der Fall wäre, müsste der Preis p_1 des Anbieter größer als $r - 1$ sein. Für $p_1 > r - 1$ ist der marginale Konsument $\hat{\theta} = \sqrt{r - p_1}$ und der Gewinn des Anbieters ist $p_1\sqrt{r - p_1}$. Diese Funktion ist streng konkav und erreicht ihr Maximum bei $p_1' = 2r/3$. Da $p_1' < r - 1$, kann es nicht optimal für den Anbieter sein, nur einen Teil des Marktes zu versorgen.

Wenn er nur Gut q_1 produziert, wird der Anbieter daher den Preis $p_1^m = r-1$ setzen und den Gewinn $r - 1$ erzielen. Beim Angebot von $q_1 = 0$ und $q_2 = 1$ kann er das Gut an alle Konsumenten verkaufen, wenn $r - 1/4 = p_1^m = p_2^m$. Er erzielt also den Gewinn $r - 1/4$. Folglich wird er zusätzlich das Gut q_2 anbieten, wenn $f < 1 - 1/4 = 3/4$.

Aufgabe 2.12

(a) Im sozialen Optimum ist die Zahlungsbereitschaft $\hat{v}$ des marginalen Konsumenten gleich den Grenzkosten. Da alle Konsumenten mit $v \geq \hat{v}$ das Gut erhalten, gilt

$$\hat{v} = 2[1 - F(\hat{v})] = 2 - 2\hat{v}/\bar{v}.$$

Daraus folgt, dass $\hat{v}^* = 2\bar{v}/(2 + \bar{v})$ und $x^* = [1 - F(\hat{v}^*)] = \bar{v}/(2 + \bar{v})$.

(b) Der Monopolist verkauft an alle Konsumenten mit $v \geq \hat{v}$ das Gut zum Preis v. Daher ist sein Gewinn

$$\int_{\hat{v}}^{\bar{v}} \frac{v}{\bar{v}} dv - [1 - F(\hat{v})]^2 = \frac{\bar{v}^2 - \hat{v}^2}{2\bar{v}} - \left[1 - \frac{\hat{v}}{\bar{v}}\right]^2.$$

Die Bedingung erster Ordnung für die Maximierung des Gewinns lautet $2(\bar{v} - \hat{v}) - \bar{v}\hat{v} = 0$. Daher ist $\hat{v}^m = 2\bar{v}/(2 + \bar{v})$ und $x^m = [1 - F(\hat{v}^m)] = \bar{v}/(2 + \bar{v})$. Der Gewinn des Monopols beträgt $0.5\bar{v}^2/(2 + \bar{v})$.

Aufgabe 2.13

(a) Der Konsument vom Typ i wählt x_i, so dass sein Nutzengewinn $U_i(x_i) - px_i$ maximiert wird. Daraus folgt $1 - x_a - p = 0$ bzw. $2 - x_b - p = 0$. Daher ist $x_a^*(p) = 1 - p$ und $x_b^*(p) = 2 - p$. Durch Einsetzen der Nachfrage erhalten wir die jeweilige Konsumentenrente

$$U_a(x_a^*(p)) - px_a^*(p) = 0.5(1 - p)^2, \quad U_b(x_b^*(p)) - px_b^*(p) = 0.5(2 - p)^2.$$

(b) Bei vollkommener Diskriminierung ist der marginale Tarif p^m für jeden Konsumenten gleich und entspricht den Grenzkosten. Daher ist $p^m = 2[\lambda(1 - p^m) + (1 - \lambda)(2 - p^m)]$, so dass

$$p^m = \frac{2(2 - \lambda)}{3}.$$

Durch den jeweiligen Einstiegstarif $\bar{p}_i$ eignet sich der Anbieter die gesamte Konsumentenrente an. Daher ist

$$\bar{p}_a = 0.5(1 - p^m)^2 = (2\lambda - 1)^2/18, \quad \bar{p}_b = 0.5(2 - p^m)^2 = (2 + 2\lambda)^2/18.$$

(c) Bei einem einheitlichen Tarif $(\bar{p}, p)$ ist $\bar{p} = U_a(x_a^*(p)) - px_a^*(p) = 0.5(1-p)^2$. Daher erzielt der Anbieter den Gewinn

$$p[\lambda(1 - p) + (1 - \lambda)(2 - p)] + 0.5(1 - p)^2 - [\lambda(1 - p) + (1 - \lambda)(2 - p)]^2$$

Die Bedingung erster Ordnung für die Maximierung des Gewinns erfordert, dass $5 - 3(\lambda + p) = 0$. Daher ist

$$p^m = \frac{5 - 3\lambda}{3}, \quad \bar{p}^m = \frac{(3\lambda - 2)^2}{18}.$$

Aufgabe 2.14

(a) Bei Preisdiskriminierung dritten Grades ist der Gewinn des Anbieters

$$p_a\lambda(1-p_a) + p_b(1-\lambda)(2-p_b) - [\lambda(1-p_a)+(1-\lambda)(2-p_b)]^2.$$

Die Bedingungen erster Ordnung lauten

$$2p_a(1+\lambda) + 2p_b(1-\lambda) + 2\lambda - 5 = 0, \quad \lambda p_a + p_b(2-\lambda) + \lambda - 3 = 0.$$

Daher ist

$$p_a^m = 0.25(4-\lambda), \quad p_b^m = 0.25(6-\lambda).$$

(b) Bei einem einheitlichen Preis p ist der Gewinn des Anbieters

$$p[\lambda(1-p) + (1-\lambda)(2-p)] - [\lambda(1-p)+(1-\lambda)(2-p)]^2.$$

Die Bedingung erster Ordnung $6 - 4p - 3\lambda = 0$ ergibt $p^m = 0.75(2-\lambda)$. Der Gewinn des Anbieters beträgt bei diesem Preis $(2-\lambda)^2/8$.

(c) Wenn der Anbieter nur die Gruppe b beliefert, ist sein Gewinn $p(1-\lambda)(2-p) - [(1-\lambda)(2-p)]^2$. Aus der Bedingung erster Ordnung $3 - 2\lambda - p(2-\lambda)$ folgt

$$p^m = \frac{3-2\lambda}{2-\lambda}.$$

Der Gewinn des Anbieters ist $(1-\lambda)/(2-\lambda)$. Er zieht es daher vor, nur die Gruppe b zu beliefern, wenn $(1-\lambda)/(2-\lambda) > (2-\lambda)^2/8$. Diese Ungleichung ist äquivalent zu $\lambda^2 - 6\lambda + 4 > 0$ bzw. $\lambda < 3 - \sqrt{5}$.

Aufgabe 2.15

(a) Konsument θ kauft Gut i nur dann, wenn $q_i - \theta \geq p_i$. Daher ist $D_i(p_i) = q_i - p_i$ die Nachfragefunktion für Gut i. Der Gesamtgewinn $p_1 D_1(p_1) + p_2 D_2(p_2)$ des Anbieters wird durch die Preise $(p_1^m, p_2^m) = (q_1/2, q_2/2)$ maximiert. Bei diesen Preisen erzielt der Anbieter den Gewinn $(q_1^2 + q_2^2)/4$.

(b) Konsument θ kauft das Paket nur dann, wenn $q_1 + q_2 - 2\theta \geq \bar{p}$. Daher beträgt die Nachfrage für das Paket $D(\bar{p}) = 0.5(q_1 + q_2 - \bar{p})$. Der Gewinn $\bar{p}D(\bar{p})$ wird durch $\bar{p}^m = (q_1 + q_2)/2$ maximiert. Bei diesen Preisen erzielt der Anbieter den Gewinn $(q_1 + q_2)^2/8$. Da $[(q_1^2 + q_2^2)/4] - [(q_1+q_2)^2/8] = (q_1-q_2)^2/8 > 0$, ist der separate Verkauf der beiden Güter profitabler.

7.3 Aufgaben zu Kapitel 3

Aufgabe 3.1

Die indirekte Nachfragefunktion ist $P(\bar{x}) = \bar{x}^{-1/\epsilon}$. Daher lautet die Bedingung erster Ordnung für den Output x_j der Firma j

$$\bar{x}^{-1/\epsilon} - \frac{\bar{x}^{-(1+\epsilon)/\epsilon}}{\epsilon}\, x_j = c.$$

Für $x_j = \bar{x}/n$ erhalten wir die Lösung

$$\bar{x}^c = \left(c\,\frac{\epsilon\, n}{\epsilon\, n - 1}\right)^{-\epsilon}.$$

Daher ist $p^c = P(\bar{x}^c) = c[\epsilon\, n]/[\epsilon\, n - 1]$.

Aufgabe 3.2

(a) Die Gesamtnachfrage ist $\bar{x} = m(1 - p)$. Daher ist $P(\bar{x}) = 1 - \bar{x}/m$. Der Gewinn der Firma j ist

$$\left[1 - (\sum_{i \neq j} x_i + x_j)/m\right] x_j - 0.5\, x_j^2.$$

Die Bedingung erster Ordnung

$$1 - (\sum_{i \neq j} x_i + 2x_j)/m = x_j$$

ergibt die Reaktionsfunktion

$$x_j = \frac{m - \sum_{i \neq j} x_i}{2 + m}.$$

Im symmetrischen Cournot–Gleichgewicht ist $x_j^c = \bar{x}^c/n$ für alle $j = 1, ...n$. Durch Einsetzen in die Reaktionsfunktion erhalten wir

$$\frac{\bar{x}^c}{n} = \frac{m - (n - 1)\bar{x}^c/n}{2 + m}.$$

Dies ergibt die Lösung

$$\bar{x}^c = \frac{mn}{m + n + 1}.$$

Daher ist

$$p^c = P(\bar{x}^c) = \frac{m + 1}{m + n + 1}.$$

(b) Aus (a) erhalten wir

$$p^c = \frac{\lambda m + 1}{\lambda(m + n) + 1}.$$

Im Cournot–Gleichgewicht mit λm Konsumenten und λn Firmen ist der Gesamtoutput

$$\bar{x}^c = \frac{\lambda^2 mn}{\lambda(m+n)+1},$$

und jede Firma produziert den Output $\bar{x}^c/(\lambda n)$. Da $C'(x) = x$, hat jede Firma die Grenzkosten

$$C' = \frac{\lambda m}{\lambda(m+n)+1}.$$

Somit ist

$$p^c - C' = \frac{1}{\lambda(m+n)+1},$$

und $\lambda \to \infty$ impliziert, dass $p^c - C' \to 0$.

Aufgabe 3.3

(a) Es sei x_j das Angebot einer Firma mit den Stückkosten c_j. Die Bedingungen erster Ordnung für die gewinnmaximierenden Outputs x_1 und x_2 sind

$$100 - (n_1 - 1)x_1 - n_2 x_2 - c_1 - 2x_1 \leq 0,$$
$$100 - n_1 x_1 - (n_2 - 1)x_2 - c_2 - 2x_2 \leq 0,$$

wobei jeweils die Gleichung erfüllt ist, wenn $x_j > 0$. Die Lösung dieser Gleichungen für $x_1 > 0$ und $x_2 > 0$ lautet

$$x'_1 = \frac{100 + (c_2 - c_1)n_2 - c_1}{n+1}, \quad x'_2 = \frac{100 - (c_2 - c_1)n_1 - c_2}{n+1}.$$

Diese Lösung ist nur dann mit der Voraussetzung $x_1 > 0$, $x_2 > 0$ konsistent, wenn $n_1 < (100 - c_2)/(c_2 - c_1)$. Wenn $n_1 \geq (100 - c_2)/(c_2 - c_1)$, erhalten wir die Lösung

$$x_1'' = \frac{100 - c_1}{n_1 + 1}, \quad x_2'' = 0.$$

(b) Falls $n_1 < (100 - c_2)/(c_2 - c_1)$, ist

$$p^c = 100 - n_1 x'_1 - n_2 x'_2 = \frac{100 + c_1 n_1 + c_2 n_2}{n+1}.$$

Falls $n_1 \geq (100 - c_2)/(c_2 - c_1)$, ist

$$p^c = 100 - n_1 x_1'' = \frac{100 + c_1 n_1}{n_1 + 1}.$$

Aufgabe 3.4

(a) Das inverse Nachfragesystem lautet

$$p_1 = (600 - 4x_1 - 2x_2)/3, \quad p_2 = (600 - 2x_1 - 4x_2)/3.$$

Durch Maximierung von $(600-4x_1-2x_2)x_1/3$ bzw. $[(600-2x_1-4x_2)/3-c_2]x_2$ ergeben sich die Cournot–Reaktionsfunktionen

$$R_1^c(x_2) = \max \left[\frac{300 - x_2}{4}, 0 \right], \quad R_2^c(x_1) = \max \left[\frac{600 - 2x_1 - 3c_2}{8}, 0 \right].$$

(b) Falls $x_2 > 0$, erhalten wir aus den beiden Gleichungen $x_1 = R_1^c(x_2)$ und $x_2 = R_2^c(x_1)$ die Lösung

$$x_1^c = (600 + c_2)/10, \quad x_2^c = (300 - 2c_2)/5.$$

Daher ist $x_2^c > 0$ nur dann, wenn $c_2 < 150$.

(c) Für $c_2 < 150$ ist das Cournot–Gleichgewicht durch die Lösung aus (b) gegeben. Die Gleichgewichtspreise sind

$$p_1^c = (1200 + 2c_2)/15, \ p_2^c = (1200 + 7c_2)/15.$$

Für $c_2 \geq 150$ erhalten wir aus (a), dass $x_2^c = 0$, $x_1^c = 300/4$ und $p_1^c = 100$, $p_2^c = 150$.

(d) Für $c_2 = 100$ ist $x_1^c = 70$ und $x_2^c = 20$. Somit ist $H = (7/9)^2 + (2/9)^2 = 53/81 \approx 0.6543$.

Aufgabe 3.5

(a) Der Gewinn der Firma j beträgt

$$\left(a - bx_j - g \sum_{i \neq j}^{n} x_i - c \right) x_j.$$

Aus der Bedingung erster Ordnung ergeben sich die Reaktionsfunktionen der n Firmen als

$$x_j = R_j \left(\sum_{i \neq j}^{n} x_i \right) = \frac{a - c - g \sum_{i \neq j}^{n} x_i}{2b}.$$

(b) Im symmetrischen Gleichgewicht ist $\sum_{i \neq j}^{n} x_i = (n - 1)x_j$. Wir erhalten die angegebene Lösung x_j^c dadurch, dass wir $x_j^c = R_j \left((n - 1)x_j^c \right)$ nach x_j^c auflösen. Durch Einsetzen ergibt sich der angegebene Gleichgewichtspreis $p_j^c = P_j(x_1^c, ..., x_n^c)$.

(c) Die Reaktionsfunktion der Firma j in (a) ist fallend im Output der Konkurrenz, wenn die Güter Substitute darstellen ($g > 0$). In dieser Situation konkurrieren die Produkte der einzelnen Firmen miteinander und der Grenzerlös der Firma j ist umso geringer, je höher der Output der anderen Firmen ist. Je mehr Anbieter miteinander konkurrieren, umso niedriger ist daher der Preis p_j^c. Bei komplementären Gütern ($g < 0$) dagegen wird Firma j umso mehr produzieren, je höher der Output der anderen Firmen ist. In dieser Situation steigt die Nachfrage nach Gut j mit dem Absatz der Konkurrenz. Firma j kann somit einen höheren Preis erzielen, wenn mehr Anbieter im Markt sind.

Aufgabe 3.6

(a) Die Gewinne der Firmen 2 und 3 sind

$$\Pi_2 = (100 - x_1 - x_2 - x_3)x_2, \ \Pi_3 = (100 - x_1 - x_2 - x_3)x_3.$$

Aus den Bedingungen erster Ordnung

$$\frac{\partial \Pi_2}{\partial x_2} = 100 - x_1 - 2x_2 - x_3 = 0, \ \frac{\partial \Pi_3}{\partial x_3} = 100 - x_1 - x_2 - 2x_3 = 0,$$

erhalten wir die Lösung $x_2^s = x_3^s = (100 - x_1)/3$.

(b) Der Gewinn der Firma 1 beträgt

$$\Pi_1 = (100 - x_1 - x_2^s - x_3^s)x_1 = \frac{(100 - x_1)x_1}{3}.$$

Aus $\partial \Pi_1 / \partial x_1 = 0$ folgt somit $x_1^s = 50$.

(c) Aus Teil (a) und (b) ergibt sich, dass $x_1^s = 50$ und $x_2^s = x_3^s = 50/3$. Der Markt befindet sich also im Gleichgewicht, wenn $250/3 = 100 - p$. Daher ist $p = 50/3$.

Aufgabe 3.7

(a) Der Gewinn der Firma 1 beträgt

$$\begin{aligned} \Pi_1 &= (100 - x_{1A} - x_{2A})x_{1A} \\ &+ (100 - x_{1B} - x_{2B} - 5)x_{1B} - 0.5(x_{1A} + x_{1B})^2. \end{aligned}$$

Die Bedingungen erster Ordnung für die Gewinnmaximierung lauten

$$\partial \Pi_1 / \partial x_{1A} = -3\,x_{1A} - x_{1B} - x_{2A} + 100 = 0,$$
$$\partial \Pi_1 / \partial x_{1B} = -x_{1A} - 3\,x_{1B} - x_{2B} + 95 = 0.$$

Wegen Symmetrie ist $x_{1A} = x_{2B}$ und $x_{1B} = x_{2A}$, so dass

$$-3\,x_{1A} - 2\,x_{1B} + 100 = 0, \ -2\,x_{1A} - 3\,x_{1B} + 95 = 0.$$

Die Lösung dieser Gleichungen ergibt das Cournot–Gleichgewicht

$$x_{1A}^c = x_{2B}^c = 22, \quad x_{2A}^c = x_{1B}^c = 17.$$

Durch Einsetzen erhalten wir die Preise $p_A^c = p_B^c = 61$ und die Gewinne $\Pi_1 = \Pi_2 = 3067/2$.

(b) Der Vergleich mit der Lösung $x_{1B}^c = x_{2A}^c = 17$ in Teil (a) zeigt dass, die Restriktionen $x_{1B} \leq 12.5$ und $x_{2A} \leq 12.5$ bindend sind. Daher erhalten wir für Firma 1

$$\partial \Pi_1/\partial x_{1A} = -3\,x_{1A} - x_{1B} - x_{2A} + 100 = -3\,x_{1A} + 75 = 0.$$

als Bedingung erster Ordnung für die Gewinnmaximierung. Folglich ist wegen Symmetrie das Angebot bei Importrestriktionen

$$x_{1A} = x_{2B} = 25, \quad x_{2A} = x_{1B} = 12.5.$$

Die Importrestriktionen senken das Gesamtangebot innerhalb eines jeden Landes von 39 auf 37.5 Einheiten. Durch Einsetzen der Angebotsmengen erhalten wir die Preise $p_A = p_B = 125/2$ und die Gewinne $\Pi_1 = \Pi_2 = 12625/8$. Der Vergleich mit dem Marktergebnis in Teil (a) zeigt, dass die Importrestriktionen zu höheren Preisen für die Konsumenten und zu höheren Gewinnen für die Firmen führen.

Aufgabe 3.8

(a) Falls $x_2 > 0$, ist $p_2 \geq c_2 > 0$, weil Firma 2 sonst einen Verlust machen würde. Durch ein leichtes Unterbieten dieses Preises kann Firma 1 die gesamte Nachfrage auf sich ziehen und so einen höheren Gewinn erzielen. Daher gibt es kein Gleichgewicht mit $x_2 > 0$.

(b) Der Monopolpreis für Firma 1 ist $p_1^m = 1/2$. Wenn $c_2 \geq 1/2$ ist Firma 1 de facto ein Monopolist und fordert den Preis $p_1^b = 1/2$. Firma 2 wählt einen beliebigen Preis $p_2^b \geq c_2$.

(c) Im Gleichgewicht ist $p_1^b = p_2^b = c_2$. Alle Nachfrager kaufen das Gut bei Firma 1, so dass $x_1 = D(c_2) = 1 - c_2$ und $x_2 = 0$.

Aufgabe 3.9

(a) Beim Preis $p_j = 50$ beträgt die Nachfrage für Firma j immer zumindest 25 Einheiten – unabhängig davon, welchen Preis p_i die andere Firma fordert. Firma j kann daher durch $p_j = 50$ den Gewinn 1250 realisieren. Aufgrund ihrer Kapazitätsschranke kann sie durch einen geringeren Preis keinen höheren Gewinn erzielen.

(b) Wir haben bereits gezeigt, dass Firma j niemals $p_j < 50$ wählen wird. Wenn Firma j einen Preis $p_j > 50$ verlangt, ist ihr Absatz $D_j(p_j, 50) = 100 - p_j - 25 = 75 - p_j < 25$. Ihr Gewinn beträgt daher $p_j(75 - p_j)$. Die erste Ableitung dieses Gewinns ist $75 - 2p_j < 0$. Daher kann $p_j > 50$ keine optimale Reaktion auf den Konkurrenzpreis $p_i = 50$ sein. Der Preis $p_j = 50$ maximiert also den Gewinn $p_j(75 - p_j)$ unter der Nebenbedingung $D_j(p_j, 50) \leq 25$.

Aufgabe 3.10

(a) Aus den Bedingungen erster Ordnung für die Maximierung von $\Pi_1 = p_1(100 - p_1 + 0.5\,p_2)$ und $\Pi_2 = (p_2 - c_2)(100 - p_2 + 0.5\,p_1)$ erhalten wir die Reaktionsfunktionen

$$p_1 = R_1^b(p_2) = 0.25(p_2 + 200), \quad p_2 = R_2^b(p_1) = 0.25(p_1 + 200 + 2c_2).$$

(b) Die Auflösung von $p_1 = R_1^b(p_2)$ und $p_2 = R_2^b(p_1)$ ergibt

$$p_1^b = [1000 + 2\,c_2]/15, \quad p_2^b = [1000 + 8\,c_2]/15.$$

Durch Einsetzen in das Nachfragesystem erhalten wir

$$x_1^b = [1000 + 2\,c_2]/15, \ x_2^b = [1000 - 7\,c_2]/15.$$

Daher ist $x_2^b > 0$ nur dann, wenn $c_2 < 1000/7$.

(c) Für $c_2 = 100$ ist $x_1^b = 80$ und $x_2^b = 20$. Daher ist $H = (80/100)^2 + (20/100)^2 = 0.68$. (Obwohl Bertrand–Wettbewerb zu einem kompetitiveren Ergebnis als Cournot–Wettbewerb führt, ist der Herfindahl–Index hier größer als in Aufgabe 3.4!)

Aufgabe 3.11

(a) Die Lösung der Aufgabe 3.10 zeigt, dass Firma 2 den Preis $p_2 = R_2^b(p_1) = 100 + 0.25\,p_1$ wählt. Firma 1 maximiert daher ihren Gewinn

$$p_1(100 - p_1 + 0.5\,R_2^b(p_1)) = p_1(150 - 7\,p_1/8)$$

durch $p_1^s = 600/7$. Daher ist $p_2^s = R_2^b(p_1^s) = 850/7$.

(b) Im Stackelberg–Gleichgewicht ist $x_1 = 525/7$ und $x_2 = 150/7$. Daher ist $H = (525/675)^2 + (150/675)^2 = (7/9)^2 + (2/9)^2 = 53/81 \approx 0.6543$. (Obwohl das Stackelberg–Preisgleichgewicht weniger kompetitiv ist als das Bertrand–Gleichgewicht, ist der Herfindahl–Index hier kleiner als in Aufgabe 3.10!)

Aufgabe 3.12

(a) Für $\theta < 0.5(q_1 + q_2)$ hat Firma 1 einen Wettbewerbsvorteil in Höhe von $v(q_1, \theta) - v(q_2, \theta) = t(q_2 - q_1)(q_1 + q_2 - 2\,\theta) > 0$. Selbst wenn $p_2^b(\theta) = 0$, kann Firma 1 daher jeden Konsumenten mit $\theta < 0.5(q_1 + q_2)$ für sich gewinnen. Sie nutzt ihren Wettbewerbsvorteil aus, indem sie das Gut zum Preis $p_1^b(\theta) = v(q_1, \theta) - v(q_2, \theta)$ anbietet. Analog gilt für $\theta > 0.5(q_1 + q_2)$, dass Firma 2 das Gut zum Preis $p_2^b(\theta) = v(q_2, \theta) - v(q_1, \theta) = t(q_2 - q_1)(2\,\theta - q_1 - q_2) > 0$ verkauft und dass $p_1^b(\theta) = 0$.

(b) Firma 1 erzielt den Gewinn

$$\Pi_1 = \int_0^{0.5(q_1+q_2)} [t(q_2 - q_1)(q_1 + q_2 - 2\,\theta)]\mathrm{d}\theta =$$

$$[t\,\theta(q_2 - q_1)(q_1 + q_2 - \theta)]_0^{0.5(q_1+q_2)} = [t(q_2 - q_1)(q_1 + q_2)^2]/4.$$

Firma 2 erzielt den Gewinn

$$\Pi_2 = \int_{0.5(q_1+q_2)}^{1} [t(q_2 - q_1)(2\,\theta - q_1 - q_2)]\mathrm{d}\theta =$$

$$[t\,\theta(q_2 - q_1)(\theta - q_1 - q_2)]_{0.5(q_1+q_2)}^{1} = [t(q_2 - q_1)(2 - q_1 - q_2)^2]/4.$$

(c) Die Produktentscheidungen der beiden Firmen werden durch die Bedingungen erster Ordnung

$$\frac{\partial \Pi_1}{\partial q_1} = \frac{t(q_2 + q_1)(q_2 - 3\,q_1)}{4} = 0, \quad \frac{\partial \Pi_2}{\partial q_2} = \frac{t(2 - q_2 - q_1)(2 + q_1 - 3\,q_2)}{4} = 0$$

bestimmt. Die Lösung dieser beiden Gleichungen ergibt $\hat{q}_1 = 1/4$ und $\hat{q}_2 = 3/4$.

Aufgabe 3.13

(a) Konsument $\hat{\theta}$ ist indifferent, q_1 oder q_2 zu kaufen, wenn $q_1\,\hat{\theta} - p_1 = q_2\,\hat{\theta} - p_2$, d.h. wenn $\hat{\theta} = (p_1 - p_2)/(q_1 - q_2)$. Alle Konsumenten mit $\theta > \hat{\theta}$ kaufen die Qualität q_1. Konsument $\hat{\theta}'$ ist indifferent zwischen dem Kauf der Qualität q_2 und Nichtkauf des Gutes, wenn $\hat{\theta}' = p_2/q_2$. Alle Konsumenten mit $\hat{\theta}' < \theta < \hat{\theta}$ kaufen die Qualität q_2. Daher ist

$$D_1(p_1, p_2) = 1 - \hat{\theta} = \frac{q_1 - q_2 - p_1 + p_2}{q_1 - q_2}, \quad D_2(p_1, p_2) = \hat{\theta} - \hat{\theta}' = \frac{p_1 q_2 - p_2 q_1}{q_2(q_1 - q_2)}.$$

Die Gleichgewichtspreise ergeben sich aus den Bedingungen erster Ordnung

$$\frac{\partial p_1 D_1(p_1, p_2)}{\partial p_1} = \frac{q_1 - q_2 + p_2 - 2\,p_1}{q_1 - q_2} = 0,$$

$$\frac{\partial p_2 D_2(p_1, p_2)}{\partial p_2} = \frac{p_1 q_2 - 2\,p_2 q_1}{q_2(q_1 - q_2)} = 0,$$

so dass

$$p_1^b = \frac{2\,q_1(q_1 - q_2)}{4 q_1 - q_2}, \quad p_2^b = \frac{q_2(q_1 - q_2)}{4 q_1 - q_2}.$$

(b) Für $q_1 = 1$ beträgt der Gewinn der Firma 2 im Bertrand–Gleichgewicht $\Pi_2 = q_2(1 - q_2)/(4 - q_2)^2$. Aus

$$\frac{\partial \Pi_2}{\partial q_2} = \frac{4 - 7\,q_2}{(4 - q_2)^3} = 0$$

folgt somit, dass Firma 2 sich für $q_2 = 4/7$ entscheidet. Da alle Konsumenten die hohe Qualität bevorzugen und die Produktionskosten unabhängig von der Qualität sind, ist es offensichtlich sozial effizient, nur die höchstmögliche Qualität $q = 1$ zu produzieren. Firma 2 entscheidet sich jedoch für eine geringere Qualität, weil sie sonst im Preiswettbewerb mit Firma 1 keinen Gewinn erzielen könnte.

Aufgabe 3.14

(a) Firma j erzielt den Gewinn $p^c x_j^c = a^2/(n+1)^2$. Aus der Nullgewinn-Bedingung $a^2/(n+1)^2 = f$ folgt daher $\hat{n} = (a^2/f)^{1/2} - 1$.

(b) Die Konsumentenrente beträgt

$$\int_{p^c}^{a} (a-p)\mathrm{d}p = \left[\frac{p(2a-p)}{2}\right]_{p^c}^{a} = \frac{a^2 n^2}{2(n+1)^2}.$$

Da jede Firma nach Markteintritt den Gewinn $a^2/(n+1)^2$ realisiert, beträgt die soziale Wohlfahrt

$$W = \frac{a^2 n^2}{2(n+1)^2} + n\frac{a^2}{(n+1)^2} - nf.$$

(c) Die sozial effiziente Zahl n^* der Anbieter wird durch die Bedingung erster Ordnung

$$\frac{\partial W}{\partial n} = \frac{a^2}{(n+1)^3} - f = 0,$$

bestimmt. Daher ist $n^* = (a^2/f)^{1/3} - 1$. Weil $n^* < \hat{n}$, führt freier Marktzutritt zu einer ineffizient hohen Zahl aktiver Firmen.

Aufgabe 3.15

(a) Konsument $\hat{\theta}' \in [0, 1/2]$ ist indifferent, q_1 und q_3 zu kaufen, wenn $(\hat{\theta}')^2 + p_1 = (1/2 - \hat{\theta}')^2 + p_3$. Daraus folgt $\hat{\theta}' = 1/4 - p_1 + p_3$. Konsument $\hat{\theta}'' \in [1/2, 1]$ ist indifferent, q_3 und q_2 zu kaufen, wenn $(1 - \hat{\theta}'')^2 + p_2 = (1/2 - \hat{\theta}'')^2 + p_3$. Daraus folgt $\hat{\theta}'' = 3/4 + p_2 - p_3$. Die Nachfrage für die Güter q_1, q_2 und q_3 ist daher

$$D_1(p_1, p_3) = \hat{\theta}' = 1/4 - p_1 + p_3, \quad D_2(p_2, p_3) = 1 - \hat{\theta}'' = 1/4 - p_2 + p_3,$$

$$D_3(p_1, p_2, p_3) = \hat{\theta}'' - \hat{\theta}' = 1/2 + p_1 + p_2 - 2p_3,$$

Aus der Maximierung der Firmengewinne $p_1 D_1, p_2 D_2$ und $p_3 D_3$ resultieren die Bedingungen erster Ordnung

$$p_1 = p_2 = 1/8 + p_3/2, \quad p_3 = 1/8 + (p_1 + p_2)/4.$$

Die Lösung ergibt das Bertrand–Gleichgewicht $p_1^b = p_2^b = p_3^b = 1/4$. Firma 3 erzielt den Gewinn $(1/4)(1/2) = 1/8$ und wird in den Markt eintreten, wenn $f < 1/8$.

(b) Da jeder Konsument eines der angebotenen Güter kauft, entspricht die soziale Wohlfahrt der aggregierten Zahlungsbereitschaft für den Kauf der nachgefragten Güter. Wenn nur $q_1 = 0$ und $q_2 = 1$ angeboten werden, ist die soziale Wohlfahrt

$$r - \int_{q_1}^{1/2} \theta^2 d\theta - \int_{1/2}^{q_2} (1-\theta)^2 d\theta = r - \left[\theta^3/3\right]_0^{1/2} - \left[(\theta-1)^3/3\right]_{1/2}^1 = r - 2/24.$$

Wenn zusätzlich $q_3 = 1/2$ angeboten wird, beträgt die soziale Wohlfahrt

$$r - \int_{q_1}^{1/4} \theta^2 d\theta - \int_{1/4}^{3/4} (q_3 - \theta)^2 d\theta - \int_{3/4}^{q_2} (1-\theta)^2 d\theta =$$

$$r - \left[\theta^3/3\right]_0^{1/4} - \left[(2\theta-1)^3/24\right]_{1/4}^{3/4} - \left[(\theta-1)^3/3\right]_{3/4}^1 = r - 4/192.$$

Es ist daher sozial effizient, q_3 in den Markt einzuführen, wenn $r - 4/192 - f > r - 2/24$, d.h. wenn $f < 1/16$. Falls $1/16 < f < 1/8$, wird im Wettbewerbsgleichgewicht Firma 3 in den Markt eintreten, obwohl dies sozial ineffizient ist.

7.4 Aufgaben zu Kapitel 4

Aufgabe 4.1

Da $\sum_j s_j = 1$, ist

$$\sigma^2 = \frac{1}{n} \sum_{j=1}^n \left(s_j^2 - \frac{2 s_j}{n} + \frac{1}{n^2} \right) = \frac{1}{n} \left(H - \frac{2}{n} + \frac{1}{n} \right).$$

Daher erhalten wir, dass $H = \sigma^2 n + 1/n$.

Aufgabe 4.2

(a) Beim Kartellvertrag ist der Gewinn jedes Mitglieds gleich $p^k(1 - p^k)$. Dieser Gewinn wird durch $p^k = 1/2$ maximiert. Der Gewinn der Kartellmitglieder beträgt daher $1/4$.

(b) Firma 3 maximiert ihren Gewinn $p^w(1 - 3p^w + 2p^k)$, indem sie den Preis $p^w = R^w(p^k) \equiv (1 + 2p^k)/6$ wählt. Das Kartell maximiert daher den Gewinn

$$p^k[1 - 2p^k + R^w(p^k)] = p^k[7 - 10 p^k]/6.$$

Es erzielt durch den Preis $p^k = 7/20$ den Gewinn $49/240$. Beim Preis $p^w = R^w(7/20) = 17/60$ ist der Gewinn der Firma 3 gleich $289/1200$.

(c) Für Firma 3 ist es profitabel, dem Kartell beizutreten, da sie dadurch ihren Gewinn von $289/1200$ auf $1/4 = 300/1200$ erhöht. Durch die Aufnahme von Firma 3 in das Kartell erhöht sich auch der Gewinn von Firma 1 und 2 von $49/240$ auf $1/4 = 60/240$.

Aufgabe 4.3

(a) Bei Bertrand–Wettbewerb wird der Gewinn der Firma j durch den Preis

$$p_j = R^b \left(\sum_{i \neq j} p_i \right) = \frac{1 + \sum_{i \neq j} p_i}{6}$$

maximiert. Im symmetrischen Gleichgewicht ist daher der Preis $p_1 = p_2 = p_3 = p^w = 1/4$. Jede Firma erzielt somit den Gewinn $\Pi^w = 3/16$.

(b) Wenn Firma j von der Kartellvereinbarung abweicht, kann sie durch den Preis

$$p_j = R^b \left(2 \, p^k \right) = \frac{1 + 2 \, p^k}{6}$$

den Gewinn $\Pi^a = (1 + 2 \, p^k)^2 / 12$ erzielen.

(c) Durch die kollusive Vereinbarung erzielt jede Firma den Gewinn $\Pi^k = (1 - p^k) p^k$. Das Kartell ist daher stabil, wenn

$$\delta \geq \frac{\Pi^a - \Pi^k}{\Pi^a - \Pi^w} = \frac{16 \, p^k - 4}{4 \, p^k + 5}.$$

Im Intervall $1/4 < p^k \leq 1/2$ steigt der kritische Diskontfaktor in p^k und für $p^k = 1/2$ ergibt sich die Bedingung $\delta \geq 4/7$.

Aufgabe 4.4

Bei der Vereinbarung erzielen die beiden Firmen die Gewinne

$$\Pi_1^k = (100 - 30 - 15)30 = 1650, \quad \Pi_2^k = (100 - 30 - 15 - 20)15 = 525.$$

Im Cournot–Wettbewerbsgleichgewicht ist $x_1^c = 40$ und $x_2^c = 20$ (vgl. die Lösung der Aufgabe 3.3). Die Gewinne der beiden Firmen sind dementsprechend

$$\Pi_1^w = (100 - 40 - 20)40 = 1600, \quad \Pi_2^w = (100 - 40 - 20 - 20)20 = 400.$$

Wenn Firma 1 einseitig von der kollusiven Vereinbarung abweicht, maximiert sie ihren Gewinn $(100 - x_1 - 15)x_1$ durch die Menge $x_1 = R_1^c(15) = 85/2$. Wenn Firma 2 einseitig von der kollusiven Vereinbarung abweicht, maximiert sie ihren Gewinn $(100 - 30 - x_2 - 20)x_2$ durch die Menge $x_2 = R_2^c(30) = 25$. Bei einseitigem Abweichen betragen also die Gewinne

$$\Pi_1^a = (100 - 85/2 - 15)85/2 = 7225/4, \quad \Pi_2^a = (100 - 30 - 25 - 20)25 = 625.$$

Die kollusive Vereinbarung ist daher stabil, wenn

$$\delta \geq \max \left[\frac{\Pi_1^a - \Pi_1^k}{\Pi_1^a - \Pi_1^w}, \frac{\Pi_2^a - \Pi_2^k}{\Pi_2^a - \Pi_2^w} \right] = \max \left[\frac{25}{33}, \frac{4}{9} \right] = \frac{25}{33}.$$

Aufgabe 4.5

Wenn sich n Firmen im Markt befinden, beträgt der Cournot–Gewinn jeder Firma $100/(n+1)^2 - f$. Nach der Fusion beträgt der Gewinn einer jeden Firma $100/(11-n_f)^2 - f$, da die Anzahl der Firmen sich auf $10 - n_f$ reduziert. Damit die Fusion profitabel ist, muss also gelten

$$100/(11 - n_f)^2 - f > n_f[100/(9+1)^2 - f] = n_f[1 - f].$$

(a) Für $n_f = 2$ reduziert sich diese Bedingung zu $f > 62/81$.

(b) Für $f = 0$ lautet die obige Bedingung $100 > n_f(11 - n_f)^2 \equiv \varphi(n_f)$. Wir erhalten $\varphi(2) = 162, \varphi(3) = 192, \varphi(4) = 196, \varphi(5) = 180, \varphi(6) = 150, \varphi(7) = 112, \varphi(8) = 72$, und $\varphi(9) = 36$. Daraus folgt, dass eine Fusion nur dann profitabel ist, wenn $n_f \geq 8$.

Aufgabe 4.6

(a) Da Firma 1 und 2 nicht miteinander konkurrieren, können sie durch eine Fusion ihren Gesamtgewinn nicht erhöhen.

(b) Im Bertrand–Gleichgewicht mit drei Firmen ist $p_1^b = p_2^b = p_3^b = 1/4$. Die Gewinne der Firmen betragen daher

$$\Pi_1^b = \Pi_2^b = 1/16, \ \Pi_3^b = 1/8.$$

Wenn Firma 1 und 3 fusionieren, maximiert die fusionierte Firma ihren Gewinn $p_1 x_1 + p_3 x_3$ durch die Preise

$$p_1 = \frac{p_2 + 1}{2}, \quad p_3 = \frac{4 p_2 + 3}{8}.$$

Firma 2 hat die Reaktionsfunktion $p_2 = 1/8 + p_3/2$. Daraus ergibt sich nach der Fusion das Preisgleichgewicht

$$p_1 = 17/24, \quad p_2 = 5/12, \quad p_3 = 7/12.$$

Der Gewinn der fusionierten Firma beträgt $\Pi_f = 205/576 \approx 0.3565 > 1/16 + 1/8 = 0.1875$.

(c) Wenn Firma 1 und 3 fusionieren, erzielt Firma 2 den Gewinn $25/144 \approx 0.174 > 1/16 \approx 0.063$.

Aufgabe 4.7

(a) Bei Marktzutritt realisiert Firma 2 den Gewinn $(100 - x_1 - x_2)x_2 - 400$. Aus der Bedingung erster Ordnung für die Gewinnmaximierung erhalten wir ihre Reaktionsfunktion

$$R_2^c(x_1) = 0.5(100 - x_1).$$

Sie erzielt daher den Gewinn $(100 - x_1 - R_2^c(x_1))R_2^c(x_1) - 400 = 0.25(100 - x_1)^2 - 400$.

(b) Die Menge $x_1^a = 60$ ergibt sich aus der Lösung der Gleichung $0.25(100 - x_1^a)^2 = 400$.

(c) Als Stackelberg–Führer maximiert Firma 1 den Gewinn $(100 - x_1 - R_2^c(x_1))x_1 = 0.5(100 - x_1)x_1$. Daraus folgt $x_1^s = 50$. Da $x_1^s < x_1^a$, tritt Firma 2 in den Markt ein. Sie wählt $x_2^s = R_2^c(50) = 25$.

(d) Wenn Firma 1 die Menge $x_1^a = 60$ wählt, ist ihr Gewinn $(100 - x_1^a)x_1^a = 2400$. Wenn sie $x_1^s = 50$ wählt, ist ihr Gewinn $(100 - x_1^s - x_2^s)x_1^s = 1250$. Sie entscheidet sich daher dafür, den Marktzutritt zu verhindern.

(e) Das Cournot–Gleichgewicht ergibt sich durch die Lösung der Reaktionsgleichungen

$$x_1 = R_1^c(x_2) = 0.5(100 - x_2), \quad x_2 = R_2^c(x_1) = 0.5(100 - x_1).$$

Daher ist $x_1^c = x_2^c = 100/3$. Da $x_1^c < x_1^a$, wird Firma 2 in den Markt eintreten.

Aufgabe 4.8

(a) Die Nachfrage ergibt sich aus den Bedingungen erster Ordnung

$$\partial U / \partial x_1 = 100 - x_1 - 0.5x_2 = p_1, \quad \partial U / \partial x_2 = 100 - x_2 - 0.5x_1 = p_2.$$

Falls beide Güter angeboten werden, ist die Nachfrage

$$x_1 = (200 - 4p_1 + 2p_2)/3, \quad x_2 = (200 - 4p_2 + 2p_1)/3.$$

Falls Gut 2 nicht angeboten wird, ist $x_2 = 0$ und $x_1 = 100 - p_1$. Als Monopolist maximiert Firma 1 daher ihren Gewinn $p_1(100 - p_1)$ durch den Preis $p_1^m = 50$.

(b) Wenn Firma 2 in den Markt eintritt, wird sie ihren Gewinn $p_2(200 - 4p_2 + 2p_1)/3$ durch $p_2 = R_2^b(p_1) = (100 + p_1)/4$ maximieren. Sie erzielt so den Gewinn $\Pi_2 = (100 + p_1)^2/12 - f$. Um den Marktzutritt abzuschrecken, muss Firma 1 also den Preis $p_1 \leq p_1^a = 2\sqrt{3f} - 100 = 20$ wählen. Wenn Firma 1 den Preis $p_1^a = 20$ wählt, beträgt ihr Gewinn

$$\Pi_1' = (100 - 20)20 = 1600.$$

Wenn sie dagegen einen Preis $p_1 > p_1^a$ wählt, beträgt ihr Gewinn $p_1(200 - 4p_1 + 2R_2^b(p_1))/3 = p_1(500 - 7p_1)/6$. Sie wird also als Stackelberg–Führer durch den Preis $p_1^s = 250/7$ den Gewinn

$$\Pi_1'' = 31250/21 \approx 1488$$

erzielen, wenn sie den Marktzutritt nicht verhindert. Da $\Pi_1' > \Pi_1''$ ist es für Firma 1 optimal, den Preis p_1^a zu wählen.

(c) Falls im Duopol beide Güter angeboten werden, ergeben sich durch Maximierung von $p_1 x_1$ bzw. $p_2 x_2$ die Bertrand–Reaktionsfunktionen

$$p_1 = (100 + p_2)/4, \quad p_2 = (100 + p_1)/4.$$

Daraus folgt $p_1^b = p_2^b = 100/3$ und $x_1^b = x_2^b = 400/9$. Firma 2 erzielt also den Gewinn $40000/27 - f \approx 1481.5 - 1200 > 0$ und wird in den Markt eintreten.

Aufgabe 4.9

(a) Firma 2 kann nur dann einen Gewinn erzielen, wenn Firma 1 hohe Kosten hat. Sie wird in den Markt eintreten, wenn $c_1 = c_{1h}$, und nicht in den Markt eintreten, wenn $c_1 = c_{1l}$. Da Firma 1 bei den Kosten c_{1h} weiß, dass sie den Eintritt der Firma 2 nicht verhindern kann, wird sie den Preis p_h wählen. Bei den Kosten c_{1l} dagegen wird sie sich für p_l entscheiden.

(b) Wenn Firma 2 nur dann nicht in den Markt eintritt, nachdem sie den Preis p_l beobachtet, ist es für Firma 1 optimal, auch dann den Preis p_l zu wählen, wenn $c_1 = c_{1h}$.

(c) Unabhängig davon, ob Firma 2 eintritt oder nicht, ist es für Firma 1 bei den Kosten c_l optimal, den Preis p_l zu wählen.

(d) Firma 2 wird nicht in den Markt eintreten, da der Erwartungswert $0.5(40 - 50)$ negativ ist.

(e) Nach (c) wird Firma 1 bei den Kosten c_{1l} stets den Preis p_l wählen. Wenn Firma 1 bei den Kosten c_{1h} den Preis p_h wählen würde, könnte Firma 2 daraus schließen, dass $c_1 = c_{1h}$, und sie würde in den Markt eintreten. Wenn Firma 1 dagegen auch bei $c_1 = c_{1h}$ den Preis p_l wählt, wird Firma 2 wegen (d) nicht in den Markt eintreten. Daher ist es vorteilhaft für Firma 1, unabhängig von ihren Kosten den Preis p_l zu wählen.

7.5 Aufgaben zu Kapitel 5

Aufgabe 5.1

(a) Der Gewinn $(a - bx - c)x$ wird durch die Menge $x^m(c) = (a - c)/(2b)$ maximiert. Bei dieser Menge erzielt der Anbieter den Gewinn $\Pi^m(c) = (a - c)^2/(4b)$. Daher ist $R^m = \Pi^m(c') - \Pi^m(c) = (c - c')(2a - c - c')/(4b)$.

(b) Der Preis fällt durch die Erhöhung des Angebots von $P(x^m(c)) = p^m(c) = (a + c)/2$ auf $P(x^m(c')) = p^m(c') = (a + c')/2$. Die Konsumentenrente beim Preis p beträgt

$$R_K(p) = \int_p^a \frac{(a - \hat{p})}{b} \, d\hat{p} = \frac{(a - p)^2}{2b}.$$

Daher steigt die Wohlfahrt der Konsumenten um den Betrag

$$R_K(p^m(c')) - R_K(p^m(c')) = (c - c')(2a - c - c')/(8b).$$

(c) Im sozialen Optimum ist $p^* = c$, so dass die Produzentenrente gleich Null ist. Der soziale Wohlfahrtsgewinn ist daher $R_K(c') - R_K(c) = (c - c')(2a - c - c')/(2b)$.

Aufgabe 5.2

(a) Der Monopolpreis ist $p^m(c') = (a + c')/2$. Die Innovation ist daher drastisch, wenn $(a + c')/2 < c$ bzw. $c - c' > a - c$.

(b) Bei einer drastischen Innovation ist der Monopolgewinn $\Pi^m(c') = (a - c')^2/(4b)$. Bei einer nicht–drastischen Innovation setzt er zum Preis $p^b = c$ die Menge $(a - c)/b$ ab und erzielt so den Gewinn $(c - c')(a - c)/b$.

Aufgabe 5.3

(a) Bei den Stückkosten c_1 bzw. c_2 lauten die Cournot–Reaktionsfunktionen

$$x_1 = \frac{a - c_1 - bx_2}{2b}, \quad x_2 = \frac{a - c_2 - bx_1}{2b}.$$

Die Lösung dieser Gleichungen ergibt das Cournot–Gleichgewicht

$$x_1^c = \frac{a - 2c_1 + c_2}{3b}, \quad x_2^c = \frac{a - 2c_2 + c_1}{3b}.$$

Bei diesen Mengen erzielt Firma 1 den Gewinn

$$\Pi_1^c(c_1, c_2) = [P(x_1^c, x_2^c) - c]x_j^c = \frac{(a - 2c_1 + c_2)^2}{9b}.$$

Wenn Firma 1 ihre Kosten auf c' senkt, beträgt daher ihr Innovationsgewinn

$$R_1^c = \Pi_1^c(c', c) - \Pi_1^c(c, c) = \frac{4(c - c')(a - c')}{9b}.$$

(b) Die Lösung der Aufgabe 5.2 zeigt, dass für $c - c' < a - c$ der Innovationsgewinn bei Preiswettbewerb $R^b = (c - c')(a - c)/b$ beträgt. Daraus folgt

$$R^c - R^b = \frac{(c - c')(4(c - c') - 5(a - c))}{9b} < 0,$$

weil $c - c' < a - c$.

(c) Durch die Lizenz ändern sich die effektiven Stückkosten der Firma 2 nicht, da $c = c' + g = c' + (c - c')$. Daher hat die Vergabe der Lizenz keinen Einfluss auf das Cournot–Gleichgewicht. Der Output der Firma 2 beträgt bei Erwerb der Lizenz $x_2^c = [a - 2(c' + g) + c']/[3b]$. Da $g = c - c'$, erzielt Firma 1 durch die Lizenz den zusätzlichen Gewinn $gx_2^c = (c - c')(a - 2c + c')/(3b)$.

Aufgabe 5.4

(a) Firma 1 maximiert als Monopol den Gewinn $(p - c_1)(10 - p) - k^2$. Der Monopolpreis ist daher $p^m(c_1) = 0.5(10 + c_1)$. Bei diesem Preis erzielt Firma 1 den Gewinn $0.25(10 - c_1)^2 - k^2 = 0.25(25 + 10\,k - 3k^2)$. Daraus folgt $k^m = 5/3$.

(b) Es ist für Firma 1 unmöglich, einen drastischen Kostenvorsprung gegenüber Firma 2 zu erlangen, da $p^m(c_1) = 0.5(10 + c_1) < c_2 = 5$ einen Widerspruch zu $c_1 \geq 0$ impliziert. Für $k \leq 5$ realisiert Firma 1 eine nicht–drastische Innovation und ihr Gewinn beträgt $(c_2 - c_1)(10 - c_2) - k^2 = 5\,k - k^2$. Dieser Gewinn wird durch $k^d = 5/2$ maximiert. Wir erhalten $k^d > k^m$, da Firma 1 als Monopolist bereits positive Gewinne erzielt, ohne eine Innovation durchzuführen.

Aufgabe 5.5

(a) Der Monopolist kann für die neue Technologie den Preis $p_N = v_N(m)$ verlangen und so den Gewinn $m\,v_N(m)$ erzielen. Für die alte Technologie kann er den Preis $p_A = v_A(\bar{m}_A + m)$ verlangen und den Gewinn $m\,v_A(\bar{m}_A + m)$ realisieren. Er entscheidet sich demnach für die neue Technologie, falls $v_N(m) > v_A(\bar{m}_A + m)$, d.h. falls

$$r_N - r_A > \alpha \bar{m}_A.$$

Die Einführung der neuen Technologie ist umso weniger attraktiv, je höher die Netzwerkexternalitäten und die installierte Basis sind.

(b) Bei der Einführung der neuen Technologie beträgt die soziale Wohlfahrt $W_N = m\,v_N(m) + \bar{m}_A\,v_A(\bar{m}_A)$. Bei der Beibehaltung der alten Technologie wird die Wohlfahrt $W_A = (m + \bar{m}_A)\,v_A(\bar{m}_A + m)$ realisiert. Daher erhöht die Einführung der neuen Technologie die soziale Wohlfahrt, wenn

$$r_N - r_A > 2\,\alpha \bar{m}_A.$$

Falls $\alpha \bar{m}_A < r_N - r_A < 2\,\alpha \bar{m}_A$ wird die neue Technologie mit exzessiver Geschwindigkeit eingeführt, da der Monopolist die Wohlfahrt der installierten Basis bei seiner Entscheidung nicht beachtet.

(c) Wenn die alte und die neue Technologie miteinander kompatibel sind, kann der Monopolist das Produkt N zum Preis $p_N = v_N(\bar{m}_A + m)$ verkaufen. Er erzielt dadurch den Gewinn $(p_N - c)m = m\,(r_N + \alpha(\bar{m}_A + m) - c)$. Er wird die neue Technologie mit dem Adapter einführen, wenn dieser Gewinn höher ist als beim Angebot der alten Technologie oder beim Angebot der nicht kompatiblen neuen Technologie. Dies ist der Fall, wenn

$$r_N + \alpha(\bar{m}_A + m) - c \geq \max\left[r_A + \alpha(\bar{m}_A + m),\, r_N + \alpha m\right].$$

Diese Bedingung ist erfüllt, wenn $c \leq \min\left[r_N - r_A,\, \alpha \bar{m}_A\right]$.

Aufgabe 5.6

(a) Firma 1 maximiert durch ihre Wahl von h_1 den erwarteten Gewinn $[h_1(1-h_2)+0.5\,h_1\,h_2]V-h_1^2$. Aus der Bedingung erster Ordnung erhalten wir, dass

$$h_1 = 0.25\,V(2 - h_2).$$

Firma 1 investiert also umso weniger, je höher die Forschungsintensität der Firma 2 ist. Analog gilt für Firma 2, dass $h_2 = 0.25\,V(2 - h_1)$.

(b) Die Lösung der beiden Gleichungen aus Teil (a) ergibt $h_1^v = h_2^v = 2V/(V+4)$.

(c) Da $2V/(V + 4)$ in V steigt, sind die Aufwendungen der beiden Firmen umso höher, je höher der Wert des Patents ist.

Aufgabe 5.7

(a) Firma 1 maximiert durch ihre Wahl von h_1 den erwarteten Gewinn

$$\pi_1(h_1,h_2)\Pi_1(c',c_2) + [1 - \pi_1(h_1,h_2) - \pi_2(h_1,h_2)]\Pi_1(c_1,c_2) - h_1^2.$$

Die Bedingung erster Ordnung für dieses Maximierungsproblem lautet

$$(1 - 0.5h_2)2 - (1 - h_2) = 2\,h_1.$$

Firma 2 maximiert den erwarteten Gewinn $\pi_2(h_1,h_2)\Pi_2(c_1,c') - h_2^2$. Daher erfüllt h_2 die Bedingung erster Ordnung

$$(1 - 0.5h_1)\omega = 2\,h_2.$$

Die Lösung der beiden Optimalitätsbedingungen ergibt $h_1^v = 1/2$ und $h_2^v = 3\,\omega/8$.

(b) Es ist $h_1^v < h_2^v$ genau dann, wenn $\omega > 4/3$.

Aufgabe 5.8

(a) Firma j maximiert ihren Gewinn $50 - 3(5 - k_j - \beta\,k_i) + 5 - k_i - \beta\,k_j - 0.5\,k_j^2$ durch $k_j = 3 - \beta$. Daher sind die Forschungsintensitäten bei Nicht–Kooperation $k_1^v = k_2^v = 3 - \beta$.

(b) Im RJV wählen die Firmen $k = k_1 = k_2$, so dass der Gewinn $50 - 3(5 - k - \beta\,k) + 5 - k - \beta\,k - 0.5\,k^2$ maximiert wird. Im RJV sind daher die kooperativen Forschungsintensitäten $k_1^c = k_2^c = 2(1 + \beta)$. Im Vergleich zur Nicht–Kooperation sind diese höher, wenn $\beta > 1/3$.

(c) Die RJV–Vereinbarung erhöht die Forschungsintensitäten, wenn $3 - \beta^v = 11/4 < 2(1 + \beta^c)$. Dies ist der Fall, wenn $\beta^c > 3/8$.

Abbildungsverzeichnis

Literatur

ABREU, D. (1988), Toward a Theory of Discounted Repeated Games, *Econometrica* 56, 383-396.

ABREU, D., PEARCE, D. UND E. STACCHETTI (1990), Toward a Theory of Discounted Repeated Games with Imperfect Monitoring, *Econometrica* 58, 1041-63.

ADAMS, W. J. UND J. L. YELLEN (1976), Commodity Bundling and the Burden of Monopoly, *Quarterly Journal of Economics* 90, 475-498.

ALLEN, B. UND M. HELLWIG (1986), Bertrand-Edgeworth Oligopoly in Large Markets, *Review of Economic Studies* 53, 175-204.

AMIR, R. (1996), Cournot Oligopoly and the Theory of Supermodular Games, *Games and Economic Behavior* 15, 132-148.

AMIR, R. UND A. STEPANOVA (2006), Second-mover advantage and price leadership in Bertrand duopoly, *Games and Economic Behavior* 55, 1-20.

ANDERSON, S. P., DE PALMA, A. UND Y. NESTEROV (1995), Oligopolistic Competition and the Optimal Provision of Products, *Econometrica* 63, 1281-1301.

ARROW, K. (1962), Economic Welfare and the Allocation of Resources for Invention, in: NELSON, R. (Hrsg.), *The Rate and Direction of Inventive Activity*, New Jersey: Princeton University Press, 609-625.

AUSUBEL, L. M. UND R. J. DENECKERE (1989), Reputation in Bargaining and Durable Goods Monopoly, *Econometrica* 57, 511-31.

AUSUBEL, L. M. UND R. J. DENECKERE (1992), Durable Goods Monopoly with Incomplete Information, *Review of Economic Studies* 59, 795-812.

BAAKE, P. UND A. BOOM (2001), Vertical Product Differentiation, Network Externalities, and Compatibility Decisions, *International Journal of Industrial Organization* 19, 267-284.

BAGNOLI, M., SALANT, S. W. UND J. E. SWIERZBINSKI (1989), Durable-Goods Monopoly with Discrete Demand, *Journal of Political Economy* 97, 1459-1478.

BAGWELL, K. UND M. H. RIORDAN (1991), High and Declining Prices Signal Product Quality, *American Economic Review* 81, 224-239.

BAIN, J. S. (1951), Relation of Profit Rate to Industry Concentration: American Manufacturing 1936 - 1940, *Quarterly Journal of Economics* 65, 293-324.

BAIN, J. S. (1956), *Barriers to New Competition,* Cambridge, MA.

BAMON, R. UND J. FRAYSSE (1985), Existence of Cournot Equilibrium in Large Markets, *Econometrica* 53, 587-597.

BARON, D. P. UND D. BESANKO (1984), Regulation, Asymmetric Information, and Auditing, *Rand Journal of Economics* 15, 447-470.

BARON, D. P. UND R. B. MYERSON (1982), Regulating a Monopolist with Unknown Costs, *Econometrica* 50, 911-930.

BAYE, M. R., CROCKER, K.-J. UND J. JU (1996), Divisionalization, Franchising, and Divestiture Incentives in Oligopoly, *American Economic Review* 86, 223-36.

BECKMANN, M. (1965), Edgeworth-Bertrand Duopoly Revisited, in: R. Henn (Ed.), *Operations Research-Verfahren, III,* Meisenheim: Anton Hein, 55-68.

BERTRAND, J. (1883), Review of 'Theorie mathematique de la richesse sociale' & 'Recherche sur les principes mathematiques de la theorie des richesses', *Journal des Savants,* 499-508.

BESTER, H. (1992), Bertrand Equilibrium in a Differentiated Duopoly, *International Economic Review* 33, 433-448.

BESTER, H. (1993), Bargaining vs. Price Competition in Markets with Quality Uncertainty, *American Economic Review* 83, 278-288.

BESTER, H. (1994), Random Advertising and Monopolistic Price Dispersion, *Journal of Economics and Management Strategy* 3, 545-559.

BESTER, H. (1998a), Quality Uncertainty Mitigates Product Differentiation, *Rand Journal of Economics* 29, 828-844.

BESTER, H. (1998b), Informative Reklame, *Zeitschrift für Wirtschafts- und Sozialwissenschaften* 118, 499-519.

BESTER, H., DE PALMA, A., LEININGER, W., VON THADDEN, E.-L. UND J. THOMAS (1996), A Non-Cooperative Analysis of Hotelling's Location Game, *Games and Economic Behavior* 12, 165-186.

BESTER, H. UND E. PETRAKIS (1993), The Incentives for Cost Reduction in a Differentiated Industry, *International Journal of Industrial Organization* 11, 519-534.

BESTER, H. UND E. PETRAKIS (1995), Price Competition and Advertising in Oligopoly, *European Economic Review* 39, 1075-1088.

BESTER, H. UND E. PETRAKIS (1996), Coupons and Oligopolistic Price Discrimination, *International Journal of Industrial Organization* 14, 227-242.

BESTER, H. UND E. PETRAKIS (2003), Wages and Productivity Growth in a Competitive Industry, *Journal of Economic Theory* 109, 52-69.

BESTER, H. UND E. PETRAKIS (2004), Wages and Productivity Growth in a Dynamic Monopoly, *International Journal of Industrial Organization* 22, 83-100.

BESTER, H. UND K. RITZBERGER (2001), Strategic Pricing, Signalling, and Information Acquisition, *International Journal of Industrial Organization* 19, 1347-1361.

BONANNO, G. (1987), Location Choice, Product Proliferation and Entry Deterrence, *Review of Economic Studies* 54, 37-45.

BOOM, A. (2001), On the Desirability of Compatibility with Product Selection, *Journal of Industrial Economics* 49, 85-96.

BOYER, M. UND M. MOREAUX (1987), Being a Leader or a Follower: Reflections on the Distribution of Roles in Duopoly, *International Journal of Industrial Organization* 5, 175-192.

BRANDER, J. A. (1981), Intra-Industry Trade in Identical Commodities, *Journal of International Economics* 11, 1-14.

BRANDER, J. A. UND P. A. KRUGMAN (1983), A 'Reciprocal Dumping' Model of International Trade, *Journal of International Economics* 15, 313-21.

BRANDER, J. UND B. SPENCER (1983), Strategic Commitment with R&D: The Symmetric Case, *Bell Journal of Economics* 14, 225-235.

BRANDER, J. A. UND B. SPENCER (1985), Export Subsidies and International Market Share Rivalry, *Journal of International Economics* 18, 83-100.

BRESHNAHAN, T. T. UND R. SCHMALENSEE (1987), The Empirical Rennaissance in Industrial Economics: An Overview, *Journal of Industrial Economics* 35, 371-378.

BULOW, J. I. (1982), Durable-Goods Monopolists, *Journal of Political Economy* 90, 314-332.

BULOW, J. I., GEANAKOPLOS, J. D. UND P. D. KLEMPERER (1985), Multimarket Oligopoly: Strategic Substitutes and Complements, *Journal of Political Economy* 93, 488-511.

BUTTERS, G. (1977), Equilibrium Distribution of Prices and Advertising, *Review of Economic Studies* 44, 465-491.

BUTZ, D. A. (1990), Durable-Good Monopoly and Best-Price Provisions *American Economic Review* 80, 1062-76.

CAPLIN, A. UND B. NALEBUFF (1991), Aggregation and Imperfect Competition: On the Existence of Equilibrium, *Econometrica* 59, 25-59.

CHAMBERLIN, E. H. (1933), *The Theory of Monopolistic Competition,* Cambridge, MA, Harvard University Press.

CHOI, J. P. (1993), Cooperative *R&D* with Product Market Competition, *International Journal of Industrial Organization* 11, 553-571.

COASE, R. H. (1972), Durability and Monopoly, *Journal of Law and Economics* 15, 143-149.

CORTS, K. (1998), Third–Degree Price Discrimination in Oligopoly: All–Out Competition and Strategic Commitment, *Rand Journal of Economics* 29, 306–323.

COURNOT, A. (1838), *Recherche sur les principes mathematiques de la theorie des richesses,* Paris.

COWLING, K. UND D. C. MUELLER (1978), The Social Costs of Monopoly, *Economic Journal* 88, 727-748.

COWLING, K. UND M. WATERSON (1976), Price-Cost Margins and Market Structure, *Economic Journal* 43, 267-274.

CURRY, B. UND K. D. GEORGE (1983), Industrial Concentration: A Survey, *Journal of Industrial Economics* 31, 203-255.

DAVIDSON, C. UND R. DENECKERE (1986), Long-Run Competition in Capacity, Short-Run Competition in Price, and the Cournot Model, *Rand Journal of Economics* 17, 404-415.

DASGUPTA, P. UND J. E. STIGLITZ (1980), Uncertainty, Industrial Structure and the Speed of *R&D*, *Bell Journal of Economics* 11, 1-28.

D'ASPREMONT, C., GABSZEWICZ, J. J. UND J.-F. THISSE (1979), On Hotelling's Stability in Competition, *Economic Journal* 47, 1145-1150.

D'ASPREMONT, C., JACQUEMIN, A. UND J. J. GABSZEWICZ (1983), On the Stability of Collusive Price Leadership *Canadian Journal of Economics* 16, 17-25.

D'ASPREMONT, C. UND A. JACQUEMIN (1988), Cooperative and Noncooperative R& D in Duopoly with Spillovers, *American Economic Review* 78, 1133-1137.

DELBONO,F. UND V. DENICOLO (1990) *R&D* Investment in a Symmetric and Homogeneous Oligopoly: Bertrand vs Cournot, *International Journal of Industrial-Organization* 8, 297-313.

DEMSETZ, H. (1973), Industry Structure, Market Rivalry, and Price Policy, *Journal of Law and Economics* 16, 1-10.

DENECKERE, R. UND C. DAVIDSON (1985), Incentives to Form Coalitions with Bertrand Competition, *Rand Journal of Economics* 16, 473-486.

DENICOLO, V. (1999), The Optimal Life of a Patent when the Timing of Innovation is Stochastic, *International Journal of Industrial Organization* 17, 827-846.

DE PALMA, A., GINSBURGH, V., PAPAGEORGIOU, Y. UND J.-F. THISSE (1985), The Principle of Minimum Differentiation Holds Under Sufficient Heterogeneity, *Econometrica* 53, 767-782.

DIXIT, A. (1979), A Model of Duopoly Suggesting a Theory of Entry Barriers, *Bell Journal of Economics* 10, 20-32.

DIXIT, A. UND V. NORMAN (1978), Advertising and Welfare, *Bell Journal of Economics* 9, 1-17.

DIXIT, A. UND J. E. STIGLITZ (1977), Monopolistic Competition and Optimum Product Diversity, *American Economic Review* 67, 297-308.

DIXON, H. (1984), The Existence of Mixed-Strategy Equilibria in a Price Setting Oligopoly with Convex Costs, *Economics Letters* 16, 205-212.

DORFMAN, R. UND P. O. STEINER, (1954), Optimal Advertising and Optimal Quality, *American Economic Review* 44, 826-836.

DUDEY, M. (1990), Competition by Choice: The Effect of Consumer Search on Firm Location Decisions, *American Economic Review* 80, 1092-1104.

DYBVIG, P. H. UND N. A. LUTZ (1993), Warranties, Durability, and Maintenance: Two-Sided Moral Hazard in a Continuous-Time Model, *Review of Economic Studies* 60, 575-597.

EDGEWORTH, F. Y. (1897), La Teoria Pura del Monopolio, Engl. Übersetzung in: The Pure Theory of Monopoly, in: *Edgeworth, Papers Relating to Political Economy*, Volume I, New York, Burt Franklin, 1925, 111-142.

EMONS, W. (1988), Warranties, Moral Hazard, and the Lemons Problem, *Journal of Economic Theory* 46, 16-33.

FARRELL, J. UND G. SALONER (1985), Standardization, Compatibility and Innovation, *Rand Journal of Economics* 16, 17-83

FARRELL, J. UND G. SALONER (1986), Installed Base and Compatibility: Innovation, Product Preannouncements and Predation, *American Economic Review* 76, 940-955.

FARRELL, J. UND G. SALONER (1992), Converters, Compatibility, and the Control of Interfaces, *Journal of Industrial Economics* 40, 9-35.

FARRELL, J., UND C. SHAPIRO (1990), Horizontal Mergers: An Equilibrium Analysis, *American Economic Review* 80, 107-126.

FISHER, F. M. (1989), Games Economists Play: A Noncooperative View, *Rand Journal of Economics* 20, 113-124.

FISCHER, J. H. UND J. E. HARRINGTON (1996), Product Variety and Firm Agglomeration, *Rand Journal of Economics* 27, 281-309.

FRIEDMAN, J. (1971), A Noncooperative Equilibrium for Supergames, *Review of Economic Studies* 39, 1-12.

FUDENBERG, D., R. GILBERT, J. E. STIGLITZ UND J. TIROLE (1983), Preemption, Leapfrogging and Competition in Patent Races, *European Economic Review* 22, 3-31.

FUDENBERG, D., LEVINE, D.-I. UND E. MASKIN (1994), The Folk Theorem with Imperfect Public Information, *Econometrica* 62, 997-1039.

FUDENBERG, D. UND E. MASKIN (1986), The Folk Theorem in Repeated Games with Discounting or with Incomplete Information, *Econometrica* 54, 533-556.

FUDENBERG, D. AND J. TIROLE (1984), The fat cat effect, the puppy dog ploy, and the lean and hungry look, *American Economic Review (Papers and Proceedings)* 74, 361-368.

GALLINI, N. T. (1992), Patent Policy and Costly Imitation, *Rand Journal of Economics* 23, 52-63.

GALLINI, N. T. UND R. A. WINTER (1985), Licensing in the Theory of Innovation, *Rand Journal of Economics* 16, 237-252.

GAL-OR, E. (1985), First Mover and Second Mover Advantages, *International Economic Review* 26, 649-653.

GAUDET, G. UND S. W. SALANT (1991a), Uniqueness of Cournot Equilibrium: New Results from Old Methods, *Review of Economic Studies* 58, 399-404.

GAUDET, G. UND S. W. SALANT (1991b), Increasing the Profits of a Subset of Firms in Oligopoly Models with Strategic Substitutes, *American Economic Review* 81, 658-665.

GILBERT, R. UND C. SHAPIRO (1990), Optimal Patent Length and Breadth, *Rand Journal of Economics* 21, 106-112.

GILBERT, R. J. UND D. M. G. NEWBERY (1982), Preemptive Patenting and the Persistence of Monopoly, *American Economic Review* 72, 514-526.

GREEN, E. UND R. H. PORTER (1984), Noncooperative Collusion under Imperfect Price Information, *Econometrica* 52, 87-100.

GROSSMAN, G. M. UND C. SHAPIRO (1984), Informative Advertising with Differentiated Products, *Review of Economic Studies* 51, 63-81.

GROSSMAN, G. M. UND C. SHAPIRO (1987), Dynamic *R&D* Competition, *Economic Journal* 97, 372-387.

GUL, F., SONNENSCHEIN, H. UND R. WILSON (1986), Foundations of Dynamic Monopoly and the Coase Conjecture, *Journal of Economic Theory* 39, 155-190.

HAMILTON, J. H. UND S. M. SLUTSKY (1990), Endogenous Timing in Duopoly Games: Stackelberg or Cournot Equilibria, *Games and Economic Behavior* 2, 29-46.

HARBERGER, A. (1954), Monopoly and Resource Allocation, *American Economic Review* 44, 77-79.

HARRIS, C. UND J. VICKERS (1987), Racing with Uncertainty, *Review of Economic Studies* 54, 1-21.

HARSANYI, J. (1967), Games with Incomplete Information Played by 'Bayesian' Players, I: The Basic Model, *Management Science* 14, 159-182.

HARSANYI, J. (1968a), Games with Incomplete Information Played by 'Bayesian' Players, II: Bayesian Equilibrium Points, *Management Science* 14, 320-334.

HARSANYI, J. (1968b), Games with Incomplete Information Played by 'Bayesian' Players, III: The Basic Probability Distribution of the Game, *Management Science* 14, 468-502.

HART, O. D. UND J. TIROLE (1988), Contract Renegotiation and Coasian Dynamics, *Review of Economic Studies* 55, 509-540.

HOTELLING, H. (1929), The Stability of Competition, *Economic Journal* 39, 41-57.

IRMEN, A. UND J.-F. THISSE (1998), Competition in Multi–Characteristics Spaces: Hotelling was Almost Right, *Journal of Economic Theory* 78, 76-102.

KAMIEN, M. I. UND N. SCHWARZ (1974), Patent Life and *R&D* Rivalry, *American Economic Review* 64, 183-187.

KAMIEN, M. I., E. MULLER UND I. ZANG (1992), Research Joint Ventures and *R&D* Cartels, *American Economic Review* 82, 1293-1306.

KATZ, M. (1983), Nonuniform Pricing, Output, and Welfare under Monopoly, *Review of Economic Studies* 50, 37-56.

KATZ, M. UND C. SHAPIRO (1985), Network Externalities, Competition, and Compatibility, *American Economic Review* 75, 424-440.

KATZ, M. UND C. SHAPIRO (1986), Technology Adoption in the Presence of Network Externalities, *Journal of Political Economy* 94, 822-841.

KATZ, M. UND C. SHAPIRO (1987), *R&D* Rivalry with Licensing or Imitation, *American Economic Review* 77, 402-420.

KLEIN, B. UND K. B. LEFFLER (1981), The Role of Market Forces in Assuring Contractual Performance, *Journal of Political Economy* 89, 615-641.

KOLSTAD, C. D. UND L. MATHIESEN (1987), Necessary and Sufficient Conditions for Uniqueness of a Cournot Equilibrium, *Review of Economic Studies* 54, 681-690.

KREMER, M. (1998), Patent Buyouts: A Mechanism for Encouraging Innovation, *Quarterly Journal of Economics* 113, 1137-1168.

KREPS, D. UND J. SCHEINKMAN (1983), Quantity Precommitment and Bertrand Competition yield Cournot Outcomes, *Bell Journal of Economics* 14, 326-337.

LAFFONT, J.-J. UND J. TIROLE (1986), Using Cost Observation to Regulate Firms, *Journal of Political Economy* 94, 614-641.

LANCASTER K. (1966), A New Approach to Consumer Theory, *Journal of Political Economy* 74, 132-157.

LEDERER, P. UND A. HURTER (1986), Competition of Firms: Discriminatory Pricing and Location, *Econometrica* 54, 623-640.

LEE, T. UND L. L. WILDE (1980), Market Structure and Innovation: A Reformulation, *Quarterly Journal of Economics* 94, 429-436.

LEIBENSTEIN, H. (1966), Allocative Efficiency versus X-Efficiency, *American Economic Review* 56, 392-415.

LEONTIEF, W. (1953), Domestic Production and Foreign Trade: The American Capital Position Re–examined, *Proceedings of the American Philosophical Society* 97, 332-349.

LEVITAN, R. UND M. SHUBIK (1972), Price Duopoly and Capacity Constraints, *International Economic Review* 13, 111-122.

LEWIS, T. R. UND D. E. SAPPINGTON (1988), Regulating a Monopolist with Unknown Demand, *American Economic Review* 78, 986-998.

LOURY, G. C. (1979), Market Structure and Innovation, *Quarterly Journal of Economics* 93, 395-410.

MARSHALL A. (1879), *The Economics of Industry,* London.

MARSHALL A. (1890), *Principles of Economics,* London.

MASKIN, E. UND J. RILEY (1984), Monopoly with Incomplete Information, *Rand Journal of Economics* 15, 171-196.

MASKIN, E. UND J. TIROLE (1988), A Theory of Dynamic Oligopoly, II: Price Competition, Kinked Demand Curves, and Edgeworth Cycles, *Econometrica* 56, 571-599.

MASON, E. S. (1949), The Current State of the Monopoly Problem in the United States, *Harvard Law Review* 62, 1265-1285.

MCMANUS, M. (1962), Number and Size in Cournot Equilibrium, *Yorkshire Bulletin of Economics* 14, 14-22.

MCMANUS, M. (1964), Equilibrium, Number and Size in Cournot Equilibrium, *Yorkshire Bulletin of Economics* 16, 68-75.

MILGROM, P. UND J. ROBERTS (1983), Limit Pricing and Entry under Incomplete Information: An Equilibrium Analysis, *Econometrica* 50, 443-459.

MILGROM, P. UND J. ROBERTS (1986), Price and Advertising Signals of Product Quality, *Journal of Political Economy* 94, 796-821.

NALEBUFF, B. (2004), Bundling as an Entry Barrier, *Quarterly Journal of Economics* 119, 159 – 187.

NASH, J. (1950), Equilibrium Points in n−Person Games, *Proceedings of the National Academy of Sciences* 36, 48-49.

NELSON, P. (1970), Information and Consumer Behavior, *Journal of Political Economy* 94, 311-329.

NORDHAUS, W. (1969), *Invention, Growth, and Welfare: A Theoretical Treatment of Technological Change*, MIT Press, Cambridge MA.

NORDHAUS, W. (1972), The Optimal Life of a Patent: Reply, *American Economic Review* 62, 428-431.

NOVSHEK, W. (1985), On the Existence of Cournot Equilibrium, *Review of Economic Studies* 52, 85-98.

OHLIN, B. (1933), *Interregional and International Trade*, Harvard University Press.

OSBORNE M. UND C. PITCHIK (1986), Price Competition in a Capacity-Constrained Duopoly, *Journal of Economic Theory* 38, 238-260.

OSBORNE, M. UND C. PITCHIK (1987), Equilibrium in Hotelling's Model of Spatial Competition, *Econometrica* 55, 911-922.

PELTZMAN, S. (1977), The Gains and Losses from Industrial Concentration, *Journal of Law and Economics* 20, 229-264.

PENROSE, E. (1952), Biological Analogies in the Theory of the Firm, *American Economic Review* 42, 804-819.

PERRY, M. K. UND R. H. PORTER (1985), Oligopoly and the Incentive for Horizontal Merger, *American Economic Review* 75, 219-227.

REINGANUM, J. F. (1982), A Dynamic Game of R and D: Patent Protection and Competitive Behavior, *Econometrica* 50, 671-688.

REINGANUM, J. F. (1983), Uncertain Innovation and the Persistence of Monopoly, *American Economic Review* 73, 741-748.

REINGANUM, J. F. (1985), Innovation and Industry Evolution, *Quarterly Journal of Economics* 10, 81-99.

REY, P. UND J. E. STIGLITZ (1995), The Role of Exclusive Territories in Producers' Competition, *Rand Journal of Economics* 26, 431-451.

REY, P. UND J. TIROLE (1986), The Logic of Vertical Restraints, *American Economic Review* 76, 921-939.

RICARDO, D. (1871), *Principles of Political Economy*, herausgegeben von P. Sraffa, Cambridge University Press, 1951.

RIORDAN, M. H. (1986), Monopolistic Competition with Experience Goods, *Quarterly Journal of Economics* 101, 265-279.

ROBINSON, J. (1933), *The Economics of Imperfect Competition*, London, McMillan.

ROBSON, A. J. (1990a), Stackelberg and Marshall, *American Economic Review* 80, 69-82.

ROBSON, A. J. (1990b), Duopoly with Endogenous Strategic Timing: Stackelberg Regained, *International Economic Review* 31, 263-274.

ROTEMBERG, J.-J. UND G. SALONER (1986), A Supergame-Theoretic Model of Business Cycles and Price Wars During Booms, *American Economic Review* 76, 390-407.

RUBINSTEIN, A. (1979), Equilibrium in Supergames with the Overtaking Criterion, *Journal of Economic Theory* 21, 1-9.

SALANT, S. W., SWITZER, S. UND R. J. REYNOLDS (1983), Losses from Horizontal Merger: The Effects of an Exogenous Change in Industry Structure on Cournot-Nash Equilibrium, *Quarterly Journal of Economics* 98, 185-199.

SALOP, S. C. (1979), Monopolistic Competition with Outside Goods, *Bell Journal of Economics* 10, 141-156.

SCHERER, F. M. (1972), Nordhaus's Theory of Optimal Patent Life: A Geometric Reinterpretation, *American Economic Review* 62, 422-427.

SCHMALENSEE, R. (1978), Entry Deterrence in the Ready-to-Eat Breakfast Cereal Industry, *Bell Journal of Economics* 9, 305-327.

SCHMALENSEE, R. (1984), Gaussian Demand and Commodity Bundling, *Journal of Business* 57, 211-230.

SCHUMPETER, J. A. (1943) *Capitalism, Socialism and Democracy,* London, Georg Allen and Unwin.

SELTEN, R. (1965), Spieltheoretische Behandlung eines Oligopol-modells mit Nachfrageträgheit, *Zeitschrift für die gesamte Staatswissenschaft* 121, 301-324.

SHAKED, A. UND J. SUTTON (1982), Relaxing Price Competition through Product Differentiation, *Review of Economic Studies* 49, 3-13.

SHAPIRO, C. (1985), Patent Licensing and R&D Rivalry, *American Economic Review (Papers and Proceedings)* 75, 25-30.

SHAPIRO, C. (1989), The Theory of Business Strategy, *Rand Journal of Economics* 20, 125-1137.

SHAVELL, S. UND T. VAN YPERSELE (1999), Rewards versus Intellectual Property Rights, *NBER Working Paper* No. 6956.

SOBEL, J. (1991), Durable Goods Monopoly with Entry of New Consumers, *Econometrica* 59, 1455-1485.

SPENCE, M. A. (1975), Monopoly, Quality and Regulation, *Bell Journal of Economics* 6, 417-429.

SPENCE, M. A. (1976), Product Selection, Fixed Costs, and Monopolistic Competition, *Review of Economic Studies* 43, 217-235.

SPENCE, M. A. (1977a), Nonlinear Prices and Welfare, *Journal of Public Economics* 8, 1-18.

SPENCE, M. A. (1977b), Entry, Capacity, Investment and Oligopolistic Pricing, *Bell Journal of Economics* 8, 534-544.

SPENGLER, J. (1950), Vertical Integration and Anti-trust Policy, *Journal of Political Economy* 58, 347-352.

STAHL, K. (1982), Location and Spatial Pricing Theory with Non-convex Transportation Cost Schedules, *Bell Journal of Economics* 13, 575-582.

STIGLER, G. J. (1956), The Statistics of Monopoly and Merger, *Journal of Political Economy* 64, 33-40.

STOKEY, N. L. (1981), Rational Expectations and Durable Goods Pricing, *Bell Journal of Economics* 12, 112-128.

THISSE, J.-F. UND X. VIVES (1988), On the Strategic Choice of Spatial Price Policy, *American Economic Review* 78, 122-137.

VAN DAMME, E. UND S. HURKENS (1996), Commitment Robust Equilibria and Endogenous Timing, *Games and Economic Behavior* 15, 290-311.

VAN DAMME, E. UND S. HURKENS (2004), Endogenous Price Leadership, *Games and Economic Behavior* 47, 404-420.

VARIAN, H. (1994), *Mikroökonomie*, Dritte Auflage, Oldenbourg, München.

VIVES, X. (1987), Small Income Effects: A Marshallian Theory of Consumer Surplus and Downward Sloping Demand, *Review of Economic Studies* 54, 87-103.

VON DER FEHR, N. H. UND K.-U. KÜHN (1995), Coase versus Pacman: Who Eats Whom in the Durable-Goods Monopoly?, *Journal of Political Economy* 103, 785-812.

VON STACKELBERG, H. (1934), *Marktform und Gleichgewicht*, Springer, Berlin und Wien.

WHINSTON, M. D. (1990), Tying, Foreclosure, and Exclusion, *American Economic Review* 80, 837-859.

WILLIG, R. (1976), Consumer Surplus without Apology, *American Economic Review* 66, 589-597.

WINTER, S. G. (1971), Satisficing, Selection, and the Innovating Remnant, *Quarterly Journal of Economics* 85, 237-261.

WOLINSKY, A. (1983), Retail Trade Concentration due to Consumers' Imperfect Information, *Bell Journal of Economics* 14, 275-282.

Index

Druck: Krips bv, Meppel
Verarbeitung: Stürtz, Würzburg